GNOSTICUM

A CHAVE DA ARCA

MAÇONARIA PRÁTICA

M∴I∴ Helvécio de Resende Urbano Júnior 33°
G∴I∴G∴ do Sup∴ Cons∴ do Gr∴ 33 do R∴E∴A∴A∴

A CHAVE DA ARCA

MAÇONARIA PRÁTICA

Ali A´l Khan S ∴ I ∴
אליאלהן

São Paulo
2018

Copyright © By Editora Isis Ltda.

Editor: Editora Ísis - SP
Produção e Capa: Sergio Felipe
Editoração Eletrônica: Sergio Felipe | Equipe Técnica Tiphereth777
Revisão: Sassandra Dias Brugnera | Carolina Garcia de Carvalho Silva
   Pablo Guedes | Joaquim Antônio Tavares

CIP – BRASIL – CATALOGAÇÃO NA FONTE
SINDICATO NACIONAL DOS EDITORES DE LIVROS, RJ

A'l Khan S∴I∴, Ali / Resende Urbano Júnior, Helvécio de, 1956.

Gnosticum - A Chave da Arca - Maçonaria Prática. – A'l Khan S∴I∴, Ali / Resende Urbano Júnior, Helvécio de, 1956.

ISBN 978-85-8189-108-8

1. Kabbala 2. Filosofia 3. Maçonaria 4. Religião 5. Gnose 6. Hermetismo

CDD 366.1

Índice para catálogo sistemático:
1. Maçonaria / Filosofia / Hermetismo / Kabbala e Gnose: Ocultismo 366.1

Proibida a reprodução total ou parcial desta obra, de qualquer forma ou por qualquer meio seja eletrônico ou mecânico, inclusive por meio de processos xerográficos, incluindo ainda o uso da internet sem a permissão expressa da Editora Isis, na pessoa de seu editor (Lei nº 9.610, de 19.02.1998).

Direitos exclusivos reservados para Editora Isis.

Autor Ali A'l Khan 777
Caixa Postal 25.077 - Agência Espírito Santo
Tel. (032) 3212.0347 – CEP: 36.011-970 – Juiz de Fora/MG
www.tiphereth777.com.br – tiphereth@tiphereth777.com.br

EDITORA ISIS LTDA
www.editoraisis.com.br
contato@editoraisis.com.br

Livros publicados

Manual Mágico de Kabbala Prática - 2005.

Manual Mágico de Kabbala Prática - 2007.

Manual Mágico de Kabbala Prática - 2011.

Kabbala - Magia, Religião & Ciência - 2006.

Absinto - 2007. Esgotado

Maçonaria, Simbologia e Kabbala, 2010.

Templo Maçônico - , 2012.

Secretum - Manual Prático de Kabbala Teúrgica - 2014.

Arsenium, O Simbolismo Maçônico: Kabbala, Gnose e Filosofia - 2016.

Hermeticum - Caminhos de Hiram - Visões Caleidoscópicas de Hermetismo Gnóstico O Filosofismo da Maçonaria Iniciática.

No Prelo:

ARCANUM Ⓣ - A Magia Divina - A Arte dos Filhos do Sol
Kabbala, Maçonaria e Teosofismo & Práticas de Teurgia e Taumaturgia

AGRADECIMENTOS

VV∴IIr∴ na Senda da Luz Maior

Sergio Felipe de Almeida Ramos
Pod∴ Ir∴M∴M∴ Antônio Adolpho de Almeida Souza
Pod∴ Ir∴M∴M∴ Manoel Pereira 33º
Soror Laura Bertolino
Pod∴ Ir∴M∴M∴ Gustavo Llanes Caballero
Irmã R ✠ Maria de Lourdes Dias Ibrahim de Paulo
Pod∴ Ir∴ M∴I∴ Ney Ribeiro 33º
M∴M∴ Pablo Guedes, 14º
Pod∴ Ir∴ M∴I∴ Porfírio José Rodrigues Serra de Castro 33º
Fr∴ Tiago Cordeiro – Teth Khan 777
Soror R ✠ Sassandra Dias Brugnera
Pod∴ Ir∴M∴M∴ Gumercindo F. Portugal Filho 33º

À memória dos meus saudosos Irmãos,

Fr. R ✠ Antonio Rezende Guedes / | \
Pod∴ Ir∴ M∴M∴ Belmiro Carlos Ciampi
Pod∴ Ir∴ M∴M∴ Carlos Rodrigues da Silva S ∴ I ∴
Ir∴ M∴M∴ Euclydes Lacerda de Almeida 18º
Fr∴ R ✠ Jayr Rosa de Miranda
M∴M∴ Fr∴ R ✠ Paulo Carlos de Paula 18º - Ir∴ Miguel
Fr∴ R ✠ Manoel Corrêa Rodrigues S ∴ I ∴

ÍNDICE

PREFÁCIO 13
INTRODUÇÃO 15

PRIMEIRA PARTE 21

CAPÍTULO I 23
PRINCÍPIOS E NOÇÕES DO HERMETISMO NO OCULTISMO 25
NO PRONAOS DO TEMPLO 40
O OCULTISMO DA CIÊNCIA 42

CAPÍTULO II 53
CIÊNCIAS OCULTAS 55
AS FORMAS DA LINGUAGEM PARA AS CIÊNCIAS OCULTAS 63
AS TRADIÇÕES (DOUTRINAS) 72
FORMAS DE TRANSMISSÃO 73
A DOUTRINA E A ÉTICA 76
RAZÃO E SENTIDO 77

CAPÍTULO III 83
O ESOTERISMO MAÇÔNICO 85
HENRICUS MADATHANUS - *AUREUM SECULUM REDIVIVUM* -
INTERPRETAÇÃO DA TÁBUA ESMERALDINA 93
SÍMBOLO E METAFÍSICA 99

SEGUNDA PARTE 107

CAPÍTULO I 109
HERMETISMO SECRETO 111
COMENTÁRIO SOBRE O TEXTO PRECEDENTE
OU INTERPRETAÇÃO RACIOCINADA DO
HERMETISMO SECRETO 125

CAPÍTULO II **131**

    DICIONÁRIO HERMÉTICO 133

    TERMOS DE ASTROLOGIA, ALQUIMIA E KABBALA 133

    A ESCRITA SECRETA 168

    IDEOGRAFIA 170

    ALFABETO DE CAGLIOSTRO 170

    ALFABETO ANGELICAL 171

    ALFABETO MALACHIM 171

    ANTIGO QUADRO DE SIMBOLOGIA
    EMPREGADA EM ALQUIMIA 172

CAPÍTULO III **173**

    DA ALCHEMIÆ 175

    DEFINIÇÃO DE ALQUIMIA 176

    DOS "PRINCÍPIOS" E DA GERAÇÃO DOS METAIS 176

    DE ONDE EXTRAIR A "MATÉRIA PRÓXIMA" AO ELIXIR 177

    A MANEIRA DE REGULAR O FOGO E MANTÊ-LO 180

    DO RECIPIENTE E DO FORNO 182

    DAS CORES ACIDENTAIS E ESSENCIAIS
    QUE APARECEM DURANTE A OBRA 183

    COMO SE DÁ A PROJEÇÃO ALQUÍMICA
    SOBRE OS METAIS IMPERFEITOS 184

    MINHAS OBSERVAÇÕES FINAIS 185

    FORMULÁRIOS & RECEITAS 187

    COMPOSIÇÃO DO VINAGRE FILOSÓFICO 187

    ÁGUA PARA ABRANDAR TODA CLASSE DE METAIS 188

    ÁGUA DISSOLVENTE 188

    DESCRIÇÃO ESOTÉRICA DA GRANDE OBRA
    OU PEDRA FILOSOFAL 189

    PARA FAZER PRATA 189

    LICOR QUE TEM A VIRTUDE DE
    TROCAR A PRATA POR OURO 190

OUTRO SEGREDO PARA TRANSMUTAR A PRATA EM OURO ... 191
FÓRMULA MODERNA PARA FAZER OURO 191
A LÂMPADA DA VIDA 192
O OURO POTÁVEL OU ELIXIR DA JUVENTUDE ETERNA 193
PÓ PARA ARRANCAR OS DENTES SEM CAUSAR DORES 195

CAPÍTULO IV 197
TEURGIA 199
COMUNICAÇÃO COM AS INTELIGÊNCIAS CELESTIAIS 199
PSICURGIA 204
A COMUNICAÇÃO COM OS MORTOS 204
EVOCAÇÕES DE AMOR 204
EVOCAÇÕES DE CIÊNCIA E DE INTELIGÊNCIA 206
INVOCAÇÃO KABBALÍSTICA DE SALOMÃO 208

TERCEIRA PARTE 211

CAPÍTULO I 213
O PROCESSO INICIÁTICO 215
OS MISTERIOSOS ORDÁLIOS DE ÍSIS 218

CAPÍTULO II 227
AOS ASPIRANTES 229
AS SETE INSTRUÇÕES DO ASPIRANTE 233
PRIMEIRA INSTRUÇÃO 233
PREPARAÇÃO, PRÁTICAS E REFLEXÃO 233
A TÁBUA ESMERALDINA 237
SEGUNDA INSTRUÇÃO 238
TERCEIRA INSTRUÇÃO 242
QUARTA INSTRUÇÃO 250
QUINTA INSTRUÇÃO 255

SEXTA INSTRUÇÃO 259
SÉTIMA INSTRUÇÃO 264
AS SETE INSTRUÇÕES DO DISCÍPULO 269
PRIMEIRA INSTRUÇÃO - DISCIPULADO 269
O OBJETIVO DA GRANDE OBRA É: 270
SEGUNDA INSTRUÇÃO 274
TERCEIRA INSTRUÇÃO 277
QUARTA INSTRUÇÃO 281
QUINTA INSTRUÇÃO 285
SEXTA INSTRUÇÃO 291
SÉTIMA INSTRUÇÃO 295
AS SETE INSTRUÇÕES DO INICIADO 299
PRIMEIRA INSTRUÇÃO - AS CHAVES DO REINO
OU O CONHECIMENTO DE SI MESMO 299
SEGUNDA INSTRUÇÃO 314
TERCEIRA INSTRUÇÃO 321
QUARTA INSTRUÇÃO 334
QUINTA INSTRUÇÃO 341
SEXTA INSTRUÇÃO 350
SÉTIMA INSTRUÇÃO 362
PALAVRAS FINAIS AOS FILHOS DA LUZ 375
APÊNDICE 383

QUARTA PARTE 387

CAPÍTULO I 389
PRÁTICAS ESOTÉRICAS 391
A CIÊNCIA DA RESPIRAÇÃO 391
DISCRIMINANDO OS TATTWAS 397
OS PRINCÍPIOS DOS TATTWAS 411

AS ATIVIDADES DURANTE OS DIVERSOS TATTWAS 417
A MEDITAÇÃO SOBRE OS *TATTWAS* E
GOVERNO DOS MESMOS 418

CAPÍTULO II 423
POSTURAS E RESPIRAÇÃO 425
MEDITAÇÃO SOBRE A LETRA A 427
A CORRENTE DA RESPIRAÇÃO 433
CONTEMPLAÇÃO DO INFINITO NO CORPO 435
O MOVIMENTO RESPIRATÓRIO PRIMÁRIO E A TRADIÇÃO 436
A PRÁTICA DA MEDITAÇÃO DO INFINITO NO CORPO 437
O QUATERNÁRIO UNIFICADO 438
PRÁTICAS GNÓSTICAS DO CAVALEIRO DA LUZ 441
PRÁTICAS GNÓSTICAS DO CAVALEIRO DA LUZ
SEGUNDO ESTÁGIO 449

CAPÍTULO III 457
OS PRECEITOS DO CAMINHO DE ACORDO COM
A ORDEM DA CAVALARIA 459
GRANDE RITUAL DO CAVALEIRO DA LUZ 465
PRECEITOS GNÓSTICOS 467
DESENVOLVIMENTO RITUALÍSTICO 471

CAPÍTULO IV 483
AS ORIGENS MÍSTICAS E COSMOLÓGICAS
DAS 4 ESTAÇÕES E SEUS RITUAIS MAÇÔNICOS 485
RITUAL MAÇÔNICO DO EQUINÓCIO DA PRIMAVERA 495
O DESPERTAR DA NATUREZA 495
CERIMONIAL DA FESTA DO ESPLENDOR DA LUZ 504
SOLSTÍCIO DE VERÃO 504
CERIMONIAL DA FESTA DO REPOUSO DA NATUREZA 511
EQUINÓCIO DE OUTONO 511

CERIMONIAL DA FESTA DA REGENERAÇÃO DA LUZ 519
SOLSTÍCIO DE INVERNO 519
APÊNDICE 526

QUINTA PARTE 535

INICIAÇÃO 537
A INICIAÇÃO MAÇÔNICA E O
PROCESSO INICIÁTICO ATRAVÉS DOS TEMPOS 539

ILUMINAÇÃO 559
O RITO 561
I - O SANTUÁRIO 562
II - OS SENTIDOS NA MAGIA SEXUAL 563
III - A VISÃO 564
IV - O OLFATO 565
V - PALADAR 566
VI - AUDIÇÃO 567
VII - TATO 567
VIII - DISCIPLINA MENTAL
PARA A PRÁTICA DO SANTO RITO 567
IX - O MOMENTO DA PRÁTICA 569
X - O ATO CRIADOR 571
XI - A MULTIPLICIDADE DA OPERAÇÃO 574
XII - OS EFEITOS DE UMA OPERAÇÃO 576
XIII - A ARTE DO SACRAMENTO 577
XIV - INFLUÊNCIAS LUNARES 578

POSFÁCIO 579

BIBLIOGRAFIA 581

PREFÁCIO

Dizem que os livros têm um lugar definido em nossas vidas e que influenciam no ambiente em que vivemos e sobre o qual recebemos nossas lições. Somos simplesmente levados até esses livros e este é um desses!

A Chave da Arca é um livro sobre Filosofia Oculta e Maçonaria prática que surgiu de pesquisas e experiências pessoais do autor envolvendo antigos conhecimentos.

A presente obra nos apresenta variadas fórmulas e técnicas para iluminação por meio de projeções mentais e ritualísticas seguidas de explicações compreensíveis e detalhadas de acordo com o tema. Sem dúvida, uma contribuição importantíssima para o tema da Filosofia Oculta.

Os tempos mudaram com a era da informação e muitas coisas que antes eram ocultas é hoje de conhecimento comum e as informações que outrora se restringiam a grupos fechados hoje já podem ser discutidas. Porém, há muitos conhecimentos os quais chamamos de mistérios que são difíceis de definir, pois estão além da razão, de modo que, dificilmente, ou impossivelmente, estes possam ter seus registros ou serem revelados simplesmente num livro. Temos que percebê-los por meio de uma "leitura interior" e da ciência, através da física quântica nos fala que todos temos em nossa própria matriz Divina codificada em nível celular, as respostas para o nosso propósito divino e o nosso destino.

Os livros do M∴I∴ Ali A'l Khan S∴I∴, autor com amplos conhecimentos sobre a Kabbala, prendem a atenção do leitor porque a postura deles é prática e, lendo-os, participamos de uma experiência ao mesmo tempo em que adquirimos o conhecimento.

A motivação do autor é nos permitir uma viagem interior que nos proporcione a descoberta da nossa individualidade para nos ajudar a despertar para um propósito de vida mais elevado, para começarmos a nos manifestar com maestria de expressão em nossas vidas para que estas se tornem abundantes e cheias de sentido em todos os níveis; de maneira que a nossa experiência pessoal será a melhor introdução a essa consciência.

Devidamente utilizados, os conhecimentos deste livro indicam um caminho de práticas seguras que podem ser seguidas, permitindo ao pesquisador sincero da verdade um método de desenvolvimento completo de suas faculdades latentes.

SSS

> *"Quando a alma se retira em si mesma, o espírito contrai-se dentro do sangue, e a alma dentro do espírito. Então a mente despojada dos seus envoltórios, e naturalmente divina, toma para si um corpo ardente e atravessa todo o espaço. Quando a mente se converte numa divindade, a Lei exige que tome um corpo ardente para executar os serviços de Deus."*
>
> *De Oraculis Chaldaicis*

INTRODUÇÃO

A Chave da Arca: Maçonaria Prática *é uma leitura imprescindível que apresenta uma oportunidade de avanço nos ensinamentos da Filosofia Oculta. Para isso, o autor salienta que as descobertas no campo da ciência são de especial ajuda, pois elas habilitam o estudante a entender alguns fatos da vida, já que há certa analogia entre as leis da vida superior e as da vida como ela existe no plano físico-relacionamento sugerido na conhecidíssima máxima oculta "assim como é em cima é embaixo."*

Há uma vasta literatura sobre Filosofia Oculta, mas é provável que o iniciante que tente mergulhar nessa massa caótica sinta aversão pela confusão e pelas exageradas afirmativas que venha a encontrar na sua busca pelo caminho da verdade, principalmente porque em torno de um pequeno núcleo de ensinamentos fundamentais verdadeiros cresceu uma substancial quantidade de literatura improfícua em sua volta, composta de comentários e exposições de sistemas inferiores ao longo do tempo por diversos autores. Ensinamentos que, através de práticas restritas envolvendo entre outros aspectos, a coerção de forças espirituais que, além de serem muito perigosas, essas práticas exigem do praticante um grau de comprometimento, seriedade e conhecimentos perfeitos sobre essas técnicas. Muitos se questionariam então se é sábio e correto colocar tais informações em um livro impresso. Por esses e outros motivos e com tanta informação errada já publicada a respeito de tais assuntos, para suprir esta lacuna ao buscador sincero, foi que a presente obra tomou forma. Esta obra apresenta uma rica coletânea de informações genuínas reunidas por muitos anos de pesquisas do autor e também comprovadas pelo mesmo que testou essas práticas.

A primeira parte deste livro ou segundo livro parte III, como o autor o apresenta, refere-se a uma continuação, uma sequência do livro anterior "Caminhos de Hiram". Assim, o leitor dotado de atenta observação não deixará de perceber que este livro que está em suas mãos seria também uma continuação da obra anterior.

A Chave da Arca, nesta primeira parte, aborda o tema das Ciências Ocultas bem como as tradições ou doutrinas, as formas de transmissão dessas doutrinas, a ética a razão e o sentido das mesmas. O texto é rico em materiais e recursos com ensaios desafiadores os quais abandonam as suposições da sabedoria convencional e exigem que o leitor dê um salto na consciência. Os ensinamentos convidam o estudante a entrar na oficina da natureza. A primeira operação é feita sobre a vegetação (Palingenesia vegetal); um estudo deste trabalho da natureza é necessário ao filósofo para que ele possa avançar em outras experiências com os demais reinos, inclusive com o reino mineral.

Pela primeira vez, na presente obra está sendo revelado ao público o "Hermetismo Secreto", composto por nove capítulos, sendo uma experiência na vivência do transcendental pelo próprio autor, que explicará também para quem souber ler nas entrelinhas, como conseguir as Chaves da Ciência Oculta.

A quarta parte deste livro, trata sobre as diversas práticas esotéricas, bem como a preparação necessária para a grande Obra. É também necessário saber um pouco sobre os aspectos históricos importantes sobre a história da Cavalaria Andante, a fim de esclarecer o estudante sobre os numerosos conceitos equivocados surgidos nessa época passada de forçada decadência. Nessa parte da obra, o autor discorre sobre os verdadeiros preceitos da Cavalaria e de como os cavaleiros viviam na realidade. Dentre muitas coisas, evidencia a importância das práticas da oração e da devoção constantes ao Divino como hábitos dos cavaleiros e que baseados em seus exemplos, deveremos cultivar também esses hábitos em nossas vidas, bem como pedir ao nosso "Cristo interno" para submeter nossa Vontade Verdadeira ao Caminho da Iniciação.

Sobre os significados alegóricos envolvendo relatos de como ocorria a recepção misteriosa nessa Ordem pelo candidato, temos como exemplo uma interessante história narrada nesse capítulo, de como somos conduzidos misteriosamente quando estamos devidamente "preparados" para seguir verdadeiramente a senda espiritual. Também apresenta o significado alegórico das armas de cavaleiro e seu sentido para nossa vida diária como, por exemplo, a coragem de lutar constantemente contra os vícios; sermos fortes para não nos deixarmos abater tendo em vista que o mais importante é a firmeza no caminho que nos conduzirá ao conhecimento de nós mesmos.

Tendo por objetivo manifestar o que já somos, o autor nos apresenta nesta obra três conjuntos de técnicas espirituais: O Círculo do Despertar; As Práticas Gnósticas do Cavaleiro da Luz e a Via Cavaleiresca.

Envolvendo práticas teúrgicas, alquímicas e gnósticas tendo por objetivo o despertar do sono dogmático que nos acomete. Nos ajudarão a descobrir nossa Vontade Verdadeira, como vitalizar nosso corpo físico, etc.

Na preparação psíquica do estudante, na sequência, a obra trata de um breve sistema de desenvolvimento da alma com treinamentos ocultistas e de regras sobre hábitos que precisamos evitar e os que precisaremos manter para obtermos êxito. Enfatiza a ciência da respiração com seus exercícios respiratórios, como de suma importância no processo para alcançar nossa liberdade.

Na presente obra, o autor nos brinda com um material inédito sobre o estudo aprofundado dos Tattwas. Quando o estudante chegar a essa etapa, no presente estudo, deverá efetuar um exercício sobre eles. Na sequência de práticas, a presente obra também nos apresenta regras importantes para a cura de moléstias envolvendo tipos de posturas, respirações apropriadas, meditação, contemplação, práticas de sons vocálicos, uma prática dinamizante (Solar) e outra prática harmonizante (Lunar). Tendo por objetivo tornar-nos mais conscientes de nossos corpos, proporcionando-nos também com nosso progresso, a clarividência em sonhos e percepção de impressões sutis, tais técnicas envolvem o Movimento Respiratório Primário, a prática da Meditação do Infinito no Corpo e suas etapas bem como a prática do Quaternário Unificado e seu "modus operandis".

Nesse outro conjunto de técnicas gnósticas estão as práticas ritualísticas para aqueles que já se encontram no caminho, envolvendo também técnicas anteriormente citadas no Ciclo do Despertar. Que nesta etapa tem por objetivo formar um manto de energia ao derredor do adepto através da manipulação das vinte e duas letras hebraicas, representando as vinte e duas peças da "armadura" ou "Manto Martinista e esses exercícios representam três fases a saber: fase alfa, fase delta e na fase ômega. Envolvem práticas posturais, respiratórias, reflexões sobre a fala, observação, imaginação, tomada de consciência de impressões corporais e envolvem também práticas com o alfabeto hebraico e suas correlações de acordo com a Kabbala.

Na sequência, a obra também nos fala sobre as origens místicas e cosmológicas das quatro estações na Maçonaria, descreve sobre os procedimentos desde a decoração do Templo nas diversas épocas das festas citadas no livro relacionadas aos períodos, bem como os rituais e *cerimoniais dessas festas. Relata os procedimentos necessários para a execução dos trabalhos. Descreve os rituais maçônicos e os cerimoniais das festas.*

A obra trata também sobre a prática da Magia Sexual como técnica de iluminação e o momento dessa prática sendo um ato criador envolve também a higiene física e a disciplina mental que se fazem necessárias, sendo que também devem ser observados os efeitos dessas operações e as influências lunares.

Para realizar esse ritual sexual sagrado, é necessário que ambos os membros do casal concordem em se envolver nessa maneira diferente de fazer amor buscando a união dos princípios masculinos e femininos. Para a via do Sahaja Maithuna ou ato sexual ritualizado, é necessário, segundo o autor, uma preparação anterior muito séria e competente por meio do Yoga Tântrico ou outras práticas tântricas. Enfatiza a importância da percepção dos sentidos na Magia Sexual, utilizando a visão, o olfato, o paladar, a audição e o tato com técnicas tântricas. O autor esclarece sobre as várias escolas tântricas e suas diferentes tendências sobre as quais, apesar de opiniões diferentes para chegar a uma conclusão, a lucidez em nossas escolhas é fundamental para se percorrer esse sagrado caminho.

As iniciações têm por objetivo impressionar o aprendiz, levando-o à reflexão, para que ele decida naquele momento se deve ou não seguir adiante. Toda iniciação envolve um começo. São explicados na presente obra, ainda, a iniciação maçônica e o processo iniciático através dos tempos, os encontros e complementaridade entre o sistema iniciático e o processo religioso, a iniciação maçônica e as condições necessárias do candidato e as necessárias qualificações do candidato à iniciação relativas ao processo iniciático propriamente dito e provoca o leitor um questionamento nesta obra sobre a Maçonaria como sendo uma Instituição sobrenatural ou humana. Nessa parte da obra que nos fala da iniciação maçônica, podemos constatar que a verdadeira iniciação trata da verdade moral e imaterial de cada um consigo mesmo, de maneira que o papel do gesto ritualístico é apenas a imagem de uma operação mental e que o critério supremo se encontra em nosso íntimo. Mas somente através da experiência é que as teorias se transformarão em verdade. Seja o que for que tenhamos experimentado interiormente, isso precisa ser exteriorizado. É preciso que isso se mostre na vida do Maçom, pois esse é o verdadeiro teste! Para o autor, o verdadeiro Ma-

çom, para não seguir sendo profano, deve se empenhar em realizar em si mesmo a G.O.

Nesta obra, a filosofia oculta nos revela que os iniciados com faculdades espirituais positivas foram iniciados em reencarnações passadas na Escola Egípcia da Serpente e estes eram chamados de "Os Filhos do Sol" (ou Phre Messen, maçons atuais), e sua origem antiga remonta desde a época do Antigo Egito. As lendas sobre a origem do simbolismo da rosa e da cruz e sobre a construção do Templo de Salomão nos trarão mais entendimento sobre eles e de forma geral. A obra evidencia o desenvolvimento e o progresso dentro da Maçonaria Mística como algo intrínseco do candidato, ou seja, do seu poder interno sem o qual não pode ser iniciado. Na via serpentina ou a inversão do ato criador, esta deve ser seguida pelo adepto para realizar a união com Deus que no nível humano, envolvendo primeiramente a busca, depois a si mesmo como objeto de autodescoberta e dessa busca e por fim culminando com a realização da consciência de si mesmo. Para evitar percalços no caminho, as sete normas mágicas aliadas às três regras morais têm por objetivo evitar invadir a liberdade do outro e evitar que este invada a nossa aprendendo também a ouvir a voz do silêncio, principalmente para quem desconhece sobre os poderes psíquicos inferiores para que possa progredir com sustentabilidade.

Também são abordados na obra tópicos como os caminhos da serpente a ofiolatria, o luciferismo e sua diferença do satanismo a verdade sobre a tradição luciferiana a verdade sobre o Gênesis ou Sepher Bereshit as tradições gnósticas luciferinas, sobre a Árvore da Ciência, as origens do mito adâmico, as diferenças entre Lúcifer e Satã, sobre a multiplicidade e sutileza dos símbolos luciferianos a fim de facilitar e esclarecer a respeito do caminho para o buscador que tenha, conforme o autor nos diz, um conjunto de disposições internas para talhar para si uma senda para o alto. Para os que desejam, com segurança, avançarem em sua caminhada interior, este livro oferece um abrangente sistema de práticas e recursos profundamente eficazes para o desenvolvimento da autopercepção e uma abordagem séria sobre os recursos internos necessários do aprendiz para que este possa assumir a responsabilidade pessoal pela sua própria saúde e crescimento pessoal, ultrapassando seus próprios limites.

SSS

PRIMEIRA PARTE

CAPÍTULO I

PRINCÍPIOS E NOÇÕES DO HERMETISMO NO OCULTISMO

Ao adentrar neste riquíssimo quadrante do ocultismo, faz-se necessário traçar previamente alguns pontos destinados a tornar mais compreensível a dimensão do texto figurada e secreta. Tentaremos, ainda que com esforço hercúleo, levantar o misterioso véu, com o qual sinalizaremos até onde for prudente desvelar seus arcanos.

Semelhante procedimento é corrente e empregado a toda obra deste gênero, pois seu conteúdo não é dirigido *a priori* aos profanos, senão a um limitado número de estudiosos, familiarizados com a simbologia e linguagem esotérica das ciências secretas.

Alguns autores de obras (ditas esotéricas), que ora reproduzimos nos apresentam como membros de Sociedades Secretas, dos Filósofos Desconhecidos, se denomina Filaletas, isto é, Amigos da Verdade, e outros são Francomaçons e Gnósticos. Estas associações, estabelecidas por todo o mundo, vêm do início do século XVIII, sendo que a última (Gnósticos) tem seu início e auge na antiga Grécia; no entanto, podemos inferir que são maçonarias dentro da Maçonaria, ou, como poderíamos dizer, trata-se de uma seleção de homens preparados para o conhecimento dos mais sublimes segredos das Ordens, segredos que não poderiam ser revelados senão de uma maneira progressiva e metódica. Para isso, os Neófitos Filaletas teriam que necessariamente subir (ascender), uma escada de doze degraus, os quais se alcançavam submetendo-se a diversas provas que em dado momento deveriam entender e interpretar sete quadros simbólicos. Tais cerimônias se realizavam num local decorado convenientemente, chamado, até os dias de hoje, de *Câmara de Reflexões*.

De acordo com a Tradição, dos *Filósofos Desconhecidos*, os títulos dos doze graus (degraus ascensionais) que o Recipiendário teria que alcançar pelo seu próprio esforço são: Primeiro Grau: Aprendiz; 2º: Companheiro; 3º: Mestre; 4º: Eleito; 5º: Mestre escocês; 6º: Cavaleiro do Oriente; 7º: Cavaleiro Rosacruz; 8º: Cavaleiro do Templo; 9º: Filósofo Desconhecido; 10º: Filósofo Sublime; 11º: Iniciado e 12º: Filaleta.

O fundador desse Grupo Esotérico foi o Ir∴ Savalette de Langes, jovem maçom, paladino entusiasta das Ciências Ocultas, pelas quais se interessavam os espíritos mais preclaros daquela época. Seus primeiros colaboradores foram o conde de Salignac – Fenelon, o visconde de Houdetot, o marques de Méry d'Arcy e outras distintas personalidades.

Mais tarde, a Associação se beneficiou do concurso de alguns homens eminentes, entre eles o insigne ocultista Court de Gébelin, autor da famosa obra *Le Monde Primitif analysé et compare avec le Monde Moderne*, com o grande sábio kabbalista Duchanteau, falecido em 1786, do resultado de um experimento de alquimia, realizado dentro da Loja dos *Amis Réunis*, com o não menos célebre alquimista Clavières, que foi posteriormente ministro da Fazenda na França, com o Barão de Gleinchen, ministro plenipotenciário da Dinamarca, com o marquês Quesnay de Saint-Germain, discípulo do grande Mesmer, com o arqueólogo Lenoir, de fama internacional, e com muitos outros que se distinguiram no campo as artes e das letras.

A Sociedade dos Filaletas se pôs, ademais, em contato com todas as fontes de informações em matéria de Misticismo, Kabbala, Magia, Alquimia, Astrologia, Magnetismo, Frenologia, etc. No ano de 1781, entraram nos seus currículos de estudo os interessantíssimos arquivos do Tribunal Soberano do Rito dos Elus Cohens, Associação fundada em 1754, por Martinets de Pasquallys. Em 1785, fizeram associação com o conhecimento e sabedoria do famoso conde de Cagliostro, que lhes iniciou nos mistérios da Teurgia, isto é, a ciência que ensina os meios de colocar-se em comunicação com os seres espirituais, seres luminosos que servem de intermediários entre o homem e a divindade.

Para formar uma ideia cabal das doutrinas professadas pelos Filaletas, nenhuma leitura mais apropriada que as obras de Louis-Claude de Saint-Martin, traduzidas em muitos idiomas, foi um homem sábio e místico, um paladino da luz, de convicções espiritualistas, arraigado e apaixonado pelos problemas mais transcendentes da Ciência Secreta. Por reunir tais valores e condições, pôde sair vitorioso nas provas da Iniciação Dórica a que foi submetido, e pôde alcançar o status mais sublime da Sociedade Hermética dos Filósofos Desconhecidos; na verdade, é o próprio Filósofo Desconhecido. Despojou-se dos metais a fim de poder penetrar na *Cripta da Serpente*, onde o ego encontra-se na solidão absoluta, quando se encontra apenas com o espectro do Umbral, isto é, na presença de si mesmo, do Eu Sou. Pôde ser purificado rapidamente pela Terra, descendo até o mais profundo de seu ser, onde somente se encontra a verdade interior. Ele subiu do centro à cúspide de um vulcão; da cratera saiu um vento furioso, que deveria derrubá-lo e conduzi-lo, através do Ar, sobre o solo banal onde se agitam as multidões inconscientes. Também supôs atravessar o campo de batalha dos interesses em luta, dos egoísmos desenfreados, circunscritos num rio de tumultuosas águas. Quando se chegava a esse ponto, o futuro Iniciado deveria passar pela prova da Água, entrando resolutamente na corrente, sem deixar-se levar, porém, por esta, já que, se fosse incapaz de resisti-la, jamais poderia alcançar a margem oposta, onde começava o domínio do verdadeiro sábio. Sem dúvida, este não passaria de um estéreo sonhador, um contemplador inútil se o Fogo não viesse terminar o ciclo de suas purificações. Eliminando tudo quanto fosse estranho da essência de sua personalidade em referência, momento em que o Iniciado "começaria" a perceber a Luz e aprender a dirigir-se até ela, a conquistá-la progressivamente.[1]

Ao chegar nesse ponto, as provas terminavam. O Neófito se converteria em Discípulo Místico e se entregaria ao estudo para aperfeiçoar-se nas distintas ramas da Ciência Oculta. Ante todos, era incitado a adquirir o domínio completo de si mesmo. Toda resolução, sabiamente tomada, deveria ser executada inexoravelmente pelo Iniciado; tudo isso era condicionado com muita disciplina mental, que era de capital importância desde o ponto de vista da ação. O teórico poderia estar dispensado desse ponto; porém, o realizador, não; este, armado de malhete e cinzel, deveria saber trabalhar a *Pedra Cúbica*.

---

1 - Apuleio, em sua obra *O Asno de Ouro* ou *As Metamorfoses*, descreve detalhadamente os primeiros graus da Iniciação nos Mistérios de Ísis. Por ter certa relação com a matéria que tratamos e por acreditar ser de interesse para muitos leitores, entendemos ser necessário reproduzir as passagens, mais interessantes de algumas descrições ao longo desta obra.

A partir daí vinham novos e distintos desafios. o Discípulo aprendia como medir o raio de nossa esfera de ação, a fim de entendê-lo proporcionalmente dentro da relação que guarda o Absoluto com o relativo (Régua e Compasso).

Após dita relação, existia a possibilidade de mover a alavanca que levanta o mundo ou, dito de outro modo, a força da vontade poderosa, inteligente, desinteressada e perseverante. Logo se fazia necessário terminar (polir) a Pedra da Sabedoria, isto é, a personalidade, a qual deveria levar em todos os sentidos o controle do esquadro, antes de possuir a virtude transformadora. Essa virtude era resultado da perfeição moral adquirida, uma espécie de santidade santificante para os demais ou de uma saúde esplendorosa curativa das enfermidades mediante uma simples aproximação.

Para o Iniciado que exerce todos esses poderes, chegará um dia no qual se verá obrigado a recolher-se. Como se seus ardores estivessem esgotados, deixará de trabalhar. Haverá chegado para ele o momento de abandonar a passividade receptiva: havendo dado tudo, estará em disposição de receber tudo dignamente. Puro e santificado, encontrar-se-á em condições para atrair para si unicamente as influências benéficas. Se vier a ser um *médium*, não será um de tantos e da maneira de neuropatas e desequilibrados, uma vez que um supremo equilíbrio se estabelecerá a partir daquele momento entre sua personalidade consciente e o domínio do "impessoal", de onde o gênio coloca suas inspirações mais elevadas. Quando o Adepto chega a tal estado, pode já considerar-se um *Iluminado*, toda vez que a Luz, a Divina Luz, haja penetrado nele, até o ponto de tornar-se luminoso.

Apesar de tudo, não se possui ainda o Domínio Absoluto. Para possuí-lo, é preciso, indispensavelmente, um retorno integral sobre si mesmo. Partindo da Luz que tenha adquirido, deve voltar atrás e recomeçar, realizando a ordem inversa de todas as provas. É a renuncia sucessiva de todos os poderes, de todas as ambições e também de todas as esperanças, chegando, se couber, ao rebaixamento da segunda morte iniciática. Neste momento todo brilho de claridade deixa de existir; a obscuridade corresponde ao negro absoluto, que é preciso sondar para ressuscitar de fato na Luz definitiva, e sair da tumba encarnado em si na eterna Tradição, aquela que não podendo perecer, renasce em cada Mestre digno de perpetuá-la.

Nos parágrafos anteriores descrevemos suscintamente o processo iniciático tal como se realizava, segundo as fórmulas ritualísticas da Francomaçonaria ortodoxa, conforme dissemos Louis-Claude de Saint-Martin, em posse das "chaves" e, portanto, do grau maçônico mais elevado, e sob sua iniciativa, por mais fecunda criou-se uma Ordem superior desde o ponto de vista mágico e místico.

Observamos que o insigne Mestre iniciador se lança a práticas místicas em profunda reflexão de sua alma e do mundo que o envolve, desenvolveu uma sensibilidade extraordinária, fonte de luz, paz e amor, livre de alucinações e dotado de um sentido crítico inerente àquele que se preparou para difundir e levar a Luz até os nossos dias. Foi preciso aprender a permitir-se e alçar voos seguros diante do abismo que envolve inimagináveis possibilidades de erro e engano das ilusões da linguagem mística e das proporções de experiências que calam diante da lógica e da vida, pois certos exercícios mentais para descobrir com exatidão nuanças entre a ilusão e a realidade somente se fixam superficialmente na consciência exaltada do verdadeiro Mestre.

A verdadeira Iniciação forma *videntes*, aptos, para controlar apenas suas impressões, enquanto que o misticismo mal dirigido somente produz *visionários*, incapazes de discernir os espelhismos (reflexos), dos quais se convertem em simples joguetes.

Talvez entre esses "visionários" estaria Martinets de Pasquallys e alguns de seus discípulos; porém, no nosso íntimo, não temos dúvida que Louis-Claude de Saint-Martins e Jean Baptiste de Willermoz não estão incluídos. Pasquallys dedicava a determinadas operações mágicas, cujo cerimonial delatam uma Iniciação de Mão Esquerda. Já Saint-Martin, alma nobilíssima e reta inteligência, repugnava (se recusava a) praticar certas práticas que continham as evocações e conjuros de seu iniciador. Por isso buscou um caminho próprio, entendendo que praticar essa classe de matérias envolveria riscos perigosos, cujas consequências poderiam ser fatais.

Do ponto de vista iniciático, a doutrina exposta aqui oferece resultados pragmáticos. Esses resultados é que deverão ser analisados e refletidos, de acordo com a capacidade de cada um, de modo que aplicá-la em nossas vidas requer, no mínimo, bom senso, autoridade e autorização.

Ao observarmos a curiosíssima receita para obtenção da Palingenesia dos vegetais e por extensão a dos animais e minerais, se tomadas ao pé da letra, cairíamos, indubitavelmente, num grotesco erro na inadmissibilidade. O que nesta matéria se observa, sob o aspecto disfarçado, deve ser algo além de uma simples evocação. Nossa força psíquica pode objetivar-se em imagens fulgentes e restituir "momentaneamente" a aparência de formas desaparecidas.

A antiga Necromancia sabia produzir a aparição dos mortos e galvanizá-los artificialmente em certo modo, gestos e palavras. Martinets de Pasquallys estava perfeitamente instruído e preparado para praticar este tipo de magia, da mesma forma Cagliostro entre outros célebres e memoráveis magos – às vezes esses magistas poderão ser vistos como traficantes do Mistério e abominados por muitos ao produzirem e manipular com tais operações; eram taxados como bruxos e mal interpretados, entendiam que o objetivo de suas "mágicas" era de demonstrar poder e cativar clientela.

Por outro lado, o verdadeiro Iniciado jamais busca o prestígio pessoal, não recorre a exibições aparatosas; pelo contrário, seu único anelo é ser útil e servir seus semelhantes e passar-se despercebido quando realizava um ato que poderia sugerir algo milagroso.

O que a Kabbala nos mostra a respeito dos Números nos parece de uma importância capital. *"Os números* – diz Mme Blavatsky – *constituem a chave dos antigos conceitos da Cosmogonia, em sua mais ampla acepção, considerada tanto física como espiritualmente, e da evolução da raça humana atual. Além disso, todos os sistemas de misticismo religioso estão baseados nos números."*

Se o Iniciado se detém no número Nove, por exemplo, que é o triplo de Ternário, lhe permitirá relacionar o Absoluto com o relativo, o Abstrato com o Concreto, tal como poderá ser observado na tabela a seguir.

As Sephiroth da Kabbala correspondem a análogas distinções. Três círculos entrelaçados engendram, por sua vez, um Septenário, sobre o qual não podemos deixar de meditar sobre a profundidade deste tema. Veja a figura depois da tabela.

★	ESPÍRITO	ALMA	CORPO
ESPÍRITO	**Espírito do Espírito** • Espírito puro Sujeito que pensa	**Alma do Espírito** • Idealidade Verbo	**Corpo do Espírito** • Ideia Pensamento
ALMA	**Espírito da Alma** • O eu consciente Sujeito que requer	**Alma da Alma** • A quintessência Vontade	**Corpo da Alma** • Desejo Volição formulada
CORPO	**Espírito do Corpo** • A iniciativa motriz Sujeito que trabalha	**Alma do Corpo** • Vitalidade Função orgânica	**Corpo do Corpo** • Corpo astral Hiperfísica orgânica

A Jornada para o Si-Mesmo

"Cheguem até a borda, disse Ele.
"Temos medo", responderam eles.
"Cheguem até a borda", Ele repetiu.
Eles chegaram.
Ele os empurrou...
E eles voaram

Do ponto de vista dos *Filósofos Desconhecidos*, um dos aspectos mais importantes da iniciação da nova Ordem seria este tema.

Aparece em cena um Cego o qual vemos despertar-lhe o desejo de obter o sentido da visão. O pobre homem vive triste e sofre o problema das trevas. Sofre tanto, que chora e roga constantemente. Mas um dia, em plena pregaria, percebe um odor suave, um perfume indefinível, sente-se como transportado a um vale de lírios espirituais e ao próprio tempo vê como se seu corpo se eleva do solo de onde ora.

Produz-se, nele, então, o fenômeno denominado de "levitação", ou talvez se trata de uma saída do corpo astral, segundo a expressão dos ocultistas.

Logo ruídos aterradores estalam ao seu redor; aterrorizado de medo, seu coração bate fortemente; refaz-se, verte lágrimas ardentes e de novo se volta numa pregaria mais fervorosa que nunca. Por fim, a Luz, a divina Luz, lhe é concedida.

Pode-se obter essa Luz na primeira prova ou, pelo menos, na segunda. Não é necessário conquistá-la vencendo grandes osbstáculos; basta desejá-la com ardor, pedi-la com fé inquebrantável, solicitá-la com insistência à divindade. As provas, não obstante, são inevitáveis, e não se cumprirão, de fato, antes de ter sido premiado com a "visão espiritual", caso contrário tem que submeter-se a elas depois. Porém, a submissão não é exigida como no caso da Iniciação Dórica e, sem dúvida, as provas se cumprirão sem mediar qualquer requerimento. Como? – Devido a uma força imperiosa que surge do próprio Iniciado e lhe impele na realização de quantas provas exige o místico ritual iniciático.

Aqui vemos como o Cego, que imediatamente distingue com clareza, mede com verdadeiro terror o abismo que se abre aos seus pés.

O medo se apodera dele, até o ponto de perguntar-se se valeria mais a pena deixar de ambicionar a Luz. Porém, já é tarde; somente lhe cabe precipitar-se ao mar do alto das rochas. Ainda que seja bom nadador, duvida, por alguns instantes; porém, no fim se decide e pronto, seu corpo flutua sobre as encrespadas ondas. Não tarde muito chegar a um dique guardador de um delicioso jardim. Para franqueá-lo sem obstáculos, acode-lhe um menino espirituoso, o qual lhe aconselha que se desnude completamente, pois é indispensável – lhe diz: volta ao estado primitivo, de candura e de inocência para penetrar neste lugar paradisíaco.

Esta é, sem dúvida, a purificação pela Água, a qual há de ser cuidadosamente desprendida dos metais, tal como se exige na Iniciação Dórica. Essas experiências não têm outro objetivo senão o de transformar a imaginação num espelho que reflita as imagens da luz astral.

Três Caminhos se abrem logo ante o Discípulo:

O Caminho Branco,
O Caminho Verde e
O Caminho Azul.

Tais cores que se distinguem em cada um dos caminhos se referem a Diana (lucidez, intuição, adivinhação), a Vênus (utilização do fluído psíquico, magnetismo, medicina oculta) e a Júpiter (Alto Misticismo, Santidade, Teurgia).

Não sabendo verdadeiramente qual dos três caminhos deveria tomar, o Discípulo confia ao oráculo da mariposa, e este lhe aponta o Caminho Verde, isto é, para o estudo da energia vital e o emprego das forças psíquicas.

O menino, quer dizer, a ingenuidade, dirige a nosso homem frente a um Labirinto com sete portas, das quais seis conduzem a caminhos perdedores e uma tão somente uma, tão somente conduz à Vida. (Para o Discípulo deparar-se com a porta valiosa lhe será necessário passar por sete graus de expiação).

Abandonado a si mesmo, começa a dar voltas e mais voltas pelo vasto edifício. Entra e sai e se detém ora em uma porta, ora em outra e, como todas são aparentemente iguais, se decide aleatoriamente por qualquer uma. Em um canto encontra-se um homem de ar severo e imóvel. Para ante ele e lhe faz uma pergunta, e este, por qualquer resposta, lhe dá um empurrão que lhe faz rodar pelo solo. O Discípulo, sem dúvida, não abandona o seu propósito, que é o de trilhar o caminho conducente da verdadeira Vida. Durante sua acidentada excursão, os seres mais fantásticos desfilam ante sua presença: algumas vezes correspondem a espíritos elementais, e outras, a entidades mais perigosas.

Finalmente, lhe é apresentado um novo questionário, no qual os símbolos se sucedem com abundância, e gradualmente algo inesperado e insólito pode acontecer, como uma bofetada ou um empurrão.

Trata-se de ritos antiguíssimos que foram transmitidos e observados solenemente por uma sucessão de Lojas ocultas, chegaram incólumes aos nossos tempos atuais graças a esta Tradição que zelosamente os guardou e os praticou dentro de um processo justo e perfeito. O objetivo desses ritos não é outro senão o de procurar aplicar um treinamento apropriado ao nosso sistema nervoso para conseguir mais tarde a aquisição de diversas faculdades psíquicas e mágickas[2].

A fé inquebrantável e a tenacidade do Discípulo se veem, por fim, justamente recompensados. Concede-se-lhe um magnífico manto de seda azul celeste semeado de estrelas de prata. Coberto com ele, dirige seus primeiros passos ritualísticos na direção de uma estátua de Harpócrates[3] e cinge à sua frente com uma fragrante coroa de rosas. Logo são servidos ao Discípulo três classes de alimentos destinados a reparar suas forças decaídas.

Mais tarde será chamado a exercitar sua faculdade intuitiva ante quatro quadros alegóricos que se lhe oferecem à sua vista.

O primeiro expõe a necessidade de ter sempre a pureza no coração, a ser sensível e benevolente, para trabalhar discretamente e com justiça em todos os atos da vida.

O segundo mostra como a negação e o cepticismo anulam a mais

---

2 - A Magick de Crowley nada tem a ver com aquilo que vulgarmente se entende por Magia; está profundamente baseada em um sistema, firmando-se no Poder Gerativo para atingir a Consecução Espiritual por meio desse Poder. Não é, portanto, de se admirar ter sido ele tão combatido pelos pseudos pudicos. O "K" final da palavra Magick é a décima letra do alfabeto mágico. "K" também é kHz, Khou ou Queue, simbolizando a cauda ou a vagina, venerada no Egito Antigo como a fonte do Grande Poder Mágico. Lembre-se de que a Magick é a Arte da Vida, portanto, de causar mudança de acordo com a Vontade; assim, sua lei é amor sob vontade e todo seu movimento é um ato de amor.

3 - Deidade egípcia. Símbolo do Sol Nascente. Filho de Ísis com Osíris. É apresentado com os olhos muito abertos e com o dedo índice da mão direita colocado verticalmente sobre os lábios muito apertados, cuja atitude indica o segredo que deve guardar todo Iniciado; por isso se chama também o Deus do Silêncio.

rica experiência e a sabedoria mais profunda.

O terceiro mostra a Fantasia e a Imaginação alimentando ao ardor que tudo o consome, para poder realizar o Andrógino Filosófico, por sua vez racionalista e místico, raciocinando sua vidência com clareza e objetividade.

A respeito do quarto, diremos que faz referência ao Dilúvio Espiritual, submergindo-o totalmente sob a incessante chuva de apaixonadas opiniões. A Verdade Absoluta flutua sobre as ondas de fogo, que unicamente logram salvar os nadadores mais intrépidos.

Neste momento surge uma sedutora jovem chamando a atenção do Discípulo. Uma forte paixão nasce de súbito nele, que se lança com impetuosidade nos braços da linda moça, cuja ação deixa cair ao solo o estelífero manto que deveria colocá-lo ao abrigo de toda ilusão dos sentidos. O manto foi recolhido por um homem armado.

O Discípulo, acreditando já estar de posse de um poder que lhe permite abrir impunemente o Livro dos Mistérios, intenciona apoderar-se de seus ensinamentos. Mas, uma mulher vestida de negro apercebe-se de que o atrevido carece do manto que dá direito a ele, e lhe golpeia por três vezes na frente. Com objetivo de buscar a prenda desaparecida, conduz ao Discípulo a um bosque, onde o deixa abandonado por completo, desnudo e sem defesa de qualquer classe. Necessita, então, abrir-se um caminho através da selva habitada por animais ferozes, que não lhe dão sossego, como não lhe dão tampouco o terrível furacão que estala e a tempestade que ruge.

Essa prova tem certa analogia com a primeira viagem do Aprendiz Maçom. Recorda também uma passagem do *Inferno* de Dante, quando o Poeta obriga a abandonar toda esperança aos que entram pela "porta fatal". Essa prova indica ao Discípulo que deve ser o bastante forte espiritualmente para rechaçar as forças exteriores e paralisar os baixos instintos[4].

Marchando sempre adiante, com perseverança, vencendo os obstáculos, desafiando os perigos, o Viajante acaba por encontrar o Caminho Luminoso. Percorre-o, e por ele chega ao litoral do mar. Uma vez ali, fica sabendo sobre a morte do menino, que a princípio havia lhe servido de guia. Toda sua ciência é inútil para voltar-lhe a vida; não pode

---

4 - As *forças telúricas*, como diria o Conde de Keyserling (Livonia, Império Russo, 20 de Júlio de 1880 - Tirol, Áustria, 26 de abril de 1946), o insigne filósofo ocultista dos anos de 1935.

fazer mais nada, senão enterrar-lhe ali mesmo.

A dor lhe tem impossibilitado para remover-se da tumba do menino, e termina dormindo ante aquele corpinho inerte. Ao despertar, observa, com torpor, maravilhado, que sobre a tumba se elevava um ramo verde, e ao redor de tal se enrosca uma serpente. Armado de valentia, que havia adquirido ao atravessar a selva, o Discípulo mata o réptil e ressuscita desta maneira o menino.

A alegoria é vista com transparência: o menino que ressuscita é a personificação da Ingenuidade, que é necessário reencontra-se, depois de ter se perdido, pois todo Adepto deve reunir o valor e a experiência adquirida, a candura e a sensibilidade dos seres reintegrados nas condições primitivas da vida do Éden.

Não havendo encontrado o manto, o Discípulo decide voltar ao Labirinto; porém, desta vez escolhe o Caminho Branco (clarividência, iluminação intelectual).

A escada de sete degraus que acaba de subir, instigado pelo seu guia, é conhecida pelos CComp∴ MM. Representa as diferentes ordens do conhecimento humano, nos quais é preciso instruir-se devidamente. A dificuldade para o Discípulo não está precisamente na ascensão, mas, sim, em voltar a baixar com o pé seguro e saber deter-se nos descansos o tempo preciso.

Imediatamente terá de combater o homem armado que se apoderou do manto estelífero, que havia perdido ao sucumbir sob a sedução da graciosa fêmea. Mas eis que nosso herói se encontra novamente abandonado e só no Labirinto.

Desta vez age com mais confiança, sob uma inspiração determinada e resoluta. Depara-se com uma porta cerrada, na qual bate com certa firmeza e esta permanece fechada por alguns instantes e detrás desta se depara com um mago montado sobre um camelo. Representa a Tradição Oriental que tem por objetivo facilitar sua elevação consciencial com a chave misteriosa e indispensável.

O velho venerável, seguido de seu cortejo, dirige-se a uma sala triangular, sustentada por três colunas, numa das quais é amarrado fortemente e logo sacrificado.

O Discípulo, em posse de mais luzes espirituais que os homicidas, adquire clareza e consegue superar este ordálio do velho mago. É autorizado, após breve momento, a apoderar-se dos documentos e do talismã constelado, que a vítima propiciatória levava encima dos ombros. O veículo da Tradição, o camelo, é devorado por um leão furioso, porém, isso pouco importa, uma vez que os tesouros intelectuais foram parar em boas mãos.

A partir deste momento solene, o Discípulo é elevado à categoria de Irmão Filaleta. Não obstante, falta, ainda, que os conhecimentos adquiridos sejam meditados profundamente, que sejam examinados com minúcias, pois sabemos que a linguagem ocultista tem trina interpretação, a literal, a figurada e a secreta. Durante sete dias e sete noites consecutivos, o Filaleta debutante, caminha como entre uma espessa nuvem de fumaça.

Na sétima noite, apercebe-se de que um ponto do espaço luze uma esfera da qual se desprende circularmente uma incessante chuva de estrelas. O filósofo para ante essa esfera radiante, porém não pode aproximar-se muito dela, mas lhe será possível recuperar o manto celeste, ainda que convertido num monte de cinzas.

Isso significa que já não deve temer as influências exteriores. É a prova do Fogo realizada com êxito, a qual faz incinerar as capas esvoaçantes da individualidade. O manto que lhe envolve agora não poderá ser arrebatado nem sequer destruído a não ser pelo próprio possuidor, fazendo mal-uso deste. É uma roupagem etérea, a aura espiritual que emana de um coração purificado pelo Fogo divino, é algo parecido com o famoso Ovo Búdico dos ocultistas do Oriente.

Neste grau de evolução espiritual, o Filaleta pode percorrer pelo Labirinto em todos os sentidos, sem extraviar-se, e assim é feito. Perto de uma gruta se apresenta inopinadamente o *Leão Verde*, amplamente conhecido pelos hermetistas. É o símbolo da vitalidade operante, do agente mágico, do qual dispõe o Adepto. Momentaneamente, o Filaleta não se sente capaz de dominar o animal feroz, teoricamente, conhece a arte de reduzi-lo à impotência e não deixa isso para depois. Em troca, vacila um só momento em colher os frutos da árvore da Ciência Oculta e em matar uma ave de rapina que poderia apoderar-se de sua pessoa. Arranca "nove plumas" desse pássaro e com elas fabrica uma coroa (um cocar), que correspondem a determinados segredos de magia prática, segredos surpreendidos em curso contra a impostura.

O Sábio que aspira a realizar a Grande Obra deve desprezar as riquezas perecíveis e jamais buscar a satisfação pessoal; é proibida igualmente toda mesquinha concupiscência e deve abandonar qualquer vício que degrada o ser humano. Se não tem orgulho de sua aparência física, e se o egoísmo não se aninha em seu coração e se não rouba o bem-estar de seus semelhantes, as nove plumas cravadas em seus cabelos cairão no solo, para transformar-se em outras tantas colunas cobertas de inscrições reveladoras com os maiores e sensíveis segredos. São os segredos práticos que resumem numa síntese surpreendente de todas as ciências misteriosas: a Doutrina Secreta. O Iniciado deverá estudar a fundo estas ciências, entre as quais haverá uma que, de momento, rechaçará ainda que tenha seu intelecto esteja preparado.

Realizada mais tarde sua independência intelectual, robustez cerebral, com o espírito inflamado, empreende a marcha para o Oriente, em busca das causas produtoras e das verdades generatrizes. Avança mediante o ternário silogístico, podendo, assim, controlar a direita e a esquerda, sem vacilações de qualquer classe e nunca regredirá de suas evoluções na Arte e em suas conquistas conscienciais.

Nele vemos a personificação dos estados de consciência: um (o Menino), representa o instinto; o outro (o Velho), se refere a uma espécie de memória ancestral. Graças a esta expansão da personalidade, o Iniciado pode comunicar-se com a misteriosa Ísis, e se converte em confidente de todos seus segredos. Numerosos gênios se manifestam a ele e lhe instruem de tudo quanto possa lhe interessar. O Filaleta chega até a contrair uma aliança com um de seus superiores, com o qual se convive e entrega-se a este por completo.

Este Guia invisível lhe reclama as cinzas do manto estelífero, com o objetivo de submetê-las na ação ígnea no Crisol de Ouro. Imediatamente convida ao seu protegido a tomar um banho de sangue humano[5] destinado a assimilação de energias vitais de outros.

Porém a força adquirida não basta para ter acesso ao profundo laboratório donde a Natureza opera suas metamorfoses. Para poder penetrar nele, é necessário, ademais, conhecer a fundo as virtudes dos corpos celestes. Somente assim o Iniciado poderá trabalhar em perfeita harmonia com a lei universal e lhe será permitido ler o grande livro do Mistério, em cujas páginas não se encerram mais que símbolos que outra coisa, a parte que somente o verdadeiro Sábio consegue interpretar.

5 - O "banho de sangue humano", o "sacrifício do mago" e outras expressões que se encontram nesta narração são puras alegorias (linguagem sob figura), cujo sentido oculto deve ser interpretado e guardado apenas pelo Discípulo.

Depois de longos anos de meditação e de silencioso estudo, o Filaleta é conduzido ante um altar, no qual se encontram um cantil e um copo; neste ele beberá numa fonte imediatamente contígua à uma pedra consagrada; aquele Guia guiará seus passos para um pequeno posso de mercúrio. O Gênio precipita a seu protegido no líquido metálico e lhe obriga a permanecer nele durante três dias. E a partir daí começam outros ordálios, estudos e práticas que o levarão à Câmara do Meio no labirinto de emaranhados caminhos...

NO PRONAOS DO TEMPLO

Por mais comuns que sejam as obras que tratam das *Ciências Secretas*, elas são, às vezes, meras recopilações de tudo que já foi escrito sobre esse tema na antiguidade e, outras vezes, são descrições de certas cerimônias mágicas ou práticas diabólicas, apresentadas timidamente ou em linguagem muito obscura. Alguns desses livros são de ameníssima leitura e rebuscados de erudição, contendo, *a priori*, vislumbres, sugestões e nada mais que isso[6].

Ninguém se atreveu a levantar o véu do Grande Mistério[7].

A finalidade de nossa obra fará sorrir, seguramente, alguns sábios medíocres, homens de ciência de limitados horizontes, que não admitem além do que se pode comprovar empiricamente. Esses homens, apesar de seus vastos conhecimentos, vivem nas trevas e não podem sequer suspeitar da existência da Luz.

Caros amigos e IIr∴! Vós que deveriam esforçar para compreender o Uno, do qual tudo emana, como ficam e permanecem indiferentes até a vossa própria salvação?

É justo que o Templo da Verdade se encontra tão deserto? QQ∴ IIr∴, uma instituição tão antiga e sagrada, como partícipes da F∴M∴ Hermética, não estejam, todavia, em condições de aprender algo transcendente a respeito da deusa Ísis. Os hieróglifos que se apresentam aos olhos lhes parecem incompreensíveis... Porém, esperem: o Templo vai

---

6 - Refiro-me aos livros de autores solventes (superficiais / prolixos); obras desprezíveis, omissas de verdade e de inumerável e inominável soma de ilusão – livrecos "eudomágicos" que em nada contribuem, tão somente sugerindo equívocos ou fantasiosas possibilidades mágicas, sem qualquer pragmatismo real, fundamentadas em elucubrações absurdas, na firme proposta da propagação do erro e da reprodução de superstições estúpidas.

7 - Não, ainda não se descobriram os *Grandes Segredos da Natureza*. Os filósofos antigos somente nos legaram vestígios dos Grandes Mistérios, mas ainda se encontram envoltos com o véu denso da parábola, alegoria ou do mito, resultando seus escritos quase nulos para a maioria dos mortais.

revelar-se. O véu vai ser levantado... Não sabeis ver com clareza esses misteriosos arcanos... Responde: o que haveis visto? – O que haveis entendido e o que haveis apreendido?

Ah! Não vou seduzi-los com falsas promessas. O que vou revelardes não é nenhuma nova e nem velha religião. Unicamente irei levantar minha voz em prol de algumas verdades úteis ao gênero humano. Apresentarei aos vossos olhos as primeiras idades do mundo, os desígnios do Eterno, suas relações com os seres criados e as leis da Natureza. Exporei algumas parábolas de um grande sentido oculto, ainda que, para muitos, não seja mais que contos para crianças. Penetraremos no Santuário da Ciência Oculta.

Gostaria de servir-me de uma linguagem mais clara de que me vejo obrigado a empregar, porém, o juramento prestado ante o busto de Harpócrates me tem vedado nesta condição de falar apenas aquilo que posso e não na eloquência que realmente gostaria. Não obstante, as alegorias das quais me sirvo são bastante compreensíveis para aqueles que tenham alcançado um nível consciencial suficientemente preparado para apreender a verdade, que está além do proselitismo do discurso.

A parte mais interessante dessas nuanças da Arte Hermética que descrevo, sem omitir detalhes, é, sem dúvida, a possibilidade de verificar, examinar daquele que ler nossas provocações, poder abri-las em teoria e prática as ciências cultivadas e aperfeiçoadas pelos sábios hierofantes do antigo Egito. Além disso, partes deste livro constituem, ou demandam, de uma interpretação e da realização de ditas ciências, que devem ser lidas com muita atenção.

"Então o sacerdote caiu em um profundo transe ou desmaio & disse à Rainha do Céu: Escreve para nós os ordálios; escreve para nós os rituais; escreve para nós a lei!" AL i 33.

"Mas ela disse: os ordálios Eu não escrevo: os rituais serão metade conhecidos e metade escondidos: a Lei é para todos." AL i 34.

O OCULTISMO DA CIÊNCIA

Quando vemos um homem com sede de conhecimento, com determinação e afinco interesse para adquirir sabedoria, ficamos admirados em ver que esta Ciência não conseguira fazê-lo desprender-se do dogmatismo que estava aderido a ela, e que não conseguiu alcançar a independência e uma liberdade por meio das letras, que poderia lhe proporcionar horizontes mais extensos. Uma visão limitada não permitiu ao homem cientista girar a chave do portal, que o conduziria à verdadeira Sabedoria. Nesse sentido, vê-se cometer erros e erros, acreditando numa falsa verdade; não obstante, filósofos, químicos, astrônomos e até médicos eminentes publicam suas equivocadas teorias. Muitas vezes atendem ao seu amor próprio exacerbado, que cada qual tem pelo sumo pontífice em suas especialidades; por outro lado, vão elevando medíocres estátuas a muitas e ilustres comunidades que aceitam resolutamente os novos paradigmas.

Em todo tempo e lugar existiram homens sábios, verdadeiros paladinos da Luz, de espíritos abertos, os quais se atreveram a romper com o cerco estreito da ciência oficial; porém, esses homens não expuseram jamais publicamente o resultado de suas investigações[8]; quando mais, divulgaram suas descobertas envoltas em símbolos, cujos sentidos o vulgo jamais pode apreciar. Não era prudente, tampouco, sua divulgação entre o povo ignorante, pois o uso de certos segredos poderia ser empregado para fins egoístas ou criminais. Portanto, impunha-se a sagrada lei do Silêncio, que exigia a todo Iniciado. Eis o porquê de chamá-la de Ciência Oculta.

Nos hieróglifos, nas alegorias dos antigos se encontram velados os maiores mistérios da Psicurgia e da Alquimia e de todos os ramos da Magia. Certamente que o vulgo, e até mesmo muitos homens ilustres, não veriam nessas alegorias mais que estéreis fábulas, mas afirmamos, a quantos estejam interessados por esses estudos, que sejais crédulos, e procurai extrair seu sentido enigmático e vossos esforços serão devidamente recompensados.

---

8 - Temos que reconhecer que os tempos estão mudados. Hoje, os sábios apagaram do Dicionário a palavra "impossível" e a Ciência não é mais um Dogma. Hoje, se escutam e se têm em conta as mais intrépidas hipóteses de um Richet (*Charles Robert Richet* – Paris, 26 de agosto de 1850 — Paris, 4 de dezembro de 1935); ontem, se lhe houvessem fechado todas as portas acadêmicas.

Para saciar vossa sede de saber, ponde um ardente entusiasmo nesta empreitada e a máxima atenção nas páginas deste livro e tende como corolário o pagamento em Sabedoria.

Antes de levantar o véu de Ísis, será necessário dizê-los algo sobre a história do homem, do progresso e da decadência de seus conhecimentos. Para passar ao estudo das Ciências Ocultas, será conveniente colocar-se em condições de poder apreciar através das ciências conhecidas, ou ditas profanas.

Referindo-se ao homem, o célebre naturalista Buffon (Georges-Louis Leclerc, conde de *Buffon* - Montbard, 7 de setembro de 1707 – Paris, 16 de abril de 1788) foi um naturalista, matemático e escritor francês): *"Tudo anuncia ao soberano dono da Terra"*. Esse sábio, ao analisar a espécie humana, nos diz claramente o que poderíamos chegar a ser ou ter. Sem dúvida, o homem é o animal mais perfeito da criação. Porém, sabe este aproveitar-se de sua imensa superioridade? Sabe ser ditoso? – Não, porque nunca vem trilhando no caminho que o conduz à Felicidade, por isso afirma que ela não existe nem poderia existir neste planeta.

O primeiro homem que apareceu sobre a face da terra saiu das mãos de seu Criador dotado de ciência infusa. O imenso Livro da Natureza foi aberto ante ele, e em suas páginas pôde ler o Grande Arcano. Enquanto se consagrou à sua leitura, gozou de certas faculdades maravilhosas, mas quando apartou os olhos daquelas páginas vivas, caiu no erro e seus poderes foram extinguindo-se.

Durante as primeiras idades do mundo, o homem mantinha uma relação constante com as entidades angelicais, como um ato normal[9], pois não existia obstáculo algum entre os mundos visíveis e invisíveis. Atualmente, essas comunicações com as entidades superiores somente são contatadas; por aqueles que são muito evoluídos espiritualmente, os que chegaram a um estado de renúncia especial, próprio do Adepto.

Oh, Mortais! Tenham em conta que não estais formados unicamente de matéria! Uma chispa de fogo divino os anima, e esta chispa não se extinguirá jamais. Esta essência vosso ser, que chamamos de alma, está destinada a realizar atos sublimes.

---

9 - *"Como se faz um amigo com outro amigo"*, segundo a frase de São Francisco de Assis (*Flores gloriosas de São Francisco*).

Apesar de todos os privilégios que o homem recebe de seu Criador, em que diferencia este dos demais animais? *A priori* são todos iguais, ambos estão sujeitos a incontáveis classes de enfermidade; poderíamos acrescentar ainda que todos têm a mesma dificuldade para curar suas mazelas.

Se passarmos das ciências às artes do homem civilizado, constataremos que este sempre duvidou de tudo; e o veremos desconcertar-se diante dos problemas mais simples da vida.

No entanto, a Natureza, pródiga e sensível, mostra-nos diante de nossos olhos que não sabemos ver, ela nos fala e não conseguimos ouvi-la; ela se movimenta de uma maneira perene; ela nos convida ao estudo e a reflexão. Mas não esqueçam que aquele que a conhece perfeitamente e a revela ao vulgo, passa por impostor ou por um desqualificado visionário. Apesar disso, os *Filósofos Desconhecidos* se dedicam às saborosas investigações sobre a Natureza e, sobretudo, do homem interno, prescindindo em absoluto da apreciação boa ou má dos cépticos.

A palavra *filosofia* e *filósofo*, as quais nos serviram no decurso desta obra, não tem um valor exato ao que lhes dão atualmente. Como ocultistas, denominamos filósofo o verdadeiro sábio, aquele que investiga a psique do homem, aquele que explica as leis da Natureza, do ponto de vista metafísico, aquele que remonta às causas primeiras, que se interessa por algo além da fisiologia humana e, por último, aquele que aceita o mundo espiritual em relação (imbricado) com o nosso.

Tanto a Ciência como a Verdade não são mais que uma só, aquela se apresenta sob dois aspectos: a ciência conhecida e a Ciência Oculta. A ciência conhecida, a ciência oficial, compreende a Física, a Química, a História Natural, a Astronomia, as Matemáticas, etc. A Ciência Oculta, chamada também Ciência Hermética, é a que trata das forças sutis da Natureza e das diversas condições com as quais se manifestam; é a que revela aos Iniciados o *Mystérium Mágnum*; é aquela que estuda o homem em seu estado psíquico, mental e espiritual; é a ciência que trata das comunicações com os anjos e espíritos (Inteligências) planetárias e ensina os meios de estabelecê-las. A Ciência Oculta compreende a Alquimia, a Astrologia, a Kabbala, a Magia, a Teurgia, a Mística, o Iluminismo, etc.

É comum encontramos autores de todos os continentes e épocas envolvidos extensamente e com profundidade nas Ciências Ocultas;

eminentes cientistas, tal como Paracelso, Van-Helmont, Athanasius Kircher, Agrippa, Swedenborg, Boehme, Khumrath e incontáveis sábios, e honestamente não podemos considerar seus escritos como fruto de fantasia, senão como compêndios de conhecimentos mais transcendentais do espírito humano, como um soberbo monumento elevado à deusa da Inteligência.

Os autores citados, muitas vezes, escreveram seus livros com a mais pura intenção de deixar-nos um legado de Conhecimento puro, para enriquecer nossos intelectos e nossos espíritos. Nas narrativas de suas obras, em diversos países, e em imensuráveis idiomas ou dialetos, foram inscritos cuidadosamente por meio de alegorias, parábolas e símbolos, resultando incompreensíveis para os profanos. Isso jamais será empecilho para o verdadeiro Iniciado, que, estudando, meditando e examinando, com atenção, as minuciosas chaves nas entrelinhas, o livro que está em mãos, os textos por mais intrincado que sejam, daqueles autores herméticos, serão interpretados com relativa facilidade.

O insigne autor Court de Gébelin[10], um dos sábios do século XVIII, publicou a obra monumental, *Monde Primitif*, que trata de um sem fim de matérias interessantes, entre as quais se destaca um estudo sobre as alegorias dos antigos, descreve *Os Doze Trabalhos de Hércules*[11] e desvenda hieróglifos egípcios. Ainda em sua obra destaca e dedica com clareza e sabedoria um bom espaço ao Tarô de Hermes, um profundo estudo, que dificilmente a nenhum outro autor se poderia igualar. Essa obra, tal como as do divino Paracelso, Kircher e outras luminosas fontes de conhecimento, são de uma grandiosíssima utilidade para o estudo do Ocultismo.

Vamos penetrar no Laboratório sublime da Natureza. Para isso, temos que nos preparar devidamente para a realização da obra magna. Para que tenhamos êxito nesta empreitada, é necessário que desprendamos de incontáveis paradigmas e preconceitos (ideias tidas por irrefutá-

---

10 - COURT DE GÉBELIN, Antoine (originalmente Antoine Court) (1719?-84). Pastor Protestante, suíço francófono e ocultista, que iniciou o movimento público para interpretar o Tarô como depositário atemporal de Sabedoria Esotérica. Em sua Obra *Le Monde Primitif*, analisou e comparou o mundo moderno; considerou que tanto o gênero alegórico (fechado) quanto o gênero literal (aberto) somente, conduziria o leitor a uma clareza de entendimento caso este tivesse autoridade e autorização para compreensão do texto.

11 - Veja em nossa obra *ABSINTO – O Inebriante Templo Maçônico, Sob a Luz do Sol da Meia-Noite* – Edições Tiphereth777, Juiz de Fora, MG, Brasil, 2007.

45

veis; opiniões preconceituosas sobre o real e o imaginário, do possível e impossível; do razoável e do absurdo), que somente nos trarão impedimento de compreensão da Arte Real. Conseguida essa perfeita condição de raciocínio, poderemos entregar-nos de corpo e alma ao estudo profundo da *Ciência Oculta*.

A tocha fulgurante que o *Grande Arquiteto* plantou no centro dos Mundos arde perenemente. Porque viver então nas trevas?

Espírito de Luz, banha meu ser e eleva minha mente às regiões do Empíreo e faça com que receba a beatífica intuição! Natureza, mostra-me teus segredos, quero analisar tua alma e aproveitar-me de tuas lições!

Aqui já há uma operação – uma de tantas – que se realizam todos os dias ante nossos próprios olhos, os quais não se dão conta e nenhum valor. Espetáculo surpreendente, maravilhoso e não nos diz nada! Tão cegos estamos! Pois bem; se esta árvore gigantesca, este pequeno arbusto e esta humilde ervinha estão dotados do mistério da vida e da sensibilidade conseguinte; se eles nascem, crescem, se reproduzem e morrem como todas as criaturas, este trabalho prodigioso da Natureza deve interessar profundamente ao verdadeiro filósofo. E pelo conhecimento dos milagres da vegetação chegaremos ao conhecimento da Alquimia. E por quais meios? Pela prática da Palingenesia[12].

Um verdadeiro filósofo deve conhecer a *palingenesia*, ou seja, aquela operação por meio da qual se obtém a ressurreição de uma planta ou de um animal reduzidos a cinzas. Essa magna operação já era conhecida pelos hierofantes do antigo Egito. Os magos da Idade Média e dos alquimistas do Renascimento também a praticaram. O divino Paracelso, sobretudo, explica detalhadamente a maneira de

---

12 - Palingenesia – do grego PALIN, novo, gêneses, nascimento. Princípio filosófico e religioso admitido primeiramente pelos pitagóricos e estoicos. Reaparição periódica dos mesmos fatos, vidas e almas. Renovação, regeneração, renascimento. Eterno retorno.

fazer aparecer em uma redoma o fantasma de uma flor que foi reduzida a cinzas.

O Cavaleiro Digby (Sir *Kenelm Digby* (11 julho 1603 – 11 Junho 1665), o célebre alquimista do século XVII, mais conhecido como Kenelm, tratou extensamente da palingenesia. Da mesma forma, Averroes, Alberto o Grande, Porta, Cardano, Agrippa e outros sábios também a praticaram com sucesso. O eminente egiptólogo, físico e kabbalista Athanasius Kircher, de comprovada fama universal, reduziu a cinzas uma rosa colhida no jardim da rainha Cristina da Suécia, a ante sua real presença, o douto jesuíta, fez aparecer a imagem da flor em uma redoma de cristal, na qual havia depositado as cinzas do vegetal. Isto ocorreu em 1687.

Em meados do século XIX, um sacerdote inglês Octavio Coxe, sujeito de grande erudição, físico notável, manifestou ter colocado em prática a operação palingenésica, havendo ficado atônito ante os maravilhosos resultados obtidos.

O publicitário J. Daniel Maior, o Pe. Gui Ferrari, da Companhia de Jesus, o célebre químico Andreas Libavius (1540-1616), o tão famoso engenheiro Juan Fabre, o fundador do sistema homeopático, S.C.F. Hahnemann e outros tantos homens ilustres da ciência se ocuparam, com verdadeira simpatia, da palingenesia. E, por último, Bary (1831 – 1888), um distinto Professor da Universidade de Paris, em sua obra *Química Orgânica*, dedica algumas páginas a esta maravilhosa operação alquímica, afirmando que esta é uma realidade demonstrável e não é uma quimera pueril nem um desvario como acreditavam alguns sábios daquela época.

As regras que devem ser observadas, para praticar com sucesso a surpreendente palingenesia, são suficientes e necessárias se seguidas com criterioso conhecimento. Escutemos o que disse sobre dita operação o Professor Gui de la Brosse, em seu notável intitulado *De la Nature des Plantes*, Cap. VI, p. 44 em diante.

> *Certo polonês, disse La Brosse, sabia obter o fantasma das plantas e fazia aparecer numa redoma de cristal; de maneira que sempre que queria fazer aparecer o espectro ou imagem de uma flor ou de um arbusto num recipiente, aparentemente vazio. Cada botija continha a alma de uma planta determinada; no*

fundo da vasilha somente se via um montinho de terra semelhante a cinza. A redoma estava hermeticamente fechada; para que a ressurreição se desse, acalentava suavemente na parte inferior da vasilha, e o calorzinho fazia surgir do meio daquelas cinzas uma nuvenzinha que lentamente ia condensando-se, até alcançar a forma de um formoso talo, com suas ramas e suas folhas verdes e suas flores frescas. A formosa aparição permanecia em todo seu esplendor tanto tempo que durasse o calor excitante, porém, à medida que este diminuía, a imagem ia desvanecendo visivelmente, evaporando-se lentamente, até desaparecer por completo.

Chegou o momento de revelar, então, aos nossos queridos leitores, o segredo desta maravilhosa operação.

Para se obter a ressurreição de uma planta, há que seguir as orientações adiante:

1º - Tomareis quatro libras (cada libra tem 453,59 gramas) de semente da planta que desejais fazer renascer de suas cinzas. A semente escolhida tem que ter chegado a sua completa madureza; "machacando" (Esmagar um corpo com o peso ou dureza de outro), em seguida num almofariz (pilão), que não seja de metal; coloque em seguida o amassado numa redoma de cristal, bem limpa, a qual deve ter um tamanho proporcional à planta. Feche a vasilha e guarde-a em um local de temperatura amena.

2º - Escolhei uma noite serena de verão e exponha a vasilha na humidade noturna, com objetivo de se impregnar da virtude vivificante do orvalho. (Esta substância é também chamada de '*Água Lustral*', veja mais detalhes em nossa obra *Manual Mágico de Kabbala Prática*, Editora Madras, SP, 2011.)

3º - Ao mesmo tempo, numa bacia a parte, recolhei todo orvalho que conseguir; logo o filtrareis, para que não fique qualquer impureza. Isto deverá fazer-se antes do Sol nascer; caso contrário, este aspirará a parte mais preciosa, a qual é sumamente volátil.

4º - As escórias que encontrardes no fundo da bacia devem ser calcinadas, e com isso se obterá um sal de aspecto muito agradável.

5º - Destampai a vasilha que contém as sementes machacadas e derramai sobre elas o orvalho destilado e o sal. Tampai em seguida, hermeticamente, a vasilha, e assim preparada, se aguardará por um espaço de tempo de um mês, entre o esterco de um estábulo de cavalos ou de vacas. Durante este tempo, no fundo da vasilha se formará uma massa gelatinosa coberta por uma espécie de musgo verde; em cima desta vereis flutuar como umas minúsculas bolhas cintilantes, as quais constituem a *alma máter* da ressurreição da planta.

6º - Tirai a vasilha do esterco e exponde-a, durante o verão, durante o dia, aos ardores do sol e à noite, aos raios da lua. Em tempo chuvoso devereis transladar a vasilha para um local seco, até que melhore a temperatura. Algumas vezes a obra estará terminada num par de meses, porém, geralmente, poderá tardar mais um pouco, sobretudo se o tempo não estiver favorável à operação.

7º - Os sinais de êxito se farão patentes quando verificar que a matéria granulosa tenha se transformado num monte de pó cinzento azulado; isso significa que está em posse das "cinzas da Fénix vegetal". Então bastará aquecer suavemente o fundo para vasilha para que vejais surgir dentre as cinzas o espectro da planta.

Com essa redoma assim preparada podereis assombrar (impressionar) vossos amigos, fazendo aparecer e desaparecer ante seus próprios olhos a imagem de uma planta ou de uma flor. Porém, o objetivo da palingenesia não é este, senão o de fazer vislumbrar o filósofo outras e mais transcendentais concepções do mundo oculto.

A Alquimia pode fazer reviver determinados corpos destruídos pelo fogo. A transmutação dos metais ou a pedra filosofal é uma espécie de palingenesia metálica. O mais incrível e maravilhoso da palingenesia é a ressurreição dos animais reduzidos a cinza. Sobre este particular, o orientalista Gaffarel Jacques (1601-1681), bibliotecário de Richelieu, tem uma obra interessantíssima cujo título é *Curiositates Inauditae* –

Ed. Schilleri, 1706 & Gchulken 1676, Hambourg, 1676. Nela se descrevem minunciosamente as operações de palingenesia animal[13].

Além do mais, na obra citada se pode consultar, com muito proveito, a Botânica Oculta, do divino Paracelso, a qual também trata extensamente da palingenesia, das teorias herméticas sobre o reino vegetal, da alma das plantas e de seu cultivo oculto. Contém, ademais, um robusto estudo dedicado às plantas mágicas, no qual se descrevem suas propriedades curativas e suas virtudes maravilhosas, segundo a Ciência Oculta[14].

> *Natureza! Símbolo fechado às inteligências obtusas! Meu espírito inquieto, incendiado pelo entusiasmo e induzido pela intuição semidivina, penetrou no misterioso laboratório da Vegetação. Mostra-me agora, oh Natureza! A matéria primordial em que se encerra a geração metálica. O Sol do Crisol, o Ouro nefasto, que tanto perturba a consciência humana, não deseja alcançá-lo, não quero enriquecer-me, somente desejo conhecer e aprofundar na aliança suprema do Dragão Vermelho e na Azucena[15].*

Já posso ver a Terra inteira animar-se com ardor; já observo os sete planetas como giram vertiginosamente... O Fogo opera. A Água se evapora. A União Celeste se consuma. A Criatura nasce e o Sol radiante desvanece nas sombras. Eis aqui as alegorias reveladoras que vamos expor aos próximos assuntos desta obra. Este é o local e momento indicado onde caberá reunir verdadeiros conhecimentos dos Irmãos da Rosa ✠ Cruz.

Vamos levantar o véu. Porém, antes, acreditamos ser oportuno recordar novamente que é indispensável por uma máxima atenção na leitura do fruto apetecido. Se depois de lido detalhadamente e meditado nas informações e narrações dos capítulos desta obra, que consta a

---

13 - Curiositates Inauditae de Figuris Persarum Talismanicis, Horoscopo Patriarcharum et Characteribus Coelestibus Jacobi Gaffarelli – Hamburgo, 1676. Obra escrita em latim. Um volume in-8°, de 202 páginas, mais de 498 notas, ou seja, um total de 700 páginas. Contém algumas ilustrações.

14 - Existe uma excelente tradução espanhola desta obra, que tem por título: *Botánica Oculta: As Plantas Mágicas, segundo Paracelso*, por Rodolfo Putz - Ed. Pons, Barcelona 1900. Um volume, com gravuras e mais de 800 páginas.

15 - No simbolismo usado pelos alquimistas, o Dragão Vermelho representa o zinabre; a Azucena é um preparado de antimônio denominado *línium minerale*.

Revelação Iniciática e não haveis descoberto o sentido místico, e arrebatador de consciência, será necessário ler na *Paráfrase* subsequente e consultar o *Dicionário Hermético* de PERNETY, Dom Antoine Joseph, que figura em continuação. Fazendo desta maneira com que o fio condutor de Ariadna seja o veículo que vos conduzirá à *Heliópolis, a Cidade do Sol*, isto é, aos níveis consciencias mais exaltados.

CAPÍTULO II

CIÊNCIAS OCULTAS

Quando conhecemos o homem, este ser tão curioso em aprender tudo, espantamo-nos de que seus conhecimentos sejam tão limitados: vemo-lo cair de erro em erro e, apesar de seus desvios, ora acreditar-se filósofo, ora químico, ora astrólogo e às vezes médico. Cada um, escutando apenas seu amor-próprio, crê-se o juiz competente de seu saber e a graça ergue bustos a ilustres ignorantes.

Em todos os vãos esforços, o homem não demonstra, é verdade, que ele sabe, mas isso prova que ele foi criado para saber e que, se ele está nas trevas, o que é um efeito de sua indolência e não de sua organização.

Sempre houve seres privilegiados que saíram do círculo estreito dos conhecimentos de seus contemporâneos, mas esses homens foram não somente raros, eles acreditaram-se ainda obrigados a manter o silêncio ou, ao menos, encobrir suas ideias sob alegorias cujo sentido o vulgo nunca compreendeu. Se alguém se encontrava bastante feliz por conseguir ser iniciado, impunham-lhe, antes de mais nada, a lei sagrada do silêncio, detalhes que são mantidos até os dias de hoje.

É nos hieróglifos, nas alegorias dos antigos que se encontram os elementos mais úteis das ciências. Ainda que algumas pessoas ali não vejam senão fábulas, procurai nelas as verdades e vossas buscas não serão de modo algum em vão.

Para ser mais inteligível, é necessário que eu entre em alguns detalhes sobre a história dos homens, tanto sobre os progressos como sobre a decadência de seus conhecimentos. Antes de passar ao estudo das Ciências Ocultas, é preciso estar apto a apreciar aquelas que são conhecidas.

O célebre Buffon diz, falando do homem, que *tudo anuncia nele o mestre da terra*: este imortal escritor, analisando seus semelhantes, os faz sentir bem vividamente o que eles poderiam ser. O homem é, não há dúvida disso, o mais perfeito dos animais, mas ele se aproveita de suas vantagens? Faz com que se torne feliz? Como ele raramente toma a estrada da felicidade, ele ousa dizer-se com segurança que não seria capaz de encontrá-la sobre a terra. Fazemo-nos ideias quiméricas sobre as intenções do Criador: fala-se de um crime cometido pelo primeiro homem; explicam-se erroneamente alegorias traçadas por nossos antepassados; e acabaríamos por não mais nos entender se a coação não instituísse de tempos em tempos leis para que tivéssemos a mesma ideia, mais ou menos próxima.

É percorrendo a história do mundo que se está ao alcance de julgar o homem. A necessidade se mostra inicialmente seu primeiro mestre, vem em seguida a moradia. Daí essas ações que designamos *vícios* ou *virtudes* segundo a categoria daquele que os praticou.

O homem honesto e laborioso foi sempre ocupado pelos trabalhos da agricultura, mas teve de encontrar-se na sociedade alguns ociosos que criaram artes inúteis. Viu-se que seria mais confortável enganar seus semelhantes que os alimentar.

O gênio fez nascer as artes inúteis: a impostura produziu algumas mais criativas ainda: isto posto, é inútil dizer quais foram aquelas nas quais se teve mais progresso. A teologia e a medicina, feitas para descobrir grandes verdades, foram em seguida a fonte de uma infinidade de abusos. Desagradou-se muito cedo do estudo e colocamo-nos a gritar que sabíamos tudo.

Contudo, eu o repito, o homem era feito para saber muito. Aquele que foi o primeiro a ser criado não saiu, de modo algum, das mãos do Criador em um estado infantil: o Livro da Natureza lhe foi aberto e explicado. Tanto quanto nos limitamos a esta leitura, conhecemos sua perfeição; assim que dela nos afastamos, foi preciso cair no erro.

As primeiras eras do mundo apresentaram o quadro da abundância e da concórdia: então não havia uma barreira tão grande entre o homem e os seres celestes, comunicação que suspeitamos ainda em nossos dias, mas da qual rimos, porque nos tornamos incapazes de conhecê-la.

Mortais, lembrai-vos de que não sois somente formados de matéria! Uma porção de fogo celeste vos anima e não se destruirá jamais. Esta parte de vosso ser, que nomeais alma, pode e faz grandes coisas!

Apesar de todos os privilégios que o homem recebeu do Criador, o que ele faz a mais do que os outros animais? Como os últimos, ele está sujeito às doenças; poderíamos acrescentar ainda que ele faz bem menos para se curar. Percorramos as ciências e as artes, nós o veremos duvidar de tudo, tomar em tudo falsos caminhos e se perder nas operações mais simples.

A natureza trabalha, contudo, cada dia sob nossos olhos: ela diz, ela opera e aquele que a conhecesse perfeitamente, passaria talvez por um impostor ou um ignorante. Alguns *filósofos desconhecidos* ocupam-se destas buscas, mas o tempo de instruir o mundo em geral não veio ainda.

Chega-se ao estudo das Ciências Ocultas pelo justo conhecimento das ciências conhecidas. A palavra filosofia e filósofo, das quais me sirvo nesta obra, não são as mesmas as quais estão na moda. Os filósofos do dia e os verdadeiros filósofos não são os mesmos de outrora.

Dou o nome de filósofo ao verdadeiro sábio, que conduz seus trabalhos sobre o próprio homem, que explica as leis da natureza, que conhece o caminhar de suas produções, que vê sobre a terra alguma coisa a mais que o homem...

Divido a filosofia em ciência conhecida e em filosofia oculta. Aquela que é conhecida compreende a física, a história natural, a astrologia e a química. A filosofia oculta abrange o verdadeiro conhecimento do criador e dos criadores, ela ensina a comunicação que todos os seres mantêm entre si, ela ensina a arte de transformar os metais e de aperfeiçoá-los; ela mostra, enfim, a futilidade da medicina comum. É da filosofia oculta que eu trato particularmente nesta obra.

Tudo o que se lê em *Paracelso, Van Helmont, Ramon Llull, Glauber, Treviso, Swedenborg*, etc., não são, de modo algum, efeitos de seus erros, nem de imposturas. Por meio desses escritores é que será necessário buscar os preceitos das Ciências Ocultas. No presente livro, enfatizo a importância de tais estudos desses adeptos como Court de Gebelin, que ofereceu em suas obras a explicação dos signos dos hieróglifos dos antigos. Nesta obra chamamos atenção para uma nova diretriz, que, de forma clara e segura, auxilie a todo o buscador sincero da verdade a conduzir seus estudos começando por esse *mundo primitivo* de antigos preceitos essenciais da ciência da magia, pois foram a base em meus próprios estudos e de experiências pessoais realizadas ao longo dos anos.

Após ter pintado a nobreza do artista e da arte, entremos na oficina da natureza, preparemo-nos para a grande obra. Esta tarefa não é módica, quantos abusos a destruir! Quantas opiniões a combater! Quantos preconceitos a anular.

A tocha que o Grande Arquiteto colocou no centro dos mundos reluz ainda; por que estamos nas trevas? Natureza, mostre-me teus ardis, quero analisar tuas obras e aproveitar de tuas sublimes lições!

A primeira operação, aquela que me atinge agora, é a vegetação; que espetáculo maravilhoso! Esta árvore, esta pequena planta, não são, de modo algum, seres mortos, eles se portam como as outras criaturas: eles nascem e se reproduzem através de machos e fêmeas. O estudo deste trabalho da natureza é necessário ao filósofo; é pelo conhecimento dos milagres da vegetação que ele passa ao reino mineral.

Um verdadeiro filósofo conhece a palingenesia, chamada de outro modo a fênix dos vegetais. Esta curiosa ressurreição das plantas conduz à ressurreição dos animais e à transmutação dos metais. Como este conhecimento é indispensável, entrarei em alguns detalhes sobre este assunto.

Alguns fortes espíritos asseguram que a palingenesia não pode ser executada, mas após as experiências dos verdadeiros filósofos e dos hábeis químicos, não poderíamos duvidar. *Coxe* fez na Inglaterra algumas tentativas muito curiosas sobre este tema. *Digbi* conheceu os milagres da palingenesia. O célebre padre *Kircher* falou muito disso, *J. Daniel Major* oferece um tratado de palingenesia. O padre *Ferrari*, jesuíta, *Jean Fabre, Hannentann, Paracelso, Libavius, Bary* em sua física, etc., trataram todos desta operação.

Antes de dar as regras para ter êxito nesta operação, escutemos o que diz sobre esse assunto *Guy de la Brosse*, em seu livro *Sobre a natureza das plantas*, Cap. 6. p. 44 e outras:

> *Um certo polonês, diz o Sr. de la Brosse, sabia aprisionar os fantasmas das plantas dentro dos frascos, de modo que todas as vezes que lhe parecia por bem, ele fazia aparecer uma planta em um frasco vazio. Cada vaso continha sua planta: no fundo parecia um pouco de terra como cinzas. Ele era selado com o selo de Hermes. Quando ele queria expô-lo à vista, ele aquecia suavemente o fundo do vaso: o calor que penetrava fazia sair do seio da matéria um caule, galhos, depois folhas e flores segundo a natureza da planta da qual ele havia aprisionado a alma. Tudo aparecia aos olhos dos espectadores tanto tempo quanto durasse o calor estimulante.*

Para repetir a operação e produzir esse fenômeno é preciso agir da seguinte maneira:

1º - Tomai quatro libras de grãos da planta que desejeis fazer renascer de suas cinzas. Esse grão deve estar bem maduro; amassai-o em um almofariz. Colocai tudo em um vaso de vidro que estiver bem limpo e da altura da planta da qual pegastes o grão. Fechai rigorosamente o vaso e o guardai em um lugar ameno.

2º - Escolhei uma noite em que o Céu estiver bem limpo e sereno; exponde vosso grão ao orvalho da noite em uma larga bacia a fim de que se impregne fortemente da virtude vivificante que está no orvalho.

3º - Com um grande tecido bem limpo, pregai em quatro estacas em um prado, recolhei oito quartilhos deste mesmo orvalho e derramai em um vaso de vidro que estiver limpo.

4º - Recolocai vossos grãos embebidos do orvalho em seu vaso antes que o sol nasça, porque ele evaporaria o orvalho. Colocai o vaso como antes em um lugar ameno.

5º - Quando tiverdes recolhido bastante orvalho, é preciso filtrá-lo e depois destilá-lo, a fim de que ali não reste nada de impuro. Os sedimentos que restarem serão calcinados para dali extrair um sal bastante curioso e muito agradável de ver.

6º - Derramai o orvalho destilado e impregnado deste sal sobre os grãos e depois fechai novamente o vaso com vidro moído e com bórax. O vaso é colocado neste estado por um mês em estrume de cavalo.

7º - Retirai o vaso; vereis no fundo o grão que se tornará uma geleia; o espírito será como uma pequena pele de diversas cores que flutuará acima de toda matéria. Entre a pele e a substância lodosa do fundo notamos uma espécie de orvalho esverdeado que representa uma colheita.

8º - Exponde durante o verão este vaso bem fechado de dia ao sol e de noite à lua. Quando o tempo estiver chuvoso, é preciso guardá-lo em lugar quente até o tempo melhorar. Pode acontecer às vezes de a obra se aperfeiçoar em dois meses; é necessário, às vezes, um ano. As marcas do sucesso estão quando se vê que a substância lodosa se infla e se ergue, que o espírito ou a pequena pele diminui todos os dias e que toda a matéria se engrossa.

9º - Enfim, de toda esta matéria deve formar-se uma poeira azul. É dessa poeira que se elevam o tronco, os galhos e folhas da planta quando se expõe o vaso a um calor ameno. Eis como se faz a fênix vegetal.

A palingenesia dos vegetais não seria senão um objeto de divertimento se essa operação não fizesse entrever outras, maiores e mais úteis. A química pode, por sua arte, reviver outros corpos; ele destrói pelo fogo e os torna em seguida sua primeira forma. A transmutação dos metais e a pedra filosofal são consequências da palingenesia metálica.

Faz-se sobre os animais o que se faz sobre as plantas, mas tal é a força de meus engajamentos que não posso me explicar abertamente. Mas, que digo? Não entrei em detalhes bastante circunstanciais para aqueles que buscam verdadeiramente instruir-se.

O grau mais maravilhoso da palingenesia é a arte de praticá-la sobre os restos dos animais. Que encantamento gozar do prazer de perpetuar a sombra de um amigo, quando ele não existe mais? *Artemísia* engoliu as cinzas de *Mausolo*, ela ignorava, ora, o segredo de enganar sua dor.

Gaffarel, em seu livro *Das Curiosidades Inauditas*, narra operações maravilhosas sobre a palingenesia dos animais. Limito-me a anunciar e indico para a prática a leitura do *Hermetismo Secreto* que está na segunda parte desta obra.

É preciso refletir sobre os segredos desta espécie para passar à descoberta daqueles que podem ser realmente úteis. É por reflexões e meditações sobre este assunto que se descobriram os meios de comunicação com os seres que estão bem acima do homem. Este estudo é difícil, mas não é menos satisfatório.

Natureza! Eu te observei na oficina da vegetação das plantas, vejamos aquela dos minerais! Mostre-nos a arte de fabricar este metal que faz tanto mal na sociedade, faremos dele um uso totalmente diferente.

Já vejo a terra animar-se pela influência do calor, os planetas se ordenam, o fogo age, a água evapora-se, o casamento se faz e a criança vê a luz do dia. Todas essas alegorias estão sob um outro véu bem menos espesso em meu *Hermetismo Secreto*; é lá que é necessário extrair os verdadeiros conhecimentos dos irmãos da R. C. e da Maçonaria Iniciática.

Não há mais do que um ponto essencial para se conhecer antes que ser iniciado nos grandes mistérios: é a ciência dos números.

O cálculo é a primeira chave da verdadeira ciência, mas os verdadeiros calculadores são muito raros: o que o prova, é que as *loterias* são ainda um emblema para o vulgo. Se os filósofos eram homens interessados, eles participavam deste jogo e sempre seguramente. Indico, para isso, meu *Hermestimo Secreto*.

Retorno aos números e ao seu conhecimento. Os números são signos úteis. Os negociantes se servem deles para marcar valores; o adepto os emprega para dar preceitos sobre as Ciências Ocultas. Não há senão um número conhecido; esse número parte do desconhecido que é um, ele termina em nove, apenas o vulgo vai mais longe.

Toda ciência se apega a linhas retas ou curvas, emblema do verdadeiro e do falso. Os caracteres de uso não foram feitos de modo algum por acaso, pois um não poderiam ser dois, nem dois poderia ser quatro. O zero, ao qual os matemáticos acrescentam sempre um numeral para atribuir-lhe valor, é a raiz do grande número entre os Ph∴ Inc∴. Eis como eles demonstram a existência da medicina universal e como eles consignam o segredo em seu santuário.

Durante o dia conta-se quatro, à noite acrescenta-se três, no dia seguinte dizemos nove, para retornar a sete. Duas vezes sete se colocam, tiramos nove, sobra cinco. Não é senão após ter lido todo este livro que estaremos aptos a combinar e apreciar esse cálculo.

Este estudo é aquele dos Ph... Inc... É deles que extraio todas as verdades que consigno nesta obra. Como poderíamos ignorar o que é esta sociedade, devo expor o instituto e os trabalhos. Ó meus irmãos, não temeis a indiscrição! Suponho todos aqueles que me lerem serem F∴ M∴ ou de outra forma iniciados em outras Escolas de Mistérios. Direi tudo, sem falar aos profanos.

O instrutor da ordem dos irmãos da Rosacruz era de uma família nobre da Alemanha, ele era monge. Com a idade de vinte e um anos ele já havia percorrido toda a Europa. Ele foi em seguida para o Egito e juntou-se aos filósofos árabes, onde se instruiu.

Esta sociedade está sob a proteção do Santo Espírito. O instituto e os trabalhos são mais ou menos aqueles da F∴M∴, exceto que não se unem de modo algum, escreve-se somente no capítulo sem se prender a isso. Ocupam-se com a reforma de tudo o que não está na ordem e na harmonia das coisas. Trabalham com a medicina universal e com a transmutação dos metais. Não podem nomear estes irmãos *Cavaleiros do estômago*, pois os *banquetes* não são de costume nem de regra. Aqueles que desejarem instruções mais amplas sobre este assunto poderão consultar *Paracelso e Libavius.*

Passemos agora aos trabalhos dos eleitos ou dos verdadeiros adeptos. Aviso que não poderíamos conceder muita atenção à leitura do *Hermetismo Secreto*. Se ela parece ininteligível à primeira leitura, não teremos senão que ler o Comentário que segue e o Dicionário Alquímico que está disponível neste livro, retornando em seguida ao *Hermetismo* e não encontrarão mais dificuldades.

AS FORMAS DA LINGUAGEM PARA AS CIÊNCIAS OCULTAS

Para entender a linguagem do ocultismo religioso (símbolo, mito, rito, doutrinas, alegorias, numa dimensão textual, ou melhor, literal somente é possível através da arte, na percepção visual) além desta, há mais duas, a figurada e secreta, como já falamos anteriormente. Excetuando a primeira forma de percepção há que partir da experiência do Sagrado para se fazer comunicar ou compreender nas outras duas. Do contrário, se trabalha com vocábulos sem sua correlação real da vida e da essência das coisas.

Ainda que o termo de vivência espiritual (religiosa) é algo transcendente, o *Sagrado*, ou melhor, o *Numinoso*[16], segundo Rudolf Otto (1869-1927), na obra *O Sagrado* – Edições 70, Lisboa, 1992; segundo o teólogo e filósofo alemão, é um sentimento único vivido na experiência religiosa, a experiência do sagrado, em que se confundem a fascinação, o terror e o aniquilamento.

---

16 - O *numinoso* não pode ser entendido, porque não pode ser explicado; isso parece ser óbvio, e o é, já que seu caráter é de algo inefável – se não se pode dizer, não se pode entender. Porém, a simplicidade, como Otto trabalha a questão, transforma-a em algo de reduzida compreensão, já que para ele, somente os que viveram uma experiência religiosa é que podem entender, mas não expressar, o que sentiram e viveram em relação ao sagrado, ao *numinoso*. O diálogo entre o religioso e o não religioso se torna, dessa perspectiva, estritamente difícil, já que o homem natural não compreende nada do sagrado, nada do *numinoso* e nada da religião: "é impossível conversar sobre religião com tal homem" Um caminho para o diálogo poderia ser a experiência estética, entretanto, a mesma é apenas algo muito próximo, mas não é o sentimento religioso. Esse ou esses sentimentos, na experiência religiosa (cristianismo), sempre são experimentados em maior intensidade que nos outros domínios da vida. A gratidão, a confiança, o amor, a segurança, a submissão, a resignação e a dependência, são na religião, ou melhor, na experiência religiosa, sempre mais intensos. Schleiermacher, destacando o sentimento da dependência, enfatiza que o mesmo é diferente de qualquer outro sentimento de dependência encontrado fora da religião. O porquê disso? Não dá para explicar? Para Otto, esse sentimento se explica no "sentimento de ser criatura". Sentimento de que algo está fora de mim e longe do meu alcance, algo que se encontra na divindade para Schleiermacher, mas que ao mesmo tempo está em mim (fator psíquico – universal?). Relaciona-se ao medo, já que o que está fora de mim é maior do que eu, mas também se relaciona ao "amor", já que me sinto atraído para esse que está fora de mim. Certamente o racional e o científico não podem explicar isso.

A partir da experiência pessoal humana, a primeira nota que ressalta é o caráter finito, limitado, fragmentado, insatisfatório, além disto, perecedor, de toda realização dentro do tempo e da história. As carências físicas, psíquicas, econômicas, socioculturais; o sentido de que muitas situações produzem uma consciência de insatisfação e uma sensação de insaciado (vazio) a qual não se cobre totalmente com nenhuma realização humana propriamente dita.

Este é um aspecto *negativo* da definição de experiência religiosa. Quanto desponta o "desejo do infinito", de totalidade, de plenitude, de sentido – irrealizável na instância humana – nasce a busca do transcendente como uma possibilidade para elevar-se a um nível consciencial ascencionado. Aí encontramos num momento *positivo* da experiência religiosa, cujo núcleo, portanto, é a relação com o Transcendente, aquele totalmente *outro* enquanto totalizado (pleno) e cheio de sentido perdurável. Em código religioso, estamos falando de *salvação*, cujas infinitas formas mostrará a linguagem apropriada de cada cosmovisão.

Por definição, Transcendência é indescritível; o Mistério é inquestionável. É necessário, portanto, que inicialmente *se manifeste* de alguma forma. Tal é toda hierofania ou manifestação do sagrado. Para não comprometer a compreensão do Sagrado, talvez seja mais correto falar de *transfanía* – para referir-se à linguagem *pseudo-dionísio* de *apofanía* para referir-se à manifestação a partir do Transcendente que origina sua capacitação e experiência fecunda no ser humano. O Transcendente negativado de alguma maneira nas coisas e captado nelas pelo ser humano, faz com que eles percebam a dimensão *sagrada*. Tudo que é *sagrado*, portanto, é uma meditação para apofanía, ou, olhando a partir da perspectiva humana, é um sinal do *numénico*.

Não importa pelo momento que o transcendente seja identificado como potência (*orenda, mana, numem*, etc.), como Deus ou com algum termo que abarque o condensador (Brahman, Espírito, Absoluto, Ser). Em todos os casos, trata-se do totalmente Outro e Total que, por ser tal, se converte em polo irresistível (*fascinans*) de tração e pode "preencher" os vazios das criaturas. Em última instância, em toda experiência religiosa estão latentes o desejo e a busca de alguma forma de *deificatio*.

Desde cedo que a experiência da Transcendência necessita ser "dita", seja para si mesmo, seja para os outros (aspecto social); é um dos atributos mais "humanos"; ainda que o místico necessite *dizer* que o divino é *indizível,* inefável; ainda que o esoterismo e o arcano (mistério), (que não são tipos de religião, senão tendências dentro de muitos sistemas religiosos), nos quais se preserva internamente a comunicação de doutrinas ou ritos, evidenciam a necessidade dessa mesma comunicação dentro do grupo.

A expressão religiosa, por ela mesma, é tanto comunicação do *vivido*, quanto uma *nova vivência* do mesmo ato ao ser dita. Cada uma das linguagens dessa vivência – o símbolo, o mito, o rito, a tradição convertida em texto – a recria à sua maneira, mas todos participam dessa qualidade.

A partir daqui, podemos perguntar como se expressa a experiência religiosa. Estamos no plano da linguagem, verbal, gestual, escritural, apofática (apofática é uma teologia que tenta descrever Deus). Também em formas combinadas, como no rito ou na doutrina. As linguagens básicas, ao mesmo tempo situadas na religião são:

- O *símbolo*, que constitui a fórmula básica da expressão religiosa por levar em sua noção uma referência à "outra coisa".

- O *mito*, que somente tem a função de integrar o símbolo, mas que é muito mais que isso. A referência do Transcendente se faz pela via da primordialidade. Na expressão por antonomásia de uma cosmovisão, ademais de oferecer modelos para as práticas sociais ou rituais.

- O *rito*, que participa dos valores simbólicos e muitas vezes dramatiza o mito, quando não se origina deste. Em sua manifestação gestual, complementa a verbalidade do mito.

- A *doutrina* ou conjunto estruturado de tradições (tem muitas formas: ciclos míticos, tradições, orais, textos sagrados, elaboração doutrinal a partir destes, etc.).

Perceber a *noesis*, dentro da fenomenologia[17], de um mito, de

---

17 - *"Fenomenololgia (do grego phainesthai, aquilo que se apresenta ou que se mostra, e logos, explicação, estudo) afirma a importância dos fenômenos da consciência os quais devem ser estudados em si mesmos – tudo que podemos saber do mundo resume-se a esses fenômenos, a esses objetos ideais que existem na mente, cada um designado por uma palavra que representa a sua essência, sua "significação". Os objetos da Fenomenologia são dados absolutos apreendidos em intuição pura, com o propósito de descobrir estruturas essenciais dos atos (noesis) e as entidades objetivas que correspondem a elas (noema). A Fenomenologia representou uma reação à pretensão dos cientistas de eliminar a metafísica".*

- Em filosofia, noesis significa compreensão imediata, habilidade de sentir ou perceber ou saber algo imediatamente. Se contrasta com a dianoia.
- *Dianoia (Grego: διάνοια) é um termo usado por Platão para designar um tipo*

uma alegoria ou rito, demanda certa sensibilidade que está além da intuição, para se atingir seu núcleo (essência ou significação real).

Seria de grande importância que um buscador, ao iniciar seus estudos dentro das escolas de mistérios, tivesse uma boa dose de senso crítico e clareza de alguns fenômenos científicos que surgem ao deparar com o drama das iniciações. Diante dessas apresentações teatrais, um princípio do estudo da percepção que as ideias vão se formando deveria ser condicionado dentro da linguagem corrente com clareza e lógica. Nossa percepção não é uma função primitiva sustentando aquisições culturais, como a atitude natural nos levaria a crer. Muito ao contrário, o que ambos, tanto o senso comum quanto a ciência, atribuem como significado à percepção é, em si, uma construção cultural que perde de vista o fenômeno da percepção.

Procuramos compreender a percepção por meio de um enfoque analítico, o que resulta na ideia de sensação como sendo a pedra fundamental para a percepção, dando origem à visão desta como produto de sensações. A visão de sensações varia, então, de acordo com vários teorizadores e pode vir a significar:

A maneira pela qual o *recipiendário* é afetado e experiencia promove um estado único. Numa visão como esta, a sensação é uma impressão produzida no sujeito; ver vermelho, por exemplo, é ter uma impressão de vermelhidade. Pode-se pensar aqui nas considerações de John Locke ou de Descartes, que faziam distinção entre qualidade primária, como *extensão*, e qualidade secundária, por exemplo, a *cor*. Somente a primeira, a extensão, pertence ao objeto propriamente. O objeto é considerado não possuidor de qualidades de cor, mas podendo esta surgir pela participação do sujeito. Tornar a cor puramente subjetiva é, entretanto, fazê-la indistinguível, uma vez que a diferenciação requer um distanciamento, e daí uma objetivação por parte do sujeito.

Devemos, sim, buscar, por meio dos mitos, alegorias, ritos e símbolos, uma sensação pura, e é, desta forma, que o experienciar de um impacto instantâneo e indiferenciado. Como tal, é vazia de significados e altamente estranha a nossa experiência vivida que, não importa quão elementar, está sempre saturada de significados. Assim como a adição de zeros que nunca chega além de zero, a soma de elementos sem signi-

---

    de conhecimento, particularmente conhecimento de assuntos matemáticos e técnicos

- *Do gr. nóema, pensamento; na filosofia fenomenológica, aquilo que se pensa.*

ficados nunca pode produzir um todo significativo.

Impressões indiferenciadas puras, fora de uma estrutura, são imperceptíveis, não podendo constituir parte de qualquer percepção imaginável e nem ter lugar, portanto, em uma análise da percepção. A sustentação destas, como constructo teórico, só serve para obscurecer aquilo que tinham intenção de iluminar: a natureza da percepção.

Mesmo o dado sensorial mais simples possui uma estrutura, uma figura e um fundo, sem o que não poderia ser um dado sensorial.

Uma propriedade do objeto percebido. Nesta maneira de ver, o vermelho não é uma sensação, mas, antes, uma qualidade de alguma coisa externa àquele que percebe. O erro desta vez está em fazer um "algo em si", no qual todas as coisas estão determinadas, é o mesmo que substituir uma coisa pela outra. Há o caminhar de um individualismo subjetivo e indeterminado para o radicalmente objetivo e determinado, uma tal postura, em lugar de atentar para a experiência, pressupõe que os objetos da experiência sejam claros e determinados. Essa visão julga previamente nossa experiência real de percepção, eliminando de início tudo que não se adapte ao modelo. As ambiguidades são descartadas como sendo devida a alguma deficiência daquele que percebe, por exemplo, à desatenção, em vez de serem atribuídas à indeterminação positiva do objeto percebido.

O empirismo, havendo feito da qualidade uma propriedade dos objetos, é chamado para explicar como estes podem dar origem à experiência perceptiva:

a) De início, parece que o senso comum e a fisiologia podem auxiliar a salvar a situação. Aquele declara que o dado sensorial é apanhado pelos sentidos, enquanto a fisiologia fornece uma análise detalhada dos sentidos como instrumentos. O resultado é a redução da percepção a um processo causal, no qual a sensação é a consequência imediata de uma excitação. Aquele que percebe é reduzido a um sistema físico submetido a estímulos físico-químicos, respondendo de forma determinada.

b) Átomos de matéria são considerados como estimuladores dos órgãos sensoriais. Essa estimulação é transmitida pela via do sistema nervoso central ao cérebro, em que é registrada e decifrada, a fim de produzir uma experiência correspondente ao estímulo. Partículas mínimas de qualidade de cor, por exemplo, são atribuídas à origem da experiência da cor. A ideia da sensação como impressão instantânea firma-se, então, na fisiologia, mesmo constituindo-se- apenas em uma explicação.

c) A própria fisiologia foi forçada a sustentar essa posição.

Defendemos aquilo que é percebido, qualquer que seja sua natureza, admite uma ambiguidade e pertence a um contexto – ou a um campo – que lhe dá forma. Resulta daí que é preciso rejeitar qualquer tentativa de decompor a percepção em sensações e de reconstruir a partir de qualidades determinadas.

Precisamos abandonar a crença de um mundo próprio externo, no qual a ciência acredita. Em lugar disso, devemos voltar para o plano pré-objetivo, caso desejemos compreender o que realmente significa poder ver, ouvir e sentir.

Voltemos um pouco à questão do *Símbolo*. O símbolo é a chave de toda expressão da vivência religiosa. Assim como a experiência da Realidade transcendente (O Mistério ou como se lhe chame), é o núcleo do fato religioso, assim também é o símbolo, na ordem da expressão, a linguagem originária e fundante daquela experiência, o primeiro e aquele que alimenta a todos os outros.

> *O símbolo tem a grande vantagem de ser capaz de representar tudo como uma presença sensível, pois encerra toda a ideia num ponto da manifestação. (...) Mas a alegoria tem vantagens infinitas para um pensamento mais profundo. Ela pode perceber o objeto real como puro pensamento, sem o perder como objeto.*
>
> (VORLESUNGEN, G.W.F., *An Introduction to Hegel. The Stages of Modern Philosophy* - Ohio Univ Pr, Chicago, Illinois, U.S.A., 1996, p. 131, 129)

Por sua etimologia (gr. *sym-bállo*) o símbolo se refere à união de duas coisas. Era um costume grego que, ao fazer um contrato, se rompia em dois um objeto de cerâmica e cada um dos contratantes levava um dos pedaços. Uma reclamação posterior se legitimava pela reconstrução ("por junto" = *symballo*) dos fragmentos permitirá reconhecer que a amizade se mantinha intacta.

> *A alegoria contém a mesma coisa que o símbolo; só que nela apreendemos melhor o percurso da ideia que se realizou no símbolo. (...) Ao considerarmos o símbolo (no sentido lato) do ponto de vista da atividade, reconhecemos especialmente: 1: Toda a ação como esgotada nele, logo, como sendo ela própria objeto ou matéria, na qual, no entanto, ela é ainda percebida como ação. É o símbolo no sentido restrito. Reconhecemos: 2: O belo como matéria percebida ainda em atividade, como um momento da atividade, que ainda está ligada aos dois lados. É a alegoria.*
>
> (VORLESUNGEN, G.W.F., *An Introduction to Hegel. The Stages of Modern Philosophy* - Ohio Univ Pr, Chicago, Illinois, U.S.A., 1996, p. 131, 129)

A alegoria não se confunde com o símbolo. Essa figura de linguagem quer dizer: "*dizer outra coisa*"; significa diretamente numa direção oposta. O símbolo faz surgir, num momento e inteiramente, uma ideia que atinge todas as forças da nossa alma. É um clarão que cai, a direito, do fundo obscuro do ser e do pensar, nos nossos olhos, e atravessa toda a nossa natureza. A alegoria leva-nos a respeitar e seguir a marcha que toma o pensamento escondido na imagem. No primeiro caso, é a totalidade instantânea; no segundo, a progressão numa série de momentos. Por isso é que é a alegoria e não o símbolo que compreende o mito, ao qual convém perfeitamente a epopeia em progressão, e que não pretende condensar-se em simbolismo senão na teomitia (conjunto ou sistema dos dogmas, das antigas religiões pagãs). Existe, portanto, uma grande verdade no fato de certos retóricos chamarem alegoria à realização ou, por assim dizer, ao desdobramento de uma única e mesma imagem (tropo, metáfora, etc.); porque essa realização e direção da imagem é, em geral, uma tendência inata da alegoria.

O mito é o relato de um acontecimento originário, no qual atuam os deuses e cuja intensão é dar sentido a uma realidade significativa. Essa definição é completa e operativa, a nosso entendimento. Depois do símbolo que surge das coisas como são e como se manifestam, e que é a primeira linguagem da vivência religiosa, surge então o mito, que narra como os deuses instauraram as coisas numa cultura determinada são consideradas significativas. Tais podem ser no cosmos, na vida humana, nas leis, nos costumes de toda classe (trabalho, uso de instrumentos, vestidos, residências, artes medicinais, etc.), os ritos, os lugares sagrados, determinadas formas de oração, as mesmas escrituras sagradas, etc.

A diferença do símbolo e do mito não é uma coisa do mundo senão um fato literário. O mito narra sucesso, mas não dentro da história pois são primordiais, pertencem a um horizonte do *illud tempus*. Esta primordialidade implica ao mesmo tempo um *mundus imaginalis*. Por isso, somente os deuses, atores protagonistas, são capazes de fazer-se passar da primordialidade no tempo e no espaço de nossa experiência. Eles são os instauradores de tudo aquilo que tem "sentido" na experiência histórica. No mito o transcendente e real por excelência é visto como totalidade e fonte do ser. Tal percepção terá um papel essencial na construção e na recitação dos mitos.

Como sínteses destes dois aspectos do mito (ser uma linguagem sobre o originário, um relato do acontecido num *illud tempus* primordial), cabe recordar que os mbyá-guaraní do Paraguai dão a suas histórias sagradas, "palavras belíssimas" (*ñe'ê porá tenondé*). Os mitos, efetivamente, contêm as palavras instauradoras.

Por isso, é decisivo entender que em um relato de estrutura mítica os deuses importam *pelo que fazem*, não pelo que são. São os *dramas pessoais* do relato.

Dispostas estas três notas do mito (relato de/ um acontecimento originário/ no qual atuam os deuses), pode-se compreender que sua função é outorgar um *sentido* nas realidades significativas numa dada cultura.

Em síntese, o mito estabelece uma conexão arquetípica (conexão na qual o símbolo é analogia) com a transcendência. Regenera e reforça os paradigmas divinos das coisas significativas e dos sucessos relevantes numa cultura. São lidas como fábulas de deuses e não se escuta deles a *hypónoia* – como sinalizava Platão na *República* II, 377 d-383c – ou a intelecção daquilo que está "debaixo" do sentido comum das palavras (em nível de profundidade), se confunde sua intenção com seu significado.

O *rito* é a experiência humana do gesto, que suscita uma multiplicidade equivalente de formas *rituais*. O *homo religiosus*, efetivamente, sempre supôs expressar sua vivência do sagrado mediante o gesto físico, do qual surge o *rito*. Isso é, então, outra das linguagens típicas e essenciais da experiência religiosa universal.

Do ponto de vista dos "fatos" religiosos, a expressão ritual é a característica mais saliente em toda religião. Os ritos efetivamente têm uma repercussão social enorme, seja pelo elemento gestual que é mais visível, seja pela organização que implicam (preparação, atores, lugar, objetos ou utensílios usados em sua realização, etc.).

O rito é o equivalente ao gesto do símbolo. Dito de outra forma: é um símbolo atuado. É, portanto, como um símbolo, uma linguagem primária da experiência religiosa.

Consequentemente, deveria tratar-se dele antes do mito, já que este é ao rito (segundo veremos) o mesmo que é ao símbolo; determina e especifica sua significação. Mas deste outro ponto de vista o rito, como ação sequencial, participa da qualidade *narrativa* do mito. Como no teatro. O rito é um "texto" e, portanto, uma *linguagem*. A linguagem gestual, sem dúvida, não tem a capacidade de comunicação que tem a palavra. A palavra do mito será necessária ao rito. Este a reclamará de uma forma natural.

Como ação, o rito aponta para um efeito determinado. Se o símbolo é deífico (enquanto se manifesta, se expressa), o rito é performativo, "faz".

A respeito do mito, o rito é seu equivalente. O mito recita (é um *legómenon*) o que o rito demonstra, teatraliza (é um *drômenon*, de *dráô*, "fazer", que dá também no nosso vocábulo drama). No discurso que é o mito, corresponde o rito como ação. O rito, além disso, é um conjunto de gestos; implica num desenvolvimento da ação; nisso também parece com o mito, que narra uma sequência de episódios e quem ao mesmo tempo, constitui, por sua vez, um conjunto de símbolos.

É importante observar que os símbolos *gestuais* apontam espontaneamente para um significado que é coerente com "o que são" em sua manifestação. É um sentido paradoxal, portanto, *impor-lhes* um significado arbitrário que não resulta de si mesmo, daquilo que representam como o gesto, poderia cair numa condição de nominalismo. Esse vício é comum nas tradições religiosas de larga duração: ideias novas podem determinar valores simbólicos naturais ou culturais. Assim se tem visto, para exemplificar: dentro da tradição católica com a "explicação" (e não

71

símbolo, certamente!) de algumas vestiduras que o sacerdote põe para a missa, e com a recitação da fórmula trinitária – entendia imperativa e não ontologicamente – atualmente vertendo a água (e não mais submergindo), na liturgia batismal.

AS TRADIÇÕES (Doutrinas)

As três formas de linguagem já mencionadas – o símbolo, o mito e o gesto ritual – tendem formalizar-se nas religiões já consolidadas, na *tradição* fechada, que abarca outras linguagens relacionadas. É o conjunto fechado de representações que dá identidade a um grupo. Nessa fase, os relatos místicos, as lendas sagradas, os hinos e as orações, as palavras ritualísticas, as normas e as palavras do sacrifício entre outros atos litúrgicos, a especulação metafísica religiosa, as prescrições da ética e das leis "reveladas", não constituem em fatos isolados que explicam por si mesmos, mas, sim, um *todo coerente, orientador* das práticas suficiente para a realização humana no contexto religioso.

Nas religiões de tradição oral, o ciclo mítico e os usos tradicionais que se transmitem de pai para filhos, muitas vezes num clima de mistério, têm a eficácia de contenção e identificação que assegura a sobrevivência do grupo. Nas literárias, o passo arraigado na escritura e mais tarde a um cânone permite, em parte, gerar um depósito textual de grandes proporções – porque se conserva também naquilo que não se necessita – e se gera um processo sumariamente interessante de "interpretação", e releitura de textos já distantes diante do presente. A produção de novos textos se desencadeia pela necessidade de interpretar e atualizar aqueles já existentes (os textos de Qumrân e os do Novo Testamento são dois exemplos eminentes). Às vezes as novas interpretações alcançam uma penetração na tradição transmitida (caso dos livros do Novo Testamento), outras vezes estavam na prática ainda que não soubéssemos claramente, como no caso de muitos textos "bíblicos" de *Nag Hammadi*. Outra maneira de diferenciar é falar de "revelação" (*sruti*, "aquilo que é ouvido", *na* tradição) e "memória" (*smrti*, a épica, as leis, etc.); é assim no hinduísmo. O que se fala de "fonte(s)" da revelação para distingui-las de tudo que deriva dela(s) (caso do cristianismo).

Nas religiões literárias se produzem maiores conflitos interpretativos, em que se efetuam mais "reformas" (que são os casos de "interpretação" da tradição constitutiva) e se consolidam os novos sistemas (budismo e jainismo, por um lado, e zoroastrismo, por outro, a respeito do hinduísmo; cristianismo com respeito ao judaísmo) e mais adiante se desenvolve a especulação doutrinária, como é o caso típico do medieval cristianismo da patrística. O passo da oralidade da escritura somente traz imensas consequências (veja Berlinerblau[18], 2001; Croatto[19], 2010) e suscita toda a questão das heresias da ortodoxia/ortopraxis e da doxa (δόξα é uma palavra grega que significa crença comum ou opinião popular e de onde se originaram as palavras modernas ortodoxo e heterodoxo), que vêm interessando sobretudo aos sociólogos da religião (Henderson, 1998; Berlineblau, 2001).

No surgimento e consolidação das tradições, cumprem o papel altaneiro dos mestres (Croatto, 2002: cap. 13, par. 3 § c), alguns dos quais podem efetivamente e a posteriori serem considerados fundadores (Moisés, Shâkyamuni, Zoroastro, Jesus e Maomé). Alguns, inclusive, herdaram títulos simbólicos ou programáticos, como se pode observar no seguinte exemplo:

Figura histórica → figura simbólica
Shâkyamuni → Buda (Budhhha, de bodhi, "iluminação/despertar
Jesus de Nazaré →Cristo (Messias) (jristós, ungido)

FORMAS DE TRANSMISSÃO

O próprio conceito de tradição supõe sua transmissão. Esta é assegurada por alguns fatores concretos:

Em primeiro lugar, pelos *relatos* (a respeito da história) ou o *ensinamento* (quanto a cosmovisão). As catequeses da tradição cristã antiga e atual é um bom exemplo. Em especial, merece citarmos as mistagogias ou introduções aos mistérios. Em todas as religiões os ritos de iniciação conotam, consolidam, perpetuam na transmissão das tradições, seja na instância das práticas (ritos e costumes) ou na cosmovisão (mitos e outros relatos); por outro lado, a "doutrina do mistério" ou reserva na

18 - BERLINERBLAU, Jacques. *Heresy in the University: The Black Athena Controversy and the Responsibilities of American Intellectuals*. Rutgers University Press, USA, 2001.
19 - CROATTO, José Severino. *Linguagens da Experiência Religiosa: Introdução Fenomenologia Religião*. Ed. Paulinas, SP, 2010.

comunicação das tradições mais sagradas não somente é um indício de sua sacralidade particular para um grupo, como também coadjuvante na sua transmissão fidedigna.

Em segundo lugar, pela *práxis*, seja aquela que concerne aos ritos instituídos ou aquela que tem a ver com as práticas sociais que emanam dos princípios cosmovisionais e que expressam no *éthos* da vida. Tais práticas sociais estão reguladas nas leis.

Em terceiro lugar, pelas *ações* de indivíduos especialmente considerados "modelos". Sobretudo trata-se de personagens reais da história, ainda que tenham sido redimensionados pela própria tradição. Outras vezes, os "modelos" são somente imaginários e representam a releitura de um conjunto de elementos da tradição.

Outra maneira de assegurar a transmissão das doutrinas e dos usos é apelar para a figura da *sucessão* desde a *origem*. A sucessão outorga autenticidade, como revela o interesse entre os cristãos por herdar a "sucessão apostólica". Segundo uma tradição, *Mani* – o fundador do maniqueísmo gnóstico – está numa linha sucessória que provêm dos heróis reveladores antediluvianos, especialmente Set e Henoc. Enquanto Zoroastro, Buda e Jesus ensinaram oralmente, Mani se legitima numa sagrada linha de reveladores que escrevem sua sabedoria, para desta maneira afirmar e fazer perdurar suas doutrinas (Frankfurter[20], 1997, p.61).

É necessário ter em conta também a *correlação* entre fatos fundantes ou constituintes do momento presente. Tanto os mitos como os ritos participam desta correlação com o fundacional. A descrição do deus Sol com vestuário do pajé, na cosmovisão dos *desana* (uma das etnias que estão na região do Rio Uaupés, Amazonas), ou a fórmula "faz isto em minha memória" do relato da última ceia de Jesus, manifestam a mesma necessidade de regular as práticas atuais com as dos instauradores.

"Santas" como são na consciência de seus seguidores, as tradições religiosas não ficam "disponíveis" a todos. Todos devem ouvi-las e praticá-las, mas somente alguns podem ou tem o ofício de *transmiti-las* (e outros, generalizadamente mesmo – de guardá-las).

Os transmissores autênticos e reconhecidos (xamãs, pajés, anciãos, sacerdotes, pastores, bispos, etc.) recebem sua capacitação de forma variada: por experiência (sábios, mestres); por estudo; por "*assistência*

---
20 - FRANKFURTER, D. *Apokalypses Real and Alleged in the Mani* Codex: Numen 44, p. 60-75.

divina" (bispos, na tradição católica); por ofício ou encargo da comunidade (*teólogos, pastores, sacerdotes*). Outras formas de transmissão não se referem a personagens atuantes, mas,sim, a *técnicas* de memorização, seja mediante sons e palavras *sagradas* (hinduísmo védico) ou por meio de gestos (como na recitação gestual do Corão). Também colaboram nos *credos*, que condensem nos pontos essenciais da tradição. Na tradição cristã tem duas formas: a do credo narrativo da liturgia), que relata, as ações salvíficas de Deus na história, e a do dogmatismo (como em Atanásio) que *define* aspectos fundamentais da fé. Desse último tipo é o caso do catecismo mazdeo, uma obra tardia chamada *Conselhos seletos dos antigos sábios,* também conhecida como *O livro do conselho de Zarthust.*

É necessário compendiar a "lembrança" de sucessos, façanhas, lendas, genealogias, gravuras em estelas, ladrilhos e outros monumentos. As culturas literárias serviam inclusive para estabelecer e legitimar as práticas posteriores. E asseguravam a continuidade das tradições.

Nas tradições não literais, a transmissão contínua é indispensável e se faz por *recitação* dos mitos e dos ritos, enquanto que nas literárias a *escritura* é uma garantia de boa transmissão ou, pelo menos, conservação. No final do *Livro secreto de João* (ou *Apócrifo de João*), texto gnóstico de *Nag Hammadi*, assinala:

O Salvador lhe comunicou tudo isto (a João), para que o escrevesse e o conservasse em lugar seguro. E lhe disse: "Maldito é aquele que trocar estas coisas por um presente, ou por comida, bebida ou por um vestido ou qualquer outra coisa por estilo" (31,32-35).

O recurso da escritura para a transmissão das tradições produz diferentes resultados. A partir da *escritura* das tradições, estas começam a ser fixadas e a fazerem-se permanentes; convertem-se num objeto que tem que preservar. Assim preservadas, toda mudança aparece como uma nova interpretação que, por isso mesmo, resulta conflitiva. Quando as tradições se escrevem, vão sacralizando-se "como estão escritas" e se pode apelar a elas enquanto escritas. Convertem-se em autoridade por si mesmas. Têm mais conteúdos necessários e que logo convertem em objeto de estudo ou em referência fidedigna para interpretar situações de vida.

Outro recurso para legitimar uma nova interpretação de um texto escrito, de autoridade recebida e já tomando parte de um cânone usual, é *escrevê-la* por sua vez e fazê-la passar, no mesmo escrito, como escrita ou transmitida pelo mesmo autor do livro interpretado. Tal é o caso dos 24 livros (do Antigo Testamento hebraico) que Esdras "reescreveu" segundo o *Quarto livro de Esdras* e tais normas sobre os calendários e festas que o autor do *Livro dos Jubileus* considera reveladas a Moisés pelo anjo da Presença e passadas ao texto escrito – nosso *Jubileu* – que se inicia e termina como "as palavras da distribuição dos dias".

Um novo passo para legitimar a reinterpretação consiste em fazer remontar – tanto a tradição primária quanto sua interpretação, *inclusive a escrita* – até a criação do mundo.

É o que faz genialmente o autor do Livro dos Jubileus estabelecendo um *continuum* de transmissões escritas desde Henoc até o próprio texto do livro. Escrita arquetípica, por um lado, continuidade escritural, por outro. Assim se fundamenta a releitura midrásica da história patriarcal no *Livro dos Jubileus*.

A DOUTRINA E A ÉTICA

Uma vez feita tradição, oral ou escrita (mas sempre terminando como "escritura"), a revelação constitui uma *doutrina* normativa das ideias, dos ritos e da práxis, segundo o modelo da religião. Onde não prevalecem os ritos, a ênfase é posta nas ideias (teologia) ou nas práticas (ética); mas os ritos estão também ligados a outros dois aspectos mencionados.

A doutrina abarca todos os níveis da experiência religiosa (iniciática), desde a visão de Deus (*teo*-logia no sentido estrito) até a visão de mundo em particular do ser humano: teovisão, cosmovisão, antropovisão.

Frequentemente no cristianismo o termo "teologia" inclui três níveis ou aspectos, e é mais ou menos equivalente a "doutrina". A doutrina/teologia, por outro lado, pode ser expressa e proclamada na fé e nas práticas religiosas em geral, ou ser discutidas (posta no discurso ou *logos*) por apologistas, sistemáticos ou especialistas.

Toda experiência religiosa está intimamente ligada à vida num sentido ativo, como um conjunto de práticas sociais dentro de um grupo definido. Estas são, por sua vez, o espelho da doutrina contida nas escrituras sagradas ou no ciclo de mitos. Tais textos "interpretam" as realidades *significativas*, não qualquer uma, como se tem assinalado, mas ao mesmo tempo instituem *modelos* de comportamento, não somente no rito como também na práxis.

Como reflexo do princípio de coerência próprio de toda experiência religiosa, a ética está em consonância com a teovisão da antropovisão do grupo. Segundo seja o núcleo de cada crença, derivam-se, consequentemente, suas normas morais e de comportamento em todos os aspectos da vida. Esta relação entre doutrina e práxis não é menos evidente nas cosmovisões não literárias, ou que se expressam em seus mitos e outras tradições religiosas, em que há maior importância nos *modelos* divinos das ações rituais da conduta, sobretudo social. O ser humano faz, no rito e na vida, o que fizeram os deuses *in illo tempore*.

RAZÃO E SENTIDO

Os problemas dos registros, inventários da classificação e da unidade das ciências, tão vivos nos séculos passados e hoje tão postos à margem. Abordando este assunto, deparamos, certamente, com os trabalhos sobre Kant e o resultado fenomênico de sua Crítica. Entendemos que foi na física de Newton que Kant adotou como modelo daquilo que entendia ser a metafísica como ciência. A nosso juízo, essa influência teria "deslumbrado" o filósofo alemão, num resultado estranho para o próprio Kant. Em corolário, esse resultado fenomênico da *Crítica*, que impede a metafísica de constituir-se como ciência, pode até ser legitimamente questionada levando em conta aquilo que poderia denominar-se uma "crítica da *Crítica*" que conduza uma proposta daquilo que deve ser tal metafísica como ciência. Desta maneira, nossa provocação viria aportar argumentos complementares aos trabalhos já tão discutidos e aceitos sem resistências.

Para isso, consideraremos as análises de Husserl que levaram à determinação de uma pluralidade de "regiões ontológicas", por onde as várias ciências se devem distribuir consoante à especificidade dos seus conceitos básicos. Foi dentro dessa lógica que generalizou a aceitação da heterogeneidade do real, logo revelado no plano mais profundo e puro da experiência, ou seja, no plano transcendental em que se deve situar-se a observação fenomenológica mais exigente. Efetivamente, essa heterogeneidade não traz qualquer prejuízo ao conhecimento científico. Pelo contrário. Cada ciência assim imediatamente encontra uma base ontológica própria. Também assim se evitam contaminações metodológicas e reducionismos dogmáticos. Acresce que esta fundamentação parcial e limitada minimiza a exigência filosófica de uma radicalidade gnóstica, e acentua a dimensão pragmática do conhecimento científico que pode levar ao extremo de valorizar as teorias em função das suas potencialidades operacionais.

Em primeiro lugar, é preciso estabelecer sem nenhum tipo de dúvida que contra aquilo que geralmente afirmam: que Kant acreditou na possibilidade de estabelecer uma metafísica como ciência, e que tentou fundamentá-la como tal. Portanto, haveria que considerar as teses que cito dentro de uma renovada vontade de fundamentar a metafísica, como conhecimento certo e, portanto, como ciência. Efetivamente, "a fundamentação da metafísica" pode ser investigada desde seus germes originários e sem apoiar-se em nenhum fato a possibilidade no âmbito do uso da razão pura. Porém, resta descobrir que "a reflexão sobre as ciências a que de novo alude Kant, não tem significado empírico, antes mesmo o contrário, busca uma orientação prévia para a busca das condições de possibilidade e da origem constitutiva do pensamento puro (quer dizer, busca descobrir que Kant buscava as condições e a origem da física como ciência), podemos chegar a conclusão a qual a "revolução copernicana" que Kant encontra nas ciências (em sua história a partir da Lógica até a Física passando pela Matemática, tal como a descreve no Prólogo da segunda edição da *Crítica da Razão Pura*) sendo esta a tese central e intensão capital da *Crítica*. Por isso, descobriu a capacidade humana de estabelecer um conhecimento certo (uma ciência) num âmbito do saber (desde a Lógica até a Física), tampouco nós podemos deixar de surpreendermos e até de atrevermos a perguntar: Se você quiser admitir plenamente com admiração, mas sem indecisão nem perplexidade a transcendentalidade do sujeito cognoscente como tal, que sentido teria derivar daqui a tese instável e contraditória de um relativismo fenomenista? Em outras palavras: se o homem é capaz de dizer aquilo que a física tem como ciência, isto é, se o homem é capaz de dizer aquilo que a física tem de conhecimento certo que "forma e regula o objeto" físico, por que não vamos acreditar que o homem seja capaz de reconhecer que a ciência tem da metafísica, como conhecimento capaz de dizê-lo plenamente; por que o homem não iria ser capaz de uma afirmação objetiva absoluta? Desta forma, seria o mesmo que reconhecer a capacidade que o homem tem de andar, se lhe negasse a possibilidade de se referir ao mundo.

Pareceria, assim, que o problema da unidade do real e a correlata questão do fundamento gnóstico último seriam próprios de uma especulação filosófica dialética ou aporemática, mais ou menos conjectural. Desta forma se ofereceria ao Positivismo uma nova formulação, menos impositiva e redutora, e se alçaria o probabilismo pragmático ao plano da metafísica. Todavia, parece-me não ser este o quadro que uma análise mais penetrante nos mostrará. Penso que é a própria dimensão pragmática da ciência que exige o seu aprofundamento epistêmico, pois desde cedo se levanta a questão prática e teórica de conhecer as razões da fecundidade operativa das teorias. E, nesse aprofundamento, a problemática essencial da gnosiologia acabará por ser reposta, talvez em termos mais prementes e vivos.

Daí que provoco novamente, tendo-se conhecimento da Física de Newton, Kant perde a oportunidade de encontrar esses "germes originários" da metafísica, Kant perde a ocasião para recuperar plenamente a metafísica como um saber que vai necessariamente mais além do Físico, e também a possibilidade de legitimar este saber (a metafísica) como uma ciência rigorosa por si só.

Prese que, muito embora à sua limitadora suficiência, os epistemólogos redutores têm os dias contados, de pouco lhes valendo o complicativo apoio que foram buscar à sociologia e à história. Por sua vez, a tão apregoada interdisciplinaridade, por mais virtuosa e enriquecedora que possa ser, não dispensa um aprofundamento epistêmico do conhecimento científico, sob pena de não passar de uma justa posição de saberes, porventura aberta e cordial, mas gnoseologicamente inaceitável.

Afirmar a incapacidade de transpassar o âmbito da objetivação física, que por sua vez afirmamos a capacidade mesma de objetivar, é um resultado surpreendente, raro, chocante. Tanto mais quanto que essa capacidade objetivante mesma é precisamente a que necessitamos para fundamentar a metafísica como ciência. Mas não surpreende menos o fato de que sendo o próprio autor que reconheça que sua Crítica chega a um "resultado estranho" e até "prejudicial" para o seu propósito, mas, no entanto opta por mantê-lo. Com efeito, assinala Kant:

Este ensaio é resultado apetecido e promete a primeira parte da metafísica o caminho seguro da ciência, dado que essa primeira parte se ocupa de conceitos a priori cujos objetos correspondentes podem dar-se na experiência adequada. (...) Sem dúvida, na dedução de nossa capacidade de conhecer a priori na primeira parte da metafísica se segue um resultado estranho e, ao meu parecer, muito prejudicial para este objetivo inteiro dela mesma, o objetivo do qual se ocupa a segunda parte desta obra. Este resultado consiste em que, com dita capacidade, jamais podemos transpassar a fronteira da experiência possível, coisa que precisamente é a tarefa mais essencial dessa ciência.

Mais adiante, Kant diz que para superar essa dificuldade mantendo a separação entre o fenomênico e o numênico, entre o condicionado e o incondicionado, entre o relativo e o absoluto, entre o especulativo e o prático, ou entre a ciência da natureza e a ciência da moral. Merece nos determos na palavra "estranho" desse resultado com o qual Kant tropeça, para tentar levar até o final aquilo que antes temos denominado de "uma crítica à *Crítica*" que permita revisar a validade ou legitimidade de sua conclusão fenomênica. Quer dizer, que é necessário abordar "o projeto alternativo de uma filosofia capaz de assumir o desafio Kantiano", afirmando que nas encruzilhadas do pensamento ocidental parece tão urgente de repensar a história tradicionalmente recebida. A tarefa aqui é duplamente difícil porque aquilo que se requer é precisamente a destruição de uma tradição moderna sobre a história do pensamento tradicional. Para essa mesma finalidade são possíveis várias alternativas, as quais destaco as duas seguintes, perfeitamente compatíveis e até complementárias.

Por um lado, podemos afirmar que da definição kantiana de intuição intelectual, rigorosa e formalmente verdadeira enquanto a estrutura da atividade objetivadora e apreensiva de objetos radicada na unidade da consciência pensante, falta-lhe também correlativamente a definição da mesma subsistência em si da substância da mente ou espírito, na qual toda intencionalidade objetiva se arraiga e constitui.

Isto explica o paradoxo de que, apesar de ser estranho ao próprio Kant o resultado da "revolução copernicana", mantenha não obstante a impossibilidade de conciliar a regulação do objeto conhecido pela atividade do objeto cognoscente, com a referência do conhecimento da realidade possuída pelo espírito, ativo no pensamento, como manifestador no conceber e julgar da realidade assumida e incorporada pela consciência.

Canals (CANALS, Vidal Francisco. *Sobre la esencia del conocimiento*, Ed. Herder, B. Ayres, 1984, cit. p. 324.) toca aqui no ponto crítico do Kantismo, mencionando que "a existência do eu transcendental dada efetivamente na autoconsciência como algo real e não como puro fenômeno. Trata-se de uma existência muito diferente na qual Kant atribui aos objetos da experiência. O grande filósofo aparece aqui como um caçador em sua própria arapuca. Por um lado não pode conceder ao eu transcendental uma realidade *noumênica* sem negar sua abordagem fenomênica; porém, por outro lado, não pode negar-lhe todo estatuto de realidade (ao eu transcendental) e reduzi-lo à condição de puro fenômeno, sem esvaziar a *Crítica* de todo fundamento". Deste modo, a conclusão do autor, usando uma expressão que serve para distingui-la de "certas restaurações crassas do realismo" o do "*ideal realismo*" do primeiro Fichte.

Apesar de estimulante, e de corresponder a uma necessidade experimentada com crescente premência, não irei tentar avançar numa análise gnóstica das várias epistemologias científicas. Seria muito trabalhosa e excederia, sem dúvida, a minha intenção diante do exposto. Além disso, afigura-se ser muito mais esclarecedor um exame direto das questões essenciais do conhecimento, à luz da problemática exposta, deixando assim em aberto um vasto terreno de pesquisa dentro das reflexões aqui conduzidas.

CAPÍTULO III

O ESOTERISMO MAÇÔNICO

Avança até a verdade da certeza, mais além de tudo aquilo que te ensinam os demais, e mais além inclusive de teu próprio pensamento que é um obstáculo
Ali-Ibn Al-Farid

A palavra *Esoterismo* provém do grego: *ei sotheo* que significa literalmente *"eu faço entrar"*; e *esoterikos*, que significa interior. Fazer entrar é *"abrir a porta"*, oferecer a quem está fora uma oportunidade para penetrar no interior. Simbolicamente é desvelar uma verdade escondida, um sentido oculto. Todos esses sentidos significam exatamente uma doutrina secreta, isolada do exterior e comentada, geralmente, *"de lábios a ouvido"*.

Entende-se por esoterismo a doutrina ou ensinamento que se transmite por tradição oral aos discípulos qualificados das *Escolas Iniciáticas* ou de Mistérios, e que completa e aprofunda a doutrina externa ou exotérica. O esoterismo não pode ser escrito. Tem que estar preparado para captá-lo, vê-lo e escutá-lo. O instrumento para captá-lo e penetrá-lo é o espírito, pois "Somente o espírito entende o espírito", por isso é inacessível à mente racional ou cerebral. Esoterismo é a inteligência do coração, visão espacial, fusão, é fora do tempo; é contemplação e êxtase. Não é um sentido particular e escondido num texto ou numa frase, senão um estado de fusão sintética, o qual cessa com a concretização do pensamento, pois não

85

se trata de esconder, mas, sim, de mostrar, sugerir, sinalar, já que não há nada oculto para os olhos e ouvidos daqueles que sabem ver e entender. Inclusive, quando o esoterismo faz uso de hieróglifos, símbolos e criptografias, tudo com o único propósito de despertar, inquietar e conduzir a luz interior no discípulo qualificado. Todo esoterismo presume que as inteligências sintéticas, para as quais vai dirigido, captarão a aparente complexidade como algo que lhes é familiar e lhes pertence como uma segunda natureza, pela qual não se intenciona agregar absolutamente nada para explicá-la, porque ali, sob a roupagem das palavras ou do texto se dissimula (se desvela) uma *Ciência Sutil* que ultrapassa a compreensão das "lúcidas inteligências", que geralmente ficam atadas às coisas exteriores – preso na forma, ou na superfície, isto é, numa dimensão *eidética* – ou até mesmo confiadas a sua mera racionalidade e não veem nada mais que o seu limitado alcance lhes faz capaz de compreender.

> *Quando percebo, não penso o mundo, ele organiza-se diante de mim.*
>
> Maurice Merleau-Ponty

O conhecimento secreto é diferente do conhecimento que se discute. O esoterismo é para as pessoas como uma captação intuitiva; é mais que isso, é quando não fazemos juízo *a priori* de um conhecimento e ao suspender este juízo (*epoché*), que, de acerta forma, se opõe ao dogmatismo e que não se aceita uma proposição obscura, vai além da forma e busca a essência das coisas que estão ali, dentro de cada um, aguardando ser despertada. A iniciação é o rito, o drama, o esoterismo da doutrina, O conhecimento (a gnose), não se dá nem lhe transmite: se lhe suscita. Quando se faz referência a certos argumentos suprarracionais por meio de expressões dirigidas ao intelecto, aquilo que se intenciona é provocar no neófito um súbito reflexo intuitivo de uma verdade.

> *A respeito à percepção: pouco importa se o que eu percebo é, inicialmente, verdadeiro ou falso, mas o que importa é a verdade, clareza e distinção da minha percepção. Em outras palavras, o que importa aqui é, sobretudo uma coisa: eu percebo. O "eu percebo" constitui aqui uma medida definitiva, um fundamento a partir do qual a mobilidade da investigação (percepção) poderá conquistar segurança, chão, solo. O "eu percebo" é então*

uma intuição imanente que tem como garantias de si mesma a sua própria clareza e a sua própria distinção.

A.A.K.

Neste sentido, a intuição se manifesta sob a forma de inspiração de múltiplas facetas; ideias que surgem subitamente, vozes interiores ou visões, todas elas simbólicas e transcendentais, porque o simbolismo é a linguagem da alma.

Um símbolo permite, numa só imagem ou palavra, resumir toda uma história ou um longo discurso. O símbolo é o intermediário entre a intuição e a inspiração. Acima do símbolo está a intuição pura e direta. O simbolismo é o método mais adequado e pertinente do esoterismo, é como a forma sensível de todo o ensinamento iniciático, e constitui uma etapa no caminho para o conhecimento.

O método de instrução profano submete o cérebro sob a influência de simples mnemotécnicas para acumular de maneira automática um conhecimento, maioria das vezes, improdutivo e mecânico, tanto para o indivíduo como para humanidade, uma vez que nada significam, além de suas fórmulas (formas) objetivando puramente o exercício mental. A maioria dos ingressados universitários do nosso tempo se faz evidente no desejo de aparecer como cética para, com isso, demonstrar uma pretendida atitude cientificista ou acadêmica sem se darem conta daquilo que condenam ao ostracismo a qualquer possibilidade que vislumbre traços de inteligência pura, colocando-se deste modo uma camisa de força no conhecimento, engessando, delimitando a epistemologia. Tão equivocada e extrema é a atitude do cético como a do supersticioso. O esoterismo, com seu conhecimento simbólico, tem uma ponte que permite fazer sensível todo e quaisquer conceitos inteligíveis, porém, implica num conjunto de ideias de forma total e não analítica. Evidentemente, cada qual pode interpretar os conceitos e conhecimentos ao grau de sua capacidade.

O conhecimento racional, chamado por muitos de conhecimentos científicos e o conhecimento simbólico ou esotérico, não são contraditórios, mas, sim, complementares. O racionalista se congela em sua concepção aquilo que faz um dogma, atuando, portanto como fanático, exatamente como os fiéis, independentemente da religião ou igreja confessional, para quem não existe salvação fora de seus pontos de vista considerados indiscutíveis. Tão grotesca como infantil posição é a de muitas pessoas que pretendem fazer-se autossuficientes no monopólio da ciência ou da educação acadêmica, decretando que um saber diferente do seu é inconcebível e inaceitável. Infelizmente tivemos o desprazer da experiência de conhecer alguns desses "professores" a quem dentro do ambiente maçônico, teria que "silenciarem-se" para que pudessem ter uma aprendizagem integral e universalista que lhes insuflasse a verdade da totalidade da *Alma Mater*...

> *O profano declara: eu quero instruir-me; o ritual responde: "Dá-lhe a Luz". Não confundamos os dois termos. Se pode ser 'iluminado' sem ser instruído, assim como se pode ser instruído, porém permanecendo invariavelmente um eterno prisioneiro das trevas.*
>
> Manual de Instruções do Aprendiz do R∴E∴A∴A∴

O conhecimento pelo puro prazer da especulação ou para acumular saberes não produz mais que nebulosos raciocínios. A via iniciática está edificada sobre o vivido, veiculado pelas lendas e os mitos, pelas imagens e os símbolos, e somente muito mais tarde pelas ideias. Essa via permanece sempre aberta à experiência interior. As especulações e os dogmas são verificados sem sessar, graças a inescrutável necessidade de encontrar o ser em si, e ao mesmo tempo a liberdade, porque volta a pôr em conjunção nosso ser separado, como Real. Portanto, a via iniciática é um meio de conhecimento que se conquista pela experiência ou vivência interior, verdadeira ciência do homem integral. Ciência ou arte, que existe muito antes daquilo que existiram nas doutrinas filosóficas clássicas. Porém, este conhecimento não é resultado de um esforço mental ou de uma espécie de primazia da inteligência.

> *Destruirei a sabedoria dos sábios e rejeitarei a inteligência dos inteligentes.*
>
> Coríntios 1, 19

> *Ninguém se engane a si mesmo; se alguém dentre vós se tem por sábio neste mundo, faça-se louco para se tornar sábio.*
>
> Ibid.: 3, 18

> *O Senhor conhece os pensamentos dos sábios, que são vãos.*
>
> Ibid.: 3, 20

Um símbolo, desde o ponto de vista esotérico, tem muitos aspectos. O estudo e, sobretudo a meditação dos símbolos, pode desvelar ao buscador perseverante ideias geralmente desconhecidas sobre a natureza, analogia e independência de tais símbolos. Tais aspectos vão desde o primeiro degrau da escada da gnose, que o buscador infatigável subirá degrau por degrau, até alcançar o final, no sentido integral do mais complexo dos símbolos. A prática deste trabalho de indagação e busca é maravilhosa; oferece ao buscador indescritível satisfação. Que imensa alegria e altivez experimenta intimamente o Maçom estudioso quando descobre um significado encoberto no símbolo, desvelado pelo esplendor da intuição!

A fim de obter o entendimento puro, teria então de pôr novamente em questão o eu, e também o tempo, o mundo, e trazer assim à luz um conhecimento puro, genuíno, o puro cogitatio. Mas posso também, ao percepcionar, dirigir o olhar, intuindo-o puramente, para uma percepção própria, sem pressupostas ideologias, tal como é, e omitindo as referências dos 'eus' possa dela abstrair então, a percepção visualmente assim captada e delimitada; isto é, uma percepção absoluta, privada de toda transcendência, dada como fenômeno puro no sentido do Conhecimento.

A.A.K.

À medida que o buscador progride nos descobrimentos, vai conquistando sucessivamente, acompanhados de solução adequada à capacidade de sua própria natureza. O estudioso não chega a esses descobrimentos, senão depois de uma tensão acumulada de seu desejo de aprender, acompanhada de uma concentração por sua vez necessária e desejada de sua atenção sobre o ponto de busca delimitado e, simultaneamente, de uma mesma concentração orientada para transformação de si mesmo...

Esta prática ou treinamento não é nada fácil; o fundamental é começar, em seguida continuar com aspiração perseverante e aquilo que falta, virá no decurso de um processo de revelações parciais e sucessivas: *"caminhante, não há caminho; se faz o caminho ao andar"*.

Assim, no caso de êxito, o estudante passa sucessivamente de revelações em revelações parciais, até que alcança finalmente a revelação integral do símbolo, que então lhe aparecerá pleno de sentido, de beleza e de vida...

O que pode ser comunicado em substância da personalidade ainda subdesenvolvida do buscador se encontra de antemão no símbolo. O trabalho sobre este, como os seguintes, exige desenvolvimento progressivo e real da personalidade (a lapidação da P∴B∴), a efeito do qual o estudante não avança no conhecimento que alcança senão por meio de especulações, as quais, ainda que possam parecer curiosas, não são senão puramente intelectuais, de modo que não poderá ir longe em suas buscas; precisa-se ir mais além, *não apenas desbastar, mas polir*, tentando adaptar na sua vida a correspondência da práxis deste conhecimento.

No mercado de livros, por exemplo, encontramos centenas de obras que tratam sobre símbolos e o simbolismo. Tais obras têm muitas sabiamente escritas por eruditos sinceros e de boa fé; porém, toda tentativa de "decifrar" e de "explicar" um símbolo esotericamente verdadeiro, somente com as capacidades racionais, por maiores e refinadas que sejam não é senão um esforço apoiado por meios inadequados e insuficientes, e não podem como tal, conduzir ao fim indagado. Vemos, pois, como o esoterismo e o simbolismo, que é um de seus métodos, não é o resultado apenas de uma vontade de guardar um segredo, senão que constitui uma etapa (método) indispensável no caminho para o conhecimento (a gnose). A verdadeira razão de ser do Esoterismo é uma razão natural, quer dizer, derivada da natureza das coisas, do segredo ou do arcano dos mistérios da iniciação...

O método requerido para penetrar no santuário interior da iniciação, é antes de tudo, uma *atitude de abertura*, de receptividade, de entrega e de abandono de preconceitos e prejuízos, de esquemas mentais e de presunções. Já que o método tem a capacidade de provocar esforços neste sentido, no lugar da placidez e do êxtase, o buscador poderá experimentar uma tensão cada vez mais insuportável. Pois bem, esse "deixar--se" ir não tem nada a ver com a preguiça, nem muitíssimo menos com a passividade negativa do médium espiritista, pois o que se busca é iniciação, que é o perfeito equilíbrio e ponderação, não psicopatas, inconsciência nem ruptura dos níveis indesejáveis do inconsciente; em outras palavras, buscamos uma reflexão sustentável e fundamentada na razão com fundamentação no discurso lógico e com uma estética aceitável.

O ensinamento exotérico afirma que o homem é um ser trino, quer dizer, triplo em sua natureza. Tem um corpo físico com seus cinco sentidos que o põe em relação direta com o mundo físico, material: o mundo que o rodeia. Possui uma mente e um cérebro por meio do qual raciocina e entende as coisas físicas que lhe rodeiam. E tem um "algo mais" cujo nome pouco importa; poderíamos chamá-lo de alma, coração ou espírito ou até mesmo imaginação. É algo que está aliado à razão e toma parte dela. Essa alma compreende a linguagem, a qual o cérebro e a razão não entendem. Por isso é que toda tentativa de decifrar, interpretar e explicar o conteúdo dos símbolos são esforços inúteis; somente podem conseguir conceitos conceitos de linguística, que são insuficientes para elucubrar algo além da razão primária.

> *Quando ouvimos uma música que nos faz brotar lágrimas nos olhos e pena ou alegria no nosso coração, estamos respondendo a uma "linguagem" que o cérebro não compreende nem pode explicar. Tampouco amamos outros seres com o cérebro, e a linguagem com a qual esse amor é expressado, não é a linguagem que brota dos lábios.*
>
> Carl H. Claudy – *Language of the Heart.*

Um símbolo é uma ou muitas "palavras", nessa linguagem. Tratar de "traduzir" o conteúdo esotérico deste símbolo em palavras, que são na linguagem da mente racional, mata ao espírito de seu real e verdadeiro significado não expressado, mas não menos eloquente que os símbolos, que trabalha sobre o espírito. Por isso, quem aspira a ser um verdadeiro Maçom não deve conformar-se unicamente em escutar as explicações que lhe deem, nem se satisfazer com o aparente sentido racional das leituras que faça, senão que deve, ajudado por elas, como se fossem sinais que indicam o caminho, estudar, interpretar, meditar e desenvolver por si mesmo o conteúdo subjacente de quanto se transmite esotericamente mediante o simbolismo.

Voltando a tríplice natureza do homem, tomemos duas frases bíblicas uma do Antigo Testamento e outra do Novo.

> *E me farão um santuário, e habitarei no meio deles.*
>
> Êxodo 25,8.

> *Porque, onde estiverem dois ou três reunidos em meu nome, aí estou eu no meio deles.*
>
> Mateus 18, 20.

A iniciação, que, além de consistir numa insuflação de um "Fiat-Criador", é também uma vinculação com a cadeia iniciática transmissora dessa influência espiritual, bem que poderia ficar-se numa simples virtualidade, sem que, ao mesmo tempo, o Iniciado não dê os passos necessários. Consertando a unificação de todos os elementos de seu ser, mediante a asceses ou técnica iniciática de seu trabalho interior a fim de que essa influência espiritual opere no descenso ao centro de seu ser...

A palavra *Shekinah* da Tradição kabbalística deriva de *Shakhan*. *Shekinah* não só implica na significação da paz, calma, repouso, tranquilidade e imobilidade, senão também, sob a forma de *sakan*, tem a significação de morar, habitar, residir; é por isso que designa exatamente "a Divina Presença de Paz". Deus é chamado também pelos judeus de *Shokhen-ad*, "Aquele que habita a Eternidade", quer dizer, no seu aspecto transcendente; e é chamado *Shekinah* sob seu aspecto imanente. A palavra *betokham* (residir, morar, viver), pode também ser traduzida por "ao interior deles mesmos", o que indica a presença divina no coração, e por extensão, no ser inteiro do homem.

Os dois ou três congregados "em meu nome" são: o corpo, a alma e o espírito. Se esses três elementos ou componentes são consertados ou unificados, "O Templo não feito com as mãos" será construído, e a manifestação de *"Deus em nós"* será um fato: *"Habitarei entre eles"*. O texto bíblico está indicando a importância da concentração e do esforço unitivo da meditação...

> *O sal tem sido um corpo que é o último na arte.*
> *E o enxofre, portanto é a alma*
> *sem a qual o corpo não pode fazer nada.*
> *O mercúrio é o espírito de poder,*
> *sustentando juntos a ambos: corpo e alma;*
> *portanto é chamado de médium,*
> *já que aquilo que seja feito sem ele não tem estabilidade,*
> *porque alma e corpo não podem morrer*
> *se o espírito também está com eles,*
> *este é o significado da arte:*
> *o corpo da forma e constância,*
> *a alma o têm e o matiza,*
> *o espírito o faz fluido e o penetra.*
> *E portanto, a arte não pode existir*

*em uma dessas três coisas só,
nem pode existir o grandioso segredo somente:
deve ter corpo, alma e espírito.
E agora, qual é o quarto, do qual os três originam?
Os mesmos nomes te ensinam.*

Henricus Madathanus - *Aureum Seculum Redivivium* -
Interpretação da Tábua Esmeraldina

A Iniciação é o Rito. O esoterismo é a doutrina. Vemos que o esoterismo, isto é, a doutrina secreta ou arcana, é a aplicação metódica da inteligência das realidades espirituais que encontram sua expressão suprema na ascese, que conduz o Iniciado ao mundo espiritual, ao conhecimento daquilo que realmente somos. A gnose resgata o homem interior e o situa no caminho para o conhecimento verdadeiro (realização espiritual), da última realidade, que é o objetivo final da busca esotérica, porque a significação última da unidade do ser é a de ver as coisas tal como elas são verdadeiramente, o que equivale ao aniquilamento da consciência profana, cujo símbolo eloquente é o signo gutural do Aprendiz...

O esoterismo é inseparável da gnose, e não o contrário na ortodoxia, ainda que esta seja entendida no sentido religioso, porque está em cima e mais além do ponto de vista religioso; quer dizer, o esoterismo se sobrepõe ao exoterismo, porém não lhe opõe, porque não está sobre o mesmo plano, e lhe dá as mesmas verdades, um sentido mais profundo, por transposição de uma ordem superior e fazendo mais palpáveis os mistérios da intuição e da razão, permanecendo fiel, tanto à letra quanto ao espírito. O esoterismo somente assusta aos tímidos e os ignorantes, os quais são incapazes de pensar por si mesmos e aos que não podem ultrapassar o estado de "fé do carvoeiro". O Maçom não é um homem de pura fé, pois nele a fé é a intuição da verdade que guia para o perfeito conhecimento; é *Pistis-Sophia*, quer dizer, uma fé baseada no conhecimento.

O esoterismo maçônico, como todo esoterismo, tem como suporte de seu ensinamento o simbolismo, porque é o aspecto mais persistente das Tradições, e infinitamente menos sujeito a variações que outras doutrinas submetidas a sofrer modificações sob a pressão ou a influência das religiões e as seitas.

O insigne ocultista Pod∴ Ir∴ Robert Ambelain pergunta, em sua magnifica obra *Scala Philosophorum*: *"porque 'nimbar' (encobrir) num ambiente religioso particular e absoluto um esoterismo que se quer de fato que seja um universalismo iniciático? Assim como não poderia existir uma geometria protestante, uma gramática católica-romana, uma matemática judaica ou uma física islâmica, o esoterismo maçônico não poderá ser aprisionado numa crença particular ou codificado".*

O esoterismo maçônico que se veicula mediante o ensinamento oral (de lábios a ouvido), tal como se origina dos ritos e símbolos, não inculca nada e muitíssimo menos dogmatiza e sim sugere, motiva, por meios secundários, a eclosão intuitiva. A tradição oral é vivente por definição: em cada geração e em cada Iniciado, o saber renasce como a Ave Fênix; jamais será uma verdade morta, porque a escritura, a letra morta, e com ela os conceitos e os dogmas são incapazes de substituir o conhecimento sem cessar renascente que somente o esoterismo pode, prístina, invariavelmente e cabalmente transmitir.

A Maçonaria, como Escola Iniciática de Mistérios, escolhe com circunspecção um número limitado de pessoas qualificadas, para ensinar-lhes a existência de uma Tradição Esotérica Universal, a qual expõe o Iniciado mediante um simbolismo preciso que "vela" a realidade inteligível de seus mistérios. A iniciação opera metamorfoses e o sujeito se faz capaz de receber a revelação dos mistérios. O que estava oculto é esclarecido; o sujeito conhecedor abandona a noite a penetra na Luz do dia.

Todo verdadeiro símbolo porta seus múltiplos sentidos em si mesmo, e isso desde a origem, já que ele não está constituído como tal em virtude de uma convenção humana, senão em virtude da lei de correspondência que une os mundos entre si. Enquanto que certas pessoas "veem" estes sentidos e outras não os veem, ou somente veem uma parte, todos esses sentidos não deixam por isso de estar realmente contidos no símbolo; somente a limitação ou amplitude do horizonte cognitivo de cada um faz a diferença.

O simbolismo é uma ciência exata e não um desvario ou uma ilusão de onde as fantasias individuais podem dar-se curso. O fato é que o mesmo símbolo pode ser interpretado sob dois pontos de vista, exotérico e esotérico, não impedindo que estes sejam extremamente distintos e relacionados com domínios totalmente diferentes. Por isso, o Ir∴

Magister afirma que: *"o benefício espiritual que um indivíduo recebe da Maçonaria está em proporção ao desejo e capacidade para compreender seu significado interno"*.

O Maçom se faz honrar a sua estirpe iniciática, jamais interpretará suas sagradas tradições de forma literal, pois a pior das idolatrias é a idolatria mental. Especificamente o Aprendiz Maçom, que *"só sabe soletrar"*, não pode ainda ter compreensão cabal e perfeito domínio de uma linguagem que requer dedicação, estudo e meditação, pois assim como o mero conhecimento de umas poucas palavras de um idioma não são suficientes para compreendê-lo; já que as palavras somente servem e justificam seu propósito, quando podem ser agrupadas para formar sentenças inteligentes. Assim também os símbolos, somente são úteis e de interesse, quando são usados em sua interrelação, que é aquilo que constitui a correspondência analógica, que permite expressar somente na escrita aberta, as imagens e símbolos sensíveis da realidade inteligível velada sob o sentido esotérico de uma dita expressão ou escritos.

A Bíblia está cheia de advertências contra o *"literalismo"*:

Mas ai de vós, escribas e fariseus, hipócritas! pois que fechais aos homens o reino dos céus; e nem vós entrais nem deixais entrar aos que estão entrando.

Mateus 23,13.

O apóstolo Paulo, em I *Coríntios* 2, define a Sabedoria Espiritual ou Gnose:

Todavia falamos sabedoria entre os perfeitos; não, porém, a sabedoria deste mundo, nem dos príncipes deste mundo, que se aniquilam;

1 Coríntios 2:6

Mas falamos a sabedoria de Deus, oculta em mistério, a qual Deus ordenou antes dos séculos para nossa glória;

1 Coríntios 2:7

As quais também falamos, não com palavras que a sabedoria humana ensina, mas com as que o Espírito Santo ensina, comparando as coisas espirituais com as espirituais.

1 Coríntios 2:13

Ora, o homem natural não compreende as coisas do Espírito de Deus, porque lhe parecem loucura; e não pode entendê-las, porque elas se discernem espiritualmente.

1 Coríntios 2:14

Em Lucas 11, 52:

Ai de vós, doutores da lei, que tirastes a chave da ciência; vós mesmos não entrastes, e impedistes os que entravam.

O Maçom luta contra todo fanatismo e tirania, começando por si mesmo, a fim de poder projetar-se na sociedade em que vive. A interpretação literal e unicamente racional do espírito da Tradição produz um terrível dano a toda a humanidade, porque envenena as mentes, as aleija da verdadeira Tradição e as converte em presas fáceis do fanatismo e da superstição.

O filho e discípulo de *Kabir Das* disse: "*uma seita é o mausoléu do guru*". Quer dizer, o estabelecimento de um credo baseado na letra morta do sentido literal e único, é o sepulcro das ideias prístinas do fundador ou profeta que expõe uma Tradição transcendental, desde o espírito dessa Tradição... "*porque a letra mata, mas o Espírito vivifica*".

Toda escritura ou Tradição tem um corpo, uma alma e um espírito: a escritura é seu corpo visível; sua alma é aquilo que é percebido e compreendido, e o espírito é aquilo que está de acordo com os modelos ou arquétipos que somente podem ser captados e realizados pela via intuitiva ou suprarracional.

> *Os símbolos, os mitos, as imagens pertencem à substância da vida espiritual. O pensamento simbólico precede a linguagem e a razão discursiva. O símbolo revela certos aspectos da realidade (os mais profundos) que desafiam a todo outro método de conhecimento. As imagens, os mitos, os símbolos, não são criações irresponsáveis da psique; responde a uma necessidade e cumpre uma função: desnudar as mais secretas modalidades do ser.*
>
> Mircea Eliade: *Images et Symboles*, p. 13-14, Ed. Gallimard, Paris, 1952.

A linguagem simbólica é a linguagem de todo o esoterismo, porque permite ao homem convergir sobre si mesmo em busca de um estado de consciência mais alto que complete a consciência ordinária, que é a que mais usamos diariamente, com a qual se alarga e aprofunda a compreensão de nossa própria e verdadeira natureza. Por isso, para todo Iniciado, a inscrição do Templo de Delfos: Gnoti seauton (conhece-te a ti mesmo pela Gnose) é um vivo grito de ânimo e de cordial incitação a buscar A Luz (Iehi-Aur: Nasce, oh Luz!).

> *O esoterismo por suas interpretações, suas revelações e suas operações 'interiorizantes' e 'essencializadoras', tende a realizar a objetividade pura ou direta; essa é sua razão de ser. A prerrogativa do estado humano é a objetividade, cujo conteúdo essencial é O Absoluto. Não tem conhecimento sem objetividade da inteligência; não tem liberdade sem objetividade da vontade e não tem nobreza sem objetividade da Alma. Entendemos por 'objetividade', não um conhecimento que se limita a um registro todo empírico de dados recebidos do exterior, e sim uma adequação perfeita do sujeito conhecedor ao objeto conhecido, como o exige a acepção corrente do termo. É 'objetiva' uma inteligência ou um conhecimento que é capaz de compreender o objeto 'tal como é' e não tal como lhe deforma eventualmente o sujeito. O esoterista 'vê' as coisas, não tal como aparecem segundo uma certa perspectiva, e sim tal como elas são."*
>
> Frithjof Schuon: *L'Esoterisme comme Principe et comme Voie.*

A Maçonaria tem seu esoterismo próprio e uma gnose subjacente às suas lendas, mitos e símbolos. A primeira mensagem de interioridade que um Maçom recebe, antes mesmo de ver a Luz, corresponde ao ato de "vendar-lhe os olhos" e, depois, na Câmara de Reflexão mediante as letras anagramáticas do V.I.T.R.I.O.L. (*Visita Interiore Terrae...*). Posteriormente, uma vez dentro do Templo (entre CCol∴), quando o Ven∴ M∴ o interroga acerca de "ver e ouvir"... e finalmente a recomendação: "*aprendei, pela retidão do Compasso a dirigir sempre teus passos para o bem*".

Conforme já dissemos anteriormente, o Maçom não pode e nem deve conformar-se com a letra morta dos rituais, lendas, mitos, signos e símbolos. Como Iniciado, tem o dever e o direito de buscar, inquirir, estudar, perguntar e, sobretudo, meditar sobre todo o ensinamento que corresponde ao seu grau de aprendizagem. Deve pedir mais Luz a seus

Mestres-Instrutores, a seu Vigilante, ao Orador ou ao Ven∴ M∴ de sua Loja, pois limitar-se a repetir como um papagaio as frases de um Ritual ou de um catecismo, e a gesticular como um macaco, sem conhecer seu profundo significado, é fazer um papel pueril e intranscendente, que não tem nenhuma significação ou validade iniciática.

Concluiremos com as palavras de Luc Benoist, em seu valioso livro *L'Esoterisme*. P.U.F., Paris, 1963.

> *O Esoterismo é um rigoroso método de Conhecimento. Porém, do 'ponto de vista esotérico'. Não pode ser admitido e compreendido senão pelo órgão do Espírito que é a Intuição Intelectual ou Intelecto, correspondente a evidencia interior das causas que procedem a toda experiência. É o 'método específico' da Metafísica e do Conhecimento dos Princípios de ordem universal. Aqui se inicia um domínio das oposições, conflitos, complementariedades e simetrias vão ficando para trás, porque o Intelecto se move na ordem de uma unidade e de uma continuidade isomorfa com a totalidade do real. Do ponto de vista metafísico, escapando por definição da relatividade da razão, implica em sua ordem uma Certeza. Porém, frente a esta, ela não é exprimível, nem imaginável, e apresenta conceitos somente acessíveis por meio de Símbolos.*

SÍMBOLO E METAFÍSICA

Estes temas requerem uma advertência preliminar. São ilações que conduzem a um itinerário indispensável para transitar num caminho e poder exaltar consciencialmente dentro da essência objetiva que aponta ontologicamente para termos práticos. Efetivamente é imprescindível desde já que a pretensão de avançar dentro do conteúdo conceitual do Símbolo, requer um esforço que supõe abandonar momentaneamente os quadros mentais impostos por uma cultura que se desenvolve majoritariamente na arena do discurso convocada pelo uso da razão, da memória e da imaginação.

Neste sentido, adiantando alguns conceitos básicos deste tema, a respeito do símbolo, descartando do plano das ideologias modernas, as quais, se ignorarmos os diversos níveis em que se encontra ancorada a Realidade Universal, que pretende com exclusividade uma mecanização de dominação e em corolário a alienação factual, que pretende com exclusividade uma explicitação de seus níveis meramente psíquicos ao desconectar do sentido espiritual – insistimos que será por meio do símbolo que traremos nossas consciências novamente para uma possível conexão para penetração neste mundo espiritual, em outras palavras, para um mundo do intelecto em seu sentido próprio (do latim *"intus legere"*: "leitura interior" ou seja a reconexão dentro do Ser), o nível do qual o Real em suas múltiplas dimensões superiores, a qual atende a pura Metafísica.

Nestas considerações devemos agregar que neste âmbito do saber é indispensável deixar de lado todo conceito que suponha a complacência num suposto saber individual, ou seja, numa percepção subjetiva. Como indivíduos, articulamos com a razão, faculdade específica do homem – recordemos que somos classificados como animais racionais, no entanto a mencionada faculdade nos distingue de outras espécies em sua mera animalidade – porém, não transcendente. Em troca o verdadeiro conhecimento tem uma estreita coerência com a Tradição, Conhecimento, obviamente o termo bem adequado de "gnose" do qual lamentavelmente como gnosticismo se apoderaram algumas seitas heréticas – afirmamos que o verdadeiro saber (conhecimento) é supra individual, logo suprarracional. Puramente intelectual. Como suprafinito, no âmbito próprio da dimensão Divina.

Justamente para ceder ao autêntico conhecimento, ou seja, o nível iluminado pela pura e genuína Metafísica, o símbolo é o meio adequado a tal fim. A respeito deste é imprescindível ter em conta que enquanto indivíduos humanos, portanto limitados, somos passivos de erro. Porque a Verdade é patrimônio Universal. Desta forma, pertencemos a essa Verdade, ao Divino, transcendendo nossa individualidade, nossas subjetividades; em rigor enquanto o conscientizamos. Mais ainda, consequentemente recordaremos que o erro absoluto não existe, ao ser a Verdade em sua síntese suprema a suma das limitações de meras individualidades, logo dos erros ínsitos das ilusões, derivadas das mirações[21] parciais de uma quimera gerada por *flashback* de um mosaico complexo em movimento, ou seja, meramente impressões fenomênicas inerentes à espécie humana.

"Não escuteis a mim, escutai ao Logos que não é meu", explicou a antiga sabedoria. Com esses conceitos que acabamos de expor, pretendemos que fiquem bem firmes a fim de não cair nas simplicidades tão recorridas na atualidade, como ser na tendência de supervalorizar o pessoal; consequentemente a brilhante linguística do discurso, está, muitas vezes, eivada de Ideologia e oco de substância, porém, sugerindo ou parecendo retumbar com muita eficácia; a qual leva inevitavelmente a explanar um novo erro, antes que possa transmitir a Verdade, como tal propriedade Universal. Não esquecemos que como indivíduos significamos uma determinação do Ser Universal, um marco frente à Infinitude, no limite que é imprescindível transpor-se se pretende O ilimitado pró-

---

21 - É importante não confundir a ilusão com uma mera irrealidade. A ilusão consiste em pretender a manifestação, independentemente do Princípio Supremo, ou seja, do Divino. Sem Este ela seria um nada. A respeito disso, o mundo é ilusório no sentido que reflete em seu nível e de acordo com suas condições, isto é, de um certo grau de Realidade, portanto absoluto, do Divino.

prio do Absoluto[22], o Conhecimento da Verdade, bem seja o início meramente teórico, porém, com vista a sua Realização[23], logo assimilando a pura Metafísica, acesso a qual, como adiantamos, é o Símbolo o meio idôneo.

Ao articularmos nosso discurso inevitavelmente devemos lançar mão das palavras, ou seja, de determinações e relatividades, quando sempre quando contenham proposições metafísicas como aqui nesta nossa intenção. Claro que a fim de aceder à assimilação do Universal próprio do Símbolo, não é indispensável transcender sua aparência sensível, em outros termos, vê-las enquanto signo e símbolo. Nosso discurso usual se desenvolve linearmente, num espaço euclidiano e numa sucessão temporal. Articula fileiras de termos transcorrendo em tais determinações. Na instância presente é necessário atravessá-lo conceitualmente, por assim dizer, interpretá-lo significativamente a fim de afirmarmos na transcendência que pretendemos focar, na Infinitude[24] congênita da pura Metafísica.

A fim de não correr o risco de nos perder conceitualmente – coisa frequente num tema tão difícil de assimilação, se a finalidade dele mesmo supõe intuir seus níveis mais abissais, tal como é o caso do símbolo – esclareceremos o sentido etimológico de alguns termos empregados, os quais implicam chaves significativas na presente exposição. Desde já adiantaremos que as palavras que implicam universalidade as temos iniciado em letra maiúscula. Antes de tudo, temos em conta que "etimológico" provém do grego *"étymos"*: a verdade própria de um termo. Temos falado de Tradição. Trata-se de um vocábulo originado do latim *"traditionem"*, quer dizer a ação de entregar, dar, estritamente: por em mãos, aqui com o sentido de fazer efetiva uma entrega. A sua vez "*trado,-is,-ere*": entregar, dar, pôr em mãos.

---

22 - Do latim *"absolutus" (ab-solutus)*, por sua vez, part. Pretérito de *"absolvo, is"*. Trata-se daquilo que exclui toda possibilidade de relação como Único por (absolutamente) livre; todas as coisas dependentes d'Ele. Efetivamente, contendo eminentemente o Todo, ou seja, "Todas as coisas", quando transcendente das mesmas. Recordemos que a "coisa" provém do latim "causa" e designa tudo que tem entidade, sendo causa, fonte de algo.

23 - Referimos a "realização" ou efetivação do conhecimento, o qual equivale a identificar-se com ele mesmo, requisito indispensável para que possa falar-se de "conhecer" no verdadeiro sentido da palavra, logo depois de ter transitado no indispensável saber teórico. Em outros termos, o passo da "potência" ao "ato" do saber.

24 - A Infinitude como própria do "Infinito"; este do latim *"In-finitus"*; assinala (sugere) aquilo não-finito, ou seja, o desprovido de limites: o Todo Universal.

Isso é de suma importância entender bem, porquanto chegado aqui pontualizaremos algo fundamental[25]; o verdadeiro saber, o Conhecimento – em oposição aos "conhecimentos", os quais como determinados que são não fazem mais que distanciarmos da Verdade[26], da Luz, do Divino enquanto síntese Universal do Real; e aqui recordemos que o termo "Deus" como pessoa divina se origina de uma raiz indo-europeia que em sânscrito dera a voz "Deva", ou seja, "Luz inteligível", logo em grego: *"theos"* e em latim "deus" – dizemos que o verdadeiro saber, o qual implica transcender o simples saber teórico, somente pode construir-se mediando uma entrega, pressupõe algo que passa tomar parte do ser a quem tal se entrega, algo que consequentemente o ser deve assimilar, de modo análogo ao igual ocorre no corpo com a assimilação alimentícia.

Digamos que o símbolo é o meio adequado para a transmissão da pura Verdade metafísica. "Símbolo" provém do grego *"symbalo"*, levando o sentido de unir, sintetizar (*"syn"*) vários significados, projetando-os (*"balo"*) numa representação sensível. Isso em virtude de possuir aquilo que nos indica o vocábulo *"polissemia"*. Justamente é o símbolo que sustém em sua estrutura vários sentidos, os quais podemos compreendê-los superpostos por assim dizer. Conseguintemente, cada um chegará mais ou menos profundamente na assimilação de sua totalidade sintética, segundo o nível em que se encontre enquanto a faculdade que autores ocupados na Tradição chamam de "horizonte intelectual", ou horizonte cognitivo. Este é centrado no coração como órgão próprio do intelecto[27], ali onde todas as doutrinas[28] sabem da existência de um Centro, que supostamente não devemos confundir com um centro físico nem psíquico.

Porque trata do "Coração espiritual", o qual se encontra no cha-

---

25 - Empregamos este termo segundo o sentido que ele tem no latim *"fundamentum"*, quer dizer aquilo sobre o qual repousa uma estrutura. Neste uso presente supõe conseguintemente a totalidade do Real, "todas as coisas". Equivale ao *"arché"* grego.
26 - Ao referirmos à Verdade entendemos assinalar a Realidade como atributo essencial do Real. Em nós sua Luz, a própria do Divino.
27 - Tradicionalmente o coração foi considerado o assento do intelecto, assim como o cérebro é da mera razão. A invasão do racionalismo com as consequências sob vistas no maniqueísmo moderno produziu o esquecimento do puramente intelectual (ou seja, o espiritual em sua acepção genuína: a leitura interior); conseguintemente, a adjudicação do sentimento ao coração.
28 - A doutrina é a dimensão puramente intelectual de uma tradição.

mado "Centro do Mundo", "lugar metafísico"[29], que, como tal, não se encontra em nenhum "lugar", no entanto supõe todos os "lugares individuais" na suprema síntese do não manifestado como Universal. Porque dito Centro, como Divino, não pertence ao indivíduo como tal. A este respeito é necessário pontuar que o Ser que pode estabelecer-se no Conhecimento, em outros termos, que já conquistou a "viagem" tradicionalmente falando, o qual o conduz ao Fim "primeiro e último" do mesmo, ou seja, que tenha conseguido aquilo que se conhece como Realização metafísica, transformado (transcendido a ilusão da forma), tornou-se Universal. Já não é "um" senão o "Uno", apesar de sua aparência exterior, para quem não se encontre em condições de desprender-se da mencionada ilusão, como é o caso da grande maioria, o faz supor um ser individual. É o Divino, logo não é ele, senão Ele. Conseguintemente se vê o Real[30]. Isso graças à sua intuição transcendente. Recordemos que a intuição (do latim *"intuire"*: ver) nos sugere a "visão" própria do Conhecimento como imediata que é. Aqui deixamos como inútil a mera reflexão, própria do saber filosófico, logo imediata, pelo mesmo inferior.

Vale esclarecer que, ao assinalar o símbolo como linguagem a ser usada para a transmissão da Verdade ínsita da metafísica, entendemos, que ele está estreitamente de acordo com os autores que transitam, mesmo que teoricamente, na Tradição, referimos à metafísica em seu sentido Absoluto[31], ou seja, na autêntica, Aquela cujo fundamento se encontra naquilo que tradicionalmente tem sido identificado como "Não-Ser" e não a metafísica no sentido aristotélico e seus continuadores escolásticos. Este define-a em seu livro IV de sua "metafísica" como a ciência que estuda "o ser enquanto ser", por isso o nome Ontologia[32],

---

29 - Nos referimos ao "lugar metafísico" com um sentido analógico àquele que em matemática tem um "lugar geométrico".
30 - Nós referimos ao absolutamente Real, ou seja, o Real no sentido próprio: o Divino. Porque "todas as coisas" participam em grau mais ou menos relativo segundo o nível hierárquico em que se encontram na Realidade Universal, do Real.
31 - Absoluto, em filosofia, é definido como a *"realidade suprema e fundamental, independente de todas as demai"*. Às vezes é usado como um termo alternativo para *"Deus"* ou *"o Divino"*. Na filosofia analítica e na filosofia pragmática, absoluto é tudo aquilo que não se deixa falsear.
32 - Ontologia (do grego ontos *"ente"* e logoi, *"ciência do ser"*) é a parte da metafísica que trata da natureza, realidade e existência dos entes. A ontologia trata do ser enquanto ser, isto é, do ser concebido como tendo uma natureza comum que é inerente a todos e a cada um dos seres. A aparição do termo data do século XVII, e corresponde à divisão que Christian Wolff realizou quanto à metafísica, seccionando-a em metafísica geral (ontologia) e as especiais (Cosmologia Racional, Psicologia Racional e Teologia

porque a metafísica, em sua infinitude, supõe transcender toda determinação, incluída no primeiro, ou seja, o Ser Universal, o Deus, visto pela teologia. Somente assim incursionaremos para o Divino, entendendo com este termo haver transposto toda entificação, pelo mesmo ao Ser, ao Deus pessoal. Por tal motivo, ao pretender apontar para a Realidade última, tradicionalmente se a enfoca a suprema indeterminação. Resta o Não-Ser, porque ao negar a primeira determinação possível, com ele o primeiro limite, a primeira negação do *i-limitado* por Absoluto, estamos falando da plena positividade Universal: o *In-finito*. Sua única linguagem possível: o Símbolo.

Mantendo firme nossa abordagem sobre o símbolo como linguagem, especialmente adequado na intenção de transparentar a pura metafísica, passaremos a enfocar a divisão, que, em termos muito genéricos, pode fazer-se presente nas formas simbólicas. Neste sentido, diremos que há símbolos visuais e símbolos sonoros. Segundo a doutrina hindu, em que podemos ver especialmente patenteada dita divisão, os primeiros são conhecidos como "*yantra*" e os segundos como "*mantra*". Ambos se baseiam naquilo que se conhece tradicionalmente como "ciência do ritmo". Ritmo este que supõe um acordo com a "ordem cósmica", ou seja, um "*rito*". Termo proveniente do sânscrito "*rita*", ou seja, "*ordem*"). Os primeiros se desenvolveram no espaço e os segundos no tempo. Estes estão em estreito acordo com as ocupações primordiais, pelo mesmo que tradicionais, da humanidade: o cultivo da terra e o cuidado de animais domésticos, podendo-se, desta forma, falar de povos agricultores e povos pastores. Seu específico simbolismo bíblico: Caim e Abel, segundo a ordem que acabamos de explicitar. Os povos agricultores, chegados a um sedentarismo com o tempo mais ou menos fixo em sua localização espacial, construíram finalmente cidades e num processo extremo, próprio deste fim de ciclo humano[33], monstruosas megalópoles impedindo progressivamente o nomadismo, próprio dos pastores e ficando como casca descartável, por assim dizer, da sabedoria própria e originária des-

---

Racional). Embora haja uma especificação quanto ao uso do termo, a filosofia contemporânea entende que metafísica e ontologia são, na maior parte das vezes, sinônimos, muito embora a metafísica seja o estudo do ser e dos seus princípios gerais e primeiros, sendo, portanto, mais ampla que o escopo da ontologia.

33 - O trecho final do "*kali-Yuga*", ou "*Idade da progressiva corrupção*" segundo a doutrina hindu em seu aspecto cosmológico. Também conhecido como período extremo de obscurecimento intelectual, como "Idade das trevas".

tes últimos, um nomadismo antitradicional e destrutivo[34]. Nesta forma Caim terminou por matar Abel.

Da mesma forma, por força das circunstâncias, os povos sedentários realizaram preferencialmente símbolos visuais e originados nas artes correspondentes: arquitetura, escultura e pintura. Por análoga razão, os povos nómades tiveram mais fluência com os dados símbolos sonoros, logrando assim as artes fonéticas: músicas, e poesias, estas últimas significando formas que se despregam no tempo, justamente mais compatíveis com um estado de contínua migração. Ou seja, os elementos de um símbolo visual se expressam em simultaneidade e os símbolos sonoros em sucessão. Ambos supõem o apoio indispensável à meditação (esta função individual) causando finalmente chegar à meditação (faculdade inerente ao Universal no Centro do Ser. Este sabemos ser transindividual).

Não estenderemos este tema que por si só requereria um livro, somente diremos que a arte tradicional em suas diversas manifestações, teria como expressa missão possibilitar um ponto de apoio para o Divino[35], e finalmente fazer factível a identificação com Ele, finalidade suprema do homem, em rigor conscientizar dita identificação, a qual ficou no esquecimento durante nosso sonho mundano, sono que tem como consequência que como indivíduos em nossa ignorância separados do Centro, nem sequer nos seja factível atualmente bem seja compreender qual é nosso Caminho[36].

Existe uma estreita relação entre as expressões simbólicas apontadas. De fato, todo rito é um símbolo. Porém, enquanto símbolo visual uma vez realizado permanece acessível com a missão de ser contemplado, o símbolo sonoro fica unicamente manifestado nele mesmo cum-

---

34 - A este respeito, Rene de Guenon, cita em sua obra *"Le régne de la quantité et les signes des temps"* o efeito maléfico que tem nestes tempos finais de fim de um ciclo humano, o nomadismo desviado próprio dos judeus que se apartaram de sua própria tradição. Cita a este respeito as figuras de Freud na psicologia, Einstein na Física e Bergson na Filosofia, como poderia recordar outras, também extremamente importantes.
35 - Neste trabalho temos optado pelos termos que indicam a Divindade, preferencialmente aqueles que se referem a Deus, devido à conotação pessoal – separando-se de seu significado originário – que leva atualmente esta última voz, quer dizer, indicar a Pessoa divina com exclusividade. Além disso, podemos dizer que a pura Metafísica tradicional aponta para suprema impessoalidade Divina como Princípio Supremo. Daí que inclusive em alemão se distingue *"Gott"*: Deus, de *"Gottheit"*: a Divindade. Mesmo assim em grego *"otheios"*: Deus e *"to theion"*; o Divino.
36 - A propósito, recordemos o Evangelho: *"Eu sou o Caminho, a Verdade e a Vida"*.

prindo o rito. A esse respeito, a escritura constitui uma fixação do som, em outros termos, um conjunto de traços que dão a possibilidade de reproduzi-los. Em todos os casos, as formas simbólicas levam a finalidade última de conquistar aquilo que tradicionalmente se conhece como *"estados superiores do ser"* e finalmente assimilar a Luz pura do Divino.

O gesto ritual constitui conseguintemente um símbolo "acionado" por assim dizer. Aqui recordaremos os *"mudras"* da tradição hindu, os quais são gestos constituintes de uma verdadeira linguagem do movimento e posições.

Ainda dentro da *"ciência do ritmo"* como base do símbolo, esta depende diretamente da "ciência do número", claro que considerando a este último segundo a Kabbala hebraica e também na tradição pitagórica, passando desta última à concepção platônica das ideias como primeiras essências, primeiras realidades das coisas. Trata-se de "ideias arquetípicas", as quais podem simbolizar-se por números, longe ainda do dia em que estes últimos, patenteados num puro convencionalismo, se reduziram às meras aproximações próprias das matemáticas profanas[37]. Agregaremos ainda que todos os livros sagrados se encontram compostos em sua expressão originária em linguagem ritmada, quando a poesia[38] não era ainda uma forma literária individual e vazia segundo o sentido moderno. É justamente o ritmo poético que provinha de um ponto de apoio para poder expressar um verdadeiro *"rito"* com a intenção de aceder aos estados cada vez mais elevados no itinerário que conduzia para a pura Luz do Divino.

---

37 - Do latim *"profanus"*, ou seja *"pro"*: proposição de ablativo que levam o significado de "frente a" (no sentido de uma oposição) e *"fanum, i"*: templo, lugar sagrado. Ou seja, no "profano" vemos aquilo escindindo (rompendo / separando) do templo, do recinto sagrado. Justamente, tenhamos em conta que *"templo"* provém do grego *"témno"*: dividir, cortar, ou seja, que se trata do recinto separado do espaço meramente profano.

38 - Convém recordar a respeito de sua origem grega que: *"poesis"* (de *"poeo"*: realizar), ou seja, provinha de um verdadeiro rito com interesses de alcançar estados cada vez mais elevados de realização.

SEGUNDA PARTE

CAPÍTULO I

HERMETISMO SECRETO
Texto Sob Figura

I

I. Eu não gozava do mais pleno sentido desde o momento de meu nascimento; havia, entretanto, trinta e seis anos que eu existia entre os homens, contabilizando por meio de sua maneira ordinária.

II. Ainda que privado da visão, eu era bastante tranquilo porque acreditava que era de minha essência ser assim. Eu vegetava entre os milhares de plantas de minha espécie e, apesar de dever meu vigor à influência de certas constelações, eu não duvidava do clarão da abóbada azulada.

III. Sentado sob a sombra de um carvalho, eu refletia um dia sobre as desgraças da espécie humana. Porque é necessário, dizia a mim mesmo, que um ser tão perfeito quanto o homem, não tenha um sentido a mais? Ele seria, parece-me, bem feliz se pudesse ver?

Esse pensamento me agitou vivamente e me fez sentir minha desgraça pela primeira vez na minha vida. Algumas lágrimas caíram dos meus olhos. Elevando maquinalmente minhas mãos em direção ao Céu, dirigi a palavra ao Criador...

IV. Um odor suave se espalha, então, em torno de mim; eu me calo para senti-lo. O encanto aumenta, eu estou diferente de antes. O que me surpreendeu ainda mais, é que eu não estava mais sob a sombra do carvalho. Minhas mãos procuraram em vão a árvore que servia de apoio e a relva sobre a qual eu me repousara; eu não tocava nem encontrava nada em torno de mim. Onde estou? ... Que Ser me sustenta? ... Ainda que eu não pudesse me instruir daquilo que me acontecia, eu não estava de modo algum inquieto com a minha sorte.

V. Ignoro se permaneci por muito tempo nesse estado; como homem, eu não sabia ainda de forma alguma mensurar a duração do prazer. Meus pés tocaram, enfim, a terra. Minhas mãos procuraram, inicialmente, em torno de mim para saber se eu havia sido trazido novamente sob a sombra do carvalho; nenhuma árvore, nenhuma relva!...

VI. Um barulho confuso interrompeu-me em minhas buscas; parecia ouvir alguns artífices ocupados em derrubar muralhas ou em cavar uma abertura em um rochedo. O temor apoderou-se de mim porque parecia que os fragmentos iriam esmagar-me a cada instante; eu os ouvia rolar em torno de mim e se partir uns contra os outros. Como não via nada ali e como eu ignorava em que lugar eu me encontrava, era bem difícil subtrair-me ao perigo que me ameaçava. Esta circunstância me fez sentir mais do que nunca o quanto eu podia reclamar por estar privado da visão. Minhas lágrimas rolaram novamente sobre minhas aflições, eu implorava de novo ao meu Criador.

VII. Ainda que eu estivesse só, eu senti uma mão se colocar sobre minha testa. Eu fiquei bastante aterrorizado, mas meus olhos enxergaram pela primeira vez na minha vida.

VIII. Em qualquer outra época eu estaria, sem dúvida, bastante satisfeito em ter um sentido a mais. Mas quanto eu estremeci quando me vi colocado sobre a margem de um rochedo à beira do mar, enquanto que, do lado oposto, enormes pedras vinham a mim e pareciam a cada instante prestes a me arrastar com elas para o fundo das águas.

IX. Eu não sabia se devia nesse caso agradecer o presente que acabavam de me oferecer. Eu tive o infortúnio de refletir sobre isso, puniram-me.

X. Uma pedra arrancada da velha construção localizada acima de mim caiu ao meu lado. Um pequeno estilhaço me atingiu o calcanhar; a dor foi grande e eu coloquei minha mão. Mas, não tendo sabido conservar o equilíbrio neste movimento muito precipitado, essa situação fez meu corpo, já não muito seguro, desequilibrar-se e eu caí no fundo do mar.

XI. A natureza, esta sábia e previdente mãe sem dúvida me instruíra sobre a arte de percorrer habilmente as águas, sua lição me foi útil nesta circunstância. Ainda que estivesse apressado em retornar à terra, eu fiz, contudo, meus esforços para não me abeirar de modo algum da queda das pedras. Eu comecei a nadar e cheguei a uma pequena muralha que impedia as águas de penetrarem em um jardim magnífico.

XII. Como eu fazia meus esforços para atravessar o muro e penetrar no jardim, uma criancinha veio a mim e me estendeu a mão para me ajudar a subir: eu não ousava me aproveitar de seu zelo, pois temia arrastá-la comigo. Ela viu meu embaraço, sorriu e me tirou do perigo.

XIII. Dispa tuas vestimentas, disse-me meu pequeno condutor, não se admite neste lugar senão o homem da natureza.

XIV. Em seguida, mostrando-me três caminhos, ele me explicou que eu era livre para escolher e que ele se oferecia para me conduzir por aquele dos três que me conviria. Um, acrescentou, conduz ao branco, outro ao verde e o último ao azul. Como eu fora cego durante trinta e seis anos, não me era fácil julgar as cores; eu confessei meu embaraço ao meu guia, que me propôs, para terminar a questão, a decidir pela sorte.

XV. Ele me entregou uma borboleta que ele fora pegar sobre uma planta que eu não conhecia até o momento, mas da qual eu muito ouvi falar desde então. Dando-lhe a liberdade, observe o caminho que ela tomará e diga-me para que o preceda no mesmo.

XVI. A borboleta tomou o caminho verde, eu disse à criança e nós a seguimos.

XVII. À medida que nós avançamos, meu condutor colocava um sinal a certas distâncias, dizendo-me, olhe e lembre-te, pois será necessário que retornes sozinho.

XVIII. Caminhávamos desde o meio-dia, o dia iria terminar e eu não percebia nenhuma habitação ainda. Eu compartilhei minhas inquietudes à criança, que já as adivinhara, pois ela não me deu tempo de terminar meu discurso para dizer que eu me armasse de paciência ou de me determinar a viajar sozinho se eu quisesse reclamar de uma prova à qual eu devia estar muito feliz em ser submetido.

XIX. Eu percebi, enfim, uma alta muralha. É nessa fortaleza que terá de penetrar, disse-me. O que vês é um labirinto; sete portas conduzem a ele, mas apenas uma leva à vida.

XX. Eis que estamos, acrescentou; eu não posso te acompanhar mais longe. Antes de entrar nesta vasta construção, considere sua fortaleza, reflita sobre as sete portas; tu te perderás sem dúvida, mas é preciso firmeza e confiança. Tu te encontrarás ao fim de sete graus de expiação.

XXI. Percebo, continuou meu guia célebre, que julgas mal em teu interior provas e sucessos. Tu és livre para retornar ao teu primeiro estado, se o quiseres. Retorne sobre teus passos, os sinais que eu coloquei te reconduzirão facilmente ao jardim em que te encontraste; lá, como o velho dos velhos, permanecerás alguns dias; gozarás e te enganarás, mas um Ser acima de ti aparecerá com fogo na mão e te repelirá para a região das dores.

II

I. Eis-me só. Eu considero o exterior da vasta construção na qual devo penetrar; como preveniram-me em fazer uma escolha refletida sobre as sete portas que te conduzem, eu evito apresentar-me à primeira sem ter examinado as outras seis. Eu caminho e observo, mas meu embaraço apenas cresce, pois as portas se assemelham perfeitamente.

II. Percebi um homem colocado como uma estátua, e imóvel como tal, apenas o movimento de seus olhos me dizia que ele estava vivo. Em minha incerteza, eu corri a ele para lhe pedir algumas informações, mas eu havia apenas começado a lhe falar e ele interrompeu a questão dando-me uma bofetada.

III. Este toque me deixou assim como eu acabava de vê-lo, dessa vez fui eu que me tornei uma estátua, e eu vi aquele que acabava de me bater avançar em direção à porta que estava diante de mim e introduzir-se no labirinto.

IV. Três anos se passaram nessa situação e no mesmo lugar: eu vi durante este intervalo coisas que eu não posso revelar senão em parte. Animais de toda espécie passavam a todo o momento ao meu lado; havia alguns dentre eles desses seres mistos que chamamos também de homens, cobertos de um saco marrom, branco, preto ou bicolor: estes últimos eram aqueles que pareciam mais detestar minha vida; alguns portavam uma grande barba, todos tinham uma corda em torno do corpo. Um desses seres encapuzados veio a mim e me entregou um grosso volume intitulado *Das penas do inferno*: eu o recebi de suas mãos e eu li.

V. Após três anos de prova eu vejo, um dia, ao nascer do sol, vir a mim um homem muito desconfortado; isso me lembrou o que me acontecera quando da bofetada da estátua. Como me fizeram a mesma questão, eu a respondi da mesma maneira e o sortilégio não foi diferente.

VI. Tendo sido substituído por outro, eu tomei o caminho que eu vira seguir meu predecessor três anos antes. Eu me apresentei a uma porta que se abriu com barulho assim que eu me aproximei. Dois guardas, com espada na mão, apoderaram-se de mim sem dizer palavra. Um terceiro homem me cobriu com uma capa magnífica. Após ter dado alguns passos de uma maneira conhecida por algumas pessoas, introduziram-me em um pequeno pavilhão onde eu encontrei uma mesa bem servida.

VII. Três espécies de pratos foram oferecidas nessa refeição; eu provei deles e minhas forças foram reparadas no mesmo instante.

VIII. Algumas batidas foram ouvidas, eu observo meus condutores para saber o que significa este sinal, mas tudo desapareceu, eu estou só.

III

I. Eu me levanto e, como a entrada do pavilhão se encontrava fechada, eu me coloquei a examinar os quadros com os quais esse salão era decorado. Sobre um estava representada uma criança sentada perto de um riacho de leite e segurando uma taça na mão.

II. Via-se, em outro quadro, um velho enfermo deitado sobre plumas de corvo.

III. O pintor havia representado, em outro lugar, uma cabra aleitando um leão.

IV. O quarto quadro representava um mar de fogo sobre o qual flutuava uma garrafa que alguns homens se esforçavam em atingir e agarrar a nado.

V. Veio-me à mente que essas pinturas alegóricas continham, sem dúvida, algumas verdades; na certeza de que elas não foram colocadas aí senão para me instruir, eu me pus a procurar o sentido. Meu olho fixou novamente o primeiro quadro, como ele estava localizado em um ângulo em que a luz do dia era um pouco interceptada, eu o retirei de seu lugar para colocá-lo em outro e examiná-lo de mais perto; mas foi apenas retirá-lo que eu não pensava mais em estudar sua alegoria, pois este quadro mascarava a entrada de um magnífico apartamento no qual acreditei ver uma jovem e bela mulher estendida sobre um sofá no qual ela estava coberta de flores.

VI. A paixão me distraiu, ou, melhor dizendo, eu fui enganado pelas ilusões da natureza. Lançar-me neste apartamento e cair aos pés da beleza foi apenas um instante para mim. Mas, deixando o pavilhão, eu tive o azar de ali deixar a capa com a qual estava coberto entrando no labirinto.

VII. Sentado perto da bela que despertara, eu senti que eu tinha um coração; acreditei ver palpitar o seu e eu me entreguei a todos os encantos do amor.

VIII. Após algum tempo de prazer eu ouvi baterem à porta do apartamento: minha companhia abriu. Eu reconheci os dois guardas que me conduziram no pavilhão: eles colocaram novamente a espada na mão e me fizeram um sinal para que os seguisse.

IX. Conduziram-me e me deixaram sozinho em uma grande sala onde havia um altar. Aproximei-me dele. Ali vi um cordeiro deitado sobre um grande livro. Como eu me propunha a abri-lo, um homem vestido de preto apareceu do meu lado e me derrubou com um golpe que ele me deu sobre a testa.

X. Eu havia perdido todos os meus sentidos e foi apenas depois de algumas horas que eu voltei a mim. Eu já havia me levantado quando esse mesmo homem me deitou tão bruscamente quanto outrora; isto foi repetido três vezes. Ele me perguntou em seguida porque eu me encontrava nestes lugares sem a capa com a qual eu havia sido coberto quando de minha apresentação; não sabendo onde eu a havia deixado, eu não pude responder. Meu silêncio foi o intérprete de minha vergonha e condenaram-me a viajar até que eu a tivesse encontrado.

XI. O mesmo homem vestido de preto me conduziu para fora da sala; eu me encontrei em uma floresta, só, sem vestimentas e sem defesa.

IV

I. O Céu se cobre de nuvens espessas, o relâmpago cresce e o clarão me mostra por intervalos que eu estou cercado de precipícios e de animais ferozes.

II. Eu percebo um abrigo sob uma pedra enorme que formava de um lado uma abóboda bastante estreita, penetro ali e me encontro ao lado de um tigre que ali se refugiara pela mesma razão que eu. Eu não ousei fugir quando o percebi, pois eu temia: mas eu vi que ele temia quase tanto quanto eu. O tempo escurecia cada vez mais; o granizo, a tempestade, a trovoada e meu temor, tudo crescia sem cessar.

III. Um lobo apresenta-se para aproveitar-se do abrigo que eu dividia com o tigre. Este último se lança sobre o recém-chegado; eles combatem, ferem-se e perdem o fôlego.

IV. A tempestade acalmou-se e o Céu está sereno; eu deixo minha gruta e procuro uma vereda nesta floresta.

V. Após algum tempo de caminhada encontro-me em uma planície. Eu vejo uma vereda à beira da qual reconheço uma marca como aquelas colocadas pela criança que me conduzia ao labirinto. (Vede o N.º XVII do Capítulo primeiro.)

VI. Sigo esta vereda que me leva ao jardim que eu encontrara saindo do mar. Entrando no jardim eu observo em torno de mim e procuro a criança que me servira de guia. Eu a percebo perto de uma fonte; como ele estava deitado, achei que estava dormindo: mas eu vi, assim que cheguei perto dele, que ele estava morto, pois o movimento do coração e o da respiração estavam interrompidos. Eu o tomei em meus braços, agitei-o em diferentes sentidos; minha boca se colou sobre a dele para insuflar o fogo em seus pulmões. Isso sendo inútil, tentei esfregá-lo com as diferentes plantas que eu via no jardim; eu abati em seguida vários animais na esperança de encontrar alguns remédios; meus cuidados, meus arrependimentos, meus choros, meus votos ao Criador, tudo foi sem sucesso.

VII. Não me restava mais nada senão prestar-lhe as últimas obrigações. Minhas mãos cavaram sua tumba e ali lhe colocaram.

VIII. Após algumas lágrimas sinceras derramadas sobre a tumba, eu me pus a percorrer o jardim para ali buscar um asilo e seres semelhantes a mim. Qualquer caminho que eu tomava, encontrava-me sempre no lugar em que havia enterrado a criança.

IX. Então, eu senti que era inútil fazer esforços para me afastar; estendi-me sobre a relva e passei algumas horas no mais profundo sono.

X. Minha pálpebra reabriu-se à luz do dia, mas qual não foi minha surpresa quando percebi um galho de árvore colocado sobre a tumba, em torno do qual estava uma serpente? Meu primeiro movimento foi me afastar; refletindo, enfim, sobre esta circunstância misteriosa, eu me armei de coragem e matei a serpente. Atingindo-a, três gotas de seu sangue caíram sobre a tumba, o galho da árvore e os restos da serpente entraram na terra, e a criança, por quem eu tanto havia chorado, tornou à vida.

XI. É por ti, disse-me, que eu perdera a vida; tu me devolveste, nós estamos quites. Sem o sacrifício de meus dias, acrescentou, isso seria feito dos teus.

XII. Ele se explicou três vezes da mesma maneira e eu o entendi.

V

I. Eu consentira em tentar novas provas para chegar ao labirinto. Nós nos colocamos em marcha e tomamos o caminho que conduz ao branco. (Vede o N.º XIV. do Capítulo primeiro.)

II. A certa distância, nós encontramos uma escada de sete degraus; a criança me disse para ali subir.

III. Quando eu cheguei ao pico eu vi, abaixo de mim, alguns homens que trabalhavam e cuja obra ia bem lentamente.

IV. Eu desci a escadaria de uma maneira conhecida e me reuni à criança. Nós caminhamos ainda algumas horas. Eu percebi a alguns passos de nós um homem armado que parecia guardar alguma coisa preciosa em um pequeno cofre sobre o qual ele estava sentado.

V. Meu pequeno condutor me informou que eu devia entrar em guerra com ele, vencê-lo ou perecer. Para reanimar minha coragem ele retirou um bálsamo de uma caixa; ele me esfregou os pés, as mãos, a testa, etc.

VI. Após esta operação, eu corri sobre o homem armado; meu braço o tendo logo derrubado, apoderar-me de suas armas e atingi-lo não levou senão um instante para mim. Meu primeiro movimento foi o de abrir o cofre; eu não fiquei pouco surpreso de ali encontrar a capa que eu esquecera no pavilhão; (vede o N.º VI. do Capítulo terceiro.) Após me recobrir, eu voltei ao meu guia e eu lhe prestei novas ações de graças.

VII. Nós caminhamos em direção ao labirinto que não levamos muito tempo a descobrir. Perto do muro, a criança me deu novamente adeus; eu estive mais uma vez só.

VIII. Mesmo embaraço em escolher entre as sete portas aquela pela qual eu devia introduzir-me. Apresento-me à primeira que se oferece à minha vista.

IX. Eu bato, ninguém abre. Chamo, ninguém responde.

VI

I. Enquanto que eu me dispunha a bater novamente, eu vi chegar um velho venerável montado sobre um camelo.

II. Este velho e seu séquito, que era muito numeroso, vieram até mim. Uma dessas pessoas se aproximou, entregou-me uma chave e me fez um sinal para lhes abrir a porta. Obedeci, todos entraram e eu os segui.

III. Eu fechei a porta e dei a chave àquele que havia me entregado. Nós nos encontramos todos em uma grande praça triangular em que havia duas colunas.

IV. O velho desceu de seu camelo. Conduziram-no para perto da primeira coluna, na qual ele foi amarrado e levado à morte no mesmo instante.

V. Esse golpe me atingiu e me fez tremer: eu me vi, sem querê-lo, cúmplice de um crime assustador. O que mais me espantou foi quando esses assassinos se jogaram sobre mim, me prenderam e me colocaram sobre o camelo.

VI. Assim que me colocaram sobre este animal todos os homens saíram da praça e eu fiquei sozinho com o camelo. Eu me apressei em colocar o pé sobre a terra para socorrer o velho que acabavam de bater na minha frente. Eu cortei as cordas que o amarravam à coluna. Eu examinei suas feridas, mas eu tive a dor de ver que todos os meus cuidados seriam em vão.

VII. Eu notei que ele tinha uma marca distintiva na casa do botão de sua veste: achei que devia pegá-lo. Esse sinal me despertou a ideia de fazer mais amplas pesquisas; minhas buscas não foram, de modo algum, inúteis; eu me apoderei de alguns títulos que me provaram que este velho infortunado acabava de ser a vítima do fanatismo e da superstição.

VIII. Enquanto eu percorria os documentos que eu acabava de possuir, um leão furioso se lançou sobre o camelo que estava ao meu lado e logo fez dele sua presa. Eu achei que devia deixar a praça e, sem refletir sobre o caminho que devia tomar, eu segui o primeiro que se ofereceu à minha vista.

IX. Eu caminhei durante sete dias e sete noites em uma fumaça muito espessa; eu estava como que envolvido em uma nuvem. Eu cheguei a uma praça exatamente redonda, mas eu não pude parar ali; partia a todo o momento de seu centro uma multidão de fagulhas que me forçavam a não deixar a circunferência do círculo.

X. Como eu me dispunha a passar mais longe, um ser, que eu não devo nomear, abordando-me, disse-me que lhe entregasse minha capa: eu obedeci. Ele a levou ao centro do qual eu acabei de falar. Esta vestimenta foi reduzida a cinzas; entregaram-me fechadas em uma garrafa e advertiram-me que tomasse cuidado com ela.

XI. Eu continuei meu caminho, mas tal era a vasta extensão deste labirinto que eu via sempre diante de mim caminhos que pareciam não ter fim. Enfim, eu vi uma espécie de gruta que eu não ousava visitar, quando entrevi um leão verde a alguma distância da entrada: ainda que eu tivesse bastante vontade de descansar, a prudência me empenhou a passar mais adiante.

XII. Uma figueira se encontra sobre meu caminho, eu pego três figos; uma ave de rapina os disputa comigo, eu a mato.

XIII. Eu arranco nove plumas do pássaro, eu os arranjo em minha cabeleira e continuo meu percurso.

VII

I. Descubro um palácio cuja porta estava aberta, apresento-me. Numerosos valetes aproximam-se e me dizem que eles estão prontos a me dar tudo o que eu pudesse desejar; o repouso, digo-lhes muito bruscamente: informaram-me que era impossível encontrá-lo no país que eu percorria. Fizeram-me tantos discursos que eu quase me arrependi de ter penetrado no labirinto.

II. O mestre da casa não demorou a parecer; ele me interrogou sobre meus eventos. Após algumas questões necessárias ele me conduziu para um quarto onde eu vi tesouros imensos.

III. Chocado pela quantidade de ouro que havia nesse apartamento, eu tive a fraqueza de desejar uma parte dele; meu desejo mal fora concretizado que o ouro, o mestre, os valetes, o palácio, tudo desapareceu.

IV. A tal revolução mágica, fez-se uma mudança involuntária em toda minha pessoa; a emoção foi geral, porque eu não esperava por isso. Todo meu ser foi ao mesmo tempo agitado pela admiração, o temor e o pavor: nesses diferentes movimentos, as plumas que eu arranjara em minha cabeleira (Vede o N.º XIII. do Cap. VI.) caíram e, tocando a terra, transformaram-se em colunas de uma massa enorme; havia nove, seu arranjo era tal que eu me encontrava aprisionado entre elas sem poder sair.

V. Essas colunas estavam cobertas de inscrições; eu li coisas maravilhosas. Aprendo grandes verdades e abençoo o Altíssimo por tudo aquilo que ele opera para minha instrução.

VI. Apenas uma inscrição foi ininteligível para mim; eu a li e reli sem compreendê-la. Os esforços que eu fazia então para encontrar o sentido eram bem inúteis, pois eu tinha ainda outros mistérios para conhecer antes de estar na fileira dos eleitos.

VII. O tempo que eu devia permanecer entre essas colunas estava fixado. Eu tinha muito que meditar para murmurar contra meu cativeiro. A aurora apareceu um dia mais brilhante que de costume, o calor do ar foi mais forte, as colunas não puderam sustentar o ardor dos raios do sol e, como o gelo se funde assim que o inverno termina, minha prisão desapareceu do mesmo modo e eu fui liberto.

VIII. De acordo com a leitura das inscrições das quais acabei de falar, eu sabia qual caminho eu devia tomar. Meus passos se viraram para o Oriente.

IX. Três passos à frente, outros para o lado, alguns para trás, eis minha caminhada.

X. Eu caio e me levanto. Eu continuo e chego.

XI. Creio estar no fim do universo. Percebo uma pequena abóboda que me revela um país brilhante; eu me curvo para observar sob o arco. Quando vi, morria de vontade de passar.

XII. Uma mão invisível coloca-me uma venda sobre meus olhos; eu me abaixo e passo sob a abóbada.

XIII. O trajeto terminado, a venda cai. Percebo ao meu lado a criança que me servira de guia (Vede os Cap. I., IV. e V.). Ele estava à minha direita. Eu tinha como assistente à minha esquerda o velho que eu vira ser assassinado algum tempo antes. (Vede o N.º IV. do Cap. VI.)

XIV. Silêncio, disseram-me os dois assistentes, quando eu ia tomar a palavra para testemunhar-lhes a alegria que eu tinha em encontrar-me com eles: eu me conformei, então, à sua caminhada sem dizer nenhuma palavra.

XV. Chegamos à fortaleza onde somos capazes de ver de mais perto o candelabro de sete braços. Meus condutores rompem o silêncio para me dar uma lição sobre este assunto. Eu não havia visto ainda a luz de tão perto.

XVI. O velho me ensinou a ciência dos números. Calculamos o número três; aprendi o sete e encontrei o número nove.

XVII. Ensinaram-me o uso do compasso: eu tentei mensurar e dividir os doze signos do Zodíaco. O mundo planetário não teve nada mais de velado para mim, pois o tempo da primeira operação viera.

VIII

I. Eu sou transportado até a morada do sol; nós somos sempre três.

II. Não é mais com homens que eu converso: seres todos libertos da matéria, meus mestres são aqueles que formam a cadeia que liga a criatura ao Criador. Depositários dos maiores segredos da natureza e da arte, estes gênios fazem-me tudo ver.

III. Um desses gênios uniu-se a mim para não mais me deixar: eu me entrego inteiramente a ele. Ele me pede contas das cinzas da capa que fora queimada algum tempo antes.

IV. Nós nos encontramos no laboratório, o único que existe; lá tudo está pronto a toda hora.

V. Atiram as cinzas em um cadinho: o fogo age e a matéria não é mais a mesma. Enquanto Saturno devia entrar em batalha com alguns satélites, meu gênio me conduz a uma construção pouco distante do laboratório.

VI. Tratava-se ainda de uma expiação para poder chegar ao termo desejado. Eu vejo vários homens serem mortos, o sangue deles jorrava em uma bacia onde fui deitado e condenado a passar duas horas e meia.

VII. Eu saí do banho, mas eu estava diferente de quando ali havia entrado. Retornamos ao laboratório, diz-me o gênio, vejamos se tu poderás aí introduzir-te.

VIII. Eu estou à porta, meus esforços para penetrar são inúteis. Outra expiação a passar: nova e última preparação.

IX

I. Peguemos a esfera na mão, procuremos nas outras a fim de poder terminar a grande obra.

II. Nós fizemos grandes esforços para abrir o Livro; o clarão se mostra, o raio brilha, o encanto cessa e o Livro é aberto. Obra-prima da inteligência celeste, esse Livro não continha senão enigmas para mim, mas eu já havia visto tanto que meus olhos estiveram logo a ponto de compreender a verdade, ainda que escondida no labirinto dos hieróglifos.

III. Descubro os segredos e a sabedoria do maior dos Reis. As línguas antigas tornaram-se familiares a mim e eu enrubesci pelo erro em que estivera até então.

IV. Alguns anos se passaram no estudo e no silêncio, meu gênio não me deixara de modo algum. Era tempo de retornar à prática, mas era necessária alguma coisa a mais para poder entrar no laboratório sem correr o risco de ali perder a vida.

V. O dia se escondeu, eu tive medo. Meu gênio me tomou pela mão, ele guiou meus passos em direção a uma grande pedra sobre a qual estava uma lâmpada que não me dava senão um fraco clarão.

VI. Ao lado da lâmpada estava uma taça vazia; eu peguei a lâmpada e a taça. Eu dei alguns passos para chegar perto de uma fonte, onde estava dito que eu beberia.

VII. Eu deixei a taça perto da fonte: guardei a lâmpada para guiar meus passos pouco seguros.

VIII. Uma vasta bacia se apresenta, ela estava cheia de uma matéria líquida, não era água, pois ela estava branca e brilhante como prata. Meu gênio me jogou na bacia.

IX. Permaneci ali três dias, contando como os filósofos. A lâmpada foi consumida, mas eu não sofrera nenhum mal. Ao sair deste banho, tomamos o caminho do laboratório; o dia reapareceu em todo seu brilho, eu não devia mais rever os traços do pai das trevas.

X. Entrando no laboratório, nós vimos com pesar que o fogo se apagara e que a operação havia apenas começado. Marte não havia aparecido, Júpiter estava ainda intacto, Vênus estava livre, etc. etc. Colocaram carvão no forno, o cadinho avermelhou-se novamente e nós nos dispusemos a terminar a obra.

XI. Foi necessário que eu mesmo sofresse a prova das provas. Passamos a um salão onde alguns ciclopes davam aos eleitos aquilo que devemos chamar de banhos de fogo: tudo estava pronto.

XII. Eu fui colocado neste elemento líquido e destruidor; todo meu ser parecia tomar outra forma. Nada me restou do envelope material senão aquilo que é necessário para manter ao homem.

XIII. Eu não sou mais o mesmo; eu entro no laboratório; as substâncias unem-se e se separam à minha vontade. O vermelho aparece, o verde o destrói, o branco triunfa, o vermelho retorna por minha escolha e a natureza não tem mais oficina secreta.

XIV. Eis o que eu vi, o que eu fiz e o que todo homem laborioso e constante pode repetir. Acharão como eu veredas nos lugares mais selvagens.

XV. Aquele que me conduziu em meus trabalhos deixou-me a escolha de instruir meus semelhantes ou de usufruir sozinho do fruto de minhas vigílias. Eu preferi o primeiro partido; eu não pude, contudo, fazê-lo senão nas condições conhecidas, mas essas condições não podem impedir senão o homem pouco acostumado à busca das grandes coisas. Eu fiz meus esforços para me fazer ouvir, será necessário pouco para me compreender.

Fim do Hermetismo Secreto.

COMENTÁRIO SOBRE O TEXTO PRECEDENTE OU INTERPRETAÇÃO RACIOCINADA DO HERMETISMO SECRETO

A Sociedade dos filósofos desconhecidos não é de maneira nenhuma delimitada por uma nação, um reino ou outros lugares particulares, ela está difundida em todo o universo. Um instituto que foi ditado pela razão, que é esclarecido pela religião e que segue a virtude, deve ser conhecido por todos os homens. Os protetores são inúteis para serem admitidos neste séquito escolhido: as grandezas não são nada; o homem ali não é senão o homem, mas ele é verdadeiramente homem.

As buscas das quais nos ocupamos são para destruir a mentira e para conhecer a verdade. Para conseguir, fixamos a natureza, vemos as obras, refletimos sobre a caminhada uniforme do grande todo.

Sozinho, o homem é incapaz de fazer os sublimes esforços que são necessários para ver: ele se enganará se ele procura guias em seus semelhantes. O célebre *Emanuel Swedenborg* forneceu grandes preceitos sobre esse assunto; seria inútil repeti-los, eu indico suas obras: mas eu advirto que é necessário saber lê-las.

Existe uma ligação entre os seres materiais e os seres espirituais. Para se convencer dessa verdade tem-se apenas que refletir sobre todos os seres criados e a cadeia que os liga. O reino vegetal está ligado ao mineral, como o animal o está ao vegetal por corpos que os naturalistas não sabiam como classificar. O homem está, enfim, ligado ao seu autor por seres intermediários que nomeamos diferentemente segundo os lugares e as épocas.

Não nos livramos da matéria senão despindo-nos do supérfluo do ser. O número não é mais o mesmo, ele é, então, mais perfeito. Seria fora de propósito negar essa verdade pela única razão de que não poderíamos concebê-la. Tantos adeptos não se enganaram por ter a satisfação de nos conduzir ao erro. Eu vou me explicar mais abertamente.

O *Hermetismo Secreto* oferece àquele que compreender seu sentido todas as verdades das quais nos ocupamos nesses círculos deliciosos conhecidos sob o nome de F∴ M∴

Não é de modo algum para bajular os profanos que eu publico este Livro; ele é feito apenas para aqueles que amam e procuram o verdadeiro. Os eleitos são raros; o *Hermetismo Secreto*, ou melhor, filosófico, precisa, então, de Comentário. Que o erudito da moda, que o homem de hoje não ouça nada do meu discurso! Que ele me trate como sonhador e me confine às pequenas casas, eu rio da idiotice e conheço a arte de bastar-me a mim mesmo! *Ver o mal e fazer o bem*, esta é minha divisa.

Moisés deixou-nos escritos que reverenciamos com razão; seu livro é o único útil, mas é necessário saber ler os livros sagrados. O homem que quiser se instruir não tem senão que comparar a Bíblia a ela mesma; ele não tem senão que meditar sobre as cerimônias sagradas dos povos que não existem mais como sobre aquelas dos povos que existem. Esse ponto é difícil, ele é ainda mais importante.

Ainda que, nas trevas, o homem corre atrás da luz; a vontade que ele tem de conhecê-la prova que ela existe. O adepto não é de modo algum um extravagante em fazer buscas, a ideia que ele tem do sublime prova que o sublime existe. Vários encontraram o objetivo, eles não ousaram mostrá-lo ou, se esses raros homens falaram, eles se serviram de uma linguagem mística.

O que mais surpreendeu no *Hermetismo Secreto* é que aquele que o ouvir ali encontrará os sete graus de expiação conhecidos na F∴ M∴ e mesmo entre todos os cristãos. Ele ali verá a verdade de algumas passagens que estão esparsas nos livros sagrados do grande Salomão.

A inteligência do *Hermetismo Secreto* precedente demonstrará verdades que o autor do livro intitulado *Dos erros e da verdade* não fez senão suspeitar.

Encontra-se no *Hermetismo Secreto* uma relação exata da recepção e da conduta dos filósofos desconhecidos: todos os segredos dos F∴ M∴ ali são revelados. A transmutação dos metais e a medicina universal aí são mostradas em toda sua clareza. Enfim, é realmente o manual de um adepto.

Para apressar os trabalhos daqueles que procuram a verdade, acredito aqui poder juntar uma explicação resumida dos primeiros conhecimentos necessários à inteligência das grandes operações. Eu não traí nenhuma sociedade e imploro a todo leitor de não abusar de modo algum da complacência daqueles que se explicaram sobre os mistérios.

Paracelso, Van Helmont, Libavius, Levinius, Cardano, Porta, Scaliger, Wecker, Mizalde, Gesner, Garzias, Acosté, Monarden, etc., escreveram como *Basile Valentin, o Cosmopolita* e outros; mas diversos não compreendem em nada essas obras e as acham tão obscuras quanto o sistema de *St. Martin*.

Isso é porque não se tem nenhum conhecimento preliminar quando se procura terminar a Grande Obra. Os autores não explicam senão por parábolas, como entendê-los se não se é de nenhuma forma iniciado?

Os planetas não são apenas, para os adeptos, os globos que giram em torno do grande astro. *Marte* dá algumas vezes seu nome ao ferro, outras vezes ao enxofre.

A palavra *Azoe* ou *Azoth* é o nome de *Mercúrio*, que se chama também *leite virginal*.

Não se podem confundir os metais do vulgo com aqueles dos filósofos: uns estão mortos, outros vivos.

Distingue-se, na Arte, o macho e a fêmea; são dois princípios, um é o enxofre e o outro, o mercúrio: conjugam-nos para que eles formem um germe.

A correspondência dos metais entre si é um conhecimento que deve ter aquele que se aplica ao estudo de *Rosacruz*. Para entender essa correspondência, é preciso considerar a posição dos planetas e prestar atenção que Saturno é o mais alto de todos, ao qual sucedem Júpiter, depois Marte, o Sol, Vênus, Mercúrio e, enfim, a Lua. As virtudes dos planetas de modo algum sobem, mas elas descem; os eleitos sabem que Marte transforma-se em Vênus, e não Vênus em Marte. Vê-se, claramente, refletindo sobre esta correspondência, que a natureza mantém seu laboratório aberto e que ela não busca esconder nada ao olho filósofo.

Para chegar à execução da obra, é necessário seguir o mesmo caminho que o Grande Arquiteto empregou na criação dos mundos: é a arte de esclarecer o caos.

São a *composição*, a *alteração*, a *mistura* e a *união* que, feitas nas regras da arte, dão o filho legítimo do sol e produzem a fênix que não cessa de renascer das cinzas.

A putrefação descobre grandes coisas, sem ela nada de operações.

O fogo filosófico é o fogo do qual se serve a natureza: há três espécies que são o natural ou o masculino, o inatural ou o feminino, enfim, o fogo contra natureza que corrompe o composto e desune o que a natureza unira.

Encontra-se a todo o momento e em todo lugar a matéria que serve à obra; procuram-na, contudo, especialmente na natureza metálica.

A terra virgem não é tão rara quanto pensamos; é um erro procurá-la na profundeza da terra. Todas as qualidades de terra são da virgem quando lhe fizeram sofrer as operações convenientes.

Os dois Dragões que travam guerra sem cessar são a água e o fogo. Trata-se de colocá-los em ação, outro elemento se junta e a magnésia completa a mistura.

Passamos por doze portas para encontrar a Pedra Filosofal:

1º - A calcinação.
2º - A dissolução secreta.
3º - A separação dos elementos.
4º - A conjunção matrimonial.
5º - A putrefação.
6º - A coagulação.
7º - A incineração.
8º - A sublimação.
9º - A fermentação.
10º - A exaltação.
11º - A multiplicação.
12º - A projeção.

Essas doze entradas são descritas no *Hermetismo Secreto* e nos livros sagrados. Tem-se apenas que ler com atenção, e ver-se-á claramente com a ajuda deste Comentário que o homem pode fazer grandes coisas.

Quando se trata de chave, entende-se um mênstruo.

Na obra há o Setentrião, o Meio-dia, o Nascente e o Poente. O Nascente é o branco, o Meio-dia é o vermelho, e o Poente é o começo do preto.

Se o que eu acabo de dizer não satisfaz todos os leitores, eu fico irritado; eu não tenho mais que um parecer a dar neste comentário, mas que se preste atenção, este parecer é bem útil. Toda a combinação filosófica se reduz a fazer de um dois, e de dois um, nada mais; está aí o número misterioso de três que esconde o de sete e que não poderia passar o de nove.

Pareço ouvir alguns leitores, pouco afeitos às altas ciências, exclamar, lendo este Comentário, que a explicação não é mais clara que o *Hermetismo Secreto*. Aquele que se crerá no direito de me repreender pode renunciar à leitura deste livro como à esperança de praticar a filosofia oculta. Estou certo de ter-me feito inteligível àqueles que meditaram sobre as obras dos mestres que, antes de mim, falaram dos segredos da natureza.

Antes de procurar a ser Iniciado, é necessário ter lido as obras de *Hermes*. É preciso conhecer a *passagem do mar vermelho*. Deve-se ter estudado *a senda química* de Paracelso, o *Vade mecum* de Raimundo Lúlio, as *Observações de Treviso e a Física restituída*.

Como a leitura destas obras é muito difícil, acreditei em dever juntar ao meu *Hermetismo Secreto* uma chave para a inteligência dos escritores filósofos: eu vou explicar, por palavras comuns, a linguagem dos adeptos, assim seus termos místicos e seus hieróglifos não deixaram mais penosas nem obscuras as obras que são o depósito dos conhecimentos do homem.

Advirto ainda que é necessário, para bem entender o *Hermetismo Secreto*, conhecer as obras de Moisés, de Salomão, etc. Os *livros sagrados* contêm todos os preceitos de religião, de moral e aqueles de filosofia, mas não é necessário apegar-se muito à letra.

CAPÍTULO II

DICIONÁRIO HERMÉTICO

Termos de Astrologia, Alquimia e Kabbala

Todas as obras de *Ciências Ocultas*, especialmente as mais antigas, serviram-se de símbolos herméticos, astrológicos e kabbalísticos. Algumas vezes esses signos misteriosos foram eliminados de seus escritos e parecia acessível a toda classe de leitores, porém, na realidade, eram apenas obras ainda mais ocultas ao *profanum vulgus*, pois o filósofo hermetistas havia empregado outra forma de véu, a alegoria ou a parábola, cujo sentido recôndito somente poderia ser inteligível aos colegas especializados em determinadas disciplinas.

Essa conduta pode parecer pouco estimada, mas era necessária, pois suas doutrinas não poderiam mesmo estar ao alcance de todos. Além disso, nem todos os olhos poderiam receber (ver) uma luz demasiadamente viva e nem todos os ouvidos poderiam ouvir, sem escandalizar-se com certas teorias, sem cegar-se ou emudecerem-se no silêncio de tão grande barulho. Não podemos esquecer o conselho do Divino Mestre, que recomenda *"não atirar pérolas aos porcos"*.

E, por último, temos que levar em conta que nem todos os homens fariam o uso correto, nobre e honrado, quando em posse de algumas *"ferramentas"* (conhecimentos).

Sem quebrar, pois, o juramento solene requerido em nossa Irmandade dos FFil∴ Desconhecidos, e, portanto, sem trair nossa moral e ética, comprometemo-nos em revelar (desvelar o Véu de Ísis) certas verdades, de incomensuráveis valores, convencido de que serão unicamente aproveitados por aqueles leitores de retas intenções e de uma moral acrisolada.

Advirto-os também que não é por acaso que no *Templo da Filosofia Oculta* não se pode penetrar facilmente como alguns poderão presumir. Poderão pisar nas primeiras lajes da Porta de Entrada, porém, daí em diante, ao abrir esta Porta irá se deparar com um inextricável Labirinto, no qual o homem vulgar, sem coração ou mente pura, extraviará forçosamente, e daí em diante nunca mais encontrará a saída.

133

A

AA. - Em Alquimia, essas duas vogais significam Amálgama. Duas dessas juntas (aa) é a abreviatura que indica partes iguais. Ainda se usa muito comumente nos receituários médicos.

Ablução - Segundo a doutrina espagírica, equivale a purificar a matéria por meio do fogo. Tem como símbolo a salamandra.

Acácia - Planta empregada na Francomaçonaria como símbolo da Iniciação. Significa também: Pureza, Imortalidade. Segundo Paracelso, a casca e as folhas de acácia têm grandes virtudes medicinais.

Azeite de enxofre - Assim é chamado pelos alquimistas o ácido sulfúrico.

Acétum philosophorum - Água mercurial ou leite virginal que dissolve os metais; é também chamado de Vinagre Branco dos Filósofos.

Acureb - O vidro.

Adepto - É aquele que, mediante o desenvolvimento espiritual, conseguiu os mais altos conhecimentos da Filosofia Hermética e alcançou grandes poderes. Mestre na Ciência Oculta.

Admisural - A terra; nome que recebe a própria terra filosofal, quer dizer, a matéria final terrosa da qual se deve emanar a Pedra quando esta é um pó de uso perfeito para a transmutação dos metais em ouro.

Adonay - Nome sagrado de D-us, inefável e secreto, segundo a Kabbala hebraica.

Adrop - Em Alquimia espiritual equivale a Pedra Filosófica ou princípio da Sabedoria Mística (Paracelso).

Æs philosophorum - O ouro filosófico; não se refere ao precioso metal.

Affatus - Veja a palavra *Neshamah*.

Agatodemon - Segundo a Magia Egípcia, é um gênio benfazejo; simboliza a Eternidade e a Vida. Representa-se-lhe na forma de serpente com cabeça humana, de grande beleza.

Agla - Palavra kabbalística, formada pelas iniciais das quatro vozes hebraicas: *Athe, Gibor, Leolam,* Adonay, que significa: "Poderoso e Eterno, sois o Senhor." É empregado para afugentar os espíritos infernais.

Águia voante - É o Mercúrio filosofal dos alquimistas.

Ahot - O leite sem desnatar.

Ain-Soph - Na Kabbala equivale ao Ancião dos Dias ou Causa Primeira de tudo quanto existe. O Absoluto. De *Ain-Soph* emanam as dez *Sephiroth*.

Alabari e Alubari - O chumbo.

Alartar - Cobre sublimado.

Alcaligátam ou Alcaligátum - A *mumie* de Paracelso, a qual se alude a um sal de álcali – composição feita a base de espírito e álcali, na qual se juntar o mercúrio doce resulta num remédio admirável contra a gota.

Alchaest - Preparação do mercúrio (Sendivogius).

Alcharit - o Azougue.

Álcool - Em Alquimia, a substância de um corpo desprovido de toda partícula física.

Alcor - O óxido de cobre, segundo os antigos hermetistas.

Alcubrith - O Enxofre.

Alembroth - A chave da operação dos filósofos hermetistas.

Alkahest - O dissolvente universal que reduz os metais ao seu estado primitivo.

Alœani [Alxani] - Troca superficial dos metais.

Aluech - O espírito universal (Paracelso).

Amianthus - A salamandra (Sendivogius).

Andena - Aço oriental.

Angular - Em Astrologia, o planeta situado em um dos ângulos do horóscopo. Esta situação acentua na influência do planeta, segundo sua índole e seus aspectos.

Animada - A influência dos astros nas operações alquímicas.

Antímum - O mel puro.

Aour - Força universal em estado de equilíbrio, sob a influência das forças antagônicas *Od* e *Ob*.

Água Cœlestis - O vinho sublimado (Arnaldo de Villanova).

Água Solvens - Vinagre destilado (Arnaldo de Villanova).

Águia soargyricorum - Nome do sal amoníaco.

Aremaros [*Armaras*] - O zinabre.

As-Hermetis - O Leão verde ou vitriolo de Vênus, quer dizer, preparado segundo as regras da arte espagírica.

Asmaecech - O litargírio.

Athanor - O forno dos alquimistas. Esotericamente, o fluído astral.

Atimad Alcophil Nigra - Nome do Antimônio.

Atraméntum - Equivalente a Vitriolo.

Aura - O fluído que emana do corpo humano e dos animais e de todos os objetos. É um eflúvio psíquico que participa por sua vez da mente e do corpo.

Azimar - o mínio.

Azoth - Segundo os alquimistas, é o princípio anímico cujo poder vivificador se deve ao oxigênio do ar. O Azoto é, assim mesmo, aquela modalidade de Luz Astral que está em imediata correlação com a atividade biológica.

B

Bâ - Segundo a magia egípcia, o sopro ou alento da vida; o "corpo mental" humano.

Bal - Sacerdote no culto que os egípcios rendiam ao boi Ápis.

Barnabas - O salitre extraído da urina. (Arnaldo de Villanova).

Bath Kol - O divino sopro ou inspiração divina por meio do qual os profetas de Israel eram inspirados como por uma voz vinda do céu.

Batismo - O rito de purificação celebrado na cerimônia da Iniciação nos lagos sagrados da Índia. O mesmo rito estabelecido posteriormente por João Batista, isto é, o "batizador" e praticado pelos seus discípulos. Este rito já era uma prática usual quando foi adotado pelos primeiros cristãos.

Beryllistica Ars - É a arte de ler nos espelhos mágicos ou bolas de cristal cheias de água.

Beryllus - Pedra mágica parecida com a esmeralda, de coloração esverdeada muito transparente, que se utiliza como o espelho mágico, em cuja aura astral o vidente lê o porvir.

Bes - Um deus fálico; o deus da concupiscência e da luxúria.

Beth Elohim - Livro kabbalístico que trata dos anjos, das almas humanas e dos demônios.

Botri - Porção de uvas.

C

Cabala - Arte de combinar os números (*Guematría, Notarikón, Temurá e Tziruf*), para traduzir de suas combinações a predição de algum sucesso imediatamente futuro. Esta arte é muito parecida com a tal chamada de "Oráculo de probabilidades", que alguns empregam para conseguir vantagens no jogo de Loteria. Segundo os ocultistas, a palavra Cabala escrita com C não tem nada a ver com a Kabbala, que se escreve com K. Veja esta correspondência no outro local.

Cabet - limalha de ferro.

Cabeça de corvo - A matéria quando toma a cor negra.

Cafa [*Cufa*] - O Alcanfor (Alcânfora, Cânfora). Suco resinoso branco, transparente, sólido, seco, muito volátil e de cheiro muito penetrante. Tem aplicação medicinal, geralmente sob a forma de água canforada, álcool canforado, óleo canforado e pomada canforada. O alcanfor é extraído da alcanforeira, planta da família das Lauráceas.

Cal vermelha - Matéria de pedra vermelha.

Caparrosa - Caparrosa azul: sulfato de cobre. Caparrosa verde: sulfato de ferro.

Caput ou Calessa - Nome do salitre.

Caput mor-tum - Resíduo inútil.

Carbones cœli - As estrelas.

Catina - Alúmen de rocha.

Cauda vulpis rubicundo - fio de prumo.

Cebar - O Aloés.

Célula - Segundo os Rosacruzes, a célula é um corpúsculo esférico cuja parede tem uma polaridade negativa e seu núcleo polaridade positiva, independentemente de sua natureza fisiológica, física, química, elétrica ou magnética.

Chabrat Zerch - Uma das Ordens da Irmandade Rosa✠Cruz, que se dedica ao estudo da Alquimia espiritual e da Kabbala.

Chaos - Palavra egípcia equivalente ao corpo físico humano.

Cheybi - Na terminologia egípcia, a alma humana.

Chokmah - Sabedoria. A segunda das Sephiroth.

Christi párvalum - Origem de uma criaturinha com menos de um ano.

Chu - Assim se denomina o Espírito no Antigo Egito.

Claretta - A clara de ovo.

Cobre amarelo - O latão.

Cohobar - Destilar repetidamente a mesma substância no mesmo recipiente no qual acaba no mesmo recipiente em que acaba de ser destilada.

Cohol - Os médicos da escola de Avicena chamavam assim a uma mescla de pó fina, empregada como colírio.

Calda de Dragão - Em Alquimia, significa mercúrio.

Coleritium - Espécie de licor que corrói todos os metais exceto o ouro.

Comindi - Goma arábica.

Copelar - Acendrar (purificar) o ouro e a prata por meio do fogo, num crisol especial em forma de copa, chamado *copela*, feito de cinzas lavadas e pó de osso calcinado.

Copher - Graxo

Cor mineral - O ouro.

Cortex maris ou Carlox maris - O vinagre filosófico.

Cotorónium [Cotórnium] - Líquido

Cromaat - A palavra egípcia *maat* significa *verdade* e com o prefixo *cro* equivale e "como é verdade". É uma saudação usada nos rituais da Ordem Rosa✠Cruz, da Inglaterra.

Cucúrbita - Retorta.

Corpo - Em Alquimia, é a parte fixa da Pedra Filosofal.

Corpo Astral - Chamado também *Duplo astral*. É a sombra ou contraparte etérea do homem animal. O corpo astral constituído de matéria do plano astral, mais ou menos densa, segundo o grau de desenvolvimento espiritual do indivíduo. Naqueles mais evoluídos o corpo astral está formado por material astral mais sutil, enquanto que nos indivíduos passionais e viciosos, o corpo astral está constituído por matéria mais densa. O corpo astral – diz Annie Besant – vem a ser a ponte de comunicação entre a alma e o corpo.

Cydar - Planeta Júpiter.

D

Daath - Conhecimento. A conjunção de *Chokmah* e *Binah*, isto é, "Sabedoria e Entendimento". Erroneamente chamada, por alguns autores, de *Sephirah*. Também se denomina com o nome de *DAATH* a Ciência Suprema ou Divina Sabedoria.

Daimon - *Daemon* (em grego δαίμων, transliteração *daímôn*, tradução "divindade", "espírito"). Numen ou gênio inspirador. A Igreja dá a esta palavra a acepção de "demônio", sem fundamento concreto. Famoso é o Daimon que inspirava Sócrates.

Daura - O heléboro. Segundo alguns, o ouro.

Demiurgos - O Grande Artífice. O Poder Supremo que constituiu o Universo. É o Verbo de São João, o Logos dos neoplatônicos, a primeira manifestação do Absoluto, o Jehovah dos hebreus, o Grande Arquiteto do Universo dos francomaçons.

Denoquor - O bórax.

Deraut [Devant] - A urina (Paracelso).

Derses - Uma exalação oculta da terra, por meio da qual se opera o crescimento das plantas (Paracelso).

Diatessadelton - Mercúrio precipitado.

Digestão - Em Alquimia é a fermentação lenta causada por um calor artificial, semelhante ao do estômago, para o qual se emprega esterco de cavalo, o banho-maria, ou as cinzas quentes de sarmientos (ramos).

Divertellum - A matriz dos elementos; cada metal tem sua matriz elementar de onde se desenvolve (Roger Bacon).

Duplo celeste - Também chamado de o duplo divino, é a parte imortal do homem; é o Ego superior dos ocultistas.

Dupla imagem - Segundo a Kabbala, é o Ego dual, cujas duas partes se chamam, respectivamente: Metatron, a superior, e Samael, a inferior. Alegoricamente estão figurados com os dois companheiros inseparáveis do homem durante toda a vida, sendo o Sagrado Anjo Guardião e o outro o seu Anjo mau.

Dragantium - O vitríolo.

Duat - Segundo os antigos egípcios, é o lugar onde residem, por algum tempo, os espíritos dos mortos.

Duelech - Pedra que se forma na bexiga dos homens. (Paracelso).

Duende - Espírito malicioso e enredador, ainda que não seja perverso.

Dulcedo saturni - A alma do chumbo.

Dulia - Culto aos anjos.

E

Echidna - Obstáculo que se apresenta na operação da Grande Obra.

Edir - O aço.

Ego - Termo latino que significa *eu*. O EGO, na tradição esotérica é a alma humana, o verdadeiro ser do homem, a chispa divina que mora no indivíduo durante sua encarnação ou vida nos três mundos: físico, mental e espiritual.

Elementares - Espíritos dos quatro Elementos da Natureza: Terra, Ar, Fogo e Água. A Kabbala denomina *Gnomos*, aqueles que moram na Terra; *Silfos* e *Sílfides*, aqueles que povoam o Ar; *Salamandras*, os que vivem no Fogo, e *Ondinas*, os que vivem na Água.

Elementares - Alguns autores os confundem com os Elementais. Os Elementares são egos residentes no subplano do mundo astral, cujo apego a Terra os induz a infundirem-se nas pessoas de fraca vontade ou muito sensitivas.

Elephas spagirice - É a água-forte (ácido nítrico em pequena quantidade de água).

Eloha - É o singular de *Elohim*.

Elohim - Segundo a tradição kabbalística, são as dez potestades criadoras, são como operários que plasmam os pensamentos dimanantes da Mente Divina.

Elkalei (Elkali) - O Estanho.

Elome - O oropimente *(orpiment)* é um mineral composto de arsênico e enxofre.

Elqualiter - O vitriolo verde.

Encarit - A cal viva.

Epar - O ar.

Ephodebuths - Ao terminar a operação da Pedra Filosofal.

Epoptai - Palavra grega que significa vidente e também Iniciado.

Esotérico - O oculto. A verdade envolta em símbolos, em alegorias, em ritos, em cerimônias. Os ensinamentos esotéricos somente se comunicam (se transmite) aos que têm dado provas de serem dignos de possuí-las.

Esoterismo - Doutrina dos filósofos da antiguidade reservada exclusivamente aos Iniciados. Pitágoras foi quem a pronunciou pela primeira vez.

Evestrum ou Evestum - Esta palavra significa que a Pedra Filosofal está a ponto de realizar-se.

Exotérico - O externo. Aquilo que se pode revelar sem qualquer restrição. Ao contrário de *esotérico*, que não se deve revelar a qualquer um.

Ezep - Aquilo que tem relação com o ouro.

Ezimar - Flor de cobre.

F

Facinum - O cobre.

Farfadet - Duende.

Fel draconis - Mercúrio-Estanho.

Fénix - A ave Fénix; pássaro fabuloso que renasce de suas cinzas. As vezes faz referência a Pedra Filosofal.

Fetiche - Ídolo ou objeto de culto supersticioso entre os negros.

Fida - Prata fundida.

Filins unicus dei - A Pedra Filosofal.

Filósofos do Fogo - Nome dado aos filósofos herméticos e alquimistas da Idade Média e também aos Irmãos Rosa✠Cruz.

Flagœ - Nome dado pro Paracelso a uma classe de gênios que velam por nós. Todos, ao nascer, estamos sob o amparo de um espírito ou gênio familiar chamado anjo guardião.

Flores - Matéria de Pedra ao vermelho. Também significa "óxidos".

Flos maris - Esperma de baleia.

Flos sectœ crœ - A flor de açafrão.

Fœdula - A espuma.

Fons philosophorum - O banho-maria.

Fogo - Os Rosacruzes, Hermetistas e os discípulos de Zoroastro consideram o fogo como símbolo da Divindade. Esotericamente o Fogo, é o único Elemento Cósmico. Daí as denominações de *Fogo fluídico* (ar); *Fogo líquido* (água); *Fogo Sólido* (terra) e *Fogo sideral* (fogo).

Fogo branco - Termo kabbalístico equivalente a *Ain-Soph*.

Fogo de cinzas - Em Alquimia, equivale a banho de areia.

Fogo negro - Termo kabbalístico aplicado à Sabedoria e à Luz Absoluta.

Fogo novo - Cerimônia que se celebra no Sábado Santo, em memória da Ressurreição de Cristo. Era solenizado grandemente pelos antigos Rosacruzes.

Fogo vivente - Na linguagem mística designa a Divindade. Expressão usada pelos Rosacruzes referindo-se à Vida Espiritual.

G

Gassard - O laurel (Coroa de louros, feita com folhas de loureiros).

Gato - Por ser um símbolo da lua, segundo os egípcios, o gato estava consagrado a Ísis, sua deusa. Chamam-lhe de o destruidor dos inimigos do Sol (Osíris).

Gazar - O gálbano (planta [*Ferula galbaniflua*] da fam. das umbelíferas, que fornece resina e óleo volátil; férula, galbaneiro. Resina que se extrai dessa planta, com diversos usos medicinais, esp. como expectorante).

Geburah - Segundo a Kabbala hebraica, é a quinta *Sephirah*; uma potência feminina e passiva, que significa severidade e poder.

Gematria - Uma ciência da Kabbala, na qual se expõe o valor numérico das palavras em hebraico.

Gersa - Composição do chumbo (*Albayalde* ou *Gerusa*).

Gibard - Medicina tirada dos minerais (Paracelso).

Glacies dura - O Cristal.

Glândula pineal - é uma pequena massa de substância nervosa do tamanho de uma semente de ervilha, aderida na parte posterior do terceiro ventrículo do cérebro. É um órgão misterioso chamado pelos ocultistas de "terceiro olho". Mediante certas práticas mágicas, consegue-se seu desenvolvimento e com elas as faculdades de clarividência, transmissão do pensamento, telepatia e outros poderes ocultos.

Glúten - O fel de touro.

Gnomos - Nome rosacruz dos espíritos elementais minerais e terrestres. Vivem no elemento da terra, debaixo da superfície terrestre, em células construídas por eles; são os guardiães dos tesouros ocultos nas entranhas da terra.

Gnosis - Palavra grega que significa literalmente Conhecimento.

Gnosticismo - Doutrina filosófico-religiosa dos gnósticos.

Gnósticos - Filósofos que floresceram nos três primeiros séculos da era cristã. Entre eles figuravam, em lugar preeminente, Valentino, Basílides, Marción, Simão o Mago, Jâmblico, etc.

Goecia - Nome com o qual se designa a Magia Negra, a feitiçaria e a Nigromancia. É a arte de fazer malefícios e encantamentos.

Gooph - Termo hebraico que significa o "corpo físico". Também se escreve *Guff*.

Graus de ebulição - O primeiro grau do fogo corresponde a 50 graus centígrados; o segundo, a ebulição da água; o terceiro, a fusão do estanho e o quarto, a ebulição do mercúrio.

Grão - Medida de peso. Setenta e dois grãos formam-se uma Grosa. Uma grosa era equivalente a 8'90 gramas.

Grillen - Vitriolo (sal resultante de um metal e do ácido sulfúrico).

Grimório - Livro mágico que contém diversas maneiras de invocar os espíritos infernais, ou um conjunto de receitas e segredos de bruxaria. Os grimórios mais célebres são três: *"Enchiridion Leonis Papæ"*, as *"Clavículas de Salomão"* e o *"Gran Grimório do Papa Honório"*.

Grossia - Certa classe de amuletos.

Gruma - Tártaro (Matéria térrea e salgada que se desprende do vinho).

Guma - A prata.

Guarini - A influência do Sol no homem enfermo.

H

Hachoser - Nome hebraico que significa literalmente: "Luzes refletidas". São, segundo a Kabbala, os poderes menores ou inferiores.

Hager ou Huger archtamach - A pedra de águia.

Hal - O sal.

Falcão - Segundo a tradição egípcia, é o emblema da *alma*. O sentido deste hieróglifo varia segundo as posições da ave; assim, quando está numa posição de morta, representa a transição, o estado de larva, ou seja, a passagem do estado de uma vida a outra; quando suas asas estão despregadas, significa que o defunto já ressuscitou no *Amenti*, e encontra-se novamente em consciente posse de sua alma.

Haro - Espécie de feto muito usado em magia negra.

Hel - O mel.

Hélios - Nome grego do Sol.

Irmãos da Luz - Em 1498 estabeleceu-se em Florência uma fraternidade intitulada *Fratres Lucis* (Irmãos da Luz). Seus membros foram perseguidos implacavelmente pela Inquisição. Apesar da ojeriza da Igreja, a antiguíssima Ordem mística não chegou a dispersar-se jamais, e subsistiu até os nossos dias, formando uma reduzida, porém, sólida Irmandade, cujos membros estão disseminados por todo o mundo. Ainda permanecido e pertencente a ela destacadas personalidades da Ciência, da Arte e da Literatura. Entre os ocultistas, pode-se cotar Cagliostro, Swendenborg, Louis-Claude de Sant-Martim, Martinets de Pasquallys, Bulwer Lytton, Eliphas Levi, Henry Ridley e muitos outros.

Irmãos da Sombra - Nome que os ocultistas dão aos satanistas ou praticantes da magia negra ou da mão esquerda.

Hernec philosophorum - O oropimente (ouro-pigmento) filosófico.

Hierofante - Título que se dava ao mais elevado dos Adeptos nos templos do antigo Egito. Era o revelador da Ciência Sagrada e chefe dos Iniciados e se denominava "Grande Hierofante". Os ensinamentos esotéricos dados por este jamais se transliteravam em papiros, somente eram transmitidos oralmente de uns discípulos aos outros.

Hierograma - Caráteres ou alfabeto oculto; desenho simbólico; hieróglifo egípcio.

Hierográmata - Sacerdote egípcio encarregado de ler e escrever com caracteres mágicos.

Horison (Horizon) - Mercúrio aurífero.

Horizontis - O ouro potável. Elixir da longa vida.

Hovah - A mãe de todo vivente.

Hycohy - Sangue de um jovem pletórico de vida.

Hylé - Matéria da Pedra filosofal, Mercúrio dos filósofos hermetistas. Iodo ou barro primordial.

I

Iah - Segundo a Kabbala, significa Vida.

Iaos (IAO) - Entre os caldeus, é o nome da divindade suprema. Siginifica também "Alento da Vida".

Ichthus - Palavra grega (ἰχθύς) que significa peixe. O símbolo do Peixe era referido a Jesus Cristo, porque as cinco letras que compõe tal palavra são iniciais da grande frase grega: *Iesous Christos Theou Uios Soter*, que significa: "Jesus Cristo, o Salvador, Filho de Deus". Por essa razão, nos monogramas dos cristãos primitivos figurava um peixe.

Ideos - Palavra encontrada nas obras de Paracelso, que significava *Caos* ou *Mysterium Magnum*, como o denomina o insigne filósofo.

Ignis Leonis - O leão de fogo, que é o fogo alquímico.

Ignis œthereus - Pedra infernal (nitrato de prata fundido).

I.H.V.H. - As quatro letras místicas do nome de Jehovah.

Ilech crudum - Termo alquímico que expressa combinações de um corpo formado de seus três princípios constituintes representados pelo *Sal*, o *Enxofre* e o *Mercúrio*, ou seja: corpo, alma e espírito respectivamente, os elementos da Terra, da Água e do Fogo (Paracelso).

Ilech mágnum - Expressão alquímica que significa o poder curativo da medicina espagírica (Paracelso).

Ilech supernaturale - Termo alquímico que indica a união das influências astrais superiores e inferiores (Paracelso).

Ileiades - O princípio vital.

Iliados (*Illiadus*) - Segundo Paracelso, este termo tem igualmente o mesmo significado que *Ideos*. A matéria primordial.

Iliáster - Em Alquimia, significa o poder oculto da Natureza, por meio da qual todas as coisas crescem e se multiplicam; matéria primordial; matéria prima.

Iliaster primus - A Vida: o bálsamo da Natureza.

Iliaster secundus - O poder da vida inerente à matéria.

Iliaster tertius - O poder astral do homem.

Iliaster quartus - O poder obtido pelos procedimentos místicos de quadrar o círculo.

Imaginação - Em Ocultismo, não deve confundir-se com a fantasia, posto que a Imaginação é o poder plástico da Alma, produzido pela consciência ativa, do desejo e da vontade.

Impressão - Uma má impressão é o efeito de uma imaginação nefasta, a qual pode ocasionar sérios transtornos corporais e mentais.

Ipcacidos - Pelos da barba de um bode macho (termo goético).

J

Jah - Segundo a Kabbala hebraica: Nome divino de *Chokmah* ou Sabedoria; uma potência ativa masculina. Equivale a *Iah, Yah, Jaho* e *Jehovah* (*Y, I* e *J* têm o mesmo peso *guemátrico*, ou seja, 10).

Janus - O ouro líquido dos filósofos herméticos.

Jehova ou *Jehovah* - É o nome judaico da Divindade, também chamado *Yahweh*.

Yesod - Fundação. A nona das dez *Sephiroth*; uma potência ativa masculina, que completa as seis que formam o *Microprosopo*.

Jorjina - Nome equivalente a bruxa. Origina da palavra vasca *sorguiñá*.

Jou - Nome que os Celtas deram a Júpiter (*Jove*) e significava, em sua língua vernácula, "Jovem".

K

Kâ - Envoltura etérea ou corpo astral, segundo a Magia Egípcia.

Kabbala ou *Kabbalah* - A sabedoria oculta dos rabinos judeus; as doutrinas secretas mais antigas concernentes a Cosmologia e as matérias divinas. Os princípios fundamentais da Kabbala são: 1º - O conceito de Absoluto. 2º - A evolução do Universo, em parte pela emanação e em parte por formação. 3º - A permanente comunicação mística com Deus, o homem e a Natureza.
– Impropriamente, todas as obras que pertencem à categoria esotérica, são denominadas obras kabbalísticas.

Kadush - Termo kabbalístico: O Sol. Etimologicamente, *Kaddish* provém da palavra kadisha (*kadosh* ou *kodosh*).

Kaib - Leite de vinagre.

Kakima - Terra metálica.

Kakodæmon - O gênio do mal, em contraposição a *Agathodemon*, o gênio do Bem. É um termo usado pelos gnósticos.

Kalifax - Espírito infernal que é citado em muitas invocações diabólicas.

Kerobal - O demônio *Túrbam Querobal*, que os bruxos invocam em muitas de suas práticas de malefício.

Khepra - Deus egípcio que preside o pensamento e a transmigração das almas. É representado pelo escaravelho sagrado. (*Khepri, Khepera, Kheper, Chepri* ou *Khepra* é o nome de um deus maior egípcio. *Khepri* é associado com o escaravelho (*Kepher*), cujo comportamento de manter esferas de estrume representa a força que move o sol. *Khepri* gradualmente foi considerado como uma personificação do próprio sol e depois foi uma deidade solar. Para explicar aonde o Sol vai à noite, tal movimento [ato de empurrar] foi estendido ao mundo subterrâneo, onde o trabalho de *Khepri* cessa).

Khou - Com este nome se designa, no *Livro dos Mortos*, ao defunto, melhor dizendo, ao seu corpo astral ou envoltura etérea do cadáver.

Kist - O *apoponax* (resina aromática).

Klippoth (*Qliphoth*) - Termo kabbalístico; tem vários significados: 1º - Demônios. 2º - Os cascões ou envoltura etérea dos defuntos. 3º - Os espíritos elementares.

Kobold - É o *gnomo* da mitologia escandinava.

Kokab - Nome kabbalístico associado com o planeta Mercúrio. Tem também relação com a Luz astral.

Kosmos - A palavra *Kosmos*, escrita com K, se aplica a todo o Universo, enquanto *Cosmos*, com C, se aplica somente a parte do Universo que constitui nosso sistema solar.

L

Lameré [*Lumené*] - O Enxofre.

Laoc - O estanho.

Lapis infernum - A pedra-pomes.

Lapis philosophorum - A Pedra dos filósofos ou Pedra filosofal.

Latom - Mercúrio filosófico antes da purificação, antes da negrura ou Cabeça de Corvo.

Latro - O mercúrio.

Lazer - O benjoim.

Leffas - Expressão paracelsiana, a qual se refere ao "corpo astral das plantas".

Leo viridis ou *Leão verde* - O vitriolo.

Leão Vermelho - Termo alquímico com o qual se designam os vapores nitrosos. Segundo a demonologia, significa Diabo.

Leão Verde - Termo alquímico com o qual se designa o vitriolo verde.

Liab - O vinagre.

Lilith - Mãe dos demônios. Foi a primeira esposa de Adam (em hebraico, אדם), antes desta foi criada Eva. Exerce uma influência maléfica nas parturientes e nos meninos recém-nascidos.

Liquor aquilegius - O vinho destilado.

Loja – Origina-se da palavra grega *Logos* e significa "ensinamentos secretos". A palavra Loja vem sendo adotada pelos Francomaçons para designar o local onde celebram suas reuniões. Este nome se dá também a cada uma das Irmandades (células) maçônicas com seu título e número correspondente.

Loja Branca - Fraternidade de homens de alta moralidade e iniciados nos mistérios da Magia Divina. Sua missão é guiar a Humanidade para a Luz com Justiça plena, praticando com Sabedoria o Altruísmo.

Lot - A urina.

Luben - O incense.

Lucila - A primeira escória que sai de uma operação alquímica.

Lubeu - O ímã.

Lua - Prata; às vezes, é o Mercúrio vulgar ou a matéria ao branco.

Luz Astral - A região invisível que envolve nosso planeta como envolve todos os demais. Também pode significar uma essência sutil visível aos clarividentes; a Luz Astral se faz mais densa ao redor de certos objetos por causa de sua atividade molecular, especialmente ao redor do cérebro e da medula espinhal dos seres humanos, por estar rodeados desta como se fosse uma aura luminosa. Mediante essa aura, que circunda as medulas nervosas, pode o homem recolher impressões feitas no ambiente astral que rodeia o ser humano e ler (captar informações) na Luz Astral. Constitui o veículo para a *transmissão do pensamento*, e sem este os pensamentos não poderiam ser transmitidos à distância.

Luz Sideral - É o mesmo que o *Archœus* de Paracelso. Este filósofo deu este nome àquilo que os físicos de hoje chamam de éter, quer dizer, o fluído sutil, invisível e elástico que enche o imenso espaço em que se movem os astros. Alguns autores confundem a luz *astral* com a luz *sideral*.

Lydia - Pedra de toque.

M

Machagistia - É o homem adepto da Magia na Caldeia e na Pérsia. Segundo Platão, seria a forma mais pura, a mais elevada, do culto das "coisas divinas" em suas práticas ocultas. É a Religião-Magismo de Zoroastro.

Macrocosmos - Literalmente, "Grande Universo", o Mundo ou Kosmos, incluindo todas as coisas visíveis e invisíveis.

Magistério - A "Grande Obra" ou a Pedra Filosofal.

Magnes - Expressão empregada por Paracelso e alquimistas da Idade Média. É o poder mágico da luz.

Magnésias lunares - Antimónio puro ou chumbo filosófico.

Magnésia philosophorum - A prata e o mercúrio fundidos.

Magnus Opus - Em Alquimia é a relação da "Grande Obra" para obtenção da Pedra Filosofal. O triunfo definitivo do Filaleta ou filósofo hermético.

Magoreum - Medicamento mágico.

Majus noster - O orvalho dos filósofos.

Malaribric - O ópio.

Manna mercuriallis - Mercúrio precipitado em aguardente e elevado posteriormente por fogo.

Martach [*Morlach*] - O litargírio.

Maruch - O azeite.

Melibœum - O cobre.

Mensis philosophicus - O tempo da digestão química, que dura quarenta dias.

Mercurii astrum - A sublimação.

Mercúrio filosófico - Matéria prima da Pedra Filosofal.

Mercurius laxus - O turbit mineral (sulfato amarelo de mercúrio); *Mercúrio* precipitado com óleo de enxofre campanado.

Metais planetários - Os alquimistas dão a sete metais nomes de astros, e assim chamam: o ouro, Sol; a prata, Lua; o azougue, Mercúrio; o chumbo, Saturno; o estanho, Júpiter; o cobre, Vênus; e ao ferro, Marte.

Microcosmos - Literalmente, "Pequeno Universo". Aplica-se, geralmente, ao homem, que é um compêndio do Universo ou Macrocosmos.

Mizraim - Filho de Cam, que passou a habitar o Egito. Depois de sua morte foi adorado sob o nome de *Osíris, Ápis, Serápis e Adonis*.

Mistagogia - Na antiga Grécia, Iniciação nos mistérios da magia.

Mistagogo - Sacerdote-mago.

Moz - A mirra.

Múmia - Em ocultismo, é a essência vital que perdura bastante tempo depois da morte. A parte do corpo humano, animal ou vegetal, separadas do organismo, retêm, por algum tempo, sua potência vital e sua ação específica.

Mysterium magnum - O "Grande Mistério"; expressão do divino Paracelso, muito usada em Alquimia, para designar a "Pedra Filosofal" e também, em muitos casos, o "Elixir da longa vida". Segundo Bœheme, o *Mysterium magnum* é Deus.

N

Nabia - Palavra hebraica que significa Profecia, Adivinhação. O mais antigo e mais respeitado dos fenômenos místicos. Nas Sagradas Escrituras consta que o homem de *nabia* tinha o dom profético e, com razão, fala-se inclusive que tinha poderes espirituais, tais como a visão clarividente, o êxtase e a psicometria.

Nabilin [*Nabin*] - Aquele que profetiza. Vidente.

Nachash - Palavra kabbalística para designa a Serpente Sagrada ou a Sabedoria.

Nahash - Palavra hebraica com a qual se designa o Diabo ou a Serpente dos kabbalistas.

Necromancia - Do grego NEKRÓS, morto, e MANTEIA, adivinhação. Evocação das almas dos mortos para adivinhar o futuro (porvir). Na antiguidade, dizia a Bíblia, esta arte era praticada pela pitonisa de En-dor, a qual, a pedido de Saul, evocava espíritos de Samuel, e este anuncia ao dito rei aquilo que iria acontecer. A Necromancia de ontem pode equiparar-se com as "comunicações espiritistas" de hoje, com algumas peculiaridades. Necromancia e Nicromancia são duas palavras que têm o mesmo significado e são empregadas indistintamente para expressar as mesmas práticas; sem dúvida, alguns ocultistas, acertadamente, não lhes dão o mesmo significado. Quando se refere à adivinhação, por mediação dos mortos, chama-se Necromancia, mas, quando se trata de um ato de magia negra, chama-se Nicromancia. É uma distinção que deveríamos respeitar.

Nehhaschim - Termo kabbalístico que significa a Grande Serpente enganadora. Segundo o *Zohar*, antiguíssimo tratado kabbalístico, "chama-se *Nehhaschim* tal prática mágica, porque os kabbalistas trabalham rodeados da luz da Serpente primordial – Luz Astral, segundo o Ocultismo –, que eles percebem no céu, na forma de zona luminosa composta de miríades de pequenas estrelas".

Nenufarini - Expressão empregada pelos antigos Alquimistas Rosacruzes na evocação dos espíritos do ar (*Silfos*).

Neófito - Do grego *NÉOS*, novo, recém-nascido. O nascido novamente; o novo prosélito; o recém-convertido a uma doutrina, seita, religião, etc. Nas Associações Místicas é o candidato (Recipiendário) à Iniciação. Antigamente havia vários métodos e rituais para a revelação dos Mistérios. Os neófitos, em suas provas, tinham que passar através dos quatro elementos para sair como Iniciados vencedores. Depois de terem passado pela prova do

Fogo (Pureza), pela prova da Água (Divindade), pela prova do Ar (Alento divino) e pela prova da Terra (Matéria), eram distinguidos com um emblema sagrado e admitidos na Ordem.

Nepsis - Termo exclusivamente alquímico que significa estanho.

Neshamah - Palavra hebraica que significa alma, ânima, afflatus. Na Kabbala, segundo ensina a Ordem Rosa✠Cruz, é uma das três Almas ou a essência mais elevada da alma humana; correspondendo à *Sephirah Binah*.

Nigromancia - A arte de evocar as "sombras" dos mortos. Geralmente, aqueles que recorrem a estas evocações sabem que são os espíritos de suicidas, assassinos, degenerados e de pessoas que morreram de forma violenta. Com as práticas nigromânticas, os magos negros ou feiticeiros conseguem vitalizar os espíritos elementários que povoam sem consciência o plano astral e se servem dessas entidades como criados submissos para realizações de toda sorte de ato criminosos.

Nimbo - Do latim, *nimbus*. É o nome que se dá ao círculo luminoso ou aura que emana do cérebro e circula a cabeça de uma divindade ou de um santo. Veja também *Aura*.

Nogah - Palavra caldaica que significa radiante, esplendoroso. O planeta Vênus.

Notarikón - Uma das práticas da Kabbala hebraica. Trata-se da formação das palavras valendo-se das letras iniciais e finais das palavras de cada frase; ou ao revés, forma uma frase das palavras cujas letras iniciais ou finais são mesmas palavras. Veja em nossa obra *Manual Mágico de Kabbala Prática* – Ed. Madras, SP, 2007.

Nous - Com esta palavra Platão designava a *Alma* ou *Mente Superior*. Significa Espírito *(Psiquis)* opostamente à alma animal.

O

Oabelcora - [*Cucurbite - Planiscampi*] Significa cucurbitácea ou a retorta dos alquimistas - Peça do alambique, em que se deita a substância que se quer destilar.

Ob - A luz astral empregada pelos magos negros com o propósito de prejudicar alguém. É o veículo maléfico utilizado pelos bruxos; o fluído deletério: causa eficiente de toda feitiçaria.

Obrizum - Termo alquímico. Significa ouro calcinado de cor castanha.

Ocultismo - É a ciência que estuda os mistérios da Natureza e do desenvolvimento dos poderes psíquicos latentes no homem. Esta ciência investiga tudo aquilo que está fora da percepção dos cinco sentidos, e especialmente certos fenômenos que não podem explicar-se pelas leis da Natureza universalmente conhecidas.

Od - Do grego, *ODOS*. Significa passagem, trânsito; a passagem daquela força vital que é desenvolvida por outras forças menores ou por agentes, tais como ímãs, uma ação química ou biótica, pelo calor ou pela luz, etc. é denominada também como força *ódica* ou *odílica*. Reichenbach a considera como uma força *entitativa* (Chamam-se atributos entitativos [ou metafísico] aqueles que se referem ao próprio ser de Deus. Pois há atributos que [no antroporformismo] personificam o Senhor) que existe na Natureza e se encontra armazenada no homem.

Oriseum foliatum - O ouro em folhas.

Oriseum præcipitatum - O açafrão ou ouro (Sendivogius).

Orizon Œternitatis - Expressão alquímica. Refere-se às influências dos astros durante a operação magna.

Ósmio - Certo metal semelhante à platina. O Ósmio é um metal brilhante, lembra a prata e resiste à corrosão. É duas vezes mais denso que o chumbo. Seu nome é derivado de osme a palavra grega para cheiro. Apesar de ter sido reconhecido como um novo metal, pouco foi feito uso dele, porque era raro e difícil de trabalhar, embora fosse extremamente difícil, durante vários anos foi utilizado para pontas de caneta e agulhas de gramofone.

Otap - Termo alquímico – O sal amoníaco com azeite de vitríolo vermelho.

Our - Palavra caldaica. Significa o fogo puro, a luz incriada, o esplendor eterno; em determinados casos, a Divindade.

P

Pássaro de Hermes - O mercúrio dos alquimistas.

Palavras mágicas - As palavras mágicas, também chamadas de palavras kabbalísticas, possuem uma grande potência magnética e podem produzir efeitos benéficos ou maléficos, segundo as influências ocultas de seus elementos, quer dizer, de acordo com as letras que a compõem e os números correlativos a elas mesmas. Segundo a Tradição, as palavras mágicas atuam de forma que ocasionam as atrações e condensações fluídicas nos planos suprafísicos e sua pronunciação exata é indispensável em todas as Invocações e Evocações – divinas e diabólicas –, assim também como em toda classe de Conjuros, Exorcismos, etc.

Palingenesia - (Do grego *PALIN*, novo, gêneses, nascimento). Ainda quando a coisa perde sua substância corpórea, subsiste a forma invisível na Luz Astral; logo, se revestimos dita forma com matéria visível, podemos fazê-la reaparecer novamente. Por procedimentos alquímicos, é possível criar uma atração magnética na forma astral, de modo que possa atrair dos elementos da Natureza os princípios que tinham antes de sua modificação e incorporá-los fazendo-os visíveis novamente. Platão, Avicena, Averróis, Alberto o Grande, Cardano, Agrippa, o Pe. Kircher entre muitos outros escreveram sobre a Palingenesia das plantas e dos animais.

Pantáculo - É uma figura mágica formada por símbolos, totalmente diferente de um talismã, no sentido de que tem um objetivo determinado para uma pessoa determinada e, consequentemente, é rigorosamente pessoal. Ao contrário, o talismã é impessoal e pode, sem perigo dos castigos sobrenaturais, ser levado livremente por qualquer pessoa. Saiba mais sobre este assunto no nosso *Manual Mágico de Kabbala Prática*, Ed. Madras, SP, 2007.

Paradigma - Em Ocultismo, é uma espécie de parábola que encerra um segredo mágico. Também se chamam assim algumas pranchetas retangulares de cera virgem sobre as quais se traça com um punção figuras e letras kabbalísticas, sendo tais pranchas uma espécie de talismãs.

Parapegmo - Tábuas astronómicas usadas pelos antigos sábios sírios e fenícios, nas quais expressavam a saída e a posição dos planetas. Aparato que esses povos empregavam para indicar os solstícios pela sombra produzida por um estilete indicador. Em geral, a palavra *Parapegmo* equivale a Tábua astrológica.

Pater metalorum - O enxofre dourado.

Pelicano - Retorta de destilação circulatória. O bico volta a entrar na pança do recipiente. Parece um pelicano picando-se no peito, daí seu nome.

Pentaclo - Estrela de cinco pontas, que é considerado pelos antigos como símbolo de proteção. A estrela de cinco pontas é um pentagrama. O prefixo vem do grego "penta", que quer dizer cinco. Enquanto um Pantáculo comporta o prefixo "pan" que em grego quer dizer "todo". Em suma, um Pantáculo nem sempre é um Pentagrama, mas um pentagrama pode ser um Pantáculo. Veja no nosso *Manual Mágico de Kabbala Prática*, Ed. Madras, SP, 2007.

Pentácula - Toda figura e caracteres kabbalísticos sobre um pergaminho, metal ou outra matéria. Amuleto, filacteria.

Pentáculo - A estrela pitagórica de cinco pontas. Na Kabbala representa o Homem ou Microcosmos e é a base de toda *Arte Mágicka*.

Pentagrama - Signo goético, imprescindível em toda evocação mágica; é uma combinação de ângulos, os quais formam uma estrela de cinco pontas. O Pentagrama pode servir para banimento, contra espíritos infernais, na condição que este ângulo seja dirigido (traçado) corretamente, sobre isto poderá saber detalhes e muito mais, lendo nossa obra: *Manual Mágico de Kabbala Prática*,

Ed. Madras, SP, 2007. Os Magos Negros chamam o *Pentagrama* de *"Pé de Bruxa"*.

Pentalfa - No Ocultismo é a estrela de *cinco pontas*, símbolo do Ego superior. Dá-se-lhe este nome de *Pentalfa* porque em sua forma reproduz a letra A (Alpha) em cinco diversas posições.

Pedra Branca - Signo de Iniciação mencionado no Apocalipse de São João. Nesta pedra estava gravada a palavra PREMIO; era o símbolo daquela palavra dada ao neófito, que fosse vitorioso em todas as provas em sua Iniciação. Era a poderosa cornalina branca dos Rosacruzes na Idade Média, tradição herdada dos Gnósticos.

Pedra Filosofal - Pedra Filosofal – Do latim, *lapis philosophorum*, ou Pedra dos Filósofos. Também chamada de "pó de projeção". É o *Magnum Opus* (Grande Obra) dos alquimistas, que devem alcançar a todo custo uma substância que tem a virtude de transmutar em ouro os metais de inferior qualidade. A Pedra Filosofal apresenta-se nas mais diversas formas e cores (branca, vermelha, amarela, azul celeste, etc.). Segundo Van Helmont, essa pedra tinha a cor do açafrão em pó e era pesada e brilhante como o cristal; Paracelso a descreve como um corpo sólido, da cor do rubi escuro, transparente e quebradiça; Raimundo Lúlio (Palma de Maiorca, 1232-1315, em catalão Ramon Llull; em espanhol, Raimundo Lulio; em latim, Raimundus ou Raymundus Lullus; em árabe, لویل نومار) a designa com o nome de *carbúnculus*, corpo sólido, brilhante, de coloração do sangue; outros, em sua maioria, a descrevem como um corpo vermelho, quebradiço, e alguns a relataram como um pó vermelho e sensível.

Plano Astral - Também chamado de *Mundo Astral*. É a região contígua ao plano físico no qual vivemos. No plano astral a vida é mais ativa e a forma é mais plástica que no plano físico. A matéria astral é muito mais sutil que no plano físico, de sorte que penetra facilmente todo corpo de nosso plano terrestre. Devido a sua ductilidade, as entidades astrais podem modificar rapidamente seu aspecto, porque a matéria astral da qual é composta troca de forma a cada impulso do pensamento.

Plécmum - O chumbo.

Penas - As penas na cabeça são os atributos das Musas. Ísis usava uma coroa de penas de avestruz, como símbolo de dignidade.

Frango [Galinha] de Hermógenes - Ninho de galinha de Hermógenes, onde a Phoenix [Fênix] renascia eternamente. A matéria da Pedra Filosofal no período branco.

Presmuchim - Albayalde (composição [liga] de chumbo).

Propolix - A cera virgem.

Q

Quebricum - O arsênico.

Quebrit - O enxofre.

Quemli - Termo alquímico com o qual se designa o chumbo.

Quiamos vena terræ - A caparrosa (Designação do sulfato de cobre [caparrosa azul], sulfato de zinco [caparrosa branca] e sulfato de ferro [caparrosa verde]).

Quiromancia - Ciência adivinhatória, baseada na configuração da mão e nos traços que figuram em sua palma. A *Quiromancia* não é nenhuma superstição nem uma trapaça, ainda que desacreditem nas ciganas dizendo bem-aventuranças. A *Quiromancia* tem uma base científica e racional como qualquer outra ciência. Aristóteles escreveu: "Não é sem razão que está escrito nas linhas da mão do homem, já que sinalizam a influência celeste em seu destino". As palavras *Quirognomia, Quiroscopia, Quirologia, Quirosofia* e outras semelhantes não significam outra coisa senão a antiguíssima *Quiromancia*, sendo este o nome aquele que melhor expressa o objeto da mesma.

Quadriformes - A perfeição da Grande Obra.

Quartura - O ouro mais fino que se obtém alquimicamente.

R

Rabdomancia - (das palavras gregas Rabdos, bastão e Manteia, adivinhação). É uma ciência antiguíssima que tem por objeto descobrir as minas d'água, os metais e os minerais subterrâneos, mediante uma varinha (dita mágica), adivinhatória, divina, etc., ainda que o nome mais comum seja Varinha adivinhatória. Hoje em dia está comprovada sua veracidade, havendo sido, durante muitos séculos, considerada como uma superstição.

Rabeboya - A perseverança do alquimista na perseguição da Grande Obra.

Racari [*Rucari*] - O sal amoníaco.

Rafael - Segundo a Kabbala hebraica, a oitava *Sephirah Elohim*. Medicina espiritual. Corresponde a *Sephirah Hod*.

Ramic - A noz de *agallas* (noz-de-galha).

Raziel - Segundo a Kabbala hebraica, o segundo *Elohim*, o prenúncio de Deus. Corresponde à *Sephirah Chokmah*.

Rebis - A primeira matéria dos filósofos herméticos.

Riastel - O sal comum.

Rosæ mineralis - A sublimação do mercúrio.

Rustagi [*Rustugi*] - A calcinação do cobre.

S

Sactin - O vitriolo.

Sagani spiritus - Os quatro elementos (Água, Terra, Fogo e Ar).

Sal - Em Alquimia, o enxofre. Arnaldo de Villanova: "Aquele que conhece o sal e sua preparação possui o segredo dos antigos sábios".

Sal comum - Sal comum ou de cozinha, em química, é cloreto de sódio.

Sal da Sabedoria - Hidrocloreto de amoníaco e de mercúrio.

Sal dos Filósofos - O mercúrio.

Sal mirabilis - Sulfato de sódio.

Sal fixo da matéria - O princípio de "fixação", o sangue ou o espírito mineral.

Salamandras - Segundo os antigos Rosacruzes, são os espíritos elementais que vivem no fogo.

Salamarum - A prata corrente.

Samec - O ácido tartárico.

Sanguis hydra - Azeite de vitriolo.

Senco - O chumbo.

Sepher Yetzirah - Antiguíssima e sofisticada obra kabbalística atribuída ao patriarca Abraão (Abraham). Esclarece a criação do Universo por analogia com as vinte e duas letras do alfabeto hebraico, distribuído em uma *tríada*, uma *heptada* e uma *duodécada*, correspondendo com as letras, A, M, S, com os sete planetas e os doze signos do Zodíaco.

Sephirah - Uma emanação da Deidade, a geratriz e a síntese das dez *Sephiroth*, quando quando ela está na cabeça da *Árvore Sephirótica*; na Kabbala, *Sephirah* ou a "Sagrada anciã" é a Inteligência Divina, a primeira emanação do Infinito ou *Ain-Soph*.

Sephiroth - Plural de *Sephirah*. As *Sephiroth* são as dez emanações da Deidade; a mais elevada está constituída pela concentração de *Ain-Soph Aur* ou Luz infinita, e cada *Sephirah* produz por emanação outra *Sephirah*.

Stella terræ - O talco.

Sibar - O mercúrio.

Sira - Auripigmento (também ouro-pimenta, ouro-pigmento) é um mineral de fórmula química As_2S_3, de cor amarelo-limão ou amarelo-bronze resinoso e brilho nacarado.

Sphacte - O estoraque líquido.

Stomoma [*Stomama*] - Limalhas de ferro.

Sublimação - Significa, alquimicamente, purificação. Não é, pois, a sublimação química.

T

Ta - Amuleto egípcio feito de cornalina, jaspe ou quartzo vermelho, que se prendia no pescoço da múmia para colocar o defunto sob a proteção de Ísis.

Taumaturgia - O poder de realizar prodígios pela mediação dos deuses.

Temeinchum - A prata dos filósofos herméticos.

Terræ fidelis - A prata, no seu sentido estrito.

Terræ sancta - O antimônio vitrificado.

Tersa - A espuma do mar.

Teurgia - Teurgia ou Magia Divina é a ciência que ensina ao homem a maneira de comunicar-se com os espíritos de luz. Para alcançar tão sublime poder, o aspirante há de ser absolutamente digno, puro e desinteressado.

Terra de Adam - Nome que os alquimistas dão à "matéria primordial imanifestada".

Tiffocum - O azougue.

Tin - O enxofre.

Tintura microcosmi magistere - O sangue humano empregado na construção da Lâmpada da Vida.

Tintar - O bórax.

Tiphereth - A sexta *Sephirah* da *Sagrada Árvore da Vida*, uma potência ativa masculina. Beleza e Suavidade.

Tri mostri ab aquila rapti - O mercúrio solidificado.

Triceum - O mel.

Tuthie - Óxido de zinco que se produz na elaboração de certos minerais de chumbo.

U

Ultras - Espíritos, umbral, sombras de desencarnados, etc.

Umbral [*umbrae*] - Espectro. A sombra de um fantasma ligado à terra, o duplo ou o corpo astral.

Umbraticus - O mesmo que umbral ou sombras dos mortos; aparições astrais, que se fazem visíveis e algumas vezes até tangíveis. Manifestações espiritistas.

Umo - O estanho.

Undendæ - Os espíritos aéreos.

Unitas trithemi - O ternário unido pela destruição do binário.

Uvornas - O vinagre dos filósofos herméticos.

V

Vastior - O açafrão.

Ventre de cavalo - Esterco quente de cavalo, que mantém uma temperatura bem próxima do animal.

Vinagre branco dos filósofos - Mercúrio dos filósofos herméticos.

Vitriola metálica - Os sais dos metais.

Vitriolo - Vitriolo verde ou romano: caparrosa verde. Vitriolo azul: caparrosa azul.

Vitrum philosophorum - Em geral, toda classe de alambiques.

Vontade - Em Filosofia Oculta, a Vontade é toda poderosa; é a força que governa os universos manifestados pela Eternidade. "*A Vontade, diz Van Helmont é o primeiro de todos os poderes; é a propriedade de todos os seres espirituais e se mostra neles tanto mais ativamente quanto mais livres da matéria estiverem.*" E Paracelso ensina que a "*Vontade determinada é o princípio de todas as operações mágicas. Por não se imaginarem perfeitamente os homens não têm o resultado das artes ocultas, as quais normalmente resultam em fracasso, quando poderiam ser perfeitamente certas*". A ação de nossa vontade ou desejo fortemente sentido sobre as coisas e as pessoas que nos rodeiam pode produzir uma atração ou um distanciamento de acordo com nossas enérgicas volições. As pessoas chamadas *afortunadas* são aquelas que possuem um alto grau de vontade e são perseverantes na realização de seus propósitos. Um sutil magnetismo atrai para sua pessoa a simpatia e o êxito coroa seus esforços. Este tema foi tratado magistralmente na obra *Para Triunfar na Vida*, do professor Morris e também é base de toda filosofia Thelêmica de Aleister Crowley.

W

Wodan - O mercúrio dos filósofos herméticos.

Wotán ou *Wuotán* - O escandinavo Odín.

X

Xenécdon - Pantáculo ou amuleto no qual está desenhado ou gravado figuras astrológicas, caracteres kabbalísticos ou imagens misteriosas, etc.

Xenécthum - A primeira menstruação de uma menina virgem.

Xeni nephidei - Espíritos elementais que dão aos homens poderes ocultos sobre a matéria visível e se alimentam de sua substância cinza, fazendo-os, por esta causa, perder a razão. Estes espíritos são aqueles que ajudam os meios físicos para levantar objetos materiais sem qualquer explicação lógica.

Xilocassia - A canela.

Xylobalsamum - Um composto de casca de noz moscada e *Aphyllanthes monspeliensis* (uma espécie de orquídea).

Xispimum - O vinagre.

Xistum - O xisto verde ou cardenilo em pó.

Y

Ydrocecum - O mercúrio.

Yelion - O vidro.

Yesod - Termo empregado na Kabbala hebraica, que significa a base do Fundamento; é a nona *Sephirah*.

Yetzirah - é o terceiro dos quatro mundos da Kabbala hebraica; é o mundo correspondente aos Anjos (Inteligências) que dirigem e governam planetas, mundos e esferas.

Yharit - A operação que converte o latão em prata.

Yride - Oropimente (ouro-pigmento).

Ysir - A operação de solidificar o mercúrio.

Z

Zadok - O primeiro sumo sacerdote Hierofante do Grande Templo de Salomão. A Maçonaria o relaciona com um de seus graus.

Zafaram - Limalhas de ferro queimadas numa vasilha de cobre.

Zaibach - O azougue.

Zaidir - Vênus.

Zarca - O estanho.

Zarsrabar - O mercúrio.

Zemech - O mesmo que lápis-lazúli.

Zenéxton - Filacteria contra a peste. Filacteria em hebraico: וילִיפת, Tefilín é um termo que deriva do grego *phylakterion* (proteção, amuleto), passou para o latim como *phylacterĭa* e se refere a pequenas envolturas ou caixinhas de couro nas quais se encontram ou guardam passagens das Escrituras da religião judaica.

Zenith Juvencularum - O mesmo que *Xenécthum*.

Zerès - O vitriolo.

Zimax - O bronze.

Zinzitar - O zinabre.

Zipar - O ruibarbo.

Zitter - A marcassita (mineral composto de ferro e enxofre, de cor dourada, duro e brilhante).

Zohar - O tratado kabbalístico mais antigo que se conhece. Dão sua paternidade ao rabino Simeon Ben Yochai (ano 60 d.C.), porém, a crítica moderna afirma que uma grande parte deste livro tem uma antiguidade que não passa do ano de 1280, data do manuscrito de Moises de León.

A ESCRITA SECRETA

Com o auxílio do pequeno Dicionário Hermético que acabamos de dar e de posse dos alfabetos ocultos que disponibilizaremos a seguir, podereis decifrar, com relativa facilidade, os intricados textos de Alquimia, Astrologia e dos Magos de todos os tempos, que, como sabemos, empregaram um léxico muito velado, somente inteligível aos Iniciados; imbricados a esses textos e gravuras davam a muitas palavras comuns uma designação distinta da corrente.

Mas, antes de levantar o véu de tais alfabetos, acreditamos ser necessário explicar o significado oculto que os antigos Alquimistas davam aos doze signos do Zodíaco relacionando-os as doze substâncias muito usadas na realização da Grande Obra.

A Tábua dos doze signos do Zodíaco e seus significados alquímico são:

♈   *Áries* significa Antimônio.
♉   *Touro* (*Tauro*) significa Betume.
♊   *Gêmeos* (*Geminis*) significa Ouro-pigmento.
♋   *Câncer* significa Sal de amoníaco.
♌   *Leão* (*Leo*) significa Ouro.
♍   *Virgem* (*Virgo*) significa Arsênico.
♎   *Libra* significa Vitriolo romano.
♏   *Escorpião* (*Escorpio*) significa Enxofre.
♐   *Sagitário* significa Alúmen de rocha[39].
♑   *Capricórnio* significa Alúmen de chumbo[40].
♒   *Aquário* significa o Sal de nitro.
♓   *Peixes* (*Piscis*) significa Mercúrio.

Os mesmos signos do Zodíaco são também empregados para indicar "os doze caminhos que conduzem à Grande Obra", sendo as doze operações alquímicas:

---

39 - *Alúmen* de potássio ou *alúmen* (alume) de potassa ou simplesmente Pedra Hume, é o sulfato duplo de alumínio e potássio. Sua fórmula é $KAl(SO_4)_2$.
40 - Acetato de *chumbo* - acetato neutro de chumbo.

♈   *Áries* indica a Calcinação.
♉   *Tauro* indica a Congelação.
♊   *Geminis* indica a Fixação.
♋   *Câncer* indica a Dissolução.
♌   *Leo* indica a Digestão.
♍   *Virgo* indica a Destilação.
♎   *Libra* indica a Sublimação.
♏   *Escorpio* indica a Separação.
♐   *Sagitário* indica a Incineração.
♑   *Capricórnio* indica a Fermentação.
♒   *Aquário* indica a Multiplicação.
♓   *Piscis* indica a Projeção.

IDEOGRAFIA

Os Alfabetos Ocultos ou caracteres mágicos usados com mais frequência em manuscritos e nas obras sobre Alquimia e Magia são os três seguintes:

ALFABETO DE CAGLIOSTRO

E	D	C	B	A
L	I,J,Y	H	G	F,P,PH
R	K,Q	O	N	M
U,V	TS	TH	T	S
Z	X			

IDEOGRAFIA

Com estes e outros alfabetos ocultos é possível conhecer a ideografia empregada pelos antigos alquimistas, sem este conhecimento é pouco provável que alguém possa penetrar nos manuscritos dos magos do passado ou entender seus segredos.

ALFABETO ANGELICAL

Este alfabeto é baseado no alfabeto hebraico

Hebrew	Aleph	Beth	Gimel	Daleth	He	Vau	Zain	Cheth	Theth	Yod	Kaff
Key	a,A	b,B	g,G	d,D	h,H	f,F,u,U v,V,w,W	z,Z	c,C	T	i,j,y	k,K

Hebrew	Lamed	Mem	Nun	Tau	Samech	Shen	Ayn	Pe	Zade	Quff	Resh
Key	l,L	m,M	n,N	t	s	S	e,E,o,O	p,P	x,X	q,Q	r,R

ALFABETO MALACHIM

Hebrew	Aleph	Beth	Gimel	Daleth	He	Vau	Zain	Cheth	Theth	Yod	Kaph

Hebrew	Lamed	Mem	Nun	Samech	Ayn	Pe	Tzaddi	Quph	Resh	Shin	Tau

171

ANTIGO QUADRO DE SIMBOLOGIA EMPREGADA EM ALQUIMIA

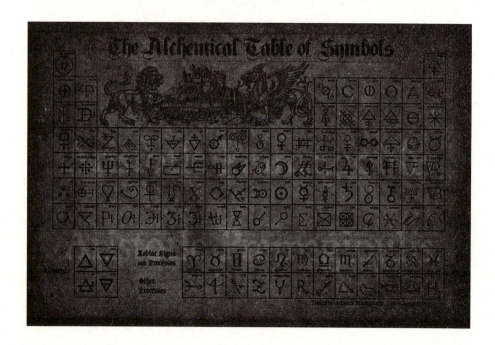

CAPÍTULO III

DA ALCHEMIÆ

Em todas as obras de Alquimia, os discípulos de Hermes expressaram suas experiências de uma maneira enigmática; uns valendo-se de palavras cujo sentido não era comum e cuja chave somente possuíam alguns iniciados; outros, a grande maioria, servindo-se de figuras misteriosas e símbolos, cuja interpretação era praticamente impossível de ser compreendida e somente estaria ao alcance dos Adeptos. Nesse sentido, nosso legado desta ciência sagrada e sublime, velada aos profanos, sempre foi, de alguma maneira, desvelada somente àqueles que tinham autoridade e autorização para entender e praticar suas fórmulas. Acredita-se que sempre houve motivos de sobra para ser desta maneira. De sorte que os conjuros, rituais e fórmulas mágicas, os quais sua mente exercitou com perseverança, sobre os misteriosos ensinamentos contidos no nosso *Manual Mágico de Kabbala Prática,* que tem por corolário conduzir o leitor à *Grande Obra*, isto é, "transmutar os metais" impuros em Ouro genuinamente puro. Leiam e pratiquem atentamente, com disciplina e perseverança, os ensinamentos expostos nesta obra e roguem ao Eterno que lhes dê em troca, luz, paz e amor. Façam isso sem preocupar-se com as letras (forma literal) busquem nas entrelinhas suas interpretações figuradas e secretas, do começo, meio e fim e também de trás para frente. Descobrirá *a priori* que nenhum destes símbolos,

parábolas e rituais serão inteligíveis somente com sua visão em paralaxe, ou seja, na visão expandida consciencialmente – isto se dá quando o observador se desloca da condição de ator e passa a ser o seu próprio observador; colocando-se a um passo atrás de suas pulsões primárias. Dentro deste contexto, encontrará tanto em seus discursos quanto nas suas ações detalhes tão sutis que sua alma se encherá de inefável alegria e êxtase espiritual. E que o Eterno os ilumine. Amém!!!

DEFINIÇÃO DE ALQUIMIA

Em diversos manuscritos antigos encontram-se as mais variadas definições desta Arte sublime. Segundo Hermes, a Alquimia é a ciência imutável que trabalha sobre os corpos com a ajuda da teoria e da experiência e que, por uma "conjunção natural os transforma para um estado superior".

Outro filósofo afirma: "A Alquimia ensina transmutar toda espécie de metal em outra, com a ajuda de uma Medicina particular." Para nós, a Alquimia é uma ciência que ensina a preparar um Medicamento especial, ou melhor, um Elixir, o qual projetado sobre os metais imperfeitos os torna perfeitos no mesmo instante da "projeção".

DOS "PRINCÍPIOS" E DA GERAÇÃO DOS METAIS

Vamos tratar aqui dos princípios e da Geração dos metais. Antes de tudo, entenda que os "princípios" dos metais são o Mercúrio e o Enxofre. Chama-os "princípios", porque são a origem de todos os metais, de todos que existem, das espécies mais distintas. Além disto, a Natureza teve sempre por fim, esforçando sem cessar, chegar à perfeição: ao Ouro. Mas a consequência de diversos acidentes é que dificultam seu desenvolvimento, nascem os mais variados tipos metálicos, como o expõem os filósofos mais experimentados.

Segundo as partes de pureza e impureza dos dois "princípios", isto é, do Enxofre e do Mercúrio, produzem-se metais mais ou menos perfeitos: Ouro, Prata, Estanho, Chumbo, Cobre e Ferro.

Agora vamos falar sobre o conhecimento da natureza dos métodos, sobre sua pureza, sua pobreza ou sua riqueza em "princípios".

Natureza do Ouro: O Ouro é um corpo perfeito, composto de Mercúrio puro, fixo, brilhante, vermelho e de um Enxofre igualmente puro, fixo, vermelho e não combustível. O Ouro é um corpo absolutamente perfeito.

Natureza da Prata: A Prata é um corpo puro, quase perfeito, composto de um Mercúrio puro, quase fixo, brilhante e branco. Seu enxofre tem as mesmas qualidades. Não falta a Prata senão um pouco mais de fixação, de cor e de peso para ser um corpo perfeito.

Natureza do Estanho. O Estanho é um corpo puro, imperfeito, composto de um Mercúrio puro, fixo e volátil, brilhante, branco no exterior e vermelho no interior. Seu enxofre tem as mesmas qualidades. Só falta ao Estanho ser um pouco mais cozido e digerido.

Natureza do Chumbo. O Chumbo é um corpo impuro e imperfeito, composto de um Mercúrio impuro, instável, terrestre, pulverulento, ligeiramente branco no exterior e vermelho no interior. Seu enxofre é semelhante à sua estrutura e ademais é combustível. Ao Chumbo falta a pureza, a fixação e a cor; não está cozido o bastante.

Natureza do Cobre. O Cobre é um metal impuro e imperfeito, composto por um Mercúrio impuro, instável, terrestre, combustível, vermelho e sem brilho. Igualmente é seu Enxofre. Faltam ao Cobre a fixação, a pureza e o peso. Contém demasiadamente uma cor impura e partes terrosas incombustíveis.

Natureza do Ferro. O Ferro é um corpo impuro, imperfeito, composto de um Mercúrio impuro, demasiadamente fixo, que contém partes terrosas combustíveis, branco e vermelho, porém, sem esplendor. Faltam-lhe fusibilidade, a pureza e o peso. Contém demasiadamente o enxofre impuro e partes terrosas combustíveis.

Nenhum Alquimista deve duvidar de uma só palavra destas indicações que acabamos de narrar.

DE ONDE EXTRAIR A "MATÉRIA PRÓXIMA" AO ELIXIR

Anteriormente ficou determinado suficientemente a geração dos metais perfeitos e imperfeitos. Agora convém trabalhar para tornar pura e perfeita a matéria imperfeita. Lembre-se que todos os metais são compostos de Mercúrio e Enxofre, que a impureza e a imperfeição dos componentes voltam a encontrar no composto. Todo e qualquer metal não se lhes pode agregar senão substâncias extraídas de seus próprios pares iguais, neste sentido, deduz que nenhuma matéria estranha pode servi-nos, porém, que tudo que se encontra neles é composto dos dois princípios, até mesmo para aperfeiçoar e até para transmutar os metais.

Não se pode entender como existem operantes que utilizam certos animais para constituir uma "matéria próxima" tão remota, quando têm à mão, nos minerais uma "matéria" suficientemente mais "próxima". Se assim o tem designado algum filósofo em seus escritos, o fez através de alegorias.

Dois princípios compõem os metais e nada pode alterar-se, unir-se a eles ou transformá-los, se a liga em si mesma não é composta dos supramencionados "dois princípios". Eis porque o razoamento nos obriga a empregar como Matéria da Pedra Filosofal ao Mercúrio e ao Enxofre.

Somente o Mercúrio, ou somente o Enxofre não podem engendrar os metais, porém, por sua íntima ligação dá origem a diversidade de metais existentes. Assim, pois, é concluinte que a *Pedra Filosofal* deve nascer desses dois princípios.

O segredo que possuímos relativo à *Grande Obra* é preciosíssimo e muito oculto. Sobre que matéria mineral, próxima entre todas, deve operar-se diretamente? Vejam o quanto é preciso saber escolher. Se tirarmos nossa matéria dos vegetais, isto é, das ervas, árvores e plantas de toda classe, haveríamos que extrair delas o Mercúrio e o Enxofre mediante uma cocção excessivamente longa. Rechaçamos em absoluto semelhante operação, uma vez que na própria Natureza poderíamos encontrar fartamente o Mercúrio e o Enxofre.

Se ao invés dos vegetais elegêssemos os animais, seria-nos necessário trabalhar sobre o sangue humano, cabelos, urina, ovos de galinha, esperma, enfim, tudo aquilo que se pode extrair do reino animal. Assim mesmo nos tomará tempo alongado para obter o Mercúrio e o Enxofre numa demorada cocção. Recusamos essa operação *a priori* por estes motivos.

Se, por outro lado, em vez de elegermos os animais buscássemos retirar estes dois minerais daqueles ditos mistos, tais como as diversas espécies de magnésia, marcassitas, óxidos de chumbo, vitríolos, alumínios, sais, bórax, etc., será igualmente necessário extrair deles, por meio de uma longa cocção, o Mercúrio e o Enxofre. Rechaçamos pelas mesmas razões anteriores semelhante manipulação.

Se escolhêssemos um dos sete espíritos, como, *verbi gratia*, somente o Mercúrio ou o Enxofre, ou bem o Mercúrio e um dos dois enxofres, ou bem o enxofre vivo, ou o *oropimente*, ou o arsênico amarelo, ou o arsênico vermelho, não poderíamos aperfeiçoá-los, porque na Natureza não se aperfeiçoa mais que a mescla determinada dos "dois princípios". Não poderíamos fazê-lo melhor que a própria Natureza, e necessitaríamos extrair desses corpos o Enxofre e o Mercúrio, pelo qual rechaçamos todas as manipulações que mencionamos anteriormente.

Por último, se tomássemos os dois princípios mesmos, nos faria falta mesclá-los segundo uma certa proporção imutável, desconhecida do homem, e em seguida cozê-los até obter uma massa sólida. Por isso recusamos a ideia de tomar os dois princípios separados, isto é, o Mercúrio e o Enxofre, porque ignoramos sua justa proporção e porque encontraremos corpos nos quais os dois princípios estão unidos em suas devidas proporções, coagulados e incorporados segundo as necessidades alquímicas.

Guarde bem este segredo: o Ouro é um corpo masculino e é perfeito, sem superficialidades nem pobreza. Se aperfeiçoasse os metais fundidos com ele, teríamos o elixir vermelho. A Prata é um corpo feminino, quase perfeito; se pela simples fusão aperfeiçoássemos os metais imperfeitos, teríamos o elixir branco, o qual não é possível, porque esses corpos são perfeitos em somente um grau. Se sua perfeição pudesse comunicar-se aos metais imperfeitos, esses últimos não se aperfeiçoariam, e em troca, os metais perfeitos resultariam manchados pelo contato com aqueles imperfeitos. Porém, se fossem perfeitos no mais alto grau (o duplo, o quádruplo, o sétuplo, o cêntuplo, etc.), então poderíamos aperfeiçoar os metais imperfeitos.

A Natureza trabalha sempre com simplicidade, por onde neles (nos corpos) a perfeição é simples, indivisível e intransmissível. Não poderiam entrar na composição da Pedra Filosofal como fermentos para abreviar a Obra; em seu efeito, se reduziriam os próprios fermentos, porque a parte volátil seria muito maior que a fixa.

E a causa pela qual o Ouro é um corpo perfeito composto de um Mercúrio brilhante e um Enxofre semelhante, não o tomaremos como matéria da Pedra Filosofal para o elixir vermelho; porque é demasiadamente perfeito e sem perfeição sutil; é demasiadamente bem cozido e digerido naturalmente, e apenas poderemos trabalhá-lo com nosso fogo artificial. O mesmo se dá com a Prata.

Quando a Natureza aperfeiçoa uma coisa, não sabe, sem dúvida, como purificá-la intimamente, porque trabalha com simplicidade. Se escolhêssemos o Ouro ou a Prata, poderíamos, com muito trabalho, encontrar um fogo capaz de trabalhar neles. Ainda que conhecêssemos esse fogo, não poderíamos, apesar de tudo, chegar à purificação perfeita, devido a potência de seus laços e a sua harmonia natural; de sorte que rechaçamos o Ouro para o elixir vermelho, e a Prata para o elixir branco. Encontraremos certo corpo composto de Mercúrio e de Enxofre suficientemente puros, sobre os quais a Natureza tenha trabalhado pouco.

Louvamos por aperfeiçoar semelhante corpo com nosso fogo artificial e o conhecimento da Arte. Submeteremos à uma cocção conveniente, purificando-o, colocando-o e fixando-o de acordo com as regras alquímicas. Portanto, é necessário escolher uma matéria que contenha um Mercúrio claro, branco, e vermelho, não de todo perfeito, mesclado proporcionalmente, e segundo as regras da Arte, com um Enxofre semelhante a ele.

Esta matéria deve ser coagulada numa massa sólida e em tal forma que, com a ajuda de nossa ciência, poderíamos chegar a purificá-la intimamente, a aperfeiçoá-la com nosso fogo, e transformá-la até conseguir que no final da operação, seja milhares e milhares de vezes mais pura e mais perfeita que os corpos ordinários cozidos pelo simples calor natural.

Se lerem com atenção estes escritos e transcenderem as letras, onde *in aperto* a geração dos metais e como se consegue a "matéria próxima", transformarão o conhecimento em sabedoria e poderão usar esta alavanca em seus próprios benefícios, suficientemente necessários, para realização da Grande Obra, a qual constitui o *desideratum* dos Filósofos Herméticos. Podendo neste sentido alcançar em corolário a tão almejada elevação consciencial.

A MANEIRA DE REGULAR O FOGO E MANTÊ-LO

Como a Natureza não nos oferece mais que dois corpos perfeitos ou imperfeitos, não é preciso converter, com nossa Arte, indefinidamente perfeita a Matéria da qual tratamos.

Se desconhecemos sua forma de trabalhar é porque não sabemos entender como os metais se aperfeiçoa a cada dia na Natureza. Não vemos de que forma os elementos grosseiros nas minas são cozidos e se condessam, pelo calor constante que existe nas montanhas, que com o tempo, aqueles elementos grosseiros se transformam em Mercúrio? Que este mesmo calor, na mesma cocção não transforma as partes gordas da terra em Enxofre? Que este calor aplicado por longo tempo a estes dois princípios, não engendra, segundo sua pureza, ou sua impureza, todos os metais existentes? Não vemos todos os dias como a Natureza produz e aperfeiçoa os metais somente pela cocção continuada? Oh, insanos humanos! Quem os perguntou, quem os obrigou a querer fazer o mesmo com a ajuda de procedimentos tão raros e absurdos?

Por isso disse sabiamente um filósofo:

Desgraçados de vós se crês sobrepassar a Natureza e ainda pretendeis encontrar um novo procedimento que aperfeiçoe os metais sem conhecer a geração dos mesmos.

Deus deu à Natureza leis imutáveis, e elas nos dizem que devemos trabalhar pela cocção continuada, e vós, oh insensata estupidez, despreza suas lições ou não sabeis compreendê-las. Disse também o filósofo:

O fogo e o azougue devem bastar-lhe.

E em outra passagem:

O calor aperfeiçoa a Obra, ou:

É preciso cozer, cozer e saber recozer.

E em outras diversas passagens:

Que vosso fogo seja continuo e leve; que se mantenha neste estado todos os dias, sempre igual, sem debilitar-se, se não quiseres perder tempo.

E eu lhe digo agora: sê paciente e perseverante. Se necessário for, caia e levante sete vezes e outras tantas. Recorda que todo nosso

Magistério se encontra numa só coisa: a Pedra Filosofal; e a resolva de uma só maneira: cozendo e cozendo num mesmo recipiente. O fogo dissolve. A operação magna é semelhante ao crescimento da criatura humana. Na infância se nutre com alimentos leves; depois, quando o corpo se torna mais resistente, administra-lhe uma alimentação mais forte. Do mesmo modo, nosso Magistério é submetido, no seu começo a um fogo leve, com o qual tem que operar sempre durante a cocção. É de advertir, que ainda que tenhamos falado de fogo leve, este deve ir aumentando pouco a pouco, quer dizer, gradualmente, até o fim da Obra.

DO RECIPIENTE E DO FORNO

Expomos de maneira bastante simples o modo de operar com o fogo; resta-nos agora falar um pouco do Recipiente e do Forno, chamado pelos Alquimistas de Athanor.

Quando a Natureza cozinha os metais nas minas, com a ajuda do fogo natural, não pode chegar a isso se não for empregado um recipiente *ad hoc*. Mesmo assim devemos imitar a Natureza no regime do fogo e imitando-a também a respeito do recipiente.

Examinemos o lugar onde se elaboram os metais. De imediato, vemos, de uma maneira bem clara, que debaixo da montanha há um fogo que no começo produz um calor moderado e que este vai aumentando sem sessar, ainda que muito lentamente. No entanto, o fogo se eleva, vai dessecando e coagulando a água espessa e grosseira nas entradas da terra e a transforma em Mercúrio. As partes dos untuosos minerais da terra são cozidas e reunidas nos veios da terra e correm através da montanha engendrando o Enxofre.

Como pode observar, nos filões das minas, o Enxofre das partes untuosas da terra, encontra o Mercúrio. Então se verifica a coagulação da água metálica. Como o calor continua atuando na montanha, os diferentes metais aparecem depois de um tempo bastante longo. Nas minas se observa uma temperatura constante; disso podemos deduzir que, por meio da montanha que as encerra, as minas estão perfeitamente fechadas com rochas por todos os lados; porque se o calor pudesse sair não se formaria os metais.

Portanto, se temos que imitar a Natureza, será preciso que disponhamos de um fornilho o mais semelhante possível de uma mina, não pelo seu tamanho, naturalmente, mas por sua particular disposição, isto é, que o fogo colocado no fundo não encontre saída quando subir, de sorte que o calor seja reverberado sobre o recipiente, hermeticamente fechado, pois nele se encerra a matéria da Pedra Filosofal.

O recipiente deve ser redondo, com um pequeno pescoço. Há de ser de vidro ou de uma terra tão resistente quanto ao vidro; se lhe encerrará hermeticamente com uma espessa capa de betume. Nas minas, o fogo não está em contato imediato com a matéria do Enxofre e do Mercúrio; nesta matéria se encontra algo separado da terra da montanha. Da mesma forma o fogo não deve ser aplicado diretamente ao recipiente que contém o Mercúrio, tendo que colocar o dito recipiente em outro, cuidadosamente fechado como o primeiro, procurando manter um calor constante que atue sobre a Matéria, por todos os lados. Por isso, Aristóteles, em sua *Luz das Luzes*, opina que o Mercúrio deve ser cozido num tríplice recipiente de vidro muito duro ou de barro que possua a mesma dureza do vidro.

DAS CORES ACIDENTAIS E ESSENCIAIS QUE APARECEM DURANTE A OBRA

Agora vamos tratar da aparição das cores acidentais. São tão diversas e geralmente se dão durante a cocção da Pedra Filosofal. Um filósofo do passado disse: "Tantas cores como nomes. Para cada cor que aparece durante a Obra, os alquimistas deram um nome especial. Assim, na primeira operação de nossa Pedra, deram-lhe o nome de 'putrefação', porque a Pedra se apresentava negra." "Quando encontrar a negrura – disse outro filósofo – saiba que nela se oculta a brancura, e é preciso que extraia uma da outra."

Depois da putrefação, a Pedra enrijece e sobre isto dizem todos os alquimistas: "Com frequência a Pedra Filosofal enrijece, amarela e se liquefaz, coagulando-se logo em seguida, antes de apresentar a verdadeira alvura (brancura perfeita). Se dissolve, se purifica, se coagula, se mortifica, se vivifica, se enegrece, se branqueia, se alinha de vermelho e branco, e tudo isto por si mesma."

A Pedra também se apresenta sob uma cor muito verde e agradável; por isso, em muitos tratados de Alquimia, se lê a seguinte expressão: "Cozinhe até que apareça um menino verde, que é a alma da Pedra Filosofal."

Aparecem também, antes da verdadeira alvura, as tonalidades coloridas do pavão real. Os hermetistas, se referem às diversas iridescências nos seguintes termos: "Sabei que todos as cores existentes no Universo, aparecem na Pedra Filosofal muito antes de apresentar-se na brancura perfeita. O corpo não será cozido até que se volte fosforescente, como os olhos dos pescados; é aí então quando a Pedra Filosofal se coagulará paulatinamente."

Nos tratados alquímicos menos enigmáticos, encontramos: "Quando ver aparecer a alvura na superfície do recipiente, podes ter por certeza de que sob a brancura se oculta o vermelho; tens que extraí-lo, e para isso cozinhe até que tudo se volte vermelho. Finalmente, entre o vermelho e o branco aparece uma cor cinzenta, a qual se tem dito: "Depois da brancura, já não se pode enganar-se, porque aumentando o fogo, chegarás a uma coloração acinzentada." Outro filósofo diz: "Não desprecieis a cinza, porque com a ajuda de Deus se liquefarás." Por fim, buscador atento, verás aparecer o Rei coroado com um diadema vermelho: o Triunfo da Grande Obra.

COMO SE DÁ A PROJEÇÃO ALQUÍMICA SOBRE OS METAIS IMPERFEITOS

Vamos tratar sobre a maneira de fazer a Projeção Alquímica, complemento de nosso Magistério bendito para a realização da Grande Obra. O Elixir vermelho amarelado nos metais até o infinito transmutando-os em Ouro puro. O Elixir branco clareia os metais, dando-lhes uma brancura perfeita. O fato que existe metais, uns mais que outros, distantes da perfeição.

Saiba que todos os metais podem ser levados a mais alta perfeição, mediante o Elixir vermelho; aqueles que estão mais próximos a perfeição se tornam perfeitos mais rapidamente, mais intimamente que os demais. Quando encontrarmos o metal mais próximo, separaremos dos demais metais.

Colocando toda a sua atenção neste *Espelho de Alquimia*, saberá encontrar a verdadeira Matéria e também o corpo conveniente para obter o Elixir, e com ele o meio de realizar a Projeção.

Os alquimistas que nos precederam, que encontraram a Pedra Filosofal, nos assinalaram suficientemente e sem alegorias nem símbolos miraculosos, o caminho reto, quando dizem:

Natureza contém a Natureza; Natureza se alegra com Natureza; Natureza domina a Natureza e se transforma nas demais naturezas.

O semelhante se aproxima do semelhante, porque a similitude é uma causa de atração. Existem filósofos que entenderam isso e nos transmitiram um segredo de incomensurável valor. Aprende que a Natureza se difunde rapidamente em seu próprio corpo, e em troca é impossível imiscuir-se com um corpo estranho. Assim como a alma penetra instantaneamente num corpo que lhe pertence (ajustado naturalmente), por outro lado, não seria crível, mesmo que tu quisesses, fazê-la entrar num outro corpo, que não seja o seu.

A similitude é atrativa. Os corpos na Obra se fazem espirituais (voláteis), e inversamente, os espíritos (gases) se tornam corporais. O corpo fixo se torna espiritual (entenda-se matéria volátil). Pois bem, como o Elixir, vermelho ou branco, foi levado mais além de sua natureza naturalmente permitida, não é estranho que não seja miscível com os metais em fusão, quando um se limita a projetá-lo.

Assim seria impossível transmutar mil partes por uma somente. Vou então comunicar-lhes um segredo raríssimo e de muita transcendência: tem que misturar uma parte do Elixir com mil de metal mais próximo; colocar tudo num recipiente adequado a operação: selar hermeticamente e pô-lo no fornilho para fixá-lo. Em primeiro lugar, tem que esquentar gradualmente e aumentar metodicamente (devagar) o fogo durante setenta e duas horas, ao cabo das quais se obtém uma perfeita união. É trabalho de três dias.

Então pode seguir projetando uma parte deste produto sobre mil partes de metal próximo, e terá efetuado a operação áurea, isto é, a Transmutação de um metal imperfeito em Ouro puro.

Roguemos, portanto, ao Nosso Pai, o Deus dos Céus, sempre admirável na Eternidade. Amém.

MINHAS OBSERVAÇÕES FINAIS

Aqui encerramos nossa pequena reflexão sobre a Arte. Nela procuramos expor os ensinamentos da sublime Alquimia com os mínimos véus possíveis; tanto creio assim (quando o comparo com tantos tratados velados, escritos pelos Alquimistas do passado), que não tenho dúvida em batizá-la com o nome de Espelho, pela sua grande claridade e transparência.

Agora, futuro Neófito, antes de encerrar este capítulo terei que dirigir-lhe algumas palavras, observações a respeito da ética e conduta no caminho à Heliópolis, caso queira colocar em prática os ensinamentos da Arte.

Antes de tudo, o Alquimista tem que estar são de corpo e alma. No corpo porque o trabalho na Grande Obra é sumamente pesado e requer certa robustez física, e na alma, porque nada que não seja digno, por sua moralidade e virilidade do bem poderá alcançar a meta gloriosa.

O alquimista necessita, além disso, ser dotado de muita paciência. Quando começar a realizar algum experimento, se os primeiros resultados não forem satisfatórios, não deve por isso perder as esperanças de triunfar, senão seguir sempre adiante e não se deter na metade do caminho. Uma obra incompleta inutiliza e mata o entusiasmo do operante; em virtude disso, é necessário trabalhar com moderação e serenidade. Jamais deve destruir-se, num acesso de raiva, aquilo que tenha começado. A perseverança e a fé são de tudo pontos indispensáveis ao que pretenda dedicar-se ao estudo da alta Magia, ou seja, da Alquimia.

Assim mesmo, direi-lhe que aquele que se deixa levar pela imaginação, pela vaidade, pelo egoísmo ou qualquer outro vício, seja da gula ou da sensualidade, é tão incapaz de trabalhar na Pedra Filosofal, como o seria um homem que fosse cego ou manco, e não digo mais.

FINIS CORONAT OPUS

FORMULÁRIOS & RECEITAS

A Alquimia é uma ciência que requer dedicação nos estudos e, sobretudo, uma grande perseverança. Muitas e valiosas obras existem sobre esta matéria, tratados volumosos que encerram abundantes conhecimentos, impossível de compilar num único volume como o nosso. Neste sentido, temos limitado a reunir as mais importantes chaves e os materiais ocultos imprescindíveis para tirar o máximo de proveito de uma coleção de livros da Ciência Sagrada, que possam estimular e provocar nossos queridos leitores a buscar mais em obras aquilo que lhes despertar maior interesse.

Sem dúvida, repassando cuidadosamente as obras de Paracelso, Avicena, Cardano, Porta, entre outros autores da antiguidade, foi-nos possível elencar alguns segredos preciosos cuja realização não requer grandes habilidades alquímicas.

Além disso, por sorte, poderemos disponibilizar, publicar nossa obra dando ao Buscador a oportunidade de conhecer certos segredos da Alta Magia, graças ao nosso acesso às grandes obras, que foram herdadas, ao longo de muitos anos, por Irmãos e parceiros nesta vida. Tive o privilégio de receber algumas bibliotecas, com obras raríssimas, e destas buscamos absorver conhecimento e reproduzi-los por meio de nossos livros. Essas obras de Alquimia, Astrologia, Kabbala, Magia, etc. nos fizeram refletir e escolher alguns manuscritos; por meio de suas claves extraímos preciosos segredos, os quais narraremos a seguir.

COMPOSIÇÃO DO VINAGRE FILOSÓFICO

A composição do *Vinagre Filosófico*, chamado pelos Adeptos de *Lethe Virginal* e também de *Água Mercurial*, é um composto maravilhoso, pois é considerado como único dissolvente que atende a todos os metais.

Eis como se obtém tal produto.

Em primeiro lugar se faz fermentar certa quantidade de mel, do qual se extrai o *ácido*.

Do líquido obtido (uma vez retirado espírito do vinho), extrai-se novamente o ácido.

Em seguida misturam-se os dois ácidos em igual proporção, adicionando a dita mistura uma quantidade prudencial de azeite de *vitriolo*. Ao unir-se e fermentar os três ácidos se produz o *Vinagre Filosófico* dos antigos alquimistas.

Outros adeptos, relativamente modernos, tentaram obter este maravilhoso vinagre destilando, sublimando e calcinando com nitro, a magnésia e o mercúrio, e somente conseguiram uma preparação que não chegou ao medíocre.

Assim, pois, por mais sensível e simples que pareça, o procedimento indicado (este do mel) é indiscutivelmente o melhor. Os antigos lhe chamavam de "único".

ÁGUA PARA ABRANDAR TODA CLASSE DE METAIS

Deixe ferver numa libra de água, até consumir-se a quarta parte, as três substâncias seguintes:

Uma onça de sal amoníaco, meia onça de nitro purificado e duas onças de tártaro.

Quando quiser abrandar um metal qualquer, ponha este no fogo, e assim que este esteja na coloração de vermelho vivo, introduza-o nesta água.

ÁGUA DISSOLVENTE

A *Água Dissolvente* é um preparo que se emprega em diversas operações alquímicas. A fórmula da dita Água é como segue:

Vitriolo	1 libra
Salitre	1 libra
Sal de vinagre	1 libra
Sal de amoníaco	1 onça

Pulverize o sólido e macere tudo numa vasilha de boa profundidade. Destile no fogo brando.

Quando necessitar da dita Água, tomai dela apenas uma onça, na qual deverá acrescentar dois dracmas de ouro.

DESCRIÇÃO ESOTÉRICA DA GRANDE OBRA OU PEDRA FILOSOFAL

Para que se possam formar uma ideia aproximada do estilo enigmático empregado pela maioria dos hermetistas da antiguidade, vamos *ad pedem literræ* na descrição sintética que faz Sendivogius em sua notável obra *Novum Lumen Chymicum*, e ao mesmo tempo aproveitamos para reproduzir a gravura que se intercala em tal enunciado de alquimia.

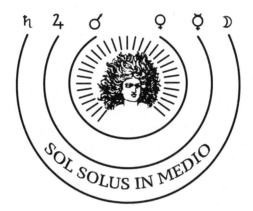

É indispensável extrair o Sal dos cristais de chumbo ♄ e uni-los incontinente com os da Prata ☽.

Em seguida pegar o Estanho ♃ e misturá-los com o azougue ☿.

O Ferro ♂ deve ser unido com o Cobre ♀.

Finalmente, com todas estas uniões se faz outra.

E o Sol ☉ radiante aparece no centro.

A explicação desta operação alquímica é demasiadamente diáfana para aqueles que já a conhecem, mas resulta completamente inútil para o profano. Por isso, nós, que somos inimigos de toda linguagem emblemática, vamos explicar como se realiza a Grande Obra ou a Pedra Filosofal em termos claros para todos. Demonstraremos alquimicamente como se faz a prata e o ouro.

PARA FAZER PRATA

Pegue uma libra de sal amoníaco; três onças de "alumbre de pluma" (sal mineral extraído de uma pequena planta); três onças de sal gema: tudo deve ser bem moído com quatro libras de claras de ovos, e tudo será moído em louça; ponha a fleuma por vinte e um dias, e de sete em sete dias misture tudo com uma espátula. No último dia encontrará na superfície desta massa uma espuma quase branca, a qual deve tirar, e o que restar irá destilar e retificará sete vezes. Nesta água ponha uma onça de mercúrio sublimado e duas onças de arsênico sublimado e uma onça de enxofre branco sublimado e uma onça de prata calcinada da seguinte forma:

Pegue lâminas de prata finas e coloque-as num vaso de vidro com este pó que segue:

Pegue duas partes de mercúrio sublimado e uma parte de arsênico sublimado e feche o recipiente bem vedado e deixe tudo no fogo lento pelo espaço de três dias, até que não suba absolutamente nada a superfície; então ficarão fusíveis e diáfanas.

Tudo deve ser posto uma vasilha com tampa, até que destile toda a água. Depois o congelará por três vezes no fundo de uma vasilha restará uma matéria cristalina, a qual dever juntar uma parte sobre cinquenta de azougue bem quente, e em breve tempo obterá uma quantidade de prata finíssima.

LICOR QUE TEM A VIRTUDE DE TROCAR A PRATA POR OURO

Pegue mercúrio que tenha sido sublimado nove vezes pelo sal comum e o vitriolo. Dissolva em espírito de vinho bem retificado. Destila esta solução. Sublime o que tenha restado. Repita a operação por mais duas vezes.

Se executar corretamente tal procedimento, obterá um pó avermelhado muito brilhante.

Uma vez tendo obtido dito pó, retire dela a parte salina e coloque-o numa vasilha de cristal, que deverá conter duas onças de Água Dissolvente.

Numa outra vasilha de cristal coloque uma onça de Água Dissolvente e junte dois dracmas de prata.

Misture em seguida estas duas dissoluções macerando-as, em seguida destile todo conteúdo.

Pegue o que encontrar calcinado no fundo da vasilha. Adicione flores de sal de amoníaco ao produto calcinado mesclando em seguida com o espírito de vinho que tenha previamente destilado.

Essas manipulações darão como resultado alguns cristais. Deixe-os expostos ao ar livre, que se impregnarão da humidade atmosférica, e ao final de algum tempo os cristais se dissolverão. Esse líquido deve reduzir-se a uma cal por mediação do mercúrio.

Deixem macerar a substância deste último resultado durante uns trinta dias em água de chuva e no final desse tempo aprazado obterá um maravilhoso licor que transmuta a Prata em Ouro.

OUTRO SEGREDO PARA TRANSMUTAR A PRATA EM OURO

Pegue ouro e enxofre vivo, na mesma proporção. Junte-os e coloque-os dentro de uma garrafa enlodada. Logo em seguida, juntará a estes uma onça e meia de bórax e oito onças de mercúrio purificado e depois de fazer tais procedimentos fechará a garrafa hermeticamente e a porá sobre fogo leve. Três dias depois, abra a garrafa e encontrará uma pasta semissólida, a qual deve repartir em pequenas fatias. Para cada cinco onças de prata fundida, colocará uma fatia dessas. Logo passará o conteúdo para uma vasilha de pescoço longo e o colocará novamente sobre o fogo leve. Ao cabo de algumas horas terá realizado a transmutação da Prata em ouro finíssimo.

FÓRMULA MODERNA PARA FAZER OURO

Copiamos *ipsis litteris* esta fórmula do interessantíssimo *grimório* intitulado *El Libro Negro*, publicado por volta do ano de 1920 do Dr. Hector Hacks:

Todas as fórmulas que reproduzimos até agora foram tiradas de livros e manuscritos antigos, por cuja causa se apresentam um pouco confusas. Não ocorre o mesmo com esta que daremos em seguida, pois se trata de uma fórmula recente, que nos foi dada a conhecer por uma celebridade contemporânea, uma autoridade da Ciência Hermética: F. Jollivet Castelot. Presidente da Société Alchimique de France.

Eis aqui sua fórmula nas próprias palavras de célebre alquimista francês:

> *Minhas experiências de transmutação, desde 1908, partem do princípio de que na Natureza se encontra o ouro associado com o mercúrio e o arsênico sulfuroso e, ademais, com o telúrio, que é considerado como mineralizador do ouro. Portanto, na conhecida combinação da prata com o arsénio sulfuroso e antimônio, logicamente, se introduza também o telúrio.*
>
> *Desta maneira a fórmula de minha última experiência é como segue: Eu mesclei intimamente 6 gramas de prata, quimicamente pura; 1 grama de oropimente nativo, isento de qualquer vestígio aurífero; 1 grama de enxofre dourado de antimônio, quimicamente puro. Logo depois juntei a sílice correspondente para obter a fusão habitual.*
>
> *Por último posto a mistura, como de costume, num crisol ao fogo, durante uma hora, a uma temperatura de 1.100 graus centígrados. A substância obtida foi de uma cor cinza bem escura, com reflexos violáceos. Seu peso, umas sete gramas. Submete dita substância à uma ação de ácido azótico (Água Fortis - Ácido Nítrico HNO_3), que produziu um resíduo que se desprendeu com certa dificuldade da vasilha, saltando partículas metálicas, de tom esverdeado. A solução azótica, uma vez decantada, deixou um resíduo amarelo esverdeado, produzido pelo ácido azótico em ebulição, onde ficou por algumas horas.*
>
> *Decantei o licor novamente e este último resíduo, que em nada modificou foi tratado com amoníaco e por último, o submeti à ação de água régia (A água régia é uma mescla de ácido nítrico com ácido clorídrico), obtendo da reação um ouro excelente.*

Essa fórmula moderna vale por todo um tratado de Alquimia antiga.

A LÂMPADA DA VIDA

Alguns Adeptos na Idade Média faziam uso de uma lâmpada que denominavam pomposamente de *Lâmpada da Vida*, a qual, muitas vezes, não era mais que um modesto candeeiro alimentado com *espírito de vinho* em vez do tradicional azeite. Os maravilhosos efeitos desta lâmpada se deviam a um determinado licor chamado *tinctura microcosmi magistere,* que, quando alimentada desse tal espírito de vinho, era por eles chamada de *Lâmpada da Vida*.

Essa lâmpada tinha por objetivo assinalar o curso das enfermidades, ou melhor, podia prever *a priori* sobre a cura ou a morte de uma pessoa enferma. A "lâmpada" produzia uma luz mais ou menos viva, segundo a gravidade do caso; se a luz extinguisse, *mortis causa*, isto é, se apagasse anunciaria um desenlace fatal.

Eis aqui a maneira de compor a lâmpada augural (pressagiadora): o trabalho deve começar sempre num sábado, na hora de Saturno (Veja em nossa obra *Manual Mágico de Kabbala Prática*, Ed. Madras, SP, 2007). Adquira uma lamparina de cristal e lave-a cuidadosamente com água de rio; deixe-a secar a luz da lua; mais tarde deverá alimentar a lâmpada com o espírito de vinho, e logo se lhe dará uma função; isso deverá ser providenciado uma hora antes dos raios lunares.

A lâmpada deverá estar guardada num local fechado até o momento que haja necessidade de servir-se dela. Chegado o momento do uso, coloque três gotas da *tinctura microcosmi magistere* do espírito de vinho na lâmpada, para que surta os efeitos desta deverá ser colocada perto da cabeceira do leito do enfermo, em seguida acenda-a.

A composição da tintura é como segue, copiada ao pé da letra: "Se procurará espírito retificado, extraído do hidromel, ao qual deve-se juntar sete gotas de sangue do enfermo. Logo se destila a mistura e está feita a tintura."

Os augúrios da Lâmpada da Vida eram tidos por infalíveis.

O OURO POTÁVEL OU ELIXIR DA JUVENTUDE ETERNA

Libávius, o discípulo mais destacado de Paracelso, mencionado em sua obra intitulada *Alchymia Tramsmutatoriæ* (páginas 79 a 86), trata-se do tão discutido Ouro Potável dos antigos alquimistas, e não só se estende em suas considerações filosóficas sobre tal preparação, como também declina sua narração dando o conhecimento sobre a verdadeira fórmula do precioso elixir.

Com o uso diário de tal elixir, tanto para o homem quanto para a mulher, pode-se alcançar uma longevidade extraordinária. E, como prova disso, o Conde de Saint-Germain, que o experimentou em sua própria pessoa, chegou a uma idade avançadíssima, pois se assegura que viveu cento e quarenta e sete anos, sendo sua aparência comparada a um homem de quarenta anos, em média, ágil e afável, cheio de vitalidade; traços próprios de uma juventude humana.

E disse Libávius que o precioso elixir, ainda que denominado *ouro potável*, não continha nem cheiro de dito metal. Apoia em seu asserto (proposição) que os antigos consideravam o uso interno dos metais como um de tantos venenos, e, portanto, continua, lhe deram aquele nome aurifico unicamente para expressar a excelência do elixir da juventude.

Eis aqui a fórmula de tal elixir:

Consiga canela fina, cravos da índia, noz moscada, gengibre, zedoária (*Curcuma zedoaria*), galanga, pimenta branca, uma onça de cada uma dessas especiarias.

Seis rodelas de limão, dos maiores.
Dois punhados de uva de Damasco.
Dois punhados de ruibarbo.
Um punhado de flor de toronjil (*Melissa officinalis*).
Um punhado de raiz de angélica.
Quatro punhados de grãos de genebras, bem maduras.
Erva doce, flor de alfavaca, flores de hipérico (*Hypericum*), romero (Alecrim - Rosmarinus officinalis), manjerona, sambucus, pétalas de rosa, arruda, escabiosa, centaurea, fumaria, agrimônia; um punhadinho de cada uma dessas especiarias.
Duas onças de cada uma das seguintes especiarias: aloés, de semente do paraíso, cálamo aromático, de olíbano e sândalo.
De âmbar cinza, um dracma.
Quebre bem as substâncias e misture, depois coloque tudo em infusão durante sete dias num recipiente de cristal de boa aguardente.
Depois destile-a e guarde num recipiente envolto em seda amarela.

Maneira de usar o elixir: tomará seis gotas, todos os dias, misturado num copo de água, depois das principais refeições.

O discípulo de Paracelso comenta que esse elixir tem excelentes propriedades: tomando três gotas do ouro potável, num copo com água, um agonizante recobra a palavra e a razão. Destrói os gérmens de um sem fim de enfermidades: o ódio, vertigens, cólicas, úlceras, melancolia, insônia; cura a surdez, a cegueira, a tísica incipiente, a tosse e a asma, a hidropisia, febres de todo gênero, o desânimo, a gota, os catarros e a peste.

Libávius, que nos revelou o segredo do Elixir da Juventude Eterna, recomenda que se colham as ervas em suas horas planetárias, a fim de que seus efeitos sejam mais rápidos e mais eficazes (o leitor poderá encontrar este assunto, minunciosamente comentado, na obra intitulada *Botânica Oculta: As Plantas Mágicas segundo Paracelso*, por Rodolfo Putz).

PÓ PARA ARRANCAR OS DENTES SEM CAUSAR DORES

Colha alguns caracóis de bosque; calcine-os com suas cascas e reduza-os a pó, num pilão que não seja de metal; logo em seguida junte esse pó com sangue de rãs verdes até obter uma pasta homogênea; deixe secar a pasta e, uma vez seca, reduz-se novamente a pó no mesmo pilão.

Desse pó se valem muitos curandeiros para arrancar dentes, sem causar o mais leve desconforto e nem precisa empregar instrumentos cirúrgicos.

CAPÍTULO IV

TEURGIA
COMUNICAÇÃO COM AS INTELIGÊNCIAS CELESTIAIS

Segundo os neoplatônicos, a *Teurgia* (que significa: a ciência ou a arte das obras divinas) proporciona ao homem os meios para colocarem-se em comunicação com as *Inteligências Celestiais* (Anjos, Arcanjos, Principados, Virtudes, Potestades, Dominações, Tronos, Querubins, Serafins, etc.), também conhecidos como espíritos planetários e denominados entidades celestiais.

O *teurgo* ou *teurgista*, isto é, o mago que se coloca em comunicação com os espíritos de luz, deve conhecer perfeitamente as hierarquias angelicais e as orações e pregarias que correspondem às evocações destas Inteligências.

As condições morais do teurgo devem ser irretocáveis. Não basta ser sábio, é necessário ser bom e caritativo, benevolente e desinteressado. Um homem egoísta ou sensual jamais terá sucesso nestas relações e nunca será digno de possuir os poderes necessários para a realização de uma obra tão sublime.

Por isso, a prática da Teurgia é muito pouco conveniente e até perigosa para aquele que não tem os pré-requisitos necessários. O mundo se corrompeu demasiadamente para praticar esta sagrada ciência, homens como Plotino (em grego: Πλωτῖνος; Licopólis (Assiut), 205 - Egito, 270), Porfírio (em grego antigo: Πορφύριος, Porphyrios, ca. 234 — Roma, ca. 304/309), e Jâmblico (em latim: Iamblichus Chalcidensis; em grego: Ἰάμβλιχος, provavelmente originário do siríaco ou aramaico ya-mlku, "ele é rei"; Cálcis da Celessíria, Celessíria, 245 — Apameia, 325) praticaram a Teurgia sem correr qualquer risco.

Nos tempos hodiernos, em que presenciamos um materialismo feroz, a Teurgia ou Magia Divina poderia converter-se facilmente em Goécia ou Magia Infernal.

O local ideal para se praticar a Teurgia é uma sala quadrada, que deve ser totalmente revestida de linho branco em todas as quatro paredes; a abóboda deve ser pintada de azul celeste, e no centro desse teto deve pender uma magnífica lamparina de azeite. Como esta simboliza o Sol, deverá ser rodeada dos seis signos planetários (☽ ♂ ☿ ♃ ♀ ♄), pintados de prata na abóboda.

No lado que corresponde ao Oriente deve ter um pequeno altar, coberto também de brancas roupagens; no seu centro figura o Selo de Salomão, traçado astrologicamente sobre um pedaço de pergaminho virgem, de forma circular, de mais ou menos uns trinta centímetros de diâmetro. Ante o Pentáculo salomônico ardem – quando o mago está em função –, sete velas de cera virgem, e à sua esquerda, um turíbulo desprende as odoríficas emanações do perfume planetário correspondente ao dia em que tem efeito na operação divina. (Veja em nossa obra, *Manual Mágico de Kabbala Prática*, Ed. Madras, SP, 2007).

O teurgo, vestido de branco, de um branco imaculado, antes de solicitar a visita de uma Inteligência angelical, submete-se a um jejum rigoroso de nove horas seguidas, durante as quais deve se apartar do trato dos homens e se consagra inteiramente à meditação. Este trabalho espiritual lhe isola do mundo, lhe livra das preocupações da vida cotidiana, de um modo paulatino, todo seu ser vai saturando-se de doces eflúvios até chegar num estado muito próximo do êxtase, sem perder, essencialmente, a livre ação de sua individualidade.

Uma vez posto neste estado, o teurgo se volta dando sucessivamente a cara aos quatro pontos cardeais, começando pelo Oriente invocando em cada um desses quadrantes os gênios ou anjos de ditas regiões.

Segundo a Kabbala (ciência sagrada dos hebreus), os anjos que plasmam os pensamentos que emanam da Mente Suprema, são em número de dez e se chamam Elohim ou Arcanjos. Estas entidades (Inteligências) celestiais estão relacionadas com as dez *Sephiroth*, pela seguinte ordem:

1º - *Metatron*, o anjo da Presença de Deus; corresponde a *Sephirah Kether* (Símbolo da Coroa).
2º - *Raziel*, o heraldo de Deus; corresponde a *Sephirah Chokmah* (Símbolo da Sabedoria).
3º - *Tsaphkiel*, a contemplação de Deus; corresponde a *Sephirah Binah* (Símbolo da Inteligência).
4º - *Tsadkiel*, a justiça de Deus; corresponde a *Sephirah Chesed* (Símbolo do Perdão: Amor).
5º - *Sitael*, a severidade de Deus; corresponde a *Sephirah Geburah* (Símbolo do Poder: Justiça).
6º - *Michael*, semelhante a Deus; corresponde a *Sephirah Tiphereth* (Símbolo da Beleza).
7º - *Hamiel*, a graça de Deus; corresponde a *Sephirah Netzah* (Símbolo da Vitória).
8º - *Raphael*, medicina de Deus; corresponde a *Sephirah Hod* (Símbolo do Esplendor).
9º - *Gabriel*, a Fortaleza de Deus; corresponde a *Sephirah Yesod* (Símbolo do Fundamento).
10º - *Sandalphon*, segunda fase de *Metatron*; corresponde a *Sephirah Malkuth* (Símbolo do Reino).

A Kabbala estabelece correlações astrológicas entre os anjos e os planetas, o que pode variar de acordo com os autores; essas correlações não são unânimes entre os kabbalistas. De acordo com Heinrich Cornelius AGRIPPA von Nettesheim (Colônia, 14 de Setembro de 1486 —

Grenoble, 18 de Fevereiro de 1535), temos a seguinte lista dos espíritos planetários:

☽ *Azrael*, espírito da Lua. Segunda-feira.
♂ *Hariel*, espírito de Marte. Terça-feira.
☿ *Ophiel*, espírito de Mercúrio. Quarta-feira.
♃ *Asachiel*, espírito de Júpiter. Quinta-feira.
♀ *Anael*, espírito de Vênus. Sexta-feira.
♄ *Cassiel*, espírito de Saturno. Sábado
☉ *Gaziel*, espírito do Sol. Domingo.

Esses anjos ou espíritos (Inteligências) estelares que regem os sete dias da semana têm, cada um, uma modalidade e uma influência determinada, circunstância que deve ter o teurgo em suas evocações. A ortografia destes nomes sagrados, transliterada para o alfabeto latino, podem ter muitas variações; o que não diminui em nada a essência dessas Inteligências.

Azrael influencia nas questões da Imaginação.
Hariel, na Decisão
Ophiel, na Inteligência
Asachiel, no Poder
Anael, nas questões do Amor
Cassiel, na Saúde
Gaziel, na Fortuna

Assim, quando o teurgo tem necessidade de realizar uma obra que requeira imaginação, como, por exemplo, escrever uma poesia, um cântico, etc., aguarda uma segunda-feira e, em sua hora planetária evoca o anjo *Azrael*. Se tem que realizar uma atividade para a qual é necessário adquirir um domínio de si mesmo ou uma firme decisão, evoca *Hariel*, em seu dia e hora correspondentes. Se a situação do teurgo financeira não vai bem e deseja melhorá-la, aguardará um dia de domingo, em sua hora planetária, e deve evocar o anjo *Gaziel*. E assim nos demais casos.

O mago evocador antes de dinamizar suas forças psíquicas e colocá-las em sintonia com as vibrações espirituais das entidades celestiais as quais pretende evocar - recita a oração do dia (Veja em nossa obra,

Manual Mágico de Kabbala Prática, Ed. Madras, SP, 2007). Em seguida, o buscador deve permanecer alguns minutos em contemplação, e depois transportar-se a uma região (um estado mental) de paz e bem-estar que somente as práticas teúrgicas proporcionam.

Tão logo esteja num estado quase estático, o teurgo, com o coração pleno de amor e gratidão se dirige ao Inefável e lhe expressa suas necessidades, sem empregar frases feitas, deixando falar a voz do coração espontaneamente através de seus lábios. Toda pregaria de petição deve terminar com algumas palavras como estas: *"Óh Deus meu! Concede-me a graça que vos peço se me convém e se mereço".*

PSICURGIA
A COMUNICAÇÃO COM OS MORTOS

Depois de termos nos ocupado com a sagrada Teurgia, acreditamos oportuno dedicar algum espaço às interessantes práticas da misteriosa Psicurgia. São dois ramos muito interessantes dentro da Filosofia Oculta, sendo que muitos autores tentaram fundi-los somente em um assunto, apesar das diferenças distintas entre os dois. A única semelhança notável é que ambos os ramos se ocupam em evocar entidades que pertencem a um plano que não é o nosso.

A Teurgia, como está dito, põe o mago em comunicação com os anjos e, em certos casos, ainda que muito raros, com a própria Divindade. A Psicurgia, ciência muito menos elevada, ensina o homem o modo de comunicar-se com as almas dos mortos, isto é, com aqueles que desencarnaram em nosso mundo. A Psicurgia, ainda, emprega procedimentos distintos, podendo comparar-se ao Espiritismo moderno, porém, não com a Teurgia, muito menos com a Necromancia, como podem pensar alguns inimigos ferozes das ciências psíquicas.

As evocações psicúrgicas devem ser sempre motivadas por um sentimento de amor ou por uma causa bastante elevada e ter um propósito louvável; no contrário, são operações perigosas para a razão e para a saúde. Evocar por pura curiosidade e para saber se acontecerá algo, é predispor-se à fadiga e ao sofrimento. A Ciência Secreta não admite a dúvida e muito menos a infantilidade.

O motivo louvável de uma evocação pode ser de amor ou de inteligência. As evocações de amor exigem menos preparação e são muito mais acessíveis. Eis como se deve proceder:

EVOCAÇÕES DE AMOR

Deve-se, em primeiro lugar, recolher com cuidado todas as recordações daquela pessoa a quem se deseja rever, os objetos que lhe serviram em vida e que tinham relações de uso, seja uma habitação que a pessoa houvesse morado em vida ou outro local semelhante; um escritório, uma loja, etc. Um retrato do falecido, de tamanho natural, se possível deve estar coberto com um véu branco e rodeado de flores, daquelas que a pessoa amada mais gostava, as quais deverão ser renovadas todos os dias.

Depois tem que escolher uma data precisa, um dia do ano em que se celebra seu Santo ou aniversário, ou o dia mais feliz de uma relação de afeto; um dia em que pressupostamente sua alma, tenha experienciado um feliz acontecimento, algo que tenha sido indelével na sua existência, um tempero especial, o qual jamais aquele ser poderia esquecer, sendo este o mesmo dia que escolherá para a evocação, e para o qual terá que preparar-se durante quatorze dias.

Durante este tempo é necessário não dar a ninguém as mesmas provas de afeto, que o falecido ou falecida tenha direito a esperar de nós, terá que observar uma castidade rigorosa, viver isoladamente e alimentar-se de comida simples e saudável; apenas uma refeição leve e ligeira.

Todas as noites, na mesma hora, será preciso recolher-se com uma luz fraca, tal como uma lamparina funerária ou uma vela de cera, num local consagrado para recordar a pessoa que irá evocar-se. Essa luz deverá estar atrás de você; perfumará esta instalação com incenso de mirra e benjoim do Sião, mesclados; logo em seguida se levantará o véu do retrato, ante esta presença se permanecerá uma hora em silêncio; e somente se sairá desta habitação andando para trás.

No dia fixado para a evocação, será necessário vestir-se e preparar-se desde a hora que acordar nesta manhã, como se fosse assistir a uma festa de grande solenidade; não dirigir primeiro a palavra a ninguém. Não fazer mais que uma alimentação a base de pão, vinho e frutas; neste dia deverá usar todas as vestes de cor branca, completamente limpo; colocará a mesa para duas pessoas e se cortará uma parte do pão, que deverá ser consumido por inteiro; se verterá também uma pequena quantidade de vinho na taça destinada à pessoa a quem se deseja evocar. Esta comida deverá ser consumida em silêncio, na câmara das evocações; retire tudo depois de terminar todo serviço, exceto a taça e pedaço de pão destinado ao falecido, que ficarão diante de seu retrato.

Pela noite, na hora da acostumada visita, se dirigirá silenciosamente à habitação da evocação; acenderá um fogo claro de madeira de cipreste, e se colocará sobre as brasas deste, sete pitadas de grãos de benjoim e sete grãos de incenso de boa qualidade, pronunciando o nome da pessoa que se deseja rever. Apaga-se a lamparina e deixará extinguir-se o fogo. Neste dia o véu, que está sobre o retrato, não deve ser removido.

Quando a chama estiver no ponto de extinguir-se, se colocará mais um punhadinho de benjoim e incenso sobre os carvões em brasa e se invocará a Deus, segundo as fórmulas da religião a que pertencia a pessoa falecida e com as mesmas ideias (pensamentos) que ela tinha a respeito de Deus.

Será preciso, ao fazer esta pregaria, identificar-se com tudo que for possível com a pessoa evocada, falar como ela falaria, acreditar-se de algum modo que fosse ela própria. Depois de um quarto de hora de silêncio, falará como se ela estivesse presente, com afeição e fé, rogando-a que se nos deixe vê-la; renovar este procedimento mentalmente, com intensidade, cobrindo-se o rosto com as duas mãos; depois chamar por três vezes, em voz alta a pessoa; esperar de joelhos e com os olhos cerrados, durante alguns minutos, falando mentalmente ou com voz muito baixa; chamá-la de novo outras vezes com a voz doce e afetuosa e logo em seguida, abrir os olhos lentamente.

Se nada ocorrer, será necessário renovar esta experiência no ano seguinte, com os mesmos cuidados, até por mais três vezes. É evidente que na terceira vez se obterá a aparição desejada, que será mais visível quanto maior for o tempo em que se terá que esperar.

Estas evocações devem ser feitas sempre com uma fé inquebrantável; não se deve desconfiar o mínimo por não ter conseguido o êxito esperado na primeira ou na segunda tentativa.

EVOCAÇÕES DE CIÊNCIA E DE INTELIGÊNCIA

Estas evocações se fazem com cerimônias muito mais solenes. Tratando-se de um personagem célebre, é preciso meditar durante vinte e um dias sobre sua vida e seus escritos, formar-se uma ideia a respeito de seus aspectos pessoais, de sua aparência e de sua voz; falar-se mentalmente e imaginar-se obter suas respostas; colocar em cima da mesa seu retrato (em fotografia ou pintura, gravura, desenho, etc.), ou em suas particularidades, sinais pessoais, seu nome e sobrenome deverão estar escritos em um cartão que levará junto ao coração; submeter-se a uma dieta estritamente vegetal durante vinte e um dias e a um severo jejum durante os últimos sete dias.

Nestas condições, chegado o momento supremo, o operador se vestirá com seu balandrau sagrado e se fechará no gabinete reservado à evocação, no qual deve estar preparado o altar mágico.

A habitação deve estar hermeticamente fechada, totalmente escura, como se fosse noite. Apesar de esta operação ser realizada durante o dia. Deverá deixar uma pequena abertura na lateral de onde se deve dar entrada a luz do sol na hora da invocação e, por fim, colocará diante desta abertura um prisma triangular e logo na frente deste prisma, um globo de cristal cheio de água.

Caso queira operar à noite, deve colocar uma lamparina de azeite, de modo que deixe seus raios de luz sobre a fumaça do turíbulo que estará sobre o altar.

Estes preparativos têm como por objetivo administrar o agente mágico dos elementos necessários para obter a aparência de corporeidade do fantasma (forma astral), que estiver evocando.

O braseiro de fogo sagrado deve ser colocado no centro do oratório e o altar dos perfumes[41] a pouca distância das especiarias e tudo isto previamente consagrado e exorcizado. (Veja em nossa obra, *Manual Mágico de Kabbala Prática*, Ed. Madras, SP, 2007). O evocador deve estar voltado para o Oriente para orar, e para o Ocidente para evocar. Deve estar só ou assistido de duas pessoas de moral ilibada, que observarão o silêncio mais absoluto. Estará revestido das vestes mágicas e coroado de verbena. Antes de empreender esta operação de cerimônia psicúrgica, o operador deve banhar-se cuidadosamente e todas as roupas deverão ser rigorosamente limpas.

Começará por uma pregaria apropriada às cerimônias fúnebres – de acordo com as crenças de cada um –, no caso, como se ele mesmo fosse dirigi-la, se vivo estivesse. Para os grandes homens da antiguidade se poderia recitar hinos órficos, por exemplo: os *Versos de Ouro*, de Pitágoras; as máximas de Jâmblico; os *Salmos de Davi*, etc.

Para a evocação das almas pertencentes às religiões do Judaísmo ou do Cristianismo, será conveniente recitar a invocação salomônica, seja em hebraico ou em qualquer outra língua que tenha sido familiar à pessoa que se evoca.

---

41 - Sob o braseiro (turíbulo) deve-se colocar ramos de cipreste e murta, e serem queimados especiarias (incensos) masculinas, mirra e flores de camélia. Sobre as propriedades das plantas e detalhes sobre o altar dos perfumes, recomendo ler o nosso supracitado *Manual Mágico de Kabbala Prática*.

INVOCAÇÃO KABBALÍSTICA DE SALOMÃO

Esta invocação, traduzida, quase literalmente, do hebraico, é como se segue:

Anjos de luz, iluminai meu caminho!
Glória e Eternidade! tocai meus ombros e conduza-me ao caminho da vitória.
Misericórdia e Justiça! sede o equilíbrio e o esplendor de minha vida.
Inteligência e Sabedoria!, dai-me a coroa.
Espíritos de Malkuth!, indica-me as duas colunas sobre as quais se apoia o templo.
Anjos de Netzah e de Hod!, afirma-me sobre a pedra cúbica de Yesod.
Oh Geduael!, Oh Geburael!, Oh Tiphereth!, Oh Binael!, sede meu amor!
Rauch Hochmael! Sede minha luz; sede o que és e que serás.
Oh, Pahaliah!, guardai minha pureza.
Oh Ketheriel!, guiai meus passos.
Oh, Sitael, dai-me valor.
Ischim!, ajuda-me em nome de Shadday.
Cherubim!, sede minha força em nome de Adonay
Beni-Elohim!, sede meus irmãos em nome do filho e pela virtude de Tzabaoth.
Elohim!, combatei por mim em nome de Tetragrammaton.
Malachim!, protegei-me em nome de Jehovah.
Seraphim!, depurai meu amor em nome de Eloah.
Hashmalim! Iluminai-me com os esplendores de Elohim e de Shekinah.
Aralim!, trabalhai.
Ophanim!, girai e resplandecei!
Hamiel!, Hamiel!, Hamiel!.
Hay-yoth ha Kadosh! Shadday! Adonay! Jotchavah! Eiea-zereie! Aleluia, Aleluia, Aleluia!

Uma vez terminada essa invocação salomônica, se aguardará sossegadamente até que apareça no local da aparição o corpo astral do falecido. Esta manifestação se dará, a princípio, por uma luz tênue, que pouco a pouco vai se intensificando até tomar uma forma de contornos imprecisos.

Então o mago, com todo respeito e com amor lhe dirigirá a palavra, doce e suavemente, e a aparição fantasmagórica parecerá fazer-se corpórea, ainda flutuante e transparente como uma nuvem.

O evocador se despedirá do espírito com as seguintes palavras:

Que a paz seja contigo; eu não quis perturbar tua tranquilidade; não sofras e nem me faças sofrer. Eu tratarei de corrigir-me em tudo quanto possa ofender-lhe. Rezo e rezarei contigo e para ti. Rogue comigo e para mim e retorna ao teu grande sonho, esperando aquele dia em que nos despertaremos juntos. Silêncio e adeus.

TERCEIRA PARTE

CAPÍTULO I

O PROCESSO INICIÁTICO

Devo sugerir aos amantes da *Alta Magia* que seus estudos sejam sempre ancorados numa vida de grandes sacrifícios morais e materiais. O verdadeiro ocultista é sempre um homem de moral ilibada, justo, caritativo e digno; aspira constantemente a uma elevação espiritual sem limites. A sede de glória e fome do ouro não acrescenta em nada nas especulações do filósofo hermético, este deve balizar seus movimentos com retas observações das leis morais e éticas, só neste viés é que poderá ser considerado um verdadeiro Iniciado.

Quase ninguém acredita na Pedra Filosofal, porque seus adeptos nunca enriqueceram com ela e, naturalmente, tal desinteresse não poderia ser compreendido pelo egoísmo humano, tão extraordinariamente estendido.

Levando em conta a paixão pelo dinheiro, os patifes, os *pseudoalquimistas*, abusaram de pessoas simplórias, prometendo-lhes o segredo da fabricação de ouro, porém, estes não são os iniciados na ciência de Hermes.

Todas as religiões, todas as doutrinas filosóficas e políticas tiveram seus impostores; porém, as mistificações destes espertalhões não puderam seduzir senão a um público ignorante.

No desentranhamento da verdade esotérica e na investigação dos segredos da Natureza, o verdadeiro filósofo age sempre com a alma pura, livre da sede de resultado, desaliviada de propósito que não seja justo e perfeito. Com uma vontade pura, que é de toda perfeita, isenta de desejos egoístas ou intenções nefastas e navegando rumo ao porto seguro vai construindo resoluto sua própria rota, com a certeza de receber, no final desta jornada, um crédito que somente ele terá como pagamento de seu labor contabilizado na sua alma e no silêncio do seu coração. Não há como esperar pelas comunicações com as Inteligências Celestiais se não tiver conseguido desprender de uma grande parte da nossa crosta material, se não soubermos reduzir nosso egoísmo à uma ínfima condição. Não devemos esquecer que a ignorância não é mais que o castigo de nossos crimes e jamais aprenderemos o *Mysterium Magnum* se nos entregarmos ao sensualismo, a glutonaria e à molície.

É certo que o homem pode entregar-se a todos esses vícios e ser, por sua vez, o que o mundo chama de sábio, quer dizer, possuir os maiores conhecimentos da ciência materialista, dominar uma técnica determinada e ser, talvez, um excelente médico, um grande engenheiro, um inventor prodigioso, etc.; porém, seus conhecimentos matemáticos, físicos e fisiológicos não constituem, nem remotamente, o Saber Iniciático; esses homens, apesar de suas faculdades assombrosas, não podem conceber – se não possuem outras qualidades de ordem mais elevada que a científica –, não podem aceitar a existência de um mundo à parte do nosso, um mundo espiritual cujos moradores podem comunicar-se conosco.

Os astrólogos e os matemáticos servem-se de pontos, de linhas e de cifras para verificar suas demonstrações; nós vamos fazer o mesmo... Partindo de um ponto conhecido para chegar a três marcaremos uma linha a partir deste ponto, prolongando-a até ao objetivo desejado; se a linha é perfeitamente reta, encontraremos três; si, pelo contrário, for oblíqua, formaremos quatro, número que nos proporcionará sempre a soma de doze: o círculo; este deve sua origem aos erros deste gênero; que dão voltas e mais voltas sem poder sair dele. Esse cálculo é um dos primeiros problemas dos irmãos da Rosa✠Cruz, e essa operação lhes leva a extrair os mais sublimes conhecimentos desta ciência misteriosa dos números.

Alguns leitores poderão surpresos pelos teoremas que acabamos de expor; não obstante, são muito claros e muito inteligíveis. Por isso insistimos na necessidade de os estudantes da Ciência Oculta elevarem-se acima das paixões e dos erros do vulgo.

Todos os livros dos filósofos da antiguidade começam considerando a necessidade de despojar-se da besta que levamos dentro de nós. O homem, despojado da besta, vê o mundo muito diferente, de maneira distinta – desde então a Natureza se mostra ante seus olhos um outro aspecto; o homem então a perscruta em suas maravilhas e ela o conduz ao seu *Laboratorium*; da vegetação, da mineralização e certamente seus segredos não serão mais um enigma para ele.

Contudo, o Filaleta não se decide a seguir uma senda se não tem a certeza da qual aquela é que deve conduzir-lhe ao conhecimento da Verdade. Precisa, pois, meditar, refletir muito antes de decidir-se a empreender-se a marcha. A Verdade existe; é una, três a demonstra; sete conduz a ela, e tudo é produto do nove... Isso não é uma charada, ainda que possa parecer. Eis aqui outro motivo de desespero para o *profanum vulgus*.

Caro leitor: seja quem for, não te lances ao estudo da Ciência Oculta se não é para o gozo supremo de conhecer o Verdadeiro Princípio. Não busque nela a satisfação de apetites materiais nem a vaidade de distinguir-se de teu semelhante, pois se é certo que poderia satisfazer todos teus desejos, tenha certeza de que pagarias bem caro por ter utilizado forças desconhecidas que só para o Bem deveriam ser empregadas.

Não escrevemos este livro para extraviar-lhe do seu caminho. Se o vê como pura fábula, abandona logo sua leitura, uma vez que não foi feito para você. Em troca, se descobrires seu sentido, o conhecimento da Verdade será tua recompensa. Este é o *desideratum* de todo Filaleta.

OS MISTERIOSOS ORDÁLIOS DE ÍSIS

Um insigne escritor latino do século II. d.C., Lúcio[42] Apuleio (em latim: *Lucius Apuleius*; Madaura, na atual Argélia, c. 125 - Cartago, c. 170), entre muitas obras, escreveu uma que se intitula *As Metamorfoses*, mas conhecida por *O Asno de Ouro*, obra imortal, tanto pelos seus méritos literários como pelo seu profundo conteúdo filosófico e, além, disso, pelo interesse especial que oferece aos ocultistas.

Nós, deste ponto de vista, temos acreditamos ser necessário reproduzir alguns fragmentos desta obra, por referir-se aos Mistérios de Ísis:

> *Depois de tantas provas suportadas – disse-me o pontífice -, depois de tão rudes assaltos como foi oferecido à Fortuna, depois das violentas tempestades que o atropelou, chegou, por fim, Lúcio, no altar da misericórdia. Nem o vosso nascimento, nem a vossa posição social, nem ainda a vossa alta sabedoria, os serviu para nada. Os haveis entregado aos excessos de Vênus, indignos de um homem livre e, mesmo assim, haveis pagado muito caro por uma curiosidade fatal. Porém, por fim, a cega Fortuna vos conduziu sem proporcioná-lo, pelo mesmo cúmulo de rigores, a esta salvadora beatitude. Apresentai-vos, pois, em sucedâneo, com um rosto jovial como corresponde à vossa branca roupagem; acompanhai o cortejo de vossa deusa redentora. Vendo como todos os incrédulos veem sair de seu erro. É aqui que Lúcio livra de seus antigos tormentos e que graças à proteção de ÍSIS, triunfa sobre sua própria sorte. Contudo, para maior garantia de vossa segurança, professai em vossa santa Confraria. Consagra-os ao culto de nossa religião e desfruteis mais vivamente dos gozos do espírito.*

Assim falou o pontífice. Logo, juntando-me com os demais fiéis, seguiu o sagrado cortejo. No meio do tumulto, avançamos lentamente até chegar ao litoral, no mesmo lugar onde meu corpo de asno havia passado a noite anterior. Colocadas as imagens dos deuses segundo estabelece o ritual, o pontífice aproximou-se de um navio, decorado com

---
42 - Lúcio tem o mesmo apelo de Mithra, de origem iraniana e que era um deus solar, seus nomes evocam a luz.

maravilhosas pinturas egípcias. Purificou-o com uma tocha acessa e, com um ovo e enxofre, em solene oração, deu-lhe um nome e o dedicou à deusa. Terminada estas ocorrências ofereceu essências aromáticas; fizeram libações de leite, até que o navio levantou âncoras e com o vento forte precipitou em pleno mar. Os portadores carregaram-se de novo com as suas relíquias e emblemas e regressaram ao templo.

Atravessando aquilo que chamamos de umbral, o pontífice, os portadores das santas efígies e os iniciados nos mistérios da deusa, entraram no santuário. Logo, um Iniciado, de pé no meio da porta, convocou em assembleia a corporação dos Pastóforos (Sacerdote grego ou egípcio, que nas procissões estava encarregado de levar um relicário que continha a imagem de um ou mais deuses.); subiu em seguida a um elevado púlpito e leu as orações pertinentes, concluindo com a frase grega que: *ESKATO BEBELOI!* (retirem-se os profanos!) Estas palavras significavam que o sacrifício havia agradado aos deuses. Os cidadãos, cheios de entusiasmos, a apressaram a oferecer ramos de oliveira em flores, verbena e grinaldas a uma estátua da deusa, de prata, colocada sobre um estrado.

A Imprensa veloz publicou por todas as partes minha memorável fortuna. Pronto, meus amigos, meus parentes, meus criados suprimiram o lute que lhes fora obrigado ao receber a falsa notícia de minha morte. E em transportes de inefável gozo todos correram para mim, para assegurar-se de minha ressurreição (renascimento).

Depois de dirigir a cada um os cumprimentos segundo sua categoria e haver relatado minhas passagens de infortúnios e meu atual contentamento, fui apresentar-me de novo ante a imagem da deusa. Pude conseguir que me concedessem um pequeno espaço no interior do templo e estabeleci, temporalmente, em comunhão com meus deuses pessoais. Assistia às cerimônias mágicas no interior do templo, onde eram celebradas e pratiquei prontamente o culto à ÍSIS. Não passava uma só noite sem recordar suas advertências. Várias vezes me comunicou sua vontade, e como eu estava disposto a submeter-me às provas da Iniciação, queria que esta se efetuasse durante as festas atuais.

Porém, apesar do grande fervor que me animava, me detinha certos escrúpulos, posto que muitas vezes desconfiava de mim mesmo ante a responsabilidade que iria contrair. A dificuldade de exercer devidamente o sagrado ministério e especialmente o preceito de guardar minha castidade, sem sentir-me torturado nem cair em hipocrisia, tudo isso me fizera refletir profundamente, e apesar de meu zelo, nunca chegava o momento de decidir-me.

Uma noite sonhei que tinha diante de mim o grande sacerdote, que me oferecia diferentes objetos que guardava no peito. Perguntei-lhe o que significava aquilo, e me respondeu que me enviavam tais objetos desde Tessália e que, além disto, um de meus criados, chamado Cândido, acabara de chegar. Ao despertar meditei longamente sobre o sentido oculto desta visão e deduzi que se tratava de um próximo acontecimento agradável. Esperei que abrissem o templo. Separados dos brancos véus que cobriam a augusta imagem de ÍSIS, prosternei-me ante ela e me pus a rezar. O sumo pontífice recorreu aos diferentes altares, preparou o serviço divino com as orações do ritual e derramou com um vaso sagrado a água de uma fonte secreta. Terminadas as cerimônias, começaram as orações misteriosas; logo os sacerdotes anunciaram a hora da aurora e saudaram com cânticos matutinos.

Neste momento vejo entrar os criados que deixei em meu país na época em que o equívoco de Fotis me trouxe tantas desventuras. Reconheci, da mesma forma, meu cavalo que traziam, depois de tê-lo recuperado com grandes dificuldades. Estava maravilhado da exatidão profética de meu sonho.

Essa circunstância aumentou consideravelmente meu fervor. Pratiquei da maneira mais pulcra os sagrados exercícios, inferindo pelo dito presente minha futura felicidade. E meu desejo de consagrar-me sacerdote, foi sensivelmente aumentado a partir deste instante.

A cada momento rogava ao grande pontífice que me iniciava nos Mistérios da Noite. Mas ele, um homem duro, rigoroso e casto, me recebia com a bondade de um pai e me aconselhava que refreasse minha impaciência. As minhas súplicas, sugeria dilações; dizia-me que era a própria deusa quem deveria indicar o dia glorioso de minha Iniciação.

Submetemo-nos a estas preliminares – me dizia –, livre-se da precipitação e da rebeldia. Eu não seria louco para empreender uma iniciação sem que meus sacerdotes estivessem devidamente preparados. Isto seria um sacrilégio que os custaria a própria vida. As chaves do Abismo e as portas do Céu estão nas mãos da deusa; o cumprimento consiste em ser, voluntariamente, um defunto, devendo a vida à sua grande bondade. Por isso, escolha sempre para seu culto aquele que tem uma perna no outro mundo; somente estes são capazes de guardar os mais impenetráveis silêncios sobre seus augustos segredos. Pelo seu poder os ressuscita da vida mortal e possibilita a eles uma vida de salvação. Vós também deveis, por conseguinte, esperar o cumprimento de suas celestiais ordens. Desde este momento fica proibido todo alimento profano, a fim de que vós acerqueis com maior recolhimento aos mistérios de nossa santa Ordem.

Aplaquei minha impaciência e assisti todos os dias a celebração das divinas cerimônias. A bondade da deusa me salvou das angústias por um longo tempo. Um aviso tão claro como obscura era a noite em que fui recebido, sinalizando a hora de minha Iniciação. Soube, nesse momento, quem iria dirigir a cerimônia; Mithra a conduziria, o pontífice máximo, em razão da qual nós estávamos sob a influência e proteção de duas estrelas gêmeas.

Animado por tantas favoráveis circunstâncias, saltei da cama enquanto amanhecia e corri para o templo. O pontífice apenas me viu e se apressou a dizer-me:

Oh, estimado Lúcio, que inefável sorte é a vossa! A vontade de ÍSIS lhe é propícia; o julgou digno de penetrar nos augustos segredos de nosso elevado ministério. Chegou o dia tão sonhado pelos vossos votos, o dia em que, por ordem soberana da deusa, minhas mãos vão lhe dar entrada nas mais sagradas profundezas do culto.

E o venerável ancião me conduziu a um vasto local, subterrâneo do templo. Fez-se a luz e executou solenemente o ritual de praxe do sacrifício matutino. Tirou do fundo do santuário alguns livros enormes escritos com caracteres, para mim totalmente desconhecidos, os quais continham as fórmulas da Iniciação. Estavam cheios de figuras de animais terrestres, aves e répteis; ali, cheio de imagens belíssimas contrapondo com outras monstruosas; carregadas com abundantes hieróglifos egípcios que despertaram minha curiosidade; hierogramas formados com triângulos entrelaçados, figuras geométricas semelhantes a rodas, um quadrado, acompanhadas de cifras arábicas; mais adiante, um sem fim de cordas formando uma diversidade de nós, uns ramos de videira e numerosas efígies de entidades celestes. A curiosidade dos profanos não podia alcançar seu significado.

O pontífice leu um desses livros os preparativos que deveriam fazer para minha próxima consagração. Estávamos certos de que não tardaríamos muito para começar os movimentos sagrados, entre nós e os mistagogos que nos acompanhavam, dispostos a prover-nos tudo aquilo que fosse necessário para a cerimônia.

Chegado o momento em que o pontífice acreditou favorável, me conduziu, em companhia de todos, aos banheiros contíguos ao templo. Uma vez submergido no elemento líquido, purificou-me vertendo sobre minha cabeça uma pequena quantidade de água clara, valendo-se para isto de uma concha, implorando, ao próprio templo, a proteção de ÍSIS. Estávamos já no meio da tarde, quando me conduziu ao templo, aos pés da deusa. Disse-me certas instruções que não posso repetir e nem revelar ao meu melhor amigo, e em seguida me recomendou em voz alta, que me abstivesse durante vinte e um dias de todo alimento profano e que deveria renunciar aos prazeres de Vênus. Cumpri exatamente estas indicações. Chegou, por fim, a dia da divina promessa.

O Sol já apontava no Oriente quando vieram todos a render-me homenagens. O sumo pontífice me deu a mão e caminhamos para o santuário do templo. Eu estava vestido com um traje de linho, de uma brancura radiante...

Talvez possam perguntar-me o que ali se passou. Eu diria, caso possível fosse; saberia se fosse permitido escutá-lo, porém, o crime seria enorme e as orelhas e as línguas seriam culpadas das mais temerárias indiscrições. Não obstante, por consideração ao piedoso desejo que os anima, não gostaria de fazê-los esperar em vão. Ouvi, pois, e acredita: direi a verdade.

Aproximava-me dos limites da morte; estava quase pisando com meu pé no tenebroso umbral de Proserpina, aí retrocedi arrastado através de todos os elementos; na metade da noite apareceu-me o Sol mais resplandecente; aproximei-me dos deuses do Inverno aos do Céu, lhes vi cara a cara e lhes adorei de perto. Eis aqui o *único* que posso dizer-lhes, e ainda que vossos ouvidos percebam (entendam) estas palavras, estais condenados a não as entender.

Vou dá-los agora um único detalhe da cerimônia que pode tornar pública, sem incorrer em traição. Amanheceu e terminados certos ritos, avancei levando doze trajes sacerdotais. Recebi ordens de prostrar-me no meio da nave do templo sobre um estrado que se levantava em frente à deusa. Estava trajando uma esplêndida veste de linho branco, salpicado de flores e uma preciosa clâmide (Manto dos antigos gregos, que se prendia por um broche ao pescoço ou ao ombro direito), que ia desde os ombros até os meus calcanhares. Na mão direita tinha uma tocha acessa e em minha cabeça luzia uma magnífica coroa de palma, cujas folhas saiam formando raios. Imediatamente, descerraram uma cortina e fiquei ali como uma verdadeira estátua, concentrando-se sobre mim os olhares curiosos da multidão.

Terminada as cerimônias, festejou-se o feliz dia de minha ressurreição com um banquete religioso.

A partir do dia seguinte, permaneci determinadas horas no templo ocupado em minhas pregarias dedicadas à deusa. Ultimamente, por indicação da mesma, me preparei para regressar aos meus pátrios lares. E, com meu coração pesado, ausentei-me da presente da deusa. Mas antes me ajoelhei a teus augustos pés e os banhei com minhas lágrimas, pronunciando ao mesmo tempo esta pregaria:

Oh, ÍSIS! Oh deusa solícita para a conservação da espécie humana, sempre prodiga em condescendências para os mortais! Para os desgraçados e aflitos sois afetuosa e doce como uma mãe. Não passa um só dia nem uma noite, nem um só instante, sem que deis mostras de vossa benevolência; sem que dê socorro aos homens sobre a terra ou sobre o mar; sem que os proteja das tempestades da vida, estendendo-lhes vossa mão salvadora. Com esta mão ordenarás a trama que a inexorável Fatalidade confunde o destino dos homens; apaziguai as investidas da má Fortuna e neutralizais a funesta influência das estrelas. Sois veneradas tanto pelas divindades do Olimpo como pelas do Tártaro. Vós comunicais ao universo seu movimento de rotação; ao Sol, sua luz; ao mundo, suas leis; ao Tártaro, seus tenebrosos abismos. A harmonia dos astros, a sucessão das estações, a alegria dos deuses, tudo são vossas obras. Mas, para cantar-lhe tanta magnificência minhas palavras são pobres e meu patri-

mônio é insignificante para oferecer-lhe os dons que mereceis. Porém, por mais extrema que seja minha pobreza, posso pelo menos ser religioso; sempre estará presente em minha memória vossa sagrada imagem e em meu coração os elevarei a um altar onde sereis eternamente adorada.

Assim orei aos pés da deusa. Em seguida entreguei-me nos braços de Mithra, cobri-lhe de beijos e lhe pedi perdão por não poder recompensar-lhe dignamente pelas incomensuráveis graças recebidas e, por fim, despedi-me dele disposto a regressar aos meus pátrios lares. Depois da feliz e rápida travessia cheguei ao Porto de Ostia, por onde entrei na cidade na véspera dos idos de dezembro. Desde aquele momento, ofereci minhas pregarias à poderosa ÍSIS, que é adorada em Roma com o nome de deusa da Natureza.

Quando o Sol traspassou o círculo do Zodíaco, uma noite meu sonho foi interrompido por uma doce aparição da deusa, que solícita velava por mim e me falou de uma nova Iniciação e de novos Mistérios. Esperei surpreendido o que ia me comunicar, pois estava convencido que minha consagração havia completado a partir daquele momento. Mas, ao submeter a meu próprio discurso e aos conselhos dos sacerdotes, as dúvidas que se apoderaram de mim dissipavam, compreendi – coisas novas e raras – que, se a bem da verdade que eu estava identificando com os mistérios da deusa, existia, por certo um deus soberano, pai de todos os deuses, o invencível e eterno Osíris, cujo culto desconhecia completamente. Soube que, apesar dos laços estreitos e unidade entre as divindades e os dois cultos, havia uma diferença essencial entre as duas iniciações e que, portanto, devia considerar o chamado a servir OSÍRIS. Não fiquei indeciso por muito tempo.

Na noite seguinte vi em sonhos um dos sacerdotes, vestido com trajes de linho ornamentado de pedras preciosas, levava um bastão na mão direita e outros certos apetrechos que não podem ser revelados. Senti estar em meu próprio lar espiritual, sentando-me onde me indicavam diariamente, me explicou sobre o banquete que deveria preceder minha entrada naquela grande religião. Para que pudesse reconhecer-lhe, me fez notar que tinha um pequeno problema no calcanhar esquerdo, o qual o fazia mancar ligeiramente.

Semelhante manifestação da vontade divina dissipou todas minhas dúvidas; e, depois de dirigir-me à deusa minhas preces matutinas, examinei atentamente qual era o sacerdote que andava da maneira como ele me apresentou no sonho. Prontamente vi, entre os Pastóforos, um que tinha uma cicatriz no pé esquerdo e reproduzia exatamente à estatura e o aspecto de minha visão noturna. Mais tarde, soube que se chamava Asinio Marcelo, nome que contrastava com meu retorno a forma humana. Dirigi-me ao Pastóforo marcado, que já me esperava, uma vez que havia recebido uma inspiração semelhante à minha.

Pouco tempo depois, por ordem imprevista e maravilhosa, a divindade me interpelou de novo para saber se estava disposto a sofrer uma terceira iniciação. A inquietude se apoderou de mim. Até quando continuarão – pensava eu – estas instâncias novas e inauditas dos deuses? Que mais estaria por vir depois de haver-me iniciado por duas vezes? É que talvez Mithra e Asinio não haviam cumprido seu ministério devidamente? Assim me agitava numa espécie de incerteza, quando uma noite me apareceu a celeste imagem e me falou:

> *Esta série de consagrações não deve alarmar-te nem fazer-te suspeitar das anteriores. O interesse que os deuses têm por ti é suficiente apenas para encher seu coração de alegria. Será três vezes aquilo que muitos só podem ser uma; e esse número deve precisamente inspirar-te confiança. Além do mais, a cerimônia que se lhe aponta é a última. Desta forma, anima-te e disponha confiança nesta nova iniciação que os deuses lhe afiançam.*

Depois dessas palavras a deusa indicou-me os elementos que deveria procurar. E sem dilação fui dar-me conta de tudo ao grande sacerdote.

Em poucos dias, o inefável OSÍRIS, se apresentou durante meu sonho e me anunciou que seria admitido na confraria dos Pastóforos. E assim foi feito.

CAPÍTULO II

AOS ASPIRANTES

Aos queridos leitores, estudantes *ASPIRANTES* da *Ciência Oculta da Vida*, interessados à Iniciação, são dirigidas estas palavras, que são oriundas das Tradições Espiritualistas. Estas regras escritas na Antecâmara dos Templos são ainda as mesmas que se encontram nos Umbrais das Escolas de Mistérios de nossos dias.

Cada frase aqui inserida no contexto das Instruções são *"Chaves"* que têm um conhecimento básico para entrar na Senda. A melhor maneira para perceber esses pontos chaves é ler os ensinamentos além do sentido literal, buscando o sentido oculto, ou seja, o figurado e o secreto, em cada linha e em cada palavra.

Até que o homem, no caso o Recipiendário não se torne um discípulo unindo o coração e espírito, não existirá para os Mestres.

O discípulo chega a ser isto somente por meio da renúncia e da imparcialidade humana. O homem para se tornar um discípulo deve ter alcançado aquele ponto em que sinta que ele é somente um entre tantos outros na vasta multidão em que vive; que é um grão de areia arrastado de cá para lá pelo mar da existência vibratória e pelas ideologias de massa.

Diz-se que cada grão de areia do leito do oceano é arrastado à margem e ali permanece por um momento à claridade do Sol. Assim sucede com os seres humanos: são levados aleatoriamente por uma grande força e apresentados a toda espécie de ilusões, e cada um de forma pessoalíssima sentirá os raios do Sol.

Quando o homem for capaz de considerar sua própria vida como parte de um Todo, não continuará a lutar para obter qualquer coisa para si. Esta é a renúncia dos direitos pessoais.

O homem comum não se contenta em querer participar da mesma fortuna dos demais: ele quer sempre sair mais bem remunerado do que os outros em tudo aquilo que possa lhe interessar.

O discípulo, porém, não buscará e nem espera por isso.

Ainda que ele seja um escravo aprisionado, nada tem que dizer, pois ele sabe, no fundo do seu coração, que a roda da vida dá infinitas voltas. A roda dá voltas e a elas estão atrelados os pobres e os ricos, os grandes e os pequenos; cada um tem o seu momento de boa sorte quando a roda o leva mais alto; o rei se eleva e cai, o poeta é festejado e esquecido, o escravo é ditoso e depois abandonado. Cada qual é colocado em prova à medida que a roda dá voltas.

O discípulo sabe que isso funciona dessa maneira, e sabe ainda que é seu dever tirar o maior proveito possível da vida que é sua, nem se queixa nem se ensoberbece por isso, assim como não reclama da melhor sorte dos outros. Ele sabe que não faz mais do que aprender uma lição e sorri ante o socialista e o reformador que tratam de reorganizar pela força da Ideologia e das armas as circunstâncias que surgem das vigorosas condições da própria natureza humana. Sabe que isso é dar coices contra as esporas, que é um gasto desnecessário de energia e vida.

Ao compenetrar-se disso, renuncia a seus imaginários direitos pessoais, de qualquer classe que sejam. Isso faz desaparecer um agudo aguilhão tão comum a todo homem mundano. Quando o discípulo reconhece por completo que até mesmo o pensamento dos direitos pessoais é somente uma expressão da venenosa qualidade que nele reside; que é o sibilar da serpente do "eu" que inoculou veneno com sua mordida, na sua própria vida e na vida dos que o rodeiam. Então se achará pronto para tomar parte numa cerimônia anual, que está aberta a todos os neófitos que estão preparados para Ela.

Todas as armas defensivas e ofensivas de qualquer natureza são abandonadas. Já não pode considerar a outro homem como pessoa a quem possa criticar ou condenar. Já não poderá levantar a sua voz para desculpas e em defesa própria. Desde esta cerimônia, volta ao mundo tão desamparado, tão indefeso como um recém-nascido.

Em verdade, é isso que ele é.

Principiou a nascer de novo no plano superior da Vida, esta planura bem alumiada e ventilada pela brisa de onde os olhos distinguem inteligentemente o mundo sob um novo olhar, uma nova percepção.

Depois de abandonar o sentido dos direitos pessoais, o discípulo tem que desprender-se também do sentido propriamente dito do respeito e da virtude. Isso pode parecer uma doutrina pavorosa, mas é a realidade. Aquele que se julga mais santo do que os outros, aquele que sente orgulho por estar isento de vícios e loucuras, aquele que se vê sábio de algum modo superior aos seus semelhantes, é incapaz de ser um bom discípulo.

O homem tem de transformar-se em criança antes de entrar no Reino do Céu. A virtude e a sabedoria são atributos sublimes, porém, podem criar no "eu" do homem orgulhoso a consciência da separatividade do restante dos humanos. Isso não é senão a serpente do "eu" reaparecendo sob uma forma mais sutil. Quando o ser humano principia a viver para o seu "eu", torna mais estreito o seu horizonte. O homem que se faz egoísta, se isola, tornando-se menos interessante e menos agradável aos outros.

Se o neófito faz a petição (seu testamento) sem a purificação completa, não penetrará no Retiro do Adepto Divino. É como se disse: somente chegará a ser um discípulo, somente existirá para os Mestres, aquele que de coração assim se propôs e assim o percebeu. Somente chega a ser um discípulo aquele que superou as Quatro Provas Iniciática:

a do Fogo, na qual deve sublimar as paixões;

a da Água, na qual deve superar os sentimentos inferiores;

a da Terra, na qual deve matar a ambição e ser ambicioso na conquista do aperfeiçoamento crescente;

a do Ar, na qual deve educar seus impulsos mentais.

Superadas essas provas, recebe a Luz que o coloca no Caminho do Adepto. Para se tornar um Mestre, deve, antes de tudo, passar por quatro Caminhos:

1º - *O do Aspirante* – É aquele Ente que aspira acender seu Fogo Interno para subir ao coração e ao cérebro.

2º - *O do Discípulo* – É aquele que está na antecâmara de seu Ser Divino, aquele que ainda "dois", que tem dúvidas, dilemas, dificuldades, aquele que vencendo essa dualidade em si, consegue chegar à Presença do Mestre.

3º - *O do Iniciado* – Aquele que entrou dentro de si e superou as quatro provas internas e externas, que se abriu a Luz, aquele que foi colocado a percorrer o "Caminho".

4º - *O do Adepto* – Aquele que abre o seu próprio "Caminho" Interior e Exterior, por si mesmo, para realizar qualquer trabalho na *Ara da Grande Fraternidade Universal* e da reverência à Vida de todos os Seres dos quatro elementos da Natureza.

Se você, querido Ir∴ e leitor, se estiver disposto a se abrir à Divina Sabedoria para praticar este "Ensinamento" continue firme na Senda e na fé que lhe trouxe até aqui, lute pela sua Vida e lute ainda mais pela Luz.

Antes que a voz possa falar em presença dos Mestres, deve ter perdido a possibilidade de ferir.

Antes que a Alma possa erguer-se em presença dos Mestres, é necessário que os pés tenham sido lavados no sangue do coração.

AS SETE INSTRUÇÕES DO ASPIRANTE
PRIMEIRA INSTRUÇÃO

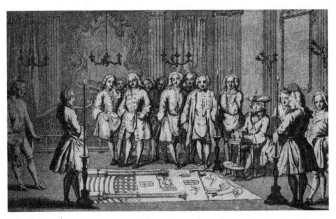

PREPARAÇÃO, PRÁTICAS E REFLEXÃO

O ideal para a Senda da Verdadeira Luz.

Imaginação e seu assistente: DESEJO e ESFORÇO energizado. A imaginação do Recipiendário é a matriz que todas as coisas têm por nascimento ou princípio. O homem é o Criador porque é capaz de imaginar coisas que não existem efetivamente, todavia é pelo DESEJO e o ESFORÇO que mudam ou dá forma à realidade manifestada. Uma vez que determina um plano que deseja ser ou manifestar, a pragmatização imaginária do desejo o induz a realizar esforços consistentes ou fixos, que poderão lhe levar ao êxito. A consciência da Alma que é atemporal, maestria ou logros materiais são as Chaves para o Sucesso.

Espiritualmente falando, a base da Grande Obra é de toda metafísica. Existe uma Luz escondida dentro do homem, de maneira que se ele for fiel e perseverante na senda da Grande Obra certamente essa Luz será acessa e sua manifestação será trazida aos planos dos sentidos factuais. Isso, de certa maneira, é essencial para alcançar a consciência da Alma. Essa Luz imanente ao ser humano, até então inconsciente ao buscador, será acionada pelo Desejo e Esforço consistente. Na Ciência Oculta essa Luz manifestada é "a mulher vestida de Sol". A Alma sendo feminina e semelhante à Luz do Sol é também a Glorificação de Deus, seu Criador.

Deus e a criação do Universo, não estando satisfeito com sua bela e generosa criação, o desejou muito mais: parceiros no trabalho ou ajudantes para fazer parte da criação deste Universo. Para esse fim Ele criou o homem à Sua própria imagem e semelhança. Deu a esse homem em corpo, mente e lhe dotou com uma Chispa de seu próprio e Eterno Ser, sob a Divina Lei, para fazer parte efetiva de sua criação. Tudo isso para que o homem pudesse provar a si mesmo, por um desejo suficientemente grande e determinado, que, por meio de um esforço transcendental, tornasse cônscio de sua missão e consciente de Deus. Deus deu então ao homem os meios e as ferramentas para o Trabalho. Tanto o Homem quanto Deus são os únicos responsáveis por esta Criação, seja esta boa ou má.

Essa Chispa Divina escondida dentro do homem é o embrião da Imagem de Deus de onde proveio. Despertada e trazida aos planos sensíveis da Consciência, dá ao homem a possibilidade da Iluminação.

Essa Chispa Divina é uma definida e separada Inteligência do corpo físico; quando desperta e trazida à Consciência, se faz igual e inclusive superior ao corpo; isto é, irradia por todos os corpos do homem. Este é o Trabalho *a priori* da Iniciação. A Grande Obra é fazer Despertar esta Chispa Divina que está adormecida dentro do Recipiendário numa Iniciação, convertê-la em consciência da Alma; fazendo isso, harmoniza o ser material com o ser espiritual.

A intenção e propósito de cada exercício e mantra que lhe será ensinado lhe ajudarão a compreender-se – ser consciente da Grande Luz, que dela dentro de si, assim como o desenvolvimento dos poderes e forças latentes em você mesmo para a realização de ambos os fins: Material e Espiritual. A esse respeito é necessário e suficiente inculcar-lhe algumas coisas:

1 - *Não é aquilo que você possa vir a conhecer que vai lhe dar a Consciência Espiritual e Êxito no mundo dos negócios senão a Agudeza de seus Desejos que lhe forcem a desenvolver Esforços Consistentes para alcançar o fim desejado.*

2 - *Assim como um camponês deve preparar seu solo com esmero e completamente, da mesma forma você também deve fazê-lo, preparando a si mesmo. Você é o "terreno" onde a semente será*

plantada; seu triunfo será proporcional de acordo com o grau de sua preparação.

3 - *As instruções para sua preparação são simples; tão simples que você, pode pensar ser uma perda de tempo ao segui-las explícitas e consistentemente. Para mostra-lhe a necessidade de seguir todas as práticas na preparação para o "Trabalho" mais avançado, fixeis sua atenção no fato de ser a base de um edifício, escondido na terra e fora da vista humana, como se não estivesse construído solidamente, a superestrutura não seria permanente. Se o terreno para a semeadura não estiver preparado apropriadamente, a colheita será pobre. O Êxito, tanto no mundo material como no espiritual, dependerá de uma apropriada e completa preparação. Cada passo deve ser dado com cuidado e sem invadir qualquer parte, por mais insignificante que possa parecer. Se você fracassar na sua preparação, se não seguir as instruções, se seu desejo não for suficientemente grande para esforçar-se com estrita obediência e disciplina, se não sente energizado para dar continuidade aos trabalhos, "certamente sua casa será construída sobre a areia".*

O ensinamento da Tradição diz que: "Não ponhas vinho novo em odres velhos tem referência DIRETA com sua empresa. Se você não buscar este novo vinho, quer dizer, este novo logro Espiritual, não teria sentido ter vindo buscar o Conhecimento conosco".

Havendo inscrito nas nossas "fileiras" é necessário que você reconstrua o velho ser, e isso se faz observando cada um de seus pensamentos, desejos, e paixões e tudo aquilo que degrada o ser humano, desfazer de tudo aquilo que seja indesejável no velho ser. Logo ir transmutando, trocando, tudo que for escória por um ideal, pelo bom, pelo puro e positivo, porém deve fazê-lo por você mesmo – para que o Espírito, o qual será gradualmente desenvolvido dentro de você, se converta numa nova "garrafa".

A verdadeira Iniciação na Grande Obra é dual, e, por meio do processo, a regeneração de ambos, do homem interior e exterior, gradualmente será construída passo a passo, até que finalmente a Consciência da Alma seja obtida.

Fidelidade nas práticas que lhe sejam ensinadas de lição em lição no correto espírito (Desejo e Sentimento), em conjunção e ajuda constante de ambos: os ajudantes visíveis e invisíveis da Augusta Fraternidade lhe ajudarão a avançar passo a passo para a meta desejada.

Sua primeira tarefa será a troca do "velho odre" (a velha maneira de ser). É lenta, muito lenta, "longo e estreito é o caminho" por onde deve manter sempre o desejo de alcançar vitalmente vivo. Não permita que ninguém ou nada lhe faça desanimar. Qualquer coisa que lhe ocorra estará sob a Lei de Compensação e será sempre para seu benefício.

> *Desperta!*
> *Desperta, ó criatura adormecida*
> *Na terra das sombras, desperta!*
>
> William Blake

O primeiro exercício é como se segue:

Coloque-se numa posição confortável; completamente relaxado e perfeitamente cômodo. Comece a respirar devagar. De uma maneira rítmica, sem fazer esforços enquanto durem os momentos de inspiração ou expiração. Esqueça tudo e concentre-se no que está fazendo. Havendo estabelecido uma sensação harmoniosa dentro de você mesmo, mantenha o Mantra (pensamento) seguinte:

> *Hei de livrar-me de todos os pensamentos e desejos que me criem obstáculos; de todos os sentimentos degradantes. Quero preparar o corpo e a mente para a fluência das forças Espirituais em harmonia com a Lei Divina para que possam beneficiar-me Material e Espiritualmente.*

Repita isso por cinco vezes, várias vezes ao dia, e continue a prática até receber futuras instruções.

A Tábua Esmeraldina

É verdadeiro, completo, claro e certo. O que está embaixo é como o que está em cima e o que está em cima é igual ao que está embaixo, para realizar os milagres de uma única coisa. Ao mesmo tempo, as coisas foram e vieram do Um, desse modo as coisas nasceram dessa coisa única por adoção. O Sol é o pai, a Lua a mãe, o vento o embalou em seu ventre, a Terra é sua ama; o Telesma do mundo está aqui. Seu poder não tem limites na Terra. Separarás a Terra do Fogo, o sutil do espesso, docemente com grande perícia. Sobe da Terra para o céu e desce novamente à Terra e recolhe a força das coisas superiores e inferiores. Desse modo obterás a glória do mundo e as trevas se afastarão. É a força de toda força, pois vencerá a coisa sutil e penetrará na coisa espessa. Assim o mundo foi criado.

SEGUNDA INSTRUÇÃO

Através das práticas, penetramos no ponto recôndito do ser humano, na câmara sagrada, onde mora o átomo nous; na profundeza, mais geral, mais verdadeira e imutável... As práticas levam o buscador a desempenhar ao mesmo tempo, como numa peça de teatro, o papel simultâneo de ator, o ponto, o diretor, o cenário, o crítico e a plateia.

A∴A∴K∴

Supondo que você não enganou a si mesmo e que tenha dedicado cuidadosamente examinando e praticando a primeira Instrução, que seu desejo foi suficientemente grande para permitir-lhe pouco descanso em seu anelo até seguir – pondo em prática verdadeira – as Instruções que lhe serão dadas.

A lição ensinada e as instruções dadas, ainda que significativas em seu conteúdo, serão de pouco valor por si mesmas se você não as devotou com a força de seu coração. É somente pela prática, o esforço, lembrando a semeadura da semente de um desejo interno que os benefícios são alcançados diminuindo as asperezas do caráter.

Para imprimir-lhe (fixar) este fato profundamente na sua consciência, na primeira Instrução fizemos referência na alegoria de um camponês. Apesar de o camponês ter um bom terreno e o melhor trigo para semear, época correta e habilidade para fazê-lo, não haverá trigo para seu pão enquanto ele não semear. Você tem em seu poder tudo que é necessário para alcançar o êxito material e Espiritual, mas se manterá fraco e até malsucedido enquanto não fizer a semeadura, que conscientemente aplique por um esforço constante, as instruções dadas com amor e simplicidade. Cada esforço é um passo adiante e estes passos continuados lhe levarão a meta que deseje alcançar. Escolha já inspiradamente...

Se você não sabe a direção do Porto que está indo, navegando qualquer vento é ruim.

Ir∴ Claudio

É de suma importância que inculquemos em você a absoluta necessidade de "trabalhar no solo" continuadamente depois da semeadura que a força germinadora legará. Por isso, fazemos referência ao fato de que enquanto você estiver fazendo esforço para despertar o ser Espiritual, a Chispa Divina (o átomo nous), já não mais estará inerte a "Força" dentro de ti; por isso é de suma importância que você transforme os seus pensamentos e sentimentos por alteridade preventiva e consciente; através de persistente meditação concentrada, para que em cada ocasião que aflorar qualquer emoção negativa, uma compreensão instantânea, imediata, transmute-a sem deixá-la operar, até chegar a adquirir deste modo uma equanimidade profunda, na busca do *alter ego*.

É de suma importância reconhecer a necessidade e admitir livremente que você é humano, que você tem muitas debilidades, e que você frequentemente dá lugar a essas debilidades por meio de paixões ignóbeis, tais como a ira, ressentimento, avareza, etc. e que cada vez que você cometer esses usos e abusos debilita seu próprio ser físico, mental, biológico e Espiritualmente; essas paixões circundam mantendo fora das forças Espirituais necessárias para obter o êxito. Da mesma forma que o camponês deve trabalhar continuadamente em seu campo ou jardim para tirar as pragas que destroem sua plantação, e assim você, como um jardineiro Espiritual, trabalhará incessantemente para erradicar estas debilidades para que as boas emoções tomem seus lugares e frutifiquem ainda que possa parecer penoso.

Examine com cuidado tudo que for empreender, com mais profundo senso de seu coração.

A limpeza da mente sem egocentrismos preferentes, os sentimentos do coração, deve proceder mão a mão com seus esforços para desenvolver as latentes forças Ocultas tão essenciais ao seu alto grau de desenvolvimento. Reconheça isso, de modo que você ponha uma cortina de impossibilidade entre você mesmo e Deus. Se você reza: "*Senhor ajuda-me e perdoa-me*" enquanto mantém pensamentos indesejáveis em sua mente e, ainda, sentimentos deletérios em seu coração, não poderá sublimar-se. Transforme-os constantemente com paciência até vencer.

Reflita uma ou outra frase (pensamento) de um grande Mestre, ou dos livros sagrados: "*Considere isto bem. Ó Filho*", que Deus te conceda livremente estas preciosas coisas: A Mente e a Fala, a Razão e a Imaginação quando corretamente experimentadas são as passagens para todas as realizações bem-sucedidas. Essas coisas, livremente concedidas ao ser humano, são como uma espada de dois gumes que manejam sua Vontade, para a esquerda ou para direita; cortam com ambos os lados, um para a vida e as virtudes; o outro para a escravidão ignorante e o retrocesso doloroso dos vícios. A escolha depende de tua compreensão ao examinar cada alternativa. Se chegares a compreender o porquê do Libre Arbítrio e conseguires observar seus resultados, ainda que tenhas equivocado muitas vezes, prontamente te encontrarás você mesmo, nada além de você terá a responsabilidade das escolhas, mesmo quando não decidires por algo, ainda assim escolheu não decidir. Nunca durmas sem desejar-te felizes sonhos.

> *sonho de uma alma é despertar o coração esquecido, descobrir a criança mágica, resgatar a trilha desconhecida. É voar por horizontes infinitos, multiplicar tempos sagrados, crescer nos espaços luminosos. É despertar a criança desconhecida, descobrir a trilha esquecida, resgatar o coração mágico. É voar por tempos luminosos, multiplicar espaços infinitos, crescer nos horizontes sagrados...*
>
> Reís, Carlos A.

Este conhecimento não é só para o intelecto, deve também ser impresso na Alma, que é a essência (Espírito) que deve ser despertada e ajudar-lhe a construir o Ideal.

Por este plano, razão de Deus, que é a única realidade; não existe grandeza, lugar, qualidade ou poder que Ele não seja ou que Ele não ajude a seus DESEJOSOS filhos a ser realizados. Esta é a Lei, é tudo; em tudo; através de tudo; sobretudo, e ajudará sempre aqueles sinceros e honestos para alcançar tudo. Tudo isso é um ARCANUM, um mistério escondido, que você deve resolver e pode resolver se seu coração estiver de verdade uníssono com o curso e o percurso na Grande Obra a realizar: *"O Deus em seu coração!"*

Continue na prática das Instruções dadas e, tendo-se acomodado numa confortável posição, completamente relaxado, porém alerta mentalmente naquilo que você deseja obter, comece a respirar lentamente e ritmicamente – inalando devagar e na mesma intensidade – mantendo a respiração mais longa possível, sem esforçar-se; depois exale devagar e igualmente; sem utilizar a força para inalar, reter e exalar, sempre naturalmente. Dominado este ritmo respiratório, coloque sua mente no estado de sentir que você está pronto e preparado para invocar ou absorver no seu ser as forças de poder e exaltação necessárias para seu avanço físico – Espiritual.

Continue esss práticas até receber futuras instruções. Constantemente mantenha em mente o pensamento de que você encontrou uma nova vida e tudo aquilo que pertence ao passado deve gradualmente ser transmutado num novo paradigma. Somente assim será possível ser um dos profetizados *"Escolhidos de Deus"*, um membro da *"Nova Ordem dos Tempos"* com todas as bênçãos.

(...) até a próxima Instrução reflita sobre o seguinte fragmento do
Corpus Hermeticum

Fixa o deus, emitindo um longo gemido e o saúda nestes termos: "Salve, Senhor, Mestre da água, salve, Criador da terra, salve Príncipe do alento, deus de brilho resplandecente. Dá-me um oráculo, Senhor, acerca da presente conjuntura. Senhor, Mestre da água, renascido, eis que me vou, cresci e já morro, nascido de um nascimento que dá vida, eu morro para dissolvido entrar na morte, segundo o que estabelecestes, segundo o que instituíste ao fundar o mistério. E então ser-te-á dado o oráculo. Será separado de tua alma, não mais estarás em ti mesmo quando ele responder. O oráculo te será dado em versos e o deus, após ter-te dito, irá embora. E tu permanecerás em silêncio, pois compreenderás tudo por ti mesmo e então reterás na íntegra as palavras do grande deus, mesmo que o oráculo contenha mil versos.

TERCEIRA INSTRUÇÃO

Para chegar a ser total, chegar a estar em paz com a consciência; estar em harmonia com Deus, dentro de sua Lei, o qual deve ser a tendência fundamental na vida terrenal, devemos, em primeiro lugar, como algo fundamental, reparar ou compensar por nossos atos "cegos"; ou seja, "fazer o bem" por coisas anteriormente tenham sido malfeitas, reparar os erros cometidos contra outros e contra nós mesmos.

Causa e efeito: O Carma Universal.

Não cometa erros. Desde o momento em que você comece a mudar sua vida, o "velho odre" da Tradição, ao harmonizar com a Lei, começará também mudar você, mesmo com a Lei Divina, o princípio da consciência espiritual e unidade, o fazer-se todo com Deus. Este é o mistério do Grande Trabalho, O Segredo Divino. A partir deste momento, a Lei começará a funcionar em seu favor, para seu benefício. A transformação da Cruz negativa: Temor, Ira, Luxúria, e Orgulho, o amor próprio, com concentrações prévias.

Estes eram os ensinamentos do antigo e Grande Sábio Hermes. Nisto consistia as doutrinas dos verdadeiros buscadores, que lhe ensinavam a unidade de Deus em tudo quanto existe; os métodos para que o homem compreendesse que Deus se encontrava nele mesmo; as reparações seguidas pela Imortalidade da Alma; a Individualização do ser pessoal convertido no incorruptível ser.

O mal, de qualquer natureza que estimemos, não é mais nem menos que o bem pervertido; aquilo que é bom em si mesmo, mal-usado ou mal dirigido. Não existe nada que seja mal em si mesmo, porque o que existe foi criado por Deus para um ótimo fim. Faz-se tal na aparência temporal nas mãos dos homens, porque eles têm o livre arbítrio (a livre vontade) de usar ou mal utilizar das coisas que Deus criou: a reação de seus atos castigando-os, voltando-os ao breve caminho pelo mau uso daquilo que não é bom na relatividade e para benefício pessoal e coletivo.

Sempre estamos dentro do Ser Infinito. Quando chegar o momento, nossa consciência despertará esta realidade. Encontramo-nos imersos no mundo material. Em nosso futuro nos espera um conhecimento pleno do Ser Infinito. Devemos aprender muitas lições antes de chegar este momento, um momento cheio de amor absoluto. Estamos num degrau da escada que se estende deste a Terra até ao Ser Infinito. Esta escada se estende ao longo do Outro Lado, inclusive, uma vez que se chega ali, todavia ainda restaram muitos outros degraus que penetra em nossa vida na Terra. Estamos rodeados por uma corrente em torno disso. A todo o momento muitos começam a perceber esta realidade.

A∴A∴K∴

A estrela de cinco pontas, tão familiar em todas as religiões, tanto Ocidentais quanto Orientais, simboliza esta doutrina da natureza da antinomia tão destorcida, conhecida como do bem e do mal. Quando uma ponta da estrela está para cima, representa o bom ou construtivo existente no homem e no universo; porém, quando apontada para baixo, simboliza o bem pervertido ou erroneamente dirigido, que nos ensinará com a dor e a enfermidade o tamanho do nosso erro. Por época do nascimento de nossos Mestres, tais como Osíris, Buda, etc., o ápice da estrela se encontrava sempre apontando para o que chamamos de relatividade do céu. Mas existe outra reflexão, mais profunda e verdadeira sobre esse símbolo tão recorrente na Tradição – vendo esta questão por outro ângulo temos o pentagrama dentro de outro pentagrama, nos apontando uma interpretação realista e mágica, ou seja, quando o vértice do pentagrama estiver apontado para cima e pressupondo outro pentagrama ocupando o espaço geométrico interno desta figura, este ficará invertido. Analisando esta figura e levando em consideração as realidades maniqueístas das posições deste pentagrama, temos: aquele que estiver com a ponta para cima trará em si um pentagrama invertido e vice-versa.

Este é um segredo e um mistério a ser considerado. Olhando essa figura, dentro destas considerações, vemos claramente a figura daquele homem externo contendo no seu interior o símbolo da besta, e de outro lado, ao invertermos a figura, teremos a besta levando dentro de si o logos divino.

Analisando, então, essas duas figuras, com qual desses dois símbolos você se identifica? Do pentagrama externo com a ponta para cima, simbolizando o homem que se julga perfeito, acima de tudo e de todos, trazendo em si a bestialidade de suas ações com o comportamento inadequado dos vícios humanos, tal como a inveja, a soberba, a vaidade, o ódio, a corrupção, a luxúria e tudo aquilo que degrada o ser humano; ou, de outra forma, do pentagrama com a ponta para baixo, trazendo dentro de si a consciência do Logos, pronto para refazer o seu caminho na direção da reintegração, vencendo seus vícios e fazendo novos progressos na senda do bem; elevando sua alma e vigiando seus passos, elencado naquilo que for justo e perfeito? Pense sobre isso e responda para si mesmo no silêncio da verdade e da Luz.

PENTAGRAMA
Poema de Hilarion

Símbolo do milagre de minha última revelação,
Antes da grande oni-transformação, Pentagrama - eu Te saúdo!
Tu és para mim, ó Estrela de cinco pontas,
Símbolo do meu autodespertar ...
E da hora de minha redenção que se aproxima,
Pois, o Deus em mim nasce flamejante! - - -

Ó Estrela de cinco pontas, símbolo protetor do eterno em mim,
Que banes as forças inferiores em minha alma e me liberta,
- Irradia em mim!
Mágica imagem mágica do Homem cósmico, Pentalfa:
Teu centro quíntuplo é a pátria de minha Alma...
"O longínquo Oriente", de onde provém a "luz", que me ilumina,
E desperta em mim o Espírito flamejante, Para a unificação com o divino...

Irradia para o Alto, ó símbolo da Luz,
- Até te transformares na pirâmide
E libertares em mim o Deus adormecido! ...
Sou ainda uma esfinge - - transformada apenas pela metade...
Um centauro - - metade animal, metade deus!

Todavia, "o símbolo do filho do homem",
Com maior fulgor irradia em meu coração...
Mais fulgurante, da estrela quíntupla irradia,
Os raios que anunciam o inflamar de Deus no microcosmo!...

Eu te invoco, ó Estrela flamejante, a inflamares O meu coração e despertares em mim o Cristo que Tu anuncias! Imagem genuína de meu voltar-se a Deus e da ressurreição, do meu inflamar e harmonizar em Deus! – Cumpra o meu destino! Pois Deus quer despertar em mim! Salve, ó misteriosa Estrela-Esfinge, Cujos braços se estendem em busca do Infinito, Na procura do Incomensurável Único! Salve, ó Símbolo Esfinge...

Que me desvendas o meu próprio segredo:
A Esfinge em mim, o "Deus Desconhecido"...
O Espírito-Deus nas minhas profundezas
se eleva e brilha em quíntuplo fulgor para o Alto,
Acima de todos os mares de minha Alma!
Só para aquele que não consegue reconhecer,

Tu és um Segredo (Enigma) não desvendado...
Para os meus olhos repletos de Divindade,
A Tua imutável inércia tornou-se Vida viva e ativa...
Meu coração reconheceu o Teu sentido mais profundo - - -
Meu coração sabe que também Tu, Assim como todos os símbolos, É um dos "Nomes ocultos de Deus". Nenhuma luz de fora me iluminou; - - - Unicamente o meu amor por Ti, Pentalfa, Acendeu a Luz em mim, Transformou toda a treva em pleno Conhecimento! - - - O meu amor a Ti, ó Esfinge, Que eternamente Te manifestas de novo, Tornou-se o despertar para a Tua Vida interior, E cognição do mais profundo Mistério do meu Ser... Eu Te desvendo, ó Esfinge, Eternamente indagadora, que abrigas no Teu Ser

A Sabedoria-Final de todos os Mistérios!
Eu me curvo ante o Abismo-Luz do Teu coração...
E ouço o sussurro da Tua Eterna Revelação:
Eu Sou, aquele que, consciente, sempre de novo retorna!
Eu Sou, aquele que era, que é, e que de novo será!

(...) Por meio da reparação você gradualmente substituirá o ser egoísta (egocentrista), que está dentro de si por algo verdadeiramente maior e melhor, real, interno ser Espiritual, sua essência Divina. Este é um processo de encontrar-se a si mesmo, ou melhor, reencontrar-se a si mesmo, reintegrar-se à sua mágica condição de homem de desejo, ou INICIADO. Tratando continuadamente de colocar-se em harmonia com Deus e a Lei Universal, você, gradualmente, alcançará a Unidade com o Todo como corolário da Reparação. A mais nefasta idiotice é não reconhecer e não querer entender e deixar de transformar-se por não aceitar esta realidade. As Leis da Natureza esforçam-se para harmonizar o seu ser carnal numa padronização de evolução total. Ao contrário, você deve e pode harmonizar sua natureza com a do Universo e desta forma chegar a compreensão da Divindade – O Cristo Gnóstico, dentro de seu próprio ser. Este é o trabalho mais sublime que podes compreender; de fato, é só objetivo e fim de nossa existência terrenal. Nenhum homem, qualquer que seja sua posição na vida, pode ser "salvo" senão for desta maneira – ele deve ser senhor de si mesmo e conhecer por sua própria experiência que o Logos, representado pela chama da Alma, está dentro de cada um, e que por isso é um verdadeiro filho da Luz (filho de Deus) e um irmão de todo próximo.

Para entender completamente como se faz para se fazer um Todo com Deus, é necessário que você se separe gradualmente de todas aquelas coisas que nós reconhecemos serem más julgadas na relatividade. Muito daquilo que o homem considerou e, ainda, chama de diabólico ou mau, não é em realidade tal coisa. A única forma para compreender o que é bom e o que é mau ou não bom, é uma forma impessoal e imparcial de considerar cuidadosamente em si um pensamento, palavra ou ato pode de alguma forma ferir a outros ou a nós mesmos. Se de alguma forma produzir dor ou pena, ou trouxer perdas, seja a outros ou a nós mesmos, então é mau, não é bom, e deve ser evitado; de outra forma, não. Para chegar a tal juízo devemos ir substituindo na mente os conceitos anteriores, como este, que ainda que seja bom em intenção possa cegar nosso entendimento.

Enquanto continua as instruções previamente dadas, pratique respirações profundas da seguinte maneira:

Comece a inalar em sete segundos, retenha por três e exale por quatro. Repita isto nove vezes de acordo com a Lei simbólica.

1º - Enquanto inala mantenha este pensamento e compenetre-se do espírito que levam nas palavras: *"Encontrarei em harmoniosa relação com a Divindade que está dentro de mim."*

2º - Enquanto aguentar a respiração mantenha este pensamento: "Deus é meu Pai. Hei de conhecê-Lo."

3º - Enquanto exala, mantenha o seguinte pensamento: "Pedirei ao Pai que bendiga a toda a humanidade."

Assegure-se de vivenciar toda profundidade que essas palavras implicam, sem excluir nenhuma pessoa, pois a Lei Espiritual inclui a todos, inclusive aos inimigos temporais.

(...) até nossa próxima Instrução, leia e reflita o seguinte fragmento do *Corpus Hermeticum*

O Bem não existe, Asclépios, em nada além de Deus ou melhor, o Bem é eternamente o próprio Deus. Assim sendo, o Bem deve ser a Substância de onde procede todo movimento e toda geração

(não existe nenhum ser que seja desprovido dela) e que possui, concentrada sobre si mesma uma energia que mantém em repouso, sem deficiência e sem excesso, plena, soberana, poderosa, na origem de todas as coisas. Pois quando digo que este que tudo pode é bom entendo que é absoluta e eternamente bom.

Ora, esta qualidade não pertence a nenhum outro ser senão Deus. Pois não há nada que lhe falte, de modo que nenhum desejo de posse pode torná-lo mau e não há nada entre os seres que possa perder e cuja perda possa amargurá-lo (pois o desgosto é parte do mal) e nada existe que seja mais forte que ele e que possa tratá-lo como inimigo (pois não é coerente à sua natureza receber qualquer ultraje), nem nada que seja mais belo e possa inspirar-lhe amor, nem nada que lhe recuse obediência e contra quem tenha de se irritar, nem nada que possa ser mais sábio e despertar o seu ciúme.

Então se nenhuma dessas paixões pertence à Substância, que lhe resta senão o Bem somente? Ora, da mesma forma que nenhum daqueles atributos podem ser encontrados numa substância assim constituída, nenhum dos outros seres possuirá o Bem. Com efeito, todos os outros atributos encontram-se em todos os seres, nos pequenos e nos grandes, em cada um dos seres isoladamente e nesse Vivente que é maior e mais potente de todos: pois tudo que é engendrado está repleto de paixões pois a própria geração implica uma afecção. Ora, onde há sofrimento, não existe lugar para o Bem e onde está o Bem nenhum lugar há para a paixão. Onde está o dia, não há lugar para a noite e onde está a noite não há lugar para o dia. É esta a razão porque o Bem não tem lugar no que veio a ser, mas somente no não engendrado. Todavia como a matéria recebeu por dom a participação em todos arquétipos, recebeu também a participação do Bem. É desta maneira que o mundo é bom, pois produz todas as coisas, de modo que, tendo em vista a sua função de produzir, é bom. Mas para tudo o mais, não é bom: e com efeito, é passível e móvel e produtor de seres passíveis.

Quanto ao ser humano, o bem se mede nele por comparação

com o mal. Pois o mal que não é grande, é aqui embaixo o bem e o bem daqui embaixo é a menor porção do mal. É impossível, portanto, que o bem daqui seja inteiramente desprovido de toda malícia: cá embaixo, de fato, o bem foi tornado mal; ora tendo sido tornado mal, não pode permanecer sendo bom e se não é bom, torna-se mal. Portanto, o Bem só existe em Deus, ou melhor, Deus é o próprio Bem. Entre os homens então, ó Asclépios, do Bem só se encontra o nome, mas na realidade não se o vê em parte alguma. É efetivamente impossível. Pois não há lugar para ele num corpo material que é tocado pelo mal, pelas penas e sofrimentos, pelas concupiscências e as cóleras, as ilusões e as opiniões insensatas. E o pior de tudo ó Asclépios, é que se confia em cada uma das coisas que acabo de dizer como se fora o maior bem, ainda que seja antes de mais nada o mal insuperável. A glutoneria é a fautora de todos os males... O engano é aqui a ausência do bem.

QUARTA INSTRUÇÃO

*Quando você se lança numa jornada
e o fim parece cada vez mais distante,
perceba então que o verdadeiro fim
é o percurso.*

Karl Dürckheim

Unifique seu pensamento no desejo penetrante, conhecido também como Vontade Verdadeira; concentração e esforço são as ferramentas das quais devemos fazer uso continuadamente se somos sinceros em nossa busca para alcançar e entender o ser interno. Pelo pensamento, nós nos tornamos conscientes do fato de que o Criador implantou dentro de você poderes e forças. Tradicionalmente conhecidos como "talentos", os quais, ainda que no presente estejam adormecidos e inativos, você possui este privilégio e atributos capacitados e suficientes para despertar, desenvolver e fazer que se manifestem para seu eterno – imediato e futuro – benefício em todas as atividades da vida, e ainda que você, possa ser um fracasso no presente momento, você poderá convertê-lo num êxito sem precedentes com sua determinação e fé em você mesmo. O talento era o símbolo da força econômica na antiguidade; no espiritual, é o símbolo sagrado de uma verdade espiritual a se realizar. É necessário ser consciente da *Lei Operadora Universal*: Nada, por maior e mais poderoso que seja poderá retardar seu progresso, somente você mesmo é capaz desta façanha. Medite muito, recomeçando, até vivê-la plenamente. Os fracassos e muitas das coisas que você possa considerar injustas, quando corretamente compreendidos, são passos que levam ao êxito exaltante.

Da mesma maneira, sob o esforço consciente entenda que o verdadeiro Eu é ser Espiritual, a Divindade oculta dentro de ti; somente Ela poderá lhe dar paz e felicidade, apesar das privações do corpo, no sofrimento das falsas necessidades, e que parte do Grande Trabalho consiste em encontrar esta paz interior, com independência nas vicissitudes e ao meio ambiente, que lhe rodeiam pelo presente momento. Isso não é difícil como pode parecer a princípio, uma vez que você compreenda que existe somente duas realidades: Seus sentimentos e a grande Luz que é a Alma e que ambas são partes de Deus; "Um Filho do Homem", "Um Filho Pródigo," "Uno com Ele."

No aspecto superior, apesar de estar vivendo neste mundo, você pode, em realidade, viver abrindo-se, descobrindo-se de dentro para fora, e isto só depende de você mesmo, porque se sua consciência está livre, você se encontra em paz e assim se livra de temores, não existe nada que não possa alcançar.

Você é um ser dual, a parte maior vivente de você, se encontra agora atraída e sob o controle das coisas que pertencem ao mundo vulgar ou da involução, daí deve se conscientizar que são coisas temporais e muitas vezes destrutivas. As piores são o ódio, temor, malícia, inveja, egoísmo e ser afetado pela ira. Estas são os "espinhos da carne"; as "pragas" no jardim das flores aparentes (beleza) e das coisas úteis (alimento para o corpo). Elas devem ser eliminadas e substituídas pelas que são eternas: Bondade, o senso exato de Justiça, generosidade, afeto puro, amor puro, devoção e outras semelhantes que são Espirituais, ou seja, alimento da Alma.

Enquanto você usar a palavra desmesuradamente, dando lugar a sentimentos destrutivos; estas "ervas daninhas" que destroem o "trigo", comida para o corpo e a Alma, você se manterá fora de sua "Divina Herança". Por outro lado, desenvolvendo talentos inerentes aos poderes e forças que lhe trarão êxito na vida física, mental, emocional, econômica e Espiritual será de tudo um vencedor triunfante. Se você se mantiver escravo de seus sentimentos, de seu ser menor, pela lógica, escravo e capachos de outros que tenham aprendido a aplicação da Lei, em detrimento de si mesmo e para o seu próprio benefício, por via de regra será detido, renegado do "Reino".

Seu trabalho é duplo: Desenvolver "talentos" com os quais foi dotado ao nascer, estes talentos de possibilidades escondidos dentro de si e capacidades despertadas pelos esforços constantes e manifestados, lhe dirigirão ao pináculo mais alto do êxito, em qualquer campo escolhido e, despertar e desenvolver a Divina Chispa, a qual você possui desde seu nascimento é sua tarefa fundamental. A Divina Chispa é o embrião da Alma. Agora, se você deseja cumprir seu dever com a Divina Lei essa Divina Chispa ou Logos deve ser trazido à consciência. Se desejar esperar para experienciar e provar até convencer-se a si mesmo para não se equivocar, é de todo livre para isto.

Buscar a Alma, o ser Espiritual, a grande busca de Deus. Você, como todos os demais, tem sido, mais ou menos, um fracasso em todas as coisas porque você via Deus somente no seu progresso aqui, ali, e onde quiser – enquanto estava totalmente inconsciente de que precisamente em sua carcaça humana, dentro de você mesmo, deveria encontrar-se na eterna verdade; o Logos que lhe revelará tudo aquilo ainda desconhecido para ti é a única e verdadeira Realidade. Ensinava-se desde o início dos tempos: *"Oh Homem, Conhece-te a Ti mesmo!"*.

Nosso Trabalho, seu Trabalho, O Grande Trabalho, é encontrar dentro de si mesmo a Luz que é a Alma. É neste "Centro Interno" que todas as coisas Divinas e eternas têm seu princípio. É aqui onde a Luz dever ser buscada e encontrada. Esta Luz revelará a Alma. É desta Luz que emanam todas as revelações. Buscai e encontrareis!!!

Não esqueça os ensinamentos dos grandes Mestres, *"O reino de Deus está dentro de ti"* e deve ali ser encontrado. O céu não está somente acima, abarca as profundidades dentro de si. Em rigor, não existe acima nem abaixo. Isso é a princípio um estado da mente, um desejo que não se sustenta; isto pouco a pouco irá se tornar um fato consciente. Todos seus esforços devem ser dirigidos para a realização desta verdade, porque todo poder, toda potencialidade é concebida e feita manifesta por meio desta "Usina Interna". Enquanto seus esforços não canalizarem para este fim, você não poderá evitar o fracasso, se isso ocorrer é porque seu coração não possui, em essência, um profundo desejo para isto neste momento.

Reflita sobre sua Vontade Verdadeira, busque no fundo de sua alma aquilo que lhe trará a realização maior, a exaltação consciencial e em corolário a felicidade plena de paz e amor puro, libre de dissipação e sem ânsia de resultados.

(...) até nossa próxima Instrução, leia e examine o seguinte fragmento do *Corpus Hermeticum*

A virtude da alma é o conhecimento: pois aquele que conhece é bom e piedoso, já divino. - Que espécie de humano é esse, ó pai? - É o humano que fala pouco e pouco escuta. Pois aquele que perde seu tempo a disputar e a ouvir as novas golpeia o ar, filho. De fato, Deus, o Pai e o Bem, não se deve ensinar pela palavra nem aprender pela audição. Nestas condições, se todos os seres possuem os órgãos dos sentidos por não poderem viver sem eles, o conhecimento difere muitíssimo da sensação. A sensação só se produz na dependência do objeto que nos impressiona, ao passo que o conhecimento é a perfeição da ciência, que por si só é um dom de Deus, pois toda ciência é incorpórea, e então o instrumento do qual ela se serve é o próprio intelecto que, a seu turno se serve do corpo. Ambos os objetos inteligíveis e os materiais entram no corpo. Pois tudo deve resultar da oposição e da contrariedade; é impossível ser de outra forma, quer exerçam sua atividade por meio dos corpos quer se movam por meio de uma substância psíquica, que sejam vivificados por meio de um sopro ou ainda mesmo que nelas recebam tudo o que é morto: e isso é razoável. Ou, mais ainda, declaro que ele não os contém, mas para dizer a verdade, diria que ele é todos os seres, não os adiciona a si mesmo a partir do exterior, é ele que os dá de si mesmo e os produz para o exterior. Esta, pois, é a sensação e a intelecção de Deus: sempre mover todos os seres e jamais haverá um tempo no qual; seja lá o que for daquilo que existe será abandonado; na verdade, quando digo "daquilo que exis-

te", quero dizer "de Deus"; pois Deus contém nele mesmo tudo o existe, e nada está fora dele e ele de nada está fora.

Tais coisas, Asclépios, se possuísses a inteligência, te pareceriam verazes, mas se não tens o conhecimento, ser-te-ão incríveis. Pois ter tido fé, é ter feito um ato de inteligência e ter faltado à fé, é ter faltado à inteligência. Pois o logos não consegue progredir até a verdade. Mas o intelecto, sendo poderoso, e após ter sido guiado até o ponto da rota pelo logos, pode progredir até a verdade. Então, tendo abarcado com uma mesma visão todos os seres, descobrindo que tudo está de acordo com o que foi explicado pelo discurso, acredita e encontra seu repouso nesta nobre crença. Para aqueles então que compreenderam, graças ao Dom de Deus, essas palavras, são então críveis, mas para aqueles que não as compreenderam, permanecem incríveis. Eis quanto basta no que tange a intelecção e a sensação.

QUINTA INSTRUÇÃO

Essencialmente, um entrecruzamento de caminhos, dos quais alguns não têm saída e constituem impasses. No meio deles é mister descobrir a rota que conduz ao centro. A essência desta intrigante construção é circunscrever no menor espaço possível o mais completo emaranhado de veredas, e retardar assim a chegada do viajante ao centro que deseja atingir.

J. Chevalier.

O criativo ou o poder de Deus para ser o que queremos ser está latente dentro de cada ser humano, exceto nos idiotas e retardados mentais; porém, para alcançar esta meta, requer-se um esforço deliberado e consciente de nossa parte, e por essa razão que se conferiu ao homem a escolher: "Ser ou não ser". Não existe a possibilidade como a de ser forçado a manter-se um fracasso no sentido Espiritual. É possível, ainda que não se assegura verdadeiramente, que podemos ser todos exitosos financeiramente, mas temos consciência que o sucesso financeiro não nos conduz necessariamente à plena realização espiritual, mas também não é empecilho para alcançar tal objetivo. Se a alma desenvolveu, seu Recipiendário terá tudo que for necessário para seu bom desenvolvimento e ainda espalhar felicidade ao seu redor, ainda que ele não se propusesse fazê-lo deliberadamente.

O verdadeiramente grande, cosmicamente, são os desenvolvimentos Espirituais, e o homem ou a mulher que deseje fazer-se um deus encarnado, tanto vivendo numa cabana ou num palácio, enquanto que a mortal falta de atributos "divinais" da Alma pode ser um demônio encarnado ainda que toda riqueza do mundo esteja a sua disposição. Sem dúvida, para encontrar o Reino do Céu (recorde a promessa: "Se você encontrar *Reino* de Deus tudo mais vos será acrescentado"), não se requer riqueza material, nem posição social, mas, sim, um elevado e forte desejo de possuir ou construir uma Alma capaz de conviver no bem e na verdade – beleza e pureza em todas as coisas da vida, mesmo nas mais humildes condições.

O essencial é nosso DEVER e nosso TRABALHO; esforçamos continuadamente em desenvolver dentro de nós esse Divino Amor, o qual é um gerador de todas as Forças e o único poder que não é fugaz nem temporal. Cada um de nós pode fazer isso, e o primeiro requisito é o DESEJO puro do coração por tudo que é real, durador, de benefício cósmico ou coletivo para as massas, assim como para nós mesmos. Você e eu somos como uma parte integral da Grande Inteligência, a Divina Alma Universal, e toda vida surge por meio de nós mesmos. De nós depende o passar a ser parte harmoniosa do Poder de Deus ou de manter-nos antagonistas e estranhos a ele no tempo imediato, e, como resultado, logicamente, será o fracasso. A escolha demandará apenas daquilo que entendamos de nós mesmos.

Todo desenvolvimento verdadeiro se produz necessariamente de dentro, algo puramente transcendental, desde o núcleo existencial de cada ser. Este é um processo de realizar todos os nossos Desejos de dentro para fora; desde as coisas puramente material. Desta forma, você começa a entender o caminho Religioso do *"re-tornar"*, do *"re-integrar"* ao nosso verdadeiro ser. Desenvolvimento é a busca do "Logos", o *Christo Cósmico* interior, e Ele somente se encontra de uma forma, e por somente um método. É preciso experimentar profundamente, trabalhar duro e ter determinação total, até ser dotado de uma grande fé, porque a fé é o incentivo, o fermento, do Grande Trabalho. Sem dúvida, ainda que tenhamos fé, mas recusando a seguir a senda desta fé, jamais obteremos êxito, nunca conheceremos a face de Deus. Seria uma renúncia voluntária pelo débil propósito de caminhar na incerteza e na dúvida.

Esta era a vida que cada homem estava forçado a aprender a viver quando buscava a Iniciação no Antigo Egito, e nem o homem nem a Lei operante nele mudou desde então; não pode passar nada com êxito na prova nem colher frutos até que tenha aprendido como se opera na Lei Harmoniosa do Universo e se esforçar em viver em harmonia com ele. Questão que tinha que ser comprovadamente verificada.

Foi a realização de tal grau de crescimento da Alma ou Iniciação que se fez conhecido como a *Palavra Perdida* do Mestre, sempre ensinada de forma simbólica e alegórica, por meio da meditação e reflexão nas Fraternidades Místicas autênticas. Ninguém pode alcançar ou encontrar esta palavra exceto através do desenvolvimento das faculdades da Alma; e, quanto a isso, se lhe pode dar um nome, conhecido como um substituto, ou de qualquer outra forma definida, isso não será nunca a Palavra, e Não possuirá os poderes que sua verdadeira realização lhe confere.

O propósito do desenvolvimento Interior das faculdades Espirituais, ou Desenvolvimento da Alma, é antes de mais nada encontrar o *Christo Gnóstico*, o eterno Fogo ardente, o qual é o Centro ou Núcleo do Ser, para nos iluminar o Caminho Sensível. Quando você encontrar isto, então você conhecerá a Deus, e então haverá encontrado a verdadeira Palavra Perdida. Você haverá inclusive reconstruído o Templo de Salomão em sua totalidade e sua real beleza. Será você um dos Iniciados da Grande Irmandade, um Deus embrionário; *"No Princípio, era o Verbo"*.

Continue fielmente com os exercícios até agora ensinados. Em adição: encoste suas costas sobre uma cama ou sofá que seja bem confortável. Relaxe-se no mais profundo e absoluto silêncio e livre sua mente inteiramente do passado e suas desagradáveis experiências (Você poderá achar isto, a princípio, uma tarefa difícil. Mas, uma vez a mente dominada e sua Vontade determinante atuarem a seu favor terão por certo, uma grande conquista e superação para avançar com segurança em terras férteis). Respire ritmicamente e com cada inalação sinta que está trazendo ao seu ser todas as forças necessárias para sua saúde, para seu corpo físico e psíquico, adicionando seu próprio poder do Armazém Universal. Se for fiel e consistente em suas práticas, gradualmente se fará consciente de que essas forças começarão a fazer parte de Você. Examine esta Instrução até que fique plenamente clara em sua mente; até que quase inconscientemente lhe guie em tudo que faça notando em certas ocasiões uma gradual mudança sob manifestações de novos juízos e até nos desejos que constituem uma surpresa para você mesmo em sua anterior maneira de Ser.

(...) até nossa próxima Instrução, leia e examine o seguinte fragmento do *Corpus Hermeticum*

E se quiseres passar a abóbada do universo e contemplar o que existe além dela (se é que algo existe depois dela): tu o podes.

Vês que potência, que velocidade possuis! E se podes tudo isto, Deus não o poderia? É desta maneira então que deves conceber Deus: tudo que é contido nele como pensamentos, o mundo, ele mesmo, o Todo. Se não te fazes igual a Deus, não podes compreender a Deus: pois o semelhante só é inteligível ao semelhante. Faça-te crescer até corresponder à grandeza sem medida, por um salto que te libere de todo corpo; eleva-te acima de todo tempo, torna-te o Aíòn: então compreenderás Deus. Sabendo que não é impossível para ti, estima-o imortal e capaz de tudo compreender, toda arte, toda ciência, o caráter de todo ser vivente. Sobe acima de toda altura, desce mais que toda profundidade, reúna em ti as sensações de todo o criado, do fogo e da água, do seco e do úmido, imaginando que estás ao mesmo tempo na terra, no mar, no céu e que ainda não nasceste e que estás no ventre materno, que és adolescente, ancião, que estás morto e que estás além da morte. Se alcanças com o pensamento essas coisas ao mesmo tempo: tempo, lugar, substância, qualidade, quantidade, podes compreender Deus.

Mas se manténs tua alma aprisionada no corpo, se a abaixas e dizes: "Eu não concebo nada, eu não posso, tenho medo do mar, não posso subir ao céu; não sei o que sou, não sei o que serei", que queres com Deus? Pois não podes alcançar com o pensamento nenhuma das coisas belas e boas, tanto amas teu corpo e és malvado. O vício supremo, indubitavelmente, é não conhecer o divino. Contrariamente, ser capaz de conhecer, e ter tido a vontade e a firme esperança, é a via direta que conduz ao Bem e uma via fácil. Durante tua marcha, ele virá em toda parte e teu encontro, em todo lugar se oferecerá à tua vista, mesmo no lugar e na hora em que não o esperas, estejas em vigília ou em repouso, navegues ou caminhes, de noite ou de dia, falando ou calando-te: pois nada existe que ele não seja.

Dirás agora: "Deus é invisível?" Não fala assim, o que é mais manifesto que Deus? Ele criou tudo para que o vejas através de todos os seres. Eis o bem de Deus, o poder miraculoso de Deus de se manifestar através de todos os seres. Pois nada há de invisível mesmo entre os incorpóreos. O intelecto se torna visível no ato de pensar, Deus no ato de criar.

Minhas revelações cessam neste ponto, ó Trismegistos. Para o resto siga o mesmo método e não serás decepcionado.

SEXTA INSTRUÇÃO

Há homens que lutam por um dia, e são bons.
Existem outros que lutam um ano, e são melhores.
Há aqueles que lutam muitos anos, e são ótimos.
Porém, há os lutam por toda a vida,
E estes são imperecíveis.

Brecht

A suave e pequena Voz dentro de nós é o *Oráculo da Intuição*, que pode ser ouvida se lhe permitir falar no Silêncio do Coração. Por meio dessa Voz podemos receber duas coisas: instruções transcendentais e guias inspiradas do Eterno. Frequentemente estas nos chegam através de um impulso, um incentivo, um sentimento, ou talvez uma impressão, todos são chamados de uma Voz. A mesma Voz. Para fazermos conscientes desta Voz é necessário alcançar certo grau do desenvolvimento interno, Consciência Espiritual, o princípio da Unidade – Saber o que é Deus e que cada um de nós pode chegar a ser uno com Ele. O entendimento do conhecimento de que Deus e o Homem são unos sempre foi a meta de todos os ensinamentos das Antigas Tradições e seus treinamentos (práticas; meditação, yoga, cultos, etc.), tais como o são hoje; apesar de nossos supostos avanços e realizações científicas presentes, todavia não alcançamos mais as alturas que nossos IIr∴ *Mestres Passados* adquiriram.

A Tradição ensinou: "*Eles não são deste mundo, da mesma forma que não sou deste mundo*", ainda que todos nós habitamos aqui. Isto deve ser de tudo verdadeiro. "*O homem é* (pode ser) *o templo do Deus Vivente, sempre presente, todo – uni-conhecido Deus*". Seu ser, seu corpo é o Templo do Eterno, e quando Você se fizer Consciente de sua Divindade conhecerá a Deus; e compreender que Deus e Você, são unos, isto é, fazer a Unidade; a "RE-LIGA" ou RELIGIÃO é quando se faz verdadeiramente consciente de que o Homem é o Templo do Deus Vivente.

A Alma é essa parte Imortal do homem, a qual provém diretamente de Deus e teve que se tornar carne para permitir-se ser um ente independente dentro do Plano do Eterno. Tomando EM SI carne, se compreende naturalmente que a Alma é algo de "Dentro", e repetimos: Você, seu corpo, será o Templo de Deus para habitá-lo sabiamente. Também será o canal através do qual o Pai Universal pode falar-lhe. Por meio do homem iluminado, Deus auxilia os seus filhos. Neste sentido, um Mestre disse: "Deixai as *crianças* e não as impeçais de virem a *mim*". Ninguém pode ser salvo trocando (invertendo) sua condição de homem para Deus, ou como um Deus sumariamente, exceto por encontrar o *Logos* dentro de si mesmo, e isto só é possível através de esforços deliberados do próprio homem, que é sempre livre para seguir numa ou noutra direção. Não é suficiente só acreditar que algum pode ser salvo, apenas por ter fé no poder de Deus, ou chamar para ser salvo; Você deve fazer esforço para mudar o grosso pelo fino; Você deve alcançar a consciência que o Pai e Você, são em verdade, uno. *"Ninguém pode ir ao Pai senão pelo Filho, e ninguém pode ir ao Filho senão pelo Espírito Santo"*. *"Eu sou a Divindade do homem que vim a habitar no Templo do homem"*. Este é o grande segredo do Ser. Você veio a terra para aprender os mistérios da vida, do convívio e do Ser. Se Você não experimenta sua existência plenamente, desconhecendo o que é o sofrimento, Você não poderá compreender o que é a angústia e a tristeza – apenas por experiência pessoal estas capacidades poderão ser compreendidas, até mesmo o que estas coisas significam. O homem que só lê sobre a experiência dos outros, pode acreditar que tal coisa seja possível, porém, ele não poderá conhecer: somente aquele que experimenta conhece profundamente e meditando sobre sua condição e dor consegue entender o processo; isto é ciência. Apesar de que igualmente é inegável que Você possa conhecer muito de Deus através do estudo ou pela fé, porém, somente Você, poderá conhecer-Lhe e ser uno com Ele. Fazer-se consciente de Sua presença Dentro de Você, e escutá-Lo atentamente é o grande *"des-a-fio"* do pequeno deus. Este é o Caminho e o Oficio para a Iniciação.

Deus está sempre falando àqueles que lhe atendem. Ele está, de fato, falando àqueles que não querem escutá-Lo, muitas vezes através de sinais e toques. Um Mestre disse: *"vendo, não enxergam; e escutando, não ouvem, muito menos compreendem"*.

Somente no silêncio encontrarás a tua Alma, e quando encontrá--La haverá encontrado o Christo, e de acordo com o grau do seu desenvolvimento, a Deus no Infinito de teu imenso Ser.

Siga estas instruções: Sinta-se nesta realidade e no Silêncio atenda a esta Voz que lhe será audível pelo ouvido do coração e você compreenderá exatamente suas verdadeiras sinalizações. Permita-se religar o fio condutor que lhe colocará em contato com o Eterno. Paulatinamente se tornará amoroso sem distinções.

A prática desta Instrução é a continuação daquela ensinada na quinta Instrução. À medida que Você proceder com estas sugestões, o poder que existe dentro de ti atrairá para seu interior, por vias da inalação e da respiração, um *Prana* restaurador que modificará sua maneira de ver e sentir a Vida. Este *Prana,* em forma de vapor ou luz, que estará inalando irá conduzi-lo às melhores condições de percepção de uma Vida além da ilusão.

Dentro deste ar que Você inala tem uma força Vital, a qual conhecemos como *Prana*; na medida em que proceder com esta prática, Você pode inclusive ver ou pressentir este *Prana* na forma de vapor; por uma cor, uma nuvem ou possivelmente uma luz, talvez também por uma vibração. Você pode não ter consciência disso no princípio da prática, mas, na continuação do exercício, verá e sentirá esse fenômeno como uma força vivificadora e restauradora.

Nota importante: Esta prática há de ser seguida através de todo o primeiro ano completo e não deve ser pausada com as instruções adicionais recebidas. Este *Prana* é uma força menor da Grande Luz que há de ser trazida à manifestação durante o treinamento avançado. Alguns praticantes obtêm seus primeiros êxitos a este respeito observando a natureza num bosque, porém, acostumando-se a relaxar o corpo físico e aquietando-se o mental, no qual se encontra a verdadeira dificuldade, e por sua vez entendendo que "algo vem" para nossa vida, isto é, retire o esforço ou atenção que ordinariamente fazem-nos ver; suspender juízos e não pré-julgar – olhando em paralaxe – naquilo que acreditamos quando olhamos os objetos de nossa mirada; fazendo as três coisas juntas, irão "soltar-lhe" interiormente, como o dormir, porém vendo.

(...) até nossa próxima Instrução, leia e examine o seguinte fragmento do *Corpus Hermeticum*

Como meu filho Tat, na tua ausência, quis ser instruído acerca da natureza do universo e como não me permitiu postergar esta instrução, como é natural, pois é meu filho a um neófito no conhecimento das coisas particulares, fui forçado a tratá-las mais longamente, a fim de que a doutrina lhe fosse mais fácil de seguir. Mas para ti, quis, do que foi dito, escolher a enviar sob forma de epístola os assuntos mais importantes, exprimindo-os de maneira mais secreta tendo em vista tua idade mais avançada e a ciência que adquiriste da natureza das coisas.

Se as coisas que aparecem aos sentidos vieram a ser e vêm a ser, e se as coisas vindas a ser, vêm a ser não por elas mesmas mas por um outro e se muitas coisas vieram a ser, ou melhor, se vêm a ser as coisas que aparecem aos sentidos e as coisas diferentes e dissemelhantes e se as coisas vindas a ser, vêm a ser por um outro, existe alguém que criou as coisas e este alguém não veio a ser, se se deseja que seja anterior às coisas vindas a ser. Pois as coisas vindas a ser, como eu o declaro, vem a ser por uma outra: ora nada pode existir antes do conjunto das coisas que vieram a ser, senão o único que não veio a ser.

Este é o mais possante e único, e é o único realmente sábio nas coisas, pois nada há que lhe seja anterior: pois é o Primeiro na ordem do número e na ordem da grandeza e pela diferença que existe entre ele e os seres criados pela continuidade de sua criação. Por outra parte, os seres criados são visíveis, mas ele é invisível: é justamente por isso que cria, para tornar-se visível. Cria todo o tempo: consequentemente é visível.

Eis como é necessário pensar, e logo, admirar, e isto posto, considerar-se bem-aventurado pois conheceu-se o Pai. O que há de mais doce que um verdadeiro pai? Que é ele e como conhecê-lo? É acertado atribuir-lhe, e somente, o nome de Deus, ou aquele de Criador, ou de Pai, ou ainda os três? Deus devido à sua potência, Criador pela sua atividade, Pai pelo Bem? Pois é potência, sendo diferente das coisas vindas a ser e é atividade pela qual as coisas vêm a ser.

Detendo toda vaga de palavras e os discursos vãos, é necessário apegar-se a esses dois conceitos: o que é criado e o que criou, pois entre esses dois nada existe, nem mesmo um terceiro termo. Em Tudo o que concebes, em tudo que ouves dizer, lembra-te desses dois e convence-te que tudo se resume neles, sem dúvida, nem acerca das coisas do alto, nem das coisas de baixo, nem das coisas divinas, nem das coisas mutáveis, ou das coisas das profundezas; pois tudo que existe se resume em duas coisas: o que foi criado e o que criou, impossível é separar um do outro; pois o que cria não pode ser separado do que é criado, cada um dos dois está submetido a isto e nada mais, é por esta razão que nenhum pode ser separado do outro e mais ainda de si mesmo.

SÉTIMA INSTRUÇÃO

Os desejos reclamam a sua satisfação exterior. Forjam as cadeias que prendem o homem ao mundo consciente. Neste estado, o indivíduo não pode, naturalmente, perceber seus conteúdos inconscientes. O retraimento do mundo consciente tem um efeito terapêutico, mas a partir de um certo momento, que varia de indivíduo para indivíduo, esse retraimento pode significar também negligência e recalque. Desta forma o homem "esquece" de dedicar-se aos níveis mais sensíveis de sua existência, marginalizando o território do imponderável.

A∴A∴K∴

Sua vontade é o resultado da Vontade de Deus em ação. Aquilo que é de Deus é o próprio Deus. Esta é a Lei de Hermes. Um poder infinito existe em cada ser vivente, respira e sente até que seja destruído pelo próprio homem mesmo.

Você é finito, porém pode converter-se num ser infinito, seu Verdadeiro Ser, sua Alma está encasulada num veículo de carne de modo que possa sentir e conhecer; e por meio do domínio próprio deverá fazer-se consciente da Chama de Deus. Esta é a "Chave" do poder da Vontade. Se sua Vontade estiver concentrada na realização da Consciência da Alma, você passará por alto nos desejos do ser carnal e se fará consciente do ser Espiritual. Ao gravar em sua mente que você pode ser aquilo que sua Vontade deseja ser, constantemente fará esforços para este fim, alcançará finalmente o êxito, na Tradição isto se chama "precipitação do Espírito" no homem, se moverá somente por um esforço sistemático do desenvolvimento.

Seu desejo deve ser transmutar o carnal (ou animal) em você no humano-Espiritual. Não é tratar de destruir o carnal, mas, sim, mudá-lo para o Espiritual. Neste procedimento de transmutação você ganhará força e uma visão ampla para continuar um longo caminho até a realização final.

Um pensamento constante se apoderará dele despertando um verdadeiro desejo; é com o espírito ou com uma força diretriz. Sendo esta Vontade toda e certamente ensinando que: "Permita o pensamento bem dirigido escolher, causar um ato, formar um hábito até moldar o caráter; e este caráter continuar norteando o destino e escolhas da pessoa." Nesta declaração existe uma grande verdade, que firmemente aderida a ela mudará a natureza e destino de cada ser humano que seguir este ditame.

Se for possível fazer isto, forme um quadro daquilo que deseje buscar, ser ou alcançar. Isto é vital: Conhecer aquilo que deseja e aquilo que quiser ser. Então, senta-se no silêncio e visualize seu Ideal, pelo menos uma vez ao dia, ao mesmo tempo fazendo todos os esforços possíveis por meio dos estudos e das práticas, para alcançar seu objetivo ou sua realização. Fazendo isto, sua Vontade magnética atrativa, que nada pode impedir, seguirá triunfante até a vitória. A partir daí, seu coração fará um esforço e você gradualmente esquecerá tudo que for desnecessário e seus desejos serão realizados. Esta é uma grande verdade em relação às coisas materiais, assim como as coisas da alma.

Por este método de prática, você poderá, com o passar do tempo, manejar sua Vontade em qualquer assunto que deseje. Este controle não pode ser realizado num só dia ou numa só semana. Depende do final previsto e do grau de concentração e intensidade do esforço empreendido para este fim.

Desde o princípio, você sentirá uma ideia de segurança na exata proporção de seu desejo interior e sentimento. Você estará consciente do despertar gradual da Consciência interior e do desenvolvimento que está acontecendo.

Perseverança e paciência são essenciais em todas as atividades Ocultas. É exatamente no grau exato que você exercitando estas qualidades obterá o êxito. Sem isto você continuará sendo um fracasso e um escravo das circunstâncias e do meio ambiente.

Uma vez que você tenha comprometimento em qualquer atividade especial, continue com tenacidade e entusiasmo. Não comece com um pensamento ou desejo débil para mudá-lo amanhã. Fazer isso é receber como resultado apenas o fracasso. Não seja um charlatão. Fale pouco e pense muito. Não discuta com outros seus desejos internos, que o faça apenas com seu Instrutor. Fazê-lo é criar oposição e retardar seu crescimento e progresso. Falar muito é difundir-se e difundir-se é debilitar-se; e a debilidade só pode terminar no fracasso. Somente observando a Lei operadora pode alguém alcançar o êxito e alcançar seu Ideal.

Mantenha em sua mente que os louvores do mundo são efêmeros; falar ou trabalhar para que lhe adulem é a mais idiota das vaidades; a vaidade conduz sempre e ao mesmo lugar: ao fracasso. Busque somente aquilo que aprove seu ser interno e você terá uma sensação de Deus sobre seus esforços, e gradualmente se fará consciente que Ele está com você no grau exato em que seu coração estiver com Ele.

Deseja honestamente e sinceramente ganhar sua liberdade do meio ambiente e das circunstâncias? Controlar seu próprio destino? Traçar seu próprio curso? Alcançar a consciência da Alma? – Então estude, não apenas leia está Instrução uma ou outra vez até fazer parte de você. Para que obtenha controle e clareza, na sua guia em formação, continue com as práticas das Instruções quatro e seis até receber seus próximos ensinamentos.

Leia e examine com atenção o seguinte fragmento do *Corpus Hermeticum*

(...) Deus, ou o Pai, ou o Senhor das coisas, ou qualquer nome que os humanos de uma maneira mais santa ou mais repleta de reverência o designem; nome que a necessidade em que nos vemos de nos comunicar uns aos outros faz com que consideremos sagrado; de forma que se consideramos a majestade de um Ser tão grande, nenhum destes nomes tem o poder de defini-lo com exatidão. Pois se o nome não é mais do que isto, um som que provém do choque de nosso alento com o ar, para declarar toda vontade ou pensamento que o ser humano tenha podido conceber em seu espírito a partir das impressões sensíveis, um nome cuja substância, composta de um pequeno número de sílabas está inteiramente delimitada e circunscrita a fim de fazer possível entre os humanos o intercâmbio indispensável entre o que fala e o que escuta, se o nome, digo, é mais que isto, a totalidade do nome de Deus inclui ao mesmo tempo a impressão sensível, o alento, o ar e tudo aquilo que existe nestas três coisas ou por seu intermédio ou como resultado das três: bem, não há nenhuma esperança de que o Criador da majestade do Todo, o pai e o senhor de todos os seres, possa ser designado por meio de um único nome, nem sequer composto de uma pluralidade de nomes; Deus não tem nome ou melhor ainda, possui todos, posto que é ao mesmo tempo Um e Todo, de modo que é preciso ou designar as coisas com seu nome ou então dar-lhe o nome das coisas; Deus, portanto, que é as coisas por si só, infinitamente repleto da fecundidade dos dois sexos, prenhe pela sua própria vontade, sempre, dá à luz e tudo que tenha planejado ou decidido procriar. A sua vontade é, inteiramente, bondade. E essa bondade que existe também em todos os seres saiu naturalmente da divindade de Deus, para que os seres sejam como são e como têm sido e para que todos os seres que tenham que existir na sequência procurem, de maneira adequada, a faculdade de reproduzir-se.

(...) Este mundo dito sensível é o receptáculo de todas qualidades ou substâncias das formas sensíveis e todo esse conjunto não pode ter vida sem Deus. Porque Deus é as coisas, vem de si e dependem de sua vontade. Este Todo é bom, belo, sábio, inimitável, não é perceptível e inteligível a não ser para si mesmo e sem ele

nada foi, nada é, nada será. Pois tudo vem dele, tudo está nele, tudo é por ele, e as qualidades de todas classes e de toda figura, e as magnitudes enormes, e as dimensões que superam, e toda medida e as formas de toda espécie, compreende estas coisas, Asclépio, e darás graças a Deus. Porém se chegas a alcançar conhecimento acerca deste Todo compreenderás que em verdade o próprio mundo sensível, com tudo o que contém, está rodeado como por uma vestimenta pelo mundo superior.

AS SETE INSTRUÇÕES DO DISCÍPULO

PRIMEIRA INSTRUÇÃO

DISCIPULADO

O que o Discípulo precisa saber e praticar inicialmente...

Saber ver e escutar tudo e todos de uma maneira nova. A maneira nova é usar o sexto sentido em cada percepção em cada tarefa que for empreender; em todas as percepções dos cinco sentidos.

Ver tudo e todos com bons olhos e escutar com bons ouvidos.

Buscar além dos cinco sentidos para perceber e sentir o Princípio Puro da Vida, indistintamente, em cada forma e em cada corpo, seja ele feio ou bonito.

Estar alerta, descontraído e com sinceridade ao falar e, mais ainda, ao calar.

Estar sereno e confiante com suas antenas mentais ligadas, como fios condutores à Fonte do Eterno Alento da Vida.

Compreender – saber e sentir, que neste Divino Alento está o Fogo que purifica, a Luz ilumina e a Sombra ensina; tudo isso está na maneira de ver e sentir a vida, com os mesmos olhos puros e o coração pleno de bondade, independente da clareza do objeto iluminado pela Luz ou do mesmo objeto na ausência desta. A Luz que ilumina e o Amor como força circulante darão plenas condições para perscrutar um ponto de interrogação nas nossas reflexões.

Perceber – saber e sentir – que o Fogo, a Luz e o Amor são formados de seres atômicos vindos da Fonte Infinita.

Não prejulgar – O Julgamento é um resquício atávico. Evitar o prejulgamento; não formar ou emitir juízo sobre qualquer coisa sem exame prévio; conjeturar, presumir, supor sem analisar é de tudo pernicioso e carregado de leviandade.

A surgir uma dúvida sobre um comportamento do Irmão, deverá ir até a Ele e perguntar, tentar dissipar a má impressão; jamais transmitir aos outros uma má impressão de um Irmão, que muitas vezes mal conhece.

Será de bom alvitre que cada Aspirante possa fazer seu "Credo" baseado na "Compreensão" transcendental. O Credo é aquilo que acreditamos sem dogma, aquilo que nos vêm verdadeiramente do coração. É o que cremos inerente ao nosso Ser, que está sob a influência da Lei da Atração. "Crê e acontecerá", afirmou um Grande Mestre.

O "Credo" nós dá uma segurança interior que se reflete no exterior e que nos leva ao "Porto Seguro", nos ilumina, inspira, fortalece, ampara, nos salva das armadilhas das incertezas, dos dilemas e perigos. Ajuda-nos superar todas as tentações.

O Discípulo é aquele que aspirou se elevar ao primeiro degrau da Escada; é aquele que depois de aspirar ao Ser, respira calmamente nos seus braços entregando seu coração para ser medido e pesado.

Miguel

O OBJETIVO DA GRANDE OBRA É:

Transmutação – redenção – remissão, ou seja, a restauração do Ser com princípios Divinos em cada indivíduo, buscando no ternário a exaltação ou ressurreição do quaternário, isto é, na imagem perfeita da criação Divina, ou o retrato do Ser mais perfeito que podemos ser.

Os Alquimistas (pessoas que se dedicam a melhorar as coisas) dedicam seus esforços e seu trabalho com a finalidade de conseguir a Iniciação ou o despertar da Alma, alterando a Consciência, para descobrir, encontrar o *Logos* (a Chispa Divina) em seu interior. Se você procede com suas práticas sistematicamente, também encontrará a "Pedra Filosofal" e o "Elixir da Vida" dos Alquimistas.

O metal básico utilizado pelos Alquimistas foi apenas um símbolo, para representar o aspecto carnal, os hábitos corrompidos e as baixas emoções tão universalmente conhecidas no homem. Os Alquimistas foram purificando esses baixos metais, mediante a sistemática aplicação de "Desejos Elevados", Ideais Nobres mantidos na mente e no coração, vigorizados com uma Vontade forte (Vontade Verdadeira), até transmutar (mudar) o baixo pelo alto e converter os metais grosseiros em ouro puro, que é a Consciência da Alma. Esta é a tarefa fundamental do Discípulo: desejar e cultivar ideais nobres em sua mente e em seu coração – vigorizá-los com uma Vontade Verdadeiramente forte.

Grave em sua mente, com letras de fogo, e lembre-se sempre de que a Consciência da Alma e a Iniciação são a mesma coisa e que só diferem em grau de percepção.

A humanidade, de maneira geral, busca um Cristo Salvador no Céu, no exterior em vez de buscá-lo transcendentalmente (dentro de si), em seu interior. O princípio do *Christo* está vivo, latente dentro de toda pessoa normal. É a Chispa Latente que aguarda ser convertida em Chama e trazida à manifestação. Seu trabalho consiste em preparar-se para outro Trabalho ainda Maior, por meio do desenvolvimento do *prana* ou da luz menor.

O Princípio Divino ou Chispa é o *Christo Gnóstico* no homem; enquanto você não tiver despertado completamente, não dominará sua personalidade e nem se tornará um indivíduo verdadeiramente livre - um ser independente e desprovido das escórias que privam a vida plena de paz e harmonia; sujeito unicamente de Deus e da Grande Lei.

A Alquimia tanto da antiguidade quanto a atual é a Ciência Divina, que consiste em transmutar os metais baixos, ou paixões que lhe têm submetido a uma vida nas masmorras do vício e da alienação de uma vida plena; em ouro puro que é a Espiritualidade; é ao mesmo tempo o desenvolvimento das posições escondidas dentro do Ser; o aperfeiçoamento do Templo da Tradição do Deus Vivente.

O Elixir da Juventude e a Pedra Filosofal, que tanto se fala na literatura Alquimista e na essencial VRIL de Lytton, têm sido tomadas como "uma coisa" puramente filosófica; porém, são as únicas forças viris que podem trazer o êxito completo. Por virtude delas, o corpo e a Alma se Regeneram, adquirindo força e saúde.

A "Pedra Filosofal" difere um pouco do "Elixir". Por meio do "Elixir", você pode curar a si mesmo; por meio da "Pedra Filosofal" se pode curar a outros.

Todas essas coisas se obtêm com a Fidelidade, Consistência e Persistência no Estudo das Instruções que você vem recebendo e com a Prática das mesmas, mantendo-se firme, resoluto e imutável nos seus propósitos, permanentemente fiel aos seus ideais. Fazendo assim, estudando e praticando regularmente, você alcançará a Consciência da Alma e finalmente a Iniciação de modo a Regeneração completa de todo seu ser.

Com a prática desta lição você chegará ao terceiro passo do regime primário de preparação. Antes de tudo, as práticas de inalação das forças vitais e viris têm como objetivo a continuação de sua regeneração através da Arte; portanto, deve fazê-las com disciplina e a metodologia ensinada. Ainda que essas forças mundanamente não possam ser vistas, é possível que você consiga vê-las sob forma de vapor de uma luz; porém, independentemente de vê-las ou não, elas irão desenvolvendo com cada prática e à medida que vão progredindo poderão ser dirigidas, pelo esforço da Vontade – Aquelas partes do corpo que necessitem reparações poderão ser beneficiadas por meio destas canalizações. Isso é possível e se conhece sob o nome de Centralização.

Se você, Discípulo, busca alcançar o grau mais alto de desenvolvimento, deve aprender a reconhecer a diferença que existe entre as forças mentais e as forças da Alma; as da Alma se manifestam em forma de sentimento.

Recorde sempre que a independência do indivíduo só pode conquistar por meio do esforço determinado dirigindo suas ações, mantendo-se constante, firme e imutável nos seus desejos. Sua mente é delineadora, sua diretora. O Segredo da Vida se encontra no uso correto e na exaltação das forças viris e vitais.

Tudo aquilo que você faça pode tomar direções diametralmente opostas; numa direção se degradará, culminando no fracasso e na morte; na outra se exaltará Espiritualmente resultando num êxito glorioso e na Vida plena de Luz, Paz e Amor.

É essencial que você mantenha sempre em sua mente o desejo de realizar seus esforços necessários para levantar, para elevar todas as forças. Físicas, morais, mentais, criativas (sexuais) e espirituais, sem permitir, em nenhum momento, que se rebaixem. Para obter esta realização e fazê-la inconscientemente, requer-se tempo e treinamento. Dois anos de estudos serão necessários e suficientes para esta fase. Esforce-se e dedique-se com toda sua coragem e fé e o sucesso será seu prêmio como pagamento. Para preparar-se "O Campo", você, como um todo, terá que ser meticulosamente trabalhado. Para que o trabalho mais avançado seja pleiteado, ou Arcano como sugerimos nas lições do Grau anterior, esta preparação é fundamental e absolutamente necessária.

Continue com as práticas das Instruções do Grau anterior e mantenha seu desejo sempre em mente: a ideia e seu ideal naquilo que se quer ser ou obter. Não permita que o outro lado de seu ser interfira nas suas determinações e Vontade Verdadeira; com seus próprios esforços, certamente, chegará ao Porto projetado.

> *Ao todo há doze grandes globos de consciência, e cada globo têm seu próprio símbolo individual, é somente pelo uso apropriado e compreensão de um símbolo que o estudante pode contatar estes globos de consciência e tornar claro para seu eu o conhecimento de suam manifestação. Pois dentro do homem há câmaras trancadas nas quais está guardada a sabedoria ganhada nestes chamados 'ciclos do passado', e pelo uso apropriado destes símbolos, o pesquisador pode abrir para seu eu o conhecimento de antigas tentativas.*

M∴M.

SEGUNDA INSTRUÇÃO

"A experiência religiosa enquadra o homem na sua totalidade e, por conseguinte, também afeta as zonas profundas do seu ser. Ela [a experiência religiosa] é a experiência da existência total, que revela ao homem a sua modalidade de ser no mundo."

Mircea Eliade

O desejo é o incentivo para realizar todas as atividades humanas. Encontra-se na raiz de todas as emoções e paixões que o homem possa sentir. É a Chave de Ouro, com a qual se abre a porta que conduz para o caminho que leva a todas as realizações. O desejo se manifesta numa dualidade de aspecto conhecida como: Ação e Reação. Um desejo satisfeito causa prazer, um desejo frustrado ou obstruído causa tristeza. Quando esperamos que um desejo seja gratificado, sentimos esperança; e quando um desejo não se cumpre, sentimos uma espécie de temor e angústia.

O desejo e o Amor, basicamente, são termos sinônimos. O amor se pode chamar muito bem de desejo mais alto ou elevado. Tanto o Amor como o desejo são aspirações inatas para algo; e quanto mais intensos, maior é o esforço que demanda para realizar. Se você deseja alcançar algo de verdade, então não terá paz enquanto não o realizar, e colocará todo seu esforço para obtê-lo ou consegui-lo e receberá como pagamento a paz. Se você ama algo com profundidade, então estará intimamente contente ao fazer todos os esforços e sacrifícios para que esse amor se converta numa realidade alcançando e possuindo aquilo que se ama.

Afortunadamente, para o homem, possuidor de uma Alma Humana, quando tem um Ideal, e a obtenção deste Ideal é seu verdadeiro propósito, pode dispor do desejo e do amor como incentivo, estímulo para consegui-lo, dentro de quaisquer estados do ser, seja físico, Espiritual ou de Alma; ou no conjunto de todos esses planos.

Durante séculos o homem aceitou como verdade o preceito de que não é "natural", nem compatível o amar e perseguir o bom e verdadeiro, porque este Ideal não faz parte de sua natureza. A aceitação deste preceito certamente levará aquele que assim pensa ao fracasso, tanto no mundo material e suas realizações, como no mundo Espiritual e sua exaltação. A falta de um incentivo que satisfaça corretamente o ser físico carnal, leva aos homens a buscar as satisfações das pulsões

274

internas, por meio dos prazeres efêmeros da vida, os quais satisfazem a vítima; tais "satisfações" são insaciáveis e ilimitadas, tendo aqueles que assim procedem buscar cada vez mais "venenos" e drogas para nutrir suas paixões.

Todas as ações dos homens nascem sobre a base da natureza do estado de seu ser. Essa natureza é de caráter dual. Quando se fracassa em compreender este acerto, mal interpretado os desejos do ser, porque não se usa a razão corretamente para analisá-los, aprendendo a distinguir quais deles são os bons e melhores; dá-se-lhes passagem aos atos, pensamentos e desejos deletérios para o ser físico e Espiritual, chegando necessariamente e unicamente no fracasso da vida.

O homem deve aprender a compreender e a governar sabiamente sua natureza dual, entendendo que o amor e o desejo encontram seu polo oposto na aversão e na inércia. Esta aversão e esta inércia devem ser eliminadas, despertando o desejo que induz à ação; ação que trará êxito por meio de sua reação. Os ódios, assim como a aversão, são opostos ao amor e ao desejo. O homem não odeia realmente a ninguém em si; somente odeia aquilo que representa um obstáculo para realização daquilo que aspira, ou aquilo que ameaça sua segurança pessoal. Ignorando por completo o fato de que o fracasso reside dentro dele, e nunca nas coisas que pensa lhe opor.

Se o Discípulo é inteligente, pensará e "reconsiderará" as coisas antes de atuar. Mudará sua atitude, desejando somente aquelas coisas que são eternas em sua natureza e perpétuas em suas ações.

Compreender esta Lei na sua totalidade e trabalhar em harmonia com ela é o segredo de uma vida moral e Espiritual perfeita. A base do desejo deve ser Espiritual, porque esta é imutável. Esta era a Chave do segredo e do poder dos velhos Alquimistas; e você, como Discípulo moderno, deve seguir estes passos, se seu desejo é alcançar a meta que a Iniciação lhe oferece.

Este ideal de amor e desejo, em relação com sua transformação é um Fertilizante, Fogo Criativo e Ativador. Era conhecido amplamente pelos Alquimistas, como a Essência, Mercúrio, Espírito Criativo e o Espírito Santo; o Fogo que desce e eleva, sendo o único caminho através do qual se pode entrar plenamente na Vida e no Amor. Os atributos destas potencialidades são muitos. Sua missão como Neófito verdadeiro é encontrar dentro de você a *Luz*, a *Vida* e o *Christo interno*.

Junto com os exercícios que já foram ensinados na Sexta Instrução do Aspirante, pratique o seguinte Mantra até receber futuras instruções.

Eu me esforçarei para eliminar todos os desejos nocivos, do Espírito de meu Ideal. Farei constantemente todos os esforços para alcançar uma Consciência Espiritual, de modo que possa colher os frutos oferecidos a mim em troca de meus esforços.

TERCEIRA INSTRUÇÃO

Todavia aquele que é capaz de ver e perceber a unidade também poderá contemplar e discernir tudo aquilo que possa observar e distinguir eternamente. O educador que ajuda o homem a desenvolver suas habilidades e a sua própria unidade lhe ajudará a encontrar-se de novo com Deus.

Martin Buber.

Saudações dos Mestres:

Aos Sacerdotes, Iluminados e Iniciados do futuro: Seja com eles toda Saúde, a Glória e a Luz do Eterno, para que realizem suas Vontades Verdadeiras e consigam chegar à sublime exaltação de suas naturezas internas. Que alcancem a escala dos sábios e o Jardim Filosofal do Amor.

Nós lhes rogamos bons Irmãos eternos, pela Coroa da Sagrada Árvore da Vida, pela Casta Luz das Inteligências, pela doçura de Osíris e Ísis, pela radiante e esplendorosa Estrela de Locusta, limpem o mundo de suas obscuridades, por meio da claridade da grande Inteligência, criando uma elevada estrutura simbólica, que lhes permita a evolução de um poderoso Ministro do Serviço. A vocês que está de pé nas dianteiras fileiras do tempo, está reservado tudo dentro do Cosmos, como uma matéria plástica, para ser usado pela sua Iluminada Imaginação e transmitir esse conhecimento aos Filhos do Futuro, cujo destino estará em vossas mãos. A Luz que nunca esteve na terra nem no mar, está dentro de ti e nosso trabalho consiste em ajudá-los a encontrá-la.

Dentro de você está o poder de projetar esta Luz sobre o Universo visível, para realizar a completa transfiguração do mundo. O Cosmos é a herança da Imaginação, é como a argila para ser moldada à sua vontade. Numa ordem distinta ao reconhecido senso comum das pessoas, o homem é trino.

1º - Existe o homem externo, capaz de realizar uma perfeição, uma beleza, uma glória, uma alegria e uma felicidade, com a qual poucos têm sonhado no presente.

2º - Existe o homem interior, cujo mistério só pode ser revelado pelo Sol da Retidão; e o será para você, de acordo com seu próprio desejo e esforço.

3º - Existem, finalmente, um plano dentro de seu Ser, que na maioria das vezes é raramente descoberto, porque a maior parte de sua vida está dedicada aos pensamentos e desejos puramente materiais, dando-lhe muito pouca ou nenhuma oportunidade para que este plano se abra e lhes permita adentrá-lo para explorá-lo. Como resultado de tudo isso, o homem passa através da vida possuindo uma joia preciosa, mas completamente inconsciente e alienado de sua existência.

Existe também uma grande soma de homens verdadeiros, muito pouco conhecidos para o homem espiritualmente inconsciente. Numa região do aparelho psíquico existe um ponto onde se registra a história de todas as vidas passadas, o conhecimento adquirido através dos séculos. Um reino que pode e deve ser aberto (descoberto) pelo desejo e o esforço consciente, para que nos sirva de guia ao longo de nossas vidas. Neste ponto do subconsciente está escondido o mistério da vida; um mistério que só poderá ser descoberto seguindo o único e estreito caminho, depois de passar pela única entrada.

Quando você conhecer a si mesmo, poderá passar através desta porta, atravessando as profundidades, as alturas e as distâncias desta aparentemente privada e separada de seu Ser, a qual passa despercebida porque não está consciente de sua existência, mas ela está em contato consciente com a Deidade. É possível você realizar esta viagem sublime para as regiões do passado. Isso está prometido e pode ser perscrutado plenamente; trata-se em realidade de Conhecer essa parte de seu ser, a qual pode parecer-lhe, pelo presente momento, somente um vago sonho; um sentimento de algo perdido; o desejo de algo desconhecido, porém que você sente que existe.

A Antiga Irmandade compreendeu isto; para eles este assunto foi um livro aberto e gravaram sobre as portas de seus templos o seguinte mandato: *"Homem, conhece-te a ti mesmo"*.

Eles entenderam perfeitamente que ao dar esta ordem, estavam permitindo em substância, a todos que obedecia esta incumbência, que verdadeiramente se tratava de uma possibilidade pragmática, que poderiam chegar a conhecer-se a si mesmos; e com tal conhecimento resolveriam o mistério da vida e aprenderiam a conhecer a Deus.

A via está aberta para você, os Mestres de todos os Mestres e de todas as Tradições declararam esta verdade. Desafortunadamente, muito poucos são desejosos de continuar a caminhada até o final do caminho.

Para compreender com plenitude o mistério da vida é necessário viver a vida, não só ler e sonhar com ela. Ter o discurso e o percurso uníssono como Conhecimento. Os pensamentos de ansiedade e angustia são uma perda de tempo e energia. É essencial a moderação em todas as coisas; não se antagonizar com nada. É necessário ter uma mente imparcial, aberta e estar desejoso de escutar no silêncio de seu coração, de maneira que se possa analisar e buscar a verdade por si mesmo, pelo próprio esforço do entendimento. É essencial cumprir com nossos deveres, para consigo mesmo, para com os amigos, a família, para com quem nos ajudaram no caminho e inclusive para com quem nos tenha mostrado insociável. Você não pode e não deve descuidar de seus deveres; suas ações devem ser determinadas por você mesmo, e não com base no que os outros fazem ou deixam de fazer. Busque e trabalhe para a Luz, a Vida e o Amor em todas as coisas; não se deixe enganar por nada nem por ninguém. Medite sobre o porquê de todas as coisas; e por si só encontrará o Centro de seu Próprio Ser. Continue analisando as Instruções recebidas nas lições anteriores.

Examine e reflita o fragmento do texto abaixo como parte desta terceira Instrução.

A libertação das ilusões repousa unicamente em não crer nelas.
(T-8.VII.16:5)

Você tem também de dar-se conta de que você fez a dualidade por ter decidido ser um perceptivo, sendo que tudo que percebe inclui características aparentemente opostas àquilo do que aparentemente se separou. Daquilo que você se separou – o Céu – tem um conjunto de características, e o que você percebe como sua realidade tem um conjunto oposto de características.

O Céu é: perfeito, sem formas, imutável, abstrato, eterno, inocente, íntegro, abundante, Amor completo. É realidade; é Vida. Deus e Cristo e as Criações de Cristo são perfeita unicidade. Lá nada mais há. Esse é o Domínio da Vontade de Deus – a Sabedoria do Pai. Descrever a experiência de sua ciência dessa perfeita unicidade não é realmente possível, mas asseguro a você que você a saberá quando você tiver uma temporária experiência dela. Ela não é exatamente como qualquer outra coisa com que você esteja familiarizado.

A percepção é: individualidade, forma, contornos, especificidades, mudanças, tempo, separação, divisão, ilusão, desejos, carência e morte. É por isso que no Livro de Gênesis 2:16-17, que vem direto da mente inconsciente do autor, diz: "tu podes livremente comer de toda árvores do jardim; mas da árvore do saber do bem e do mal não podes comer, pois no dia em que dela comerdes morrereis". O bem e o mal são opostos e uma vez tenhas um aparente oposto ao Céu, você tem a morte.

Gary R. Renard - *The Disappearance of the Universe.*

QUARTA INSTRUÇÃO

A verdade a teu respeito é tão elevada que nada indigno de Deus é digno de ti. Escolhe, pois, o que queres nesses termos, e nada aceites que não oferecerias a Deus como inteiramente digno Dele.

Gary R. Renard - *The Disappearance of the Universe.*

Desde o momento que o Neófito, Aspirante a Discípulo, começa a compreender as verdades esotéricas, ensinadas pela Augusta Tradição dos Alquimistas Herméticos, e passando a vivenciá-las Espiritualmente, com todas as forças de seus sentimentos, entrará em harmonia interna com seu Ser transcendental e, em corolário, o despertar de uma nova consciência do ideal que se deseja personificar. Este sentimento superior irá libertando o Discípulo dos indesejáveis subníveis conscienciais, que possam restringir as realizações altruístas que se deseja alcançar. Este resultado se alcança praticando diariamente com fé e ao compreender os ensinamentos plenamente, que dentro de si está desenvolvendo um novo estado, de magnificência, ainda que possa parecer que algo esteja separado de seu ser.

Todos os Ungidos do mundo passaram por esta situação. Os "eleitos" que alcançaram a plenitude da consciência cósmica e que agora trabalham, secreta e silenciosamente, entre toda a humanidade, com o objetivo de que todos possam também realizar a Consciência da Alma estão cônscios de sua missão maior; neles está arraigado, fortemente, o desejo de levantar (erigir) toda criatura humana, que sofre e estão padecendo da dor da *Queda* no exílio. Foi neste mesmo e firme propósito, com o qual se fundou a nossa Ordem; de ajudar a estabelecer a Fraternidade entre todos os homens.

Com as aspirações novas, vão formando-se novos poderes e forças, que ajudarão ao Discípulo a realizar suas Verdadeiras Vontades; a pôr em prática manifestada aquilo que anda buscando; e à medida que siga procedendo com firmeza e fidelidade no cumprimento da Lei, irá se fazendo consciente do crescimento da habilidade para utilizar forças e faculdades que no momento possam lhe parecer desconhecidas (estranhas), porque encontram-se em estado inativo. Desta forma o Discípulo vai desenvolvendo suas habilidades de praticar as verdades Arcanas espiritualmente, sob a direção de sua Vontade Verdadeira. A base de seus esforços se espiritualizará fazendo-o consciente do crescimento; da sensação ou sentimento de que está elevando-se ou glorificando-se. Este novo estado que vai se formando gradualmente é na realidade um Renascer; daí procederá todos os "poderes" futuros, para alcançar os mais diversos fins, em todos os planos do ser. Neste sentido, é verdadeiramente um Ser espiritual, de natureza elevada, ainda que seja em parte alienado desta divina realidade. Quem alcançar este estado será um dos "eleitos" da Era profetizada por São João.

Pouco a pouco e de forma gradual, porém segura, o Discípulo irá obtendo uma compreensão distinta e nova da vida e da parte que a ele compete desempenhar no drama humano. Ele compreenderá que assim como a mente começa a funcionar como uma consequência do nascimento físico, da mesma forma ela tem possibilidades que são inerentes quando se aplica de forma ampla se dirigindo para infinitas criatividades. Em igual dimensão a mente pode ser usada para fazer o mal, quando está mal dirigida; quer para fazer o bem, quando dirige corretamente, com forte impulso de fazer o bem, com o propósito de erradicar o mal, para o estabelecimento do Éden em sua vida, no tempo e no espaço por toda a terra.

Ao mesmo tempo o Discípulo irá vendo claramente que quando a mente funciona devidamente, dentro dos princípios justos e perfeitos, e se dirigida com sabedoria, se converte, de fato, em verdade, num gerador de forças criativas para alcançar tudo que deseja. O Poder e a força da mente quando usados para servir fins egoístas; tem como consequência a Reação do Mundo da Vida e em prejuízo próprio, em detrimento de quem as colocou em atividade.

Este conhecimento se adquire passo a passo, e não no curso de um só dia, com esforços continuados e sólidos, e não com esforços débeis e descontinuados. É um crescimento que nos leva até o desenvolvimento da forma quaternária do homem. É sabedoria ganha e conquistada, por meio da experiência. De agora em diante o Discípulo que atue com sabedoria, tal como fez Salomão; iniciando com ele a construção dentro de si, uma Reconstrução de si mesmo, a do "edifício feito sem mãos"; a do templo descrito do Livro Sagrado, o mesmo que Salomão construiu, e no qual oficiava como Sacerdote do Eterno. Este corpo, este Templo, será Regenerado exatamente de acordo com o modelo que o

Discípulo tenha em seu coração; de acordo com seu desejo e o esforço para realizar sua construção.

Este esforço deve continuar sem que importe a oposição nem o desânimo que possa ser sentido inicialmente como consequência do pagamento que se está fazendo na contabilidade das dívidas kármicas. Até que o ser carnal se converta no Templo; lugar apropriado para a Alma que está despertando, esta que irá desenvolver até chegar juntamente com o corpo a ser o protótipo dos Iluminados, dos "Eleitos" da Nova Era ou dos Seres Místicos.

Durante o desenvolvimento, o Discípulo ganhará gradualmente uma vista interior mais aguerrida, mais sensível, em relação à razão e a causa de todas as coisas; e se fores sincero, se fará consciente de que tudo aquilo que chamou de má sorte, situação tão desencorajadora em princípio, incluindo perda de amigos, fracassos aparentes, eram, em realidade, pequenas perdas no caminho para seu êxito e realizações maiores.

Continue com o estudo e práticas das Instruções regularmente. Permita que as palavras dos Mantras sejam o espírito de sua elevação e progresso, para sua realização e triunfo final.

Examine e reflita o texto abaixo como adendo da terceira Instrução.

Sua vida [existência terrena] é muito parecida com uma sala de aula, onde você aprende suas lições para ser capaz de experienciar a verdade que existe dentro de você.

A∴A∴K∴

(...) Partindo da constatação de que a educação tradicional não tomou para si a nobre função de facilitar que o aprendiz aprenda a nadar nos rios da existência, não é para se estranhar o flagelo crítico contemporâneo: a inversão valorativa e falência da ética, o "mar de lama" da corrupção, cinismo e omissão, a onda crescente de violência e injustiça social, o aumento dramático do índice de suicídio infanto-juvenil, a depredação ambiental e o quase fenecimento da cultura ocidental. É preciso ousar desenvolver, com urgência, uma ecologia do Ser, em que o

humano possa ser desvelado e cultivado em toda a sua extensão, altitude e profundidade. Para tal, torna-se imprescindível que esclareçamos os nossos pressupostos antropológicos, mas além destes é fundamental ir além, buscar a educação espiritual. É a partir da imagem do ser humano que adotamos, consciente ou inconscientemente, que será modelada a nossa atitude frente ao mesmo, no contexto da família, da escola e da sociedade. A inteligência espiritual é o instrumento básico da grande Conspiração dos Despertados pela perpetuação da espécie humana, com qualidade, dignidade e a reconexão do conhecimento com a dimensão do amor e compaixão...

QUINTA INSTRUÇÃO

Quando um Iniciado olha o mundo nada se vê em separado. O universo é uma só peça, um único corpo. É um sistema entrelaçado de níveis e elementos que configuram um todo. Além do mais, o Iniciado percebe que a parte invisível da Existência é o seu principal componente, e que esta dimensão invisível governa tudo o que acontece dentro e fora dele; das esferas mais sutis às mais densas.

A∴A∴K∴

Se o Discípulo foi fiel ao estudo e na prática, deve ter chegado ao grau de desenvolvimento descrito na Instrução anterior; e agora está entrando num grau de segurança e de estabilidade que irá lhe fortalecendo gradativamente, a qual lhe permitirá sentir uma espécie de letargia no Espírito. Todas as estas coisas serão percebidas em seu exato e verdadeiro sentido, e saberá utilizá-las com a devida sabedoria, tal como o faz um pedreiro, que sabe utilizar cada pedra numa construção, sem importar sua forma, na construção de um edifício.

O Discípulo sincero e formal deve avançar passo a passo e colocar de lado os preconceitos e opiniões pessoais, reconhecendo que tudo aquilo que existe tem um uso e um propósito na construção do templo Espiritual e do Sacerdócio; não importa que tal atitude lhe cause pena ou dor. A Alma em atividade com seus atributos e Ideais é o próprio Sacerdote. Com este conhecimento nas mãos, devemos admitir que algo mesmo que indesejável em aparência é um material que deve ser usado na construção, tal como o mestre carpinteiro utiliza a madeira tosca em seu ofício; depois de mudar sua forma e prepará-la para um fim na sua arte, depois de polir com cuidado suas aparas vai ser utilizada na construção do Palácio do Rei, ou na construção de uma casa de obreiro.

O TEMPLO DE SALOMÃO

No que diz respeito à construção do Templo por Salomão, estamos sobre um terreno histórico, mas todos os detalhes não são ainda perfeitamente conhecidos, e vamos ver que o misticismo desempenha aí um grande papel. Sabemos que Jerusalém se tornara a capital nacional de Israel, sob David, que reforçou o reinado que me parte Saul havia adquirido. Na vida de David, igualmente, a Arca da Aliança foi transportada a Jerusalém e colocada numa tenda sagrada erigida em sua honra. É quase certo que esta tenda corresponde em princípio ao Tabernáculo, embora a descrição post-Exílica é mais ideal do que real. No entanto, não haveria aí nada de extraordinário no fato de que a tenda de David tivesse uma certa magnificência, porque David estava em vias de preparar todo material para a construção do Templo, cuja honra lhe fora prometida para seu filho Salomão.

É certo que o Templo de Salomão estava construído sobre o sítio ocupado mais tarde pelo Segundo Templo ou o Templo de Zorobabel, e em parte pelo Terceiro Templo, ou o Templo de Herodes. O Segundo Templo era maior que o Templo de Salomão, e o Templo de Herodes era ainda muito maior.

Na sua arquitetura, o Templo de Salomão era claramente Fenício, uma modificação da construção Egípcia. Ele ocupava o pico do platô rochoso entre o Vale do Kidron e a depressão ou vale Tyropeano, depois aterrado. Sobre esse platô se encontra o rochedo sagrado chamado o sakhra, o qual era empregado como altar desde os tempos mais antigos, muito tempo antes que Jerusalém caísse nas mãos dos Hebreus. Apesar do desejo dos arqueólogos de provar que o Santuário dos santuários estava construído por cima desse rochedo, a tese não é válida, porque as dimensões do Santuário dos santuários no Templo de Salomão era 10x10m, e o próprio rochedo 17x13m, por conseguinte, somos forçados a olhar o sakhra como ponto central do Pátio Exterior e o que confirma esta suposição, não há aí nenhuma referência a um altar dos holocaustos em bronze durante o reinado de Salomão. Sem qualquer dúvida, Zadock, o soberano sacrificador, e o próprio Salomão, ofereceram seus sacrifícios sobre o rochedo sagrado segundo a maneira primitiva.

O Santuário dos santuários a Oeste era aproximadamente 10m em comprimento em largura e em altura. O Santuário tinha a mesma largura, mas dupla para o comprimento (20x10m). E um pouco mais 12m. de altura. A Leste se encontra o Pórtico, 10m de largura, somente 6m de comprimento (estas medidas são tomadas do interior), mais 30m de altura, construído na forma de pilar Egípcio, com o muro exterior inclinado. O Templo de Salomão seguia o princípio arquitetural Egípcio e

Fenício de um Templo cuja altura do teto diminuía sobre as proporções de um triângulo em ângulo reto, com os lados iguais. Em torno dessa construção central havia uma construção que fechava os lados Norte, Oeste e Sul; consistia em três estágios de câmaras, cada uma de 2 ½ m de altura; as câmaras serviam de armazenagem, e havia aí umas trinta. No Santuário dos santuários se encontrava somente a Arca da Aliança, no Santuário havia a Mesa de Oferendas, o Altar do Incenso e o Candelabro de Sete Braços.

Diretamente por fora do Pórtico, de cada lado do portal, se encontrava os dois pilares chamados Jachin e Boaz. Estas colunas que não sustinham nada eram um elemento comum nos Templos Sírios e Fenícios, indicando que o deus para quem o templo estava erigido tinha os dois sexos nele. Estes pilares ou colunas de bronze, no Templo de Salomão, eram ocos, e importantes: 11m de altura e 2m de diâmetro. Os capitéis estavam decorados com motivos de romãs; a tradição afirma que esta escolha ao invés de motivo de lótus foi sugerida pela rainha de Sabá. No simbolismo, a romã é um indício de impureza com o lótus é o emblema da pureza, e Hiram Abiff de Tiro, o arquiteto do Templo se opunha a esta decoração; o rei – para agradar a rainha de Sabá – exigiu o emprego do motivo das romãs. Este fato é às vezes dado com uma das razões porque Shekinah não pode descer sobre o Santuário dos santuários do Templo de Salomão. Segundo uma outra linha de tradição, Hiram foi assassinado pelas ordens secretas da rainha de Sabá.

O pátio do Leste do Pórtico era do mesmo tamanho que o Santuário dos santuários, o Santuário e a construção do muro juntamente, quer dizer 50m de comprimento e 30m de largura. Além do rochedo sakhra empregado como altar para os holocaustos o altar de bronze foi acrescentado pelo rei Ahaz, mais tarde o Pátio continha o mar de bronze, uma imensa cisterna, colocada sobre 12 touros de bronze; como também 12 vasos de bronze colocados sobre rodas. Estes grandes recipientes de água não tinham nada a ver com o culto de Jehovah, mas se encontram nas pesquisas de numerosos templos Assírios e Fenícios, com indicações que os deuses adorados neste lugar podiam dar a chuva, um dom benéfico nessas regiões áridas. O Templo de Salomão era de arquitetura Sírio-Fenícia, seguindo certas dimensões comparáveis às cifras que nós temos dado no concernente ao Tabernáculo.

No ano 586 a.C. o general do rei Nabucodonosor de Babilônia "queimou ou a Casa do Eterno, a casa do rei e todas as casas de Jerusalém... Toda a armada dos Caldeus demoliu as muralhas formando o cerco de Jerusalém. O chefe das guardas levou como cativos, aqueles do povo que haviam permaneciam na cidade... Ele só deixou como vinhateiros e como agricultores alguns dos mais pobres do país... Os Caldeus quebravam as colunas de bronze que estavam na Casa do Eterno, as bases, o mar de bronze e levaram o bronze para Babilônia... Eles tomaram ainda tudo o que era em ouro e prata" Assim se termina, sem glória, o Templo de Salomão.

A Alma do homem recebeu o privilégio de nascer no plano terrestre com o propósito expresso de se converter em Construtor. Essa verdade manifesta o verdadeiro sentido esotérico da bela alegoria do *Templo de Salomão*. O homem deve construir um templo "*Sal-om-on-ico*" para sua Alma, se quiser receber o direito de chamar-se "Construtor", no sentido Espiritual. Esse templo deve ser construído sem que se escute "o som do martelo", porque na verdade se constrói com carne, sangue, mente, Espírito, amor e afeto. É o templo onde deve habitar a Alma desperta. Quando a Alma se faz consciente de que a construção terminou, produz a Iluminação por meio da Sabedoria e então passa a ser um dos "Eleitos" dentro da Ordem da Nova Era.

O homem é um criador em potência. Deus lhe dotou dessa capacidade, de modo que pudesse ser um co-criador com Ele Mesmo. Tal como foram os *Mestres Passados,* também deve ser os verdadeiros Iniciados do nosso tempo, buscar a excelência e a Iluminação a serviço da humanidade. É fundamentalmente a função e missão destes servir e levar ao mundo suas melhores vibrações e ajudar seus semelhantes no processo da reintegração... Harmonizado dentro de si mesmo; e harmonia total entre o Discípulo e a Lei. Devemos estabelecer constantemente uma harmonia nos quatro planos do ser. Ao fazer isso, irá desenvolvendo todos seus sentidos e principalmente sua essência anímica e ao mesmo tempo estaremos viajando ao encontro da Divindade.

O Discípulo deve vencer suas paixões, passo a passo, utilizando sua energia criativa constantemente com este propósito (vivendo uma vida gloriosa, como consequência dessas Instruções); caso contrário, seguirá sendo uma pessoa fraca, um joguete ou um peão de xadrez, os quais, física e mentalmente, sucumbiram nas provas iniciais, deixando que a indolência e os vícios fossem mais fortes que sua Vontade de ascender aos planos superiores da Alma. Somente a Alma vence, tem o direito de possuir o Poder. O que tem que vencer?... Todo homem tem dentro de si alguns Alpes que deve cruzar; uma montanha física mental e egoísta, que se conhece pelo nome de ignorância, egoísmo e lascívia. Estes três aspectos da montanha, junto com suas ramificações são as obstruções da passagem que conduz para o desenvolvimento. Estas manifestações de pequenezes ignóbeis, tão arraigadas na maioria das pessoas, tudo isto deve ser transmutado, mudado pelas manifestações de afeto, compaixão e bondade, de tal maneira que deve nascer um desejo dentro do nosso ser e esta aspiração deve trabalhar a serviço de uma verdadeira necessidade, para que não lhe converta num escravo do egoísmo.

O egoísmo é uma chaga que devora a substância da Alma, é como um câncer que destrói a estrutura do corpo físico. Nós e somente nós mesmos desenvolvemos ou destruímos a Alma, com os pensamentos que nutrimos, com os desejos que albergamos e com os atos que realizamos. O domínio dos pensamentos e dos desejos é a base fundamental de toda reconstrução verdadeira, física e Espiritual. Somente quando nossos pensamentos se tornarem limpos e elevados estaremos em condições de construir o belo e perfeito templo para que habite a Alma Imortal.

O que ou quem Recria? A Ação que segue, de acordo com nossos pensamentos e desejos, constrói nosso caráter; e o caráter pertence basicamente a Alma. Temos o privilégio de escolher nossos pensamentos e desejos de tal sorte que podem ser construtivos e em favor de nossa saúde, êxito, paz e imortalidade; ou dirigidos para o descontentamento, fracasso e finalmente para a aniquilação. Unicamente somos nós mesmos os responsáveis daquilo que somos e daquilo que seremos. No passado foi escrito um preceito religioso que diz:

Aquele que diz: "Eu o conheço", mas não obedece aos seus mandamentos, é mentiroso, e a verdade não está nele...

1 João 2:4

Essa é uma verdade eterna, não basta a fé, é necessário ter fé e obediência à Lei para sermos Iniciados e Mestres.

REFLETINDO KABBALISTICAMENTE:

Os Kabbalistas nos ensinam que vivemos em quatro mundos distintos ainda que completamente interconectados. Quando falamos de Quatro Mundos de Existência ou de Realidade, estamos nos referindo aos quatro níveis de consciência. Somente uma consciência expandida (exaltada) lhe permitirá ascender (subir) a escada desde o nível inferior até o mais alto de seus degraus.

O CARÁTER ESPECIAL DOS QUATRO MUNDOS:

Na ordem de sucessão começando pelo alto, os quatro Mundos são os seguintes:

1º ATZILUTH, O Mundo das Emanações, ou, num sentido mais estrito, o Mundo do Princípio das Emanações.
2º BRIAH, O Mundo da Criação, tomando esta palavra no seu verdadeiro sentido: O Pensamento Criador e a Palavra Criadora.
3º YETZIRAH, O Mundo das Formações, que significa apresentação de todas as coisas sob a forma que elas tomaram no Mundo da matéria. E
4º ASSIAH, o Mundo da Ação física e material. É importante conhecer e reter os nomes e as atividades destes Mundos, porque os Quatro Mundos e as Dez Sephiroth constituem o quadro, o mecanismo, e, o método da Kabbala Metafísica, como o Tetragrammaton, os Nomes de Deus, as letras do Alfabeto e os Três sistemas de permutação constituem o quadro, o mecanismo e o método da Kabbala Prática.
- Ainda sobre a Sagrada Kabbala, leiam nossa obra: *Maçonaria, Simbologia e Kabbala*, Ed. Madras, SP, 2010 – Parte II, Capítulo III – *A Kabbala Christã Gnóstica*.

SEXTA INSTRUÇÃO

Então os Vasos restituídos compreendem sua própria causalidade e as das coisas inferiores, isto é, a ressurreição figurada pelo renascimento iniciático.

Myer Isaac – *QABBALAH* - *The Philosophical Writings of IBN Gebirol* – NY, 1888.

Caro Discípulo, uma Inteligência Divina está oculta dentro de você... Essa Chispa pode ser desenvolvida (despertada) e levada a manifestar-se, caso você estude e pratique as Instruções que lhe foram passadas. As práticas e os ensinamentos são suficientes para que o Discípulo realize suas necessárias mudanças para aspirar a Iniciação nos Sagrados Mistérios. Não existe atalho no Caminho e ninguém poderá percorrê-lo por você. Somente seus pés deixarão marcas nesse percurso na Senda. À medida que praticar e estudar com atenção progredirá, e com dito progresso começará a sentir e a conhecer que o Espírito vem do Pai, que também está dentro de você e aguarda a ressurreição. Quando a ressurreição ocorrer você se fará consciente de sua Imortalidade.

Sua atuação deve ser positiva e verdadeira, humilde, mas forte, tão forte que não se permita interferências de quaisquer naturezas. Com o esforço que se faz para alcançar este despertar interno, trará mudanças na manifestação externa. À medida que progredir no trabalho, nascerá dentro de você um sentimento de segurança e a certeza de obter o êxito final. Neste modo de proceder, não há de entrar a presunção pessoal, nem atitudes hipócritas.

Para nossa Ordem, a religião não é um credo, nem um rito formal, aceita por um determinado grupo de pessoas ou etnias ortodoxas – dogmas e sectarismos religiosos só nos afastam da Grande Inteligência. A religião é importante, como metodologia de disciplina e formação para uma vida apaziguada, como forma de educar, por via de regra, dentro de princípios salutares – até mesmo para um governante, é de suma necessidade que se professe uma religião no Estado, como forma de controlar sua população. Porém, além disso, a realidade do ser, que busca manifestar sua exaltação espiritual, além das simples catequeses de final de semana, o Discípulo, aspirante a Iniciado, vai buscar diretamente na fonte a água que lhe matará a sede definitivamente. Neste sentido, cada um traz dentro de si aspirações e pressupostos, dentro dos mais diferentes credos. Mas, para outros, a religião não preencheria o vazio de suas Almas, de seus pensamentos, desejos e atos. Trata-se da busca transcendental, de uma Vida além da vida, pragmática e real. É a partir do Despertar do coração que o Discípulo entenderá plenamente sua realidade mais sensível e sua Senda em movimento. É um regime de vida e escolhas que deve lhe conduzir ao êxito. A religião, na presente Era, representa a intermediadora entre o céu e a terra, que lhe promete favorecimentos nas suas aspirações e realizações de seus desejos; impregnando em cada fibra de sua estrutura física e de seu ser espiritual interno, oportunidades através de suas mútuas camaradagens, dando-lhe uma espécie de sensação de protecionismo por meio daquele que intermediará "benefícios" entre você e a Divindade. De sorte que se manifesta em cada ato desta relação uma rotina domingueira um "beneplácito" para você e seus familiares.

Na Tradição Iniciática não temos intermediários, apenas companheiros de viagem. Cada um deve fazer seu próprio Caminho, buscando o brilho de uma Luz dentro de si, mesmo que a duras penas, pois sabemos que nada disso vem de graça; é sempre à custa de muito trabalho duro e muitos calos nos pés quando trilhamos a própria Senda. Seja tua vida um modelo perfeito e que os homens se inclinem a seguir seus exemplos. A religião sinaliza a Lei da Vida, porém, os viventes têm o poder e a capacidade de eliminar todo o Carma negativo, mudar o meio ambiente ao seu redor e todas as circunstâncias que possam lhe afetar, adaptando-as à Lei, para livrar-se de todas as cadeias e ilusões que lhe mantém escravizados.

À medida que você se afastar da inapropriada vida anterior e substituir seus comportamentos por uma nova e saudável forma, irá comprometendo na *"construção do templo que não se executa com as mãos"*. Ao mesmo tempo irá despertando o *Logos* interno, o ser Espiritual interno vai geometrizando uma arquitetura ideal, para receber nesta morada a verdadeira Inteligência, a Alma desperta. Quando se aprende a viver em harmonia, dentro da Lei Espiritual, colhe saúde, paz mental e êxito material. Suas faculdades (cinco sentidos) irão se aclarar, e com agudeza diferenciada se farão mais penetrantes, permitindo ver as coisas como são em realidade e não da forma discriminatória e preconceituosa que via antes, por que estava na via do engano.

Não importa se você obedece ou não a Divina Lei, porém, Ela

julgará todos seus pensamentos, desejos e atos trazendo-lhe a Reação – benefícios ou castigos. Você recebe aquilo que merece ganhar, não se pode evadir (desviar) dessa Lei, seja bom ou mau. Sua colheita é proporcionalmente correspondente com sua semeadura. Você receberá o pagamento de acordo com seus esforços ou igual teor é com o Espírito e com os quais ditos esforços foram realizados. É muito importante que você recorde um ato bom, quando se realiza com reserva, ou de forma irregular – se a natureza da árvore não prestar dará maus frutos, assim também serão seus sentimentos internos.

São João, para referir-se ao Mestre, que deveria vir estabelecer a Era Crística, manifestou: *"A palavra se fez carne e habitou entre nós"*. Nós que estamos empenhados no estabelecimento de uma Nova Era, dizemos o mesmo. Esta frase proclama um processo que deve realizar-se cada dia; e não é só uma mera frase sem sentido. Isso é uma verdade exata; uma Lei fundamental que você e cada um dos Discípulos têm a oportunidade de verificá-la, se obedecer às Leis Naturais e Espirituais que regem nossa vida diária. A palavra é o Espírito que deve servir de incentivo para cada um dos atos de nossa vida. É o incentivo (sentimento) que incita a execução daqueles atos que irão nos colocar em contato com as forças fundamentais e com os poderes invisíveis. Este contato se sentirá a princípio, mas com uma direção apropriada, colocará você em harmonia com todas as coisas do Céu e da Terra, ajudando-lhe a alcançar o êxito material e a Iluminação Espiritual, dentro da Ordem da Nova Era. Isto é a manifestação da Luz em sua vida pessoal.

Para que a palavra se faça carne, para que se tome forma, é absolutamente necessário que você leve uma vida repleta destes ensinamentos, onde as atividades se manifestem em seu físico, em sua mente e na sua Alma.

A Palavra, ainda que Espírito, é a substância com a qual você construirá o templo – recorde o ditado do Mestre *"Vocês são o Templo de Deus Vivente"*. A Alma se converte em Alma Crística ou Mística, se aceitar e aplicar honestamente as Instruções; e penetrar no Espírito delas gradualmente, de modo que se manifestem através da carne, em cada atividade diária.

Tudo isso só demandará de você, que viva dentro da Lei Divina, evitando tudo aquilo que não seja para seu benefício. Não se requer que você se converta num recluso ou renuncie as coisas boas e desejáveis da vida.

Estude conjuntamente: Consciência da Alma ou Iniciação Filosófica.

Meditemos no preceito abaixo:

É através da vocação que está ao nosso alcance superar o modelo da especialização. Esta última limita e minimiza o raio de visão e ação. No modelo vocacional, o aprendiz é convidado a fincar as suas raízes no solo fecundo de seus talentos particulares, a fim de reunir a seiva para remeter o seu caule rumo ao céu. Assim, o desenvolvimento de uma competência específica, o aprofundamento numa determinada área do saber e fazer humano, não castrará a visão de altitude, que desvela um horizonte amplo de sentido e de orientação. Como diz o antigo preceito taoísta, o alto descansa no profundo. Não será o dharma ou vocação do ser humano, à moda do arco-íris de Noé, fazer a ponte de Aliança entre a terra e o céu?

A∴A∴K∴

SÉTIMA INSTRUÇÃO

Aos quinze anos orientei o meu coração para aprender.
Aos trinta, plantei meus pés firmemente no chão.
Aos quarenta, não mais sofria de perplexidade.
Aos cinquenta, sabia quais eram os preceitos do céu.
Aos sessenta, eu os ouvia com ouvido dócil.
Aos setenta, eu podia seguir as indicações do meu próprio coração, pois o que eu desejava não mais excedia as fronteiras da Justiça.

Confúcio (2.600 a.C.)

A esperança do mundo: um tema de todos os ensinamentos religiosos, do passado e do presente no processo do renascer, a transmutação do velho ser para fazer o Novo Ser. É pré-requisito indispensável neste processo, que o Discípulo reflita constantemente somente em pensamentos construtivos dentro de sua natureza e que procure viver, ajustado a esses pensamentos. O resultado deste esforço será a construção de um templo sólido, para habitar a própria Alma Consciente, com o qual poderá controlar no aspecto material como no Espiritual, condições que estas, que quando a pessoa não dispõe; aquela que ainda vive nas trevas sofre e fatalmente é levada à ruína. Este controle de condições trará a você o êxito e ao outro, que ainda vive distante da Luz, o fracasso é certo.

Com a prática contínua do pensamento correto e de uma vida dinâmica, o Discípulo alcançará, ainda que seja muito devagar, uma disposição especial e um desejo de ajustar seus pensamentos, palavras e ações sob o ponto de vista Espiritual, de forma apropriada e sem atitudes tendenciosas e hipócritas. Esta prática lhe trará clareza e rapidez no entendimento, e um aumento de sabedoria, nunca suspeitado nem sonhado; com ela, aprenderá definitivamente a ajustar sua personalidade nas condições de cada relação em sua esfera natural e material. Além do mais, você sentirá uma sensação de segurança e nunca mais voltará a sentir aquela impressão de estar perdido e desesperado, ou como um "peixe fora d'água" que tanto angustia algumas pessoas.

No avançar do tempo, o Discípulo obterá o conhecimento de como alcançar o influxo da Luz, Vida e Amor, do alto, ou das esferas circundantes; com isto ganhará um triplo benefício:

1º - O Poder de Elevação Espiritual;

2º - A posse das formas de como ajustar suas forças, de modo que possa dirigi-las para assuntos naturais e materiais;

3º - Começa a perceber que É, ou ao menos que pode Converter-se, no Christo Desperto, possuindo potencialmente todos os poderes (atributos) que seu Criador lhe ofereceu, para utilizá-los nos vários interesses (assuntos) de sua vida diária.

Este conhecimento corretamente aplicado lhe ajudará a converter-se num verdadeiro homem e, ao mesmo tempo, em seu aspecto Espiritual, o fará o Sacerdote do seu próprio templo. Com ele aprenderá a caminhar em paz com Deus, obtendo mais conhecimento e compreensão; e logicamente sentirá satisfação plena em tudo que realizar no seu dia a dia, tal como tiveram nossos Mestres Passados numa época antes de nós. Converter-se-á num dos "eleitos", os "ungidos" ou na estrela guia da Nova Era, na qual acabamos de entrar, e cujo nascimento tem sido amplamente sentido por milhões de pessoas de todo o mundo. A grande depressão e a segunda guerra, são fenômenos de ajustes, uma balança tentando encontrar o equilíbrio, dentro dos assuntos tanto individuas quanto Cósmicos, para poder chegar gradualmente na fase final de eliminação de quem foram julgados deficientes e inadequados para prosseguir nesta nova fase da humanidade.

À medida que o Discípulo sincero progredir continuadamente nos estudos e práticas, terá como resultado de seus esforços, juízos mais claros sobre as nuanças da vida em todos seus aspectos, que lhe ajudarão a estabelecer um equilíbrio entre sua razão e a emoção, com o rápido despertar de suas faculdades intuitivas. Este é o resultado do esforço de conhecer e de converter-se.

Esta intuição desperta deve ser balanceada com a razão. A razão determina a aplicação da inteligência ou atividade mental, no plano natural; enquanto que a intuição revela a Luz da inteligência em ambos os mundos, o natural e o Espiritual; por isso, nesta forma, o homem se converte num ser de dois planos.

A obtenção clara desta visão interna, chamada algumas vezes de percepção Espiritual, e a inteligência e a consciente prática de exercitar a mesma despertará no caráter do Discípulo a qualidade denominada equidade, ou o lado Espiritual da justiça. Esta faculdade, de juízo regenerado, é a mediadora entre a vida natural e a vida Espiritual. É o reconhecimento da Palavra, aquela que tanto se fala na literatura Arcana. Que palavra é esta?... São muitas coisas, ou melhor, dizendo, elas têm muitos atributos, dentro de uma única realidade. É um fogo do Céu. É uma chispa do Fogo da Alma do mundo, assim como do homem. É o Pai, quem neste é o Criador do Céu e da Terra. É a própria Vida. É a *"Luz que ilumina a todos os homens que vieram ao mundo"* (cada Alma trazida à consciência). É, sobretudo, Deus manifestado na vida do homem.

O homem ordinário que estude e pratique com fidelidade as Instruções destas lições de conhecimento se converterá em *Super-Homem*. Estude e volte a estudar até que compreenda literalmente cada uma destas palavras e seus sentidos figurados e secretos.

Obs.: Os termos "sincero" e "fiel" que usamos frequentemente dentro de um propósito definido, porque quem estuda suas lições com sinceridade e as praticam com fidelidade podem ser considerados como Discípulos; e estará capacitado, preparado para ser Iniciado; fora desta realidade, unicamente estão "matriculados", mas não passaram de Neófitos.

A TEMPERANÇA

Quem subirá ao monte do Senhor?
Quem poderá estar em seu recinto santo?
Aquele de mãos limpas e coração puro, aquele não leva a
vaidade na sua alma e nem jura enganosamente
Ele desfrutará a benção do Senhor,
a justiça de Deus de sua salvação
Tal é a raça daqueles que lhe buscam.

Salmos, 24

Meditemos:

O bom jardineiro prepara um solo fértil, com os nutrientes necessários – nem de mais, nem de menos –, extermina as pragas e poda, com o discernimento que cada planta requer, observando as estações e centrado na singularidade do organismo vegetal. Sobretudo, o bom jardineiro é o amante da planta. Jamais será tão tolo a ponto de querer doutriná-la com suas teorias e ideais, aceitando e admirando a beleza da biodiversidade. O bom jardineiro sabe que a planta só necessita de um solo fecundo, crescendo por si mesma, já que é dotada de um tropismo para ser o que é, buscando o que necessita no solo e direcionando-se para a luz do sol. O que seria de um jasmim se forçado a ser como uma rosa?

A∴A∴K∴

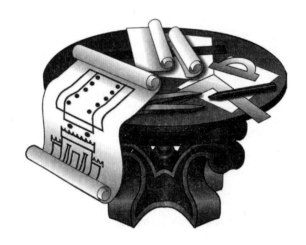

AS SETE INSTRUÇÕES DO INICIADO

PRIMEIRA INSTRUÇÃO

AS CHAVES DO REINO OU O CONHECIMENTO DE SI MESMO

O GÊNESIS

No princípio Deus (a Inteligência) criou o céu e a terra (emanando de Si o Espírito e o corpo).

Mas a terra (Corpo ou matéria primordial) estava nua e vazia (de Espírito e Vida) e as trevas estavam sobre a beira do Abismo (porque o Verbo não se havia feito carne); e o Espírito de Deus estava sobre as águas. (A vontade no Íntimo D'Ele era que seu Espírito fosse introduzido nas águas, matéria primordial para que se pudesse formar o corpo).

E Deus disse: Seja feita a luz, e a luz foi feita. (Isto quer dizer: que o Espírito deveria penetrar na matéria para a manifestação).

E Deus viu a luz (que a manifestação era boa; e separou a luz das trevas). Apesar de que o Espírito Divino foi se velando à medida que desceu na matéria até o ponto em que apenas se pode reconhecer sua Divindade, sem dúvida, esta energia não deixa de estar presente ainda que limitam as formas infinitas.

Para melhor compreender estes belos versículos, podemos traduzi-los da seguinte maneira:

No Princípio, A Inteligência Infinita, ao dividir-se ou fazer-se dois para manifestar-se, emanou de Si ao Pensador, Pai e Criador do Céu e da Terra, ou melhor dizendo, no Modelador, o Grande Arquiteto do Universo.

Quando o Pai ou Pensador concebe um pensamento produz o Primeiro Movimento chamado Espírito Santo, o Dispensador da Vida, no seio da Virgem Maria (Matéria Primordial). Esta ação ou movimento de gloriosa Vitalidade desperta os átomos e os dota de novas forças de atração e de repulsão. Assim se formam as subdivisões inferiores de cada plano.

Na matéria assim vivificada, nasce o Filho, a segunda pessoa as Trindade, se faz carne, se reveste de forma; nasce da Virgem. Desta maneira, a Vida emanada do Pai Pensador ao penetrar na matéria, vibrando, serve de vestidura ao Filho; conforme se disse: "Nasce do Espírito Santo e da Virgem Maria" e os três se formam o Templo do Íntimo de Deus no Homem.

Quando o Pensador, no Homem emite seu pensamento, este lhe convida a trabalhar e o saber é "o conhecimento das causas que produzem os atos".

Este é o objetivo da vida, junto com o desenvolvimento da vontade aplicada ao resultado da experiência que nos conduz pela senda da luz.

Como e onde?

A Íntima e inefável Inteligência, Absolutamente Infinita, tem na cabeça três pontos, cada um dos quais é o assento particular de cada um dos três Aspectos. No primeiro Aspecto, o Pai domina exclusivamente a cabeça; no Segundo rege o coração, enquanto que o Terceiro domina sobre o sexo.

É necessário e fundamental meditar detidamente nisto para compreender outros estudos posteriores. Na realidade não há mais que um só Íntimo, mas olhado sob o enfoque físico se refrata em três aspectos.

O Pai tem seu assento no Átomo, chamado de Átomo do Pai, que se encontra no impenetrável ponto da raiz do nariz ou das sobrancelhas, cujas rédeas estão na cabeça; reflete no fígado, onde fica o centro da emoção. O Filho tem seu assento no Átomo da Glândula Pituitária e seu reino está no coração, que é o regente do sangue que nutre os músculos.

O Espírito Santo, cujo Átomo está assentado na glândula Pineal, domina o cérebro espinhal até as glândulas sexuais.

O Pai, na raiz do nariz é o Pai Criador e Pensador tem a seu cargo os movimentos voluntários.

O Espírito Santo é um Poder Criador pelos movimentos involuntários, tais como da digestão, assimilação, circulação, etc.

O Filho, no coração, tem o Poder Criador pelo conhecimento e o Amor.

A Mente, como instrumento para aquisição do conhecimento, é de inestimável importância, quando obedece ao Íntimo para governar por meio de seus três aspectos; porém, a mente está limitada pelos desejos e submergida numa egoística natureza inferior, impondo, desta maneira, dificuldades e promovendo empecilhos impedindo que o Íntimo governe o corpo.

Enquanto a mente recebe influência do mundo interno, convidando à quietude e a concentração, o corpo mental, que é constituído e influenciado pelo mundo externo, tende a expressar por meio dos músculos, criados pelo corpo dos desejos e que formam um caminho direto até a mente, sugere que está pronta a aliar-se aos desejos. Isso é o que impede ao Íntimo, privando-o do poder de manifestar-se por meio do movimento voluntário do organismo. Então o Íntimo toma outro caminho, para o domínio do corpo e se vale do Átomo do Espírito Santo na Pineal. Porém, este que domina o sistema cerebral e o sistema nervoso simpático tem um grande concorrente, que se encontra na base do sistema – é o *inimigo secreto,* que domina a parte inferior deste mesmo sistema, intercepta as influências dos desejos e faz dele um sistema involuntário; de maneira que os atos voluntários ficam sob o domínio da mente e os involuntários são regidos pelo *inimigo secreto*, criador do instinto e da sensação.

Então não resta mais nada ao Íntimo senão tentar dominar no Átomo do Filho no coração, porque este órgão participa, ao mesmo tempo, dos atos voluntários da mente e dos involuntários do sistema nervoso. Este é o único órgão no corpo que possui os dois movimentos e é o mais obediente ao Íntimo.

Como o trabalho ativo do Íntimo está no sangue, seja para alimentar o organismo ou para dar vida ao sistema nervoso, é óbvio que além de dar vida a este o converte no veículo da memória inconsciente que mobiliza toda máquina humana.

O sangue passa ciclicamente pelo coração comunicando-lhe a vontade do Íntimo, toda vez que passa por ele, e assim o coração se converte em foco de Amor Altruísta e ao mesmo tempo órgão do Pensador; por isso se diz: *"Tal como o homem pensa em seu coração, assim é ele"* e por isso mesmo na Bíblia se fala muitas vezes do coração. *"Meu filho, dai-me vosso coração. E este povo me honrará com seus lábios, porém seu coração está longe de mim, etc. ..."*

Quando o pensamento e o Amor se reúnem no coração convidam ao homem, por meio dos impulsos intuitivos a trabalhar e suas obras serão sempre boas, porque são filhas da Sabedoria e do Amor Cósmico.

"O Reino de Deus está dentro de vocês", isto se refere aos três Aspectos do Íntimo, que se manifestam no Poder, Amor e Realização, e estão verdadeiramente reunidos no coração do Homem.

O PENSAR DO CORAÇÃO

O primeiro pensamento do homem é pelo impulso do coração, que conduz a Fraternidade Universal. O Átomo Pai está dando sempre bons conselhos aos átomos mentais; porém, aqui está precisamente o começo das complicações.

Quando o Espírito Pensador no homem dá um bom conselho pela primeira impressão ou impulso do coração, o cérebro começa a raciocinar e como resultado em alguns casos, na maioria das vezes, domina o coração. A mente e o corpo de desejo frustram os desígnios do espírito, ambos tomam a direção dos fatos, e como ambos carecem da Sabedoria Divina do Coração então o corpo e o espírito sofrem as consequências. Neste sentido, o pensamento destrói certos tecidos nervosos e o desgaste ataca o corpo necessitando de um tempo para ser restaurado pelo sangue, veículo do Íntimo, porém, isto significa um retrocesso na evolução. Quando o coração se converter num órgão completamente dócil ao Íntimo e se transformar num músculo voluntário dele, a circulação do sangue ficará sob o domínio do único Deus no homem, o Espírito de Amor – que então impedirá as pulsões dos átomos egoístas, que fluem do cérebro e da base da espinha dorsal, em corolário, pouco a pouco, os átomos deletérios vão se distanciando do homem.

A MAÇONARIA DESVELADA

O Aprendiz é o Neófito, a criança recém-nascida no mundo da luz, assim como a criança necessita de cuidados dos pais e da sociedade para chegar a ser homem, assim também o Neófito depende necessariamente de seus Irmãos maiores para chegar a ser um verdadeiro Companheiro e depois um Mestre, que trabalha para o bem dos demais. A criança é o futuro homem, o Neófito é o futuro arquiteto da sociedade, este será preparado pela *Doutrina Iniciática*, que se encontra escrita no seu próprio Corpo e na Natureza.

Assim como a criança necessita vários anos de cuidados para poder servir a si mesmo e livrar seus pais do contínuo trabalho dedicado a ele, assim também o Aprendiz não deve ter muita pressa na ascensão aos graus superiores, porque é semelhante à criança de dois ou três anos, que pretende ser um engenheiro, médico ou advogado.

É necessário realizar e vivenciar este grau esotérico internamente, transcendentalmente, até compreendê-lo; compreendê-lo e vivenciá-lo é incorporar em si mesmo todo o aprendizado dos Símbolos e dos Ensinamentos, e todos nós sabemos que para chegar a este grau de compreensão necessitamos muitas e longas vidas.

O desejo de progredir nos conduz ao cumprimento do dever e o cumprimento do dever nos infunde a aspiração ao melhoramento e à libertação de nossos indolentes vícios e paixões.

Temos dito várias vezes que a Maçonaria tem por objetivo o despertar da Omnipotência latente que se encontra em cada homem. O Grau de Aprendiz impulsiona o Neófito ao caminhar pelo próprio esforço para esta Omnipotência, deve aprender e tirar proveito de tudo, seja vendo, ouvindo ou sentindo, da maneira mais proveitosa e profícua que possa captar. As quedas da criança lhe ensinam como afirmar-se em sua marcha para o futuro, e os obstáculos do Aprendiz lhe ensinam como ser Mestre algum dia.

A vida é uma aprendizagem constante e esta experiência de aprender nos serve para construir nosso Templo – corpo, para que seja um digno sacrário do Grande Arquiteto do Universo.

Toda contrariedade é uma pedra, toda dificuldade é um ensinamento novo, toda desgraça é um novo material que pode ser revertido em aproveitamento desta insólita Construção.

Estes são os primeiros passos do Aprendiz, em sofrer para aprender e aprender para ajudar, algum dia, aos que não sabem fazer o certo, por pura ignorância. A criança que caiu várias vezes se tornará um jovem robusto e ajudará a outras crianças levantarem-se de suas quedas. O Aprendiz deve ser dotado de um esforço pessoal, para progredir por si só, e não esperar de seus Irmãos o eterno socorro para levantar de suas quedas ou para superar suas dificuldades e limitações. Os Irmãos podem e devem amparar e até mesmo ajudar o Aprendiz enquanto carecer de força e de conhecimento. Mas, quando este começar a pensar por si mesmo e adquirir a liberdade individual – e ter aprendido a trabalhar e esquadrejar a pedra bruta – deve seguir trabalhando pelo próprio esforço e percorrer seu próprio caminho de evolução, sem nenhuma ajuda exterior; porque enquanto estiver apoiado sobre uma ajuda externa será considerado como uma carga sobre os ombros dos demais e não como um fiel Companheiro.

O pai da criança é como o Mestre do Neófito, ambos guiam e sustentam o filho, até que ele possa caminhar por si só. Porém, uma vez que o filho possa desobrigar ao pai e se tornando um homem livre, dotado de autonomia, o pai deve respeitar sua independência e daí para frente fazer um acompanhamento mais distanciado, dando a liberdade necessária ao filho para que este possa alçar seus próprios voos e na direção que melhor lhes convier; seguindo seu próprio caminho de evolução, sem nenhuma ajuda exterior – uma vez criada a independência e dada a autonomia só nos resta desejar-lhe força para cumprir sua Vontade Verdadeira, pois sabemos que o Caminho é pessoal, intransferível e solitário – a partir deste momento, o pai e o Mestre lhe abandonam para converterem-se em homens livres; o Mestre saberá quando o Companheiro está pronto para a Grande Obra; quando entende que o Aprendiz reconheceu a Verdade do Reino de Deus no coração e vem praticando a Virtude.

Nasce a criança no mundo exterior para chegar a ser algum dia um membro da fraternidade humana; renasce o Aprendiz no mundo interno, renasce transcendentalmente, para ser um Obreiro na fraternidade interna, na comunhão dos santos.

Existe uma tradição simbólica e alegórica ao mesmo tempo, que diz o seguinte:

> *Que Adão (Adam) foi iniciado na Ordem Maçônica pelo próprio Grande Arquiteto do Universo. Esta alegoria é, até agora, um motivo de burla para os católicos e seus sacerdotes. Aquele que escreve estas linhas não pode culpar os inimigos da Maçonaria, que creem na letra morta e estão convencidos que Adam foi o primeiro homem e que Eva, primeira mulher, foi formada das costelas deste, e que ambos foram os pais da hu-*

manidade. Aqueles que acreditam nesta estória, nunca puderam entender o simbolismo de épocas primitivas - desde toda sua existência, o homem em sua envoltura carnal, teve a aspiração natural e o desejo íntimo de progredir e de se superar. Porém, para chegar a este fim teria que separar-se de tudo que fosse externo para poder penetrar em seu interior, fonte de todo saber e de poder, e desde então começou a surgir, a serem criadas, as sociedades íntimas e secretas para realizar este objetivo de superação e evolução.

Esta mesma prática prevaleceu como única e verdadeira até os nossos dias. Esta é a verdadeira Iniciação, que pelos seus esforços luminosos ou construtivos foi chamada depois de Maçonaria.

A ALEGORIA DA TENTAÇÃO DE ADAM E EVA

Nós preferimos empregar a palavra alegoria ao invés da palavra lenda ou tradição, tomando uma consideração do Pecado Original, porque lenda sugere o que não é mais que uma invenção humana, e tradição indica uma narrativa de um fato atual, mais ou menos deformado pela passagem do tempo; todavia, a palavra alegoria pode desagradar a certos leitores, que procuram – a despeito da credulidade – de tomar a narrativa do livro do gênesis no seu sentido literal.

A Igreja Católica Romana adota exatamente esta posição de transigência. Embora numerosos padres da Igreja (S. Clemente de Alexandria, S. Crisóstomo, S. Agostinho, S. Tomás de Aquino, etc.) tenham dado a história da Tentação interpretações alegóricas (que não são de nenhum modo desaprovadas), a Igreja exige, no entanto de seus fies aceitar a narrativa do Gênese como um artigo de fé, sem razoamento e sem explicação.

Os rabinos eram mais ciosos ainda em guardar escrupulosamente a letra das escrituras do que os teólogos católicos, mas jamais um Talmudista ou Kabbalista aprovou como definitiva e completa a história da tentação tal como se encontra no primei-

ro dos livros de Moisés! Os Hebreus não aceitam como textualmente verídico a conversão entre uma serpente e uma mulher, nem entre Deus e um homem, como também eles não admitem a condenação de toda raça humana por causa do roubo de um fruto sobre uma árvore frutífera.

Embora a citação seja um pouco longa, será útil dar a história segundo as Santas Escrituras (Gen. II 15 – 17; 25; III 1 – 19):
"O Eterno Deus pegou o homem, e o colocou no Jardim do Éden para cultivá-lo e guardá-lo". O Eterno Deus deu esta ordem ao homem:

"Tu poderás comer de todos os frutos das árvores do Jardim; mas tu não comerás da Árvore do Conhecimento do Bem e do Mal, porque o dia em que tu comeres dela morrerás...".
"O homem e sua mulher estavam ambos nus e eles não se envergonhavam disto".

"A serpente era a mais astuciosa de todos os animais dos campos, que o Eterno Deus havia feito". Ela diz à mulher:
- Deus realmente disse: "Vós não comerás de todas as árvores do Jardim?"

"A mulher respondeu à serpente":

- Nós comemos o fruto das árvores do Jardim. Mas quanto ao fruto da árvore que está no meio do Jardim, Deus disse: "Vós não comereis o fruto desta árvore nem tocareis nela, caso contrário morrereis".

"Então a serpente disse à mulher":

- Vós não morrereis; mas Deus sabe que os dias em que vós comereis dela, vossos olhos se abrirão, e que sereis como os deuses conhecendo o bem e o mal.

"A mulher viu que o fruto da árvore era bom para comer e agradável à vista, e que era preciso para abrir a inteligência; ela colheu de seu fruto e comeu; ela deu também do fruto ao seu marido, que estava junto dela e ele o comeu".
"Os olhos de um e do outro se abriram, eles conheceram que

estavam nus, e tendo costurando folhas de figueira, eles se cobriram".

"Então eles escutaram a voz do Eterno Deus, que percorria o Jardim durante à tarde, e o homem e a mulher se ocultaram longe da face do Eterno Deus, no meio das árvores do Jardim". "Mas o Eterno Deus chamou o homem, e lhe disse":

- *Onde estás?*

"Ele respondeu":

- *Eu escutei Tua Voz no Jardim, e tenho medo, porque estou nu, e me ocultei.*

"E o Eterno Deus disse":

- *Quem te disse que tu es nu? Por acaso comeste do fruto da árvore da qual Eu havia te proibido comer?*

O Homem respondeu:

- *A mulher que tu colocaste junto de mim me deu o fruto da árvore, e eu o comi.*

"E o Eterno Deus disse a mulher":

- *Porque fizeste isso?*

"A mulher respondeu":

- *A serpente me seduziu e eu comi o fruto.*

"O Eterno Deus disse à serpente":

- *Visto que tu fizeste isso, serás maldita entre todos os animais, e entre todos os animais dos campos, tu caminharás sobre teu ventre, e comerás o pó todos os dias de tua vida. Eu colocarei inimizade entre ti e a mulher, entre tua posteridade e sua ancestralidade; esta te ; esta te amassará a cabeça, e tu a ferirás no calcanhar.*

"Ele disse à mulher: Eu aumentarei o sofrimento de teus partos, tu darás à luz com dor, e teus desejos se inclinaram para teu marido; mas ele dominará sobre ti".

307

"Ele disse ao homem":

- Visto que tu escutaste a voz de tua mulher, e que comeste do fruto da árvore a respeito da qual Eu te havia dado esta ordem: Tu dela não comerás! O solo será maldito por causa de ti. E é a força de grande luta que tu tirarás dele teu alimento todos os dias de tua vida; ela te produzirá espinhos e sarças, e tu comerás a erva dos campos. É "com o suor de teu rosto que comerás o pão, até que retornes a Terra de onde saíste; porque tu es pó, e ao pó tu retornarás.

Antes de entrar em detalhes todos os diferentes ingredientes desta estranha história, será útil notar em algumas palavras como a Kabbala olha esta cena em sua totalidade. Nós podemos condensar o ensinamento assim:

Adam caiu do Paraíso Celeste ao Paraíso Terrestre em razão de uma curiosidade sem medida, levada ao extremo pelo desejo de adquirir conhecimentos para os quais ele não era ainda digno; no Paraíso Terrestre, já manchado por sua ligação com o demônio fêmea Lilith, ele estava pronto a aceitar o mal e a desobedecer ao Eterno. Sua nudez, antes da falta de sua desobediência, é a nudez luminosa e completamente espiritual de sua alma num corpo astral antes de ter escolhido o mal; o reconhecimento de sua nudez após a falta assinala sua materialização em matéria densa num corpo físico. Esta materialização torna-se efetiva no deserto de Sarças, onde Eva começou a procriar. O pecado original, segundo Zohar, não é uma questão de sexualidade, nem exclusivamente de desobediência, mas uma curiosidade transviada que conduziu nossos primeiros pais para a escolha do mal. Citemos duas passagens do próprio Zohar:

"Antes de sua falta, Adam seguiu a Sabedoria Superior e ele não estava ainda retirado da Árvore da Vida, mas quando triunfou nele o desejo de conhecer a vida debaixo e de descer para ela, ele sofreu seu encanto a ponto de ser retirado da Árvore da Vida; ele conheceu o mal e deixou o bem... Antes do pecado, ele escutava a Voz do Alto, ele conhecia a Sabedoria do Alto, ele vivia na luz e na paz; após o pecado, ele só entendeu a voz debaixo". E ainda:

> *Infeliz daquele que se deixa seduzir pelas sombras debaixo, porque ele chama a morte para ele e seus descendentes... Adam sofreu a atração e desceu para conhecer as regiões inferiores; ele seguiu seus desejos até chegar à serpente da paixão terrestre; ele a seguiu agarrou-se a ela e chamou a morte sobre sua cabeça e a dos seus descendentes. A sombras permanecerá sobre eles até o dia da promulgação da lei.*

Então o Aprendiz ou o Iniciado é aquele ser que, pelo desejo de progredir espiritualmente, abraça o Espírito da Ordem ou a Doutrina Interna. Desta maneira, o Aprendiz pode compreender plenamente a alegoria de Adam; que foi iniciado na Ordem do Éden pelo Grande Arquiteto do Luminoso Universo, em todos os ritos da Sagrada Maçonaria. Esta Doutrina Interna de todas as religiões é o único caminho que conduz aos mistérios, dos quais todas as religiões e todas as Escolas Secretas podem considerar-se como herdeiras.

> *Tudo aquilo que sei do mundo, mesmo por ciência, eu o sei a partir de uma visão minha ou de uma experiência do mundo sem a qual os símbolos da ciência não poderiam dizer nada. Todo o universo da ciência é construído sobre o mundo vivido, e se queremos pensar a própria ciência com rigor, apreciar exatamente seu sentido e seu alcance, precisamos primeiramente despertar essa experiência do mundo da qual ela é a expressão segunda.*
>
> MERLEAU-PONTY, Maurice. Fenomenologia da Percepção. Trad. Carlos Alberto R. de Moura. 2º Ed. São Paulo Martins Fontes. 1999, p. 3.

A Doutrina Interior, secreta ou iniciática nos dá a oportunidade de ingressar no interior de um estado particular de consciência. O profano é como um ser que não pode entrar dentro e só conhece a aparência externa das coisas, inclusive somente conhece sua forma e superficialmente tem uma noção de sua essência.

Todas as religiões são ensinamentos para os profanos que adaptam a verdade a seus sentidos, enquanto que o Iniciado não pode ter mais religião que a religião da verdade, a religião universal. Todas as escolas e religiões externas são ineficazes, porque estão caracterizadas pelas lutas e pelo ódio além do fanatismo (fundamentalismo) entre seus fregueses, enquanto que a verdadeira religião, ou a religião da Verdade é sempre a religião da paz, do amor e da tolerância para com todos os seres.

A Iniciação Maçônica tem por objetivo descobrir todos os mistérios que se encontram no próprio homem. Todos estes mistérios foram objeto de todos os povos: Egito, Índia, Pérsia, Caldeia, Síria, Grécia, China e de todas as nações mediterrâneas e indígenas das Américas. Todas as religiões e escolas, todos os livros sagrados perseguem este fim, *que o homem conheça a si mesmo.*

> *É de suma importância voltar-se para a experiência original que é pré-consciente, pré-emocional, pré-reflexiva. Afirmamos então, que a experiência perceptiva se dá no saber latente que ocorre no próprio corpo. Nesse sentido, diz-se que as coisas "se pensam" em cada ser humano, não um pensar intelectual, concebido como o funcionamento de um sistema, mas, sim, do saber de si ao saber do objeto.*

Ainda que os homens difiram com as formas simbólicas, ensinamentos, aplicações, a religião interna da verdade permanece a mesma. A verdadeira religião, a verdadeira doutrina, nunca varia apenas das distintas interpretações. A unidade de origem segue intacta: o conhecimento de si mesmo. A Iniciação, como foi dito, é o ingresso ao interior do si mesmo para descobrir os mistérios divinos que se encontram no homem.

A *Sala de Reflexão* é o estado de consciência de onde o homem deve despojar-se de todas as qualidades inferiores, de seus vícios, para ser livre e de bons costumes, para aprender a pensar por si mesmo no mundo interior, para poder conhecer-se a si mesmo. Neste estado chegará a compreender que é como um grão de trigo que deve morrer e ser semeado para dar muitos frutos.

Ainda sobre o título (*Maçonaria Desvelada*) nestas Sete Instruções do Aprendiz Iniciado Maçom: não podemos negar que o título é, ao mesmo tempo, lisonjeiro e atrevido. Lisonjeiro porque muitos maçons e profanos, amigos e inimigos acreditam que vamos colocar em suas mãos a espada de dois fios, para que os primeiros cortem pela direita e os segundos pela esquerda. Atrevida porque demonstra que vamos penetrar no mistério que está ao nosso alcance e tentar desvelá-lo com palavras.

Não querido leitor, estamos muito longe destas pretensões, tal como o vértice do triângulo dista de seus ângulos. As palavras e frases não são mais que símbolos de pensamentos e de sentimentos e sendo símbolos nunca pode manifestar sua total realidade. Na verdade, pode-se sentir esta realidade somente pela prática, ou seja, colocando a mão na massa.

A Maçonaria é um fato (acontecimento / evento) da Natureza. Ousar escrever a história ou dogmas da Maçonaria é como tentar descrever, redigir a história do sistema respiratório, circulatório ou digestivo do homem. Sendo lei ou fato da Natureza, como podemos escrever sua história?

A Maçonaria sem ser uma religião é paradoxalmente toda religião; está fundamentada sobre os princípios da lei natural, é tão antiga como a própria respiração do homem. Sua doutrina, apesar de alguns que não acreditam, é a crença num só Deus, no amor à humanidade e na Fraternidade Universal. Seu objetivo é a investigação da verdade, porém, esta investigação deve ser interna e subjetiva, não obstante que qualquer Maçom pode acreditar ser o contrário. Temos dito que os símbolos são uma alegoria da verdade, mas não é a verdade, somente expressam a imagem simples da essência das coisas. O símbolo é o corpo físico da ideia; porém, para conhecer a ideia, há que senti-la ou concebê-la.

O fim da Maçonaria é que cada homem conheça a si mesmo e o conhecimento de si mesmo não consiste em estudar anatomia, ainda que, muitas vezes, a magnificência da anatomia conduz o homem à meditação no mistério da vida e da complexidade de sua "máquina" humana.

"*Eu sou o pão da vida*", disse o Divino Mestre. Poderemos acreditar que esta frase simbólica, significa o pão que comemos diariamente e aquele que o come viverá eternamente?

Antigamente, quando o homem ainda não materializava seus pensamentos, não tinha necessidade de símbolos nem alegorias. Até agora, alguns animais têm instintivamente a sensação do barômetro e sentem de antemão a chegada de uma tempestade, enquanto que o homem tem que recorrer ao instrumento para suas investigações ambientais. Tudo isso vem ocorrendo desde que a mente começou a acreditar em tudo, desde que fosse comprovado por empiria, e por outro lado, acreditando cada vez menos nos cinco sentidos e abandonando a intuição subjetiva.

Então já compreendemos que os símbolos na Maçonaria têm por objetivo redescobrir a luz oculta através dos grossos véus dos sentidos. São necessários, até certo ponto, porque constituem o corpo físico do Conhecimento, porém não devemos aceitar que o homem vive somente quando está em seu corpo físico. Tentaremos explicar, na medida do possível, o significado dos principais símbolos, aquilo que está implícito nas descrições dos Manuais ortodoxos.

Então a Maçonaria é, como temos dito, uma repetição diária das leis naturais no próprio corpo do homem, segundo a máxima de Hermes: "*Como é acima é abaixo*".

MAÇOM OU FRANCOMAÇOM?

O termo maçom deriva, segundo alguns autores, de *phree messen* que são vocábulos egípcios que significam "Filho da luz" e segundo outros de "Livre construtor".

Na linguagem maçônica, Deus é conhecido com o nome de Grande Arquiteto. *Arche* é uma palavra grega que quer dizer "substância primordial ou primaria". *Tekton* em grego significa "construtor". A Tradição diz que José, o pai de Jesus era carpinteiro; porém, a palavra empregada na língua grega é *tekton*, isto é, construtor e não pode ser traduzida por carpinteiro. Mesmo assim se diz que Jesus foi *tekton*, ou seja, um construtor. Deste modo, o termo "Francomaçom" significa filho da luz ou construtor, aquele que está esforçando-se para construir o templo místico, em construir dentro dele, o altar de seus sacrifícios, e logo deve velar e orar enquanto aguarda pacientemente ao *fogo divino*, que baixe para consumar sua oferenda.

Qualquer que seja "*Francomaçom*" significando filho da luz ou livre construtor, ambos os termos dignificam o homem que o eleva, porém, nós podemos perguntar, quantos homens que levam o título de Maçom são dignos desse termo?

Meditemos...

SEGUNDA INSTRUÇÃO
O TEMPLO

O templo é o lugar onde se reúnem os maçons para desenvolver seus trabalhos. Esta palavra deriva da latina *tempus* (tempo). Sabemos que desde que o homem abandonou seu estado edênico, seu paraíso espiritual, distanciou-se muito da verdade e já não pôde conceber o abstrato; teve que materializar suas ideias, assim como Tomé, depois da ressurreição do Senhor não podia conceber intelectualmente tal prodígio e quis introduzir o dedo nas chagas para comprovar o fato. Assim também ocorre com todo homem, desde o momento que se esqueceu de Deus, que mora em seu coração, de suas leis naturais no Universo. Daí o corpo físico inventou um deus exterior e criou um edifício para alojá-lo. Esse edifício se chama templo. Tão pouco se deteve aqui, quis ainda compreender intelectualmente a natureza de Deus. Então principiou a dar-lhe formas iguais ao próprio corpo físico e atribuir-lhe desejos, anelos e paixões, e por último se fez representante Dele na terra. Desta maneira, Deus se converteu num ser temível exposto a ira, vingança, ódio, etc., e apesar de ser infinito se reduziu ao extremo de poder habitar em um edifício chamado templo.

O Iniciado ou o filho da luz compreende até a evidência que o Universo inteiro é o Templo de Deus, que o Templo de Deus é universal, não sectário, cuja contraparte é o mesmíssimo *corpo humano*. Está escrito:

Não sabeis que sois templos de Deus e que o Espírito de Deus mora em vós?

Os Egípcios, que eram sábios e espiritualizados, quando construíam seus templos, levavam em consideração, na medida do possível, as regras das leis cósmicas universais, que se refletiam (espelhavam) no corpo do homem. A Pirâmide Quéops (ou *Khu-fu*), também conhecida como a Grande Pirâmide de Gizé, ou simplesmente Grande Pirâmide; é o templo mais perfeito construído pelo homem. Nesse monumento eterno e grandioso, a mente humana Iniciada pode inserir alguns dos mistérios do corpo físico do Homem refletidos ou estabelecidos no paradigmático Macrocosmo; numa demonstração de profundo conhecimento do Homem e do Universo. O Iniciado ou sacerdote egípcio certamente conheceu a si mesmo, física e espiritualmente, descreveu seu conhecimento neste livro que é a Pirâmide, para que seu irmão menor, quando estivesse preparado, pudesse ler nele e saber como penetrar em seu interior e, sobretudo, pudesse adorar a Deus.

E disse o Cristo: Chegará a hora e a hora é em que nem no monte, nem em Jerusalém adorarás reis ao Pai. Deus é Espírito; e é necessário que aqueles que lhe adoram o faça em espírito e em verdade.

– E o Templo de Salomão não é a imitação do corpo físico?

– Todos seus mistérios não significam o processo alquímico que se efetua diariamente dentro do próprio corpo do homem?

A humanidade como filho pródigo do Pai Celestial, com fome (na penúria) do deserto do mundo, alimentando-se dos desejos de seus prazeres que enfermam a alma, escuta (ouve) uma voz interior do Eu Sou que lhe grita: volta a teu lugar.

O Iniciado, filho da luz, depois de sofrer incomensuráveis misérias, por colocar seus prazeres em primeiro lugar, sente-se impelido pela voz interior a retornar ao seio do Pai e a formar de seu corpo uma casa, um templo para Deus, um templo do espírito, onde possa entrar; fechar suas portas para encontrar o Pai frente a frente e ouvir sua voz.

De uma maneira geral (grosso modo), nem todos estão preparados para escutar essa voz interior. Então o Pai nos fala por meio de uma linguagem simbólica, a qual é por sua vez oculta, revelando as verdades espirituais no devido tempo. Desta forma, valeu-se dos irmãos maiores para traçar a nossa vista o símbolo do Templo; cujo objetivo é fazer-nos voltar a Ele interiormente (a reintegrar-se a Ele), no nosso coração, o único altar da Divindade.

Adorar a Deus em Espírito não significa prosternar ante uma imagem dentro de um templo feito pelas mãos humanas, senão a maneira de *Melquisedek*, num templo que não foi construído pelo homem. Da mesma forma que nós contemplamos o retrato de um ser querido, devido a que essa fotografia desperta em nosso coração um sentimento terno, assim também é o simbólico templo, iluminando nosso peito e enchendo-o do desejo de adorar a Deus interior, que está fora do alcance dos sentidos físicos.

O Cristo deu por encerrado na época do Santuário ou templo externo, desde o momento em que fez o auto sacrifício, e desde aquele instante o Altar dos Sacrifícios e Oferendas deveria levantar-se (erigir--se) dentro do coração do homem para reparar as faltas. O candelabro de ouro deve estar dentro do coração para que possa guiá-lo ao Cristo interno e à gloria da *Shekinah* do Pai, que mora dentro dos recintos sagrados de nossa própria consciência divina.

Neste sentido, o templo é a representação alegórica do corpo físico. Há que considerar também a relação e semelhança que existe entre o corpo e o templo de Salomão, entre a Pirâmide e nosso sistema planetário, mas sobre isto deixaremos para outra ocasião; no momento diremos apenas que todo Iniciado deve penetrar diariamente, por meio da concentração e meditação no templo interior, no coração e permanecer ali momentos mágicos, frente a frente com o Pai Celestial. Deve ele deixar todo sistema, exercício, escola ou religião e dedicar-se nessa comunhão apenas com o Pai, porque o templo da religião exotérica, inclusive o da Maçonaria só tem por objetivo conduzir o homem a este fim.

A LOJA

Já falamos que o templo representa o Universo que é o Templo de Deus, cuja contraparte é o corpo humano; no interior do Sagrado Templo há uma câmara destinada à reunião geral para estudar as obras de Deus. É a câmara interna, é o sol do Templo, o lugar sagrado onde vive e mora a Presença de Deus: a Loja.

A Loja é a manifestação do Logos ou Palavra, ou o Cristo que vive em cada um dos partícipes e encontra em seu conjunto uma harmônica expressão. Assim como o Templo é a contraparte do corpo físico a Loja é a contraparte do lugar sagrado que se encontra dentro do homem, onde o Cristo, Eu Sou está sempre expressando e trabalhando na construção do Plano do Grande Arquiteto do Universo. O verdadeiro *Sanctum Sanctorum* se encontra no interior do homem; que, por materializá-lo lhe deu um símbolo que é a Loja onde se busca a inspiração.

A Loja também representa a superfície da terra, com os quatro pontos cardeais: Oriente, Ocidente "caminho da luz" Norte, Sul sua largura; com terra, fogo e água sob os nossos pés, e o ar e o *Nous* sobre as nossas cabeças; mais encima das quais representa o teto da Loja, um céu estrelado, símbolo do mundo imaterial. Tudo isto quer dizer que como o Universo não tem limites é um atributo de Deus que abarca tudo, assim também é a Loja, o Logos, o Cristo dentro do homem, praticamente não tem limites, está dentro e fora e tudo que foi feito, por ele foi feito.

Além disso, se examinarmos a Loja, detidamente, encontraremos a evidência de que se trata de uma representação completa e exata do próprio corpo do homem, interna e externamente. Tem que tentar entender e compreender este símbolo em sua total plenitude; caso contrário, o Maçom será como um papagaio que repete as palavras sem entendê-las.

Loja, Logos, palavra Verbo, Cristo, Eu Sou significam a única e mesma coisa. Agora examinaremos a doutrina da redenção cristã. O

Verbo que se fez carne se manifesta em nós para salvar-nos. Quantos são os Irmãos que têm meditado neste mistério? Cristo disse: Eu sou o pão que desceu do céu... As palavras que eu vos digo são em espírito e vida. Então a redenção se consegue por meio da fidelidade da Palavra, o Cristo ou Verbo Divino que é o Eu Sou interior Nasce ou se manifesta em nós e nos conduz, das trevas para a luz, da morte à imortalidade.

A Loja é a habitação do Logos, do Verbo da Palavra, do Cristo e essa habitação é o próprio corpo físico.

Abrir a Loja significa deixar que o Cristo Interno se manifeste, pressione (pressionar para fora) seu poder por meio de nosso organismo, células, porque nossos corpos são seus canais. Este é o verdadeiro significado da Loja, que só pode ser entendida pela compreensão interna, cuja doutrina vital deve fazer-se carne, sangue e vida em nós, para trabalhar no milagre da regeneração (ou reintegração), ou no nascimento do Cristo em nós, meta final da Iniciação ou trabalho interno.

Este mistério não é somente propriedade do cristianismo, mas sim de todas as religiões, tanto para os egípcios, orientais, gregos, romanos, gnósticos ou cristãos. Esta é a Doutrina da luz interior que identifica o homem com seu Deus; mas cada religião o expressa com distintas formas, palavras e símbolos, adaptando-se à inteligência e capacidade de assimilação de seus fiéis.

DAS RELAÇÕES DA LOJA COM O HOMEM

Todos os manuais maçônicos têm tratado detalhadamente sobre o significado dos símbolos, porém nenhum comparou a relação que existe dentro da simbologia entre a Loja e o homem. Estamos convencidos de que, sendo o homem o microcosmo, deve encerrar neste o mistério do Macrocosmo. Hermes Trismegisto[43] afirmou: *"Como é acima é abaixo"*. Os antigos Egípcios, para construir a eterna Pirâmide de Quéops, devem ter estudado muito bem o homem ou o Universo ou os dois de uma vez,

---

43 - Hermes Trismegisto (em latim: *Hermes Trismegistus*; em grego Ἑρμῆς ὁ Τρισμέγιστος, "Hermes, o três vezes grande") era um legislador egípcio, pastor e filósofo, que viveu na região de Ninus por volta de 1.330 A.C. ou antes desse período a estimativa é de 1.500 A.C a 2.500 A.C. Teve sua contribuição registrada através de trinta e seis livros sobre teologia e filosofia, além de seis sobre medicina, todos perdidos ou destruídos após invasões ao Egito. O estudo sobre sua filosofia é denominado hermetismo.

para poder produzir aquela maravilhosa obra científica. Infelizmente nas Lojas atuais, os signos, os símbolos, etc. não foram conservados fielmente, todo o brilho e a verdadeira origem de sua antiguidade que pode ser compreendida e estudada; restou apenas meros vestígios nas imaginações dos homens por várias vidas.

A Loja, dentro do Templo Simbólico, é uma reprodução da imagem representativa do Universo ou do corpo físico do Homem. Tem a forma de um cubo e corresponde em sua figura o número 4. Simboliza a Natureza ou corpo com seus quatro elementos e os quatro pontos cardeais. Estes quatro elementos animados pela vida são nascidos pela união dos princípios primordiais, representados pelas duas colunas.

A planta do local está orientada na direção Oeste ao Leste. Isso simboliza que homem deve seguir a lei Divina para sua evolução, deve imitar ao Cristo ou Logos solar em seu trabalho.

O OCIDENTE, o Sol da vida, depois de terminar sua jornada com radiante esplendor se descansa, assim também é o homem, que depois de trabalhar incessantemente como o pai Sol durante o dia, busca a paz e o descanso nos braços de Deus, por meio do silêncio, da meditação e, por fim, do sono, como o faz a criança nos braços da sua mãe.

ORIENTE: Assim como o Sol, símbolo da vida, do nascimento, do crescimento e do contínuo esforço, da mesma forma o homem também deve imitar o Sol em todos os seus movimentos. Porque o Sol conheceu o homem nas leis de Deus e do Oriente viu o agente dessas leis. O diurno nascimento do Sol, depois de seu descanso ensina ao homem a continuidade da vida e do esforço, como também da evolução. O Oriente é o princípio da vida.

SUL: Designa a iluminação e a espiritualidade, porque ali o Sol brilha em todo seu esplendor. O Sul é o ponto de onde a mente divina se manifesta em toda sua plenitude.

NORTE: É o lugar das trevas, de onde o Sol não derrama sua luz. É o mal, o abismo, vale das lágrimas, a ignorância. Lugar dos desejos inferiores. A Pirâmide tinha uma porta de entrada ao norte, indicando que o Neófito, cego, ignorante, devia entrar pelo norte, lugar das trevas – na Loja local que está em busca de mais luz.

O homem também é como a Loja, tem os mesmos pontos cardeais. O Oriente nesse é o anterior de seu corpo, por onde pode manifestar seu contínuo esforço; seus cinco sentidos colocados nesta parte são os que ajudam ao serviço, ao conhecimento dos mistérios. Seu rosto (sua face) deve derramar a luz do saber e do benefício.

O Ocidente nele é a parte posterior de seu corpo. Depois que o sol espiritual derrama sua luz pela face do homem incitando-lhe a expressar e a manifestar-se, se resigna a ocultar-se, para que sua mente busque a meditação e o descanso, assimilando todas as experiências do dia. Então fecha as portas de seu aposento e se dedica a adorar o Pai interiormente e receber a iluminação.

Ainda no lado direito ou SUL, no homem é o lado positivo. O cérebro direito é o instrumento da mente divina; todo pensamento altruísta procede desta região: O Sol espiritual derrama nele seu manancial de iluminação e manifesta no reino da espiritualidade; é a Galileia, a cidade santa etc. do Evangelho.

O lado esquerdo ou NORTE é o lado negativo ou tenebroso, hemisfério esquerdo do cérebro, chamado pela Bíblia Babilônica de Cidade da Confusão, morada dos sentimentos egoístas, Judeia, Cafarnaum do Evangelho, e por último o reino da ignorância, de onde nada sai, senão os baixos e egoístas desejos.

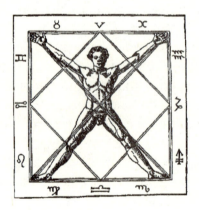

Meditemos...

TERCEIRA INSTRUÇÃO
AS DOZE COLUNAS DA LOJA

No contorno da Loja se encontram dispostas Doze Colunas, segundo um consenso geral, representam os doze signos zodiacais. Porém, segundo uma percepção mais arrojada, representa um ideal mais esotérico. Semelhante ao Sol colocado entre os signos, assim é o verdadeiro homem; está dentro do corpo físico, suspenso entre as duas decisões, ou seja, encontra-se numa encruzilhada: um lado sinalizando seu futuro espiritual e o outro lado o nascimento de seu corpo físico.

Vamos analisar estas variantes...

Assim como as doze colunas da Loja indicam os doze signos do zodíaco, dentro do corpo físico encontram-se doze partes, doze faculdades que são influenciadas por aqueles signos, que são repartidos ao redor do Sol espiritual no homem.

O ano tem doze meses, Jacó teve doze filhos – Jesus teve doze discípulos e o homem como contrapartida, dentro da lei cósmica, tem doze faculdades espirituais.

Durante o ano, o Sol Pai visita seus doze filhos no Zodíaco; o Sol Cristo no homem, também vivifica durante um ano as doze faculdades, representados pelos filhos de Jacó, ou discípulos de Jesus.

O Carneiro ou Áries representa a cabeça ou o cérebro do Homem cósmico é Benjamim; como faculdade intelectual é a vontade ativa guiada pelo cérebro.

Touro (*Tauro*) – Representa o pescoço e a garganta, é Issachar; a força do pensamento silencioso e vivificante.

Gêmeos (*Geminis*) – Os braços e mãos do Homem, Simeón e Leví; a união da razão e a intuição.

Câncer – Os órgãos vitais, respiratórios e digestivos – Zabulón; o equilíbrio entre o material e espiritual.

Leão (*Leo*) – O coração, o centro vital da vida física – Judá; anelos do coração.

Virgem (*Virgo*) – O plexo solar que assimila e distribui-se nas funções do organismo – é Asher; que expressa a realização de esperanças.

Libra – Rins e lombar do Homem – é o equilíbrio no torvelinho da força procriadora; é Dan na percepção externa equilibrada que se exterioriza como razão e presença.

Escorpião (*Scorpius*) – O órgão gerador ou o sistema sexual é a queda do Homem fora da Balança ou Libra, ponto equilibrante; é Gad na geração das ideias.

Sagitário – Músculos e assentos do Homem, na autoridade e governo físico; é José a faculdade organizadora do Espírito.

Capricórnio – Joelhos fixos e flexíveis do Homem como emblema do serviço, é Nephtali; como símbolo da geração ou renascimento.

Aquário – Pernas, locomoção do organismo, é Ruben; na ciência e na verdade.

Peixes (*Piscis*) – Os pés, bases fundamentais de toda coisa externa, Efrain e Manases; paciência e obediência.

Logo, as doze colunas que representam os doze signos zodiacais interpretam as doze faculdades do Espírito, colocados no corpo físico do homem.

SOBRE A CORDA DE 12 NÓS

Nos painéis mais antigos, figuravam apenas 12 nós. Exemplo: o Painel de Aprendiz de Oswald Wirtb, e estes doze nós estavam relacionados com os doze signos zodiacais, (Dic. Figueiredo) que devem ser distribuídos pelas paredes do templo abrangendo o Ocidente e Oriente e não somente o Ocidente, como são vistos em muitos templos. Mas a pergunta que se faz é porque hoje esta corda é simbolizada com 81 nós? Por que não somente doze como representou O. Wirth no seu Painel de Aprendiz? Afirmações de autores respeitáveis, diz que 81 está ligado ao número 9 e por sua vez ao número 3 : 3 x 3 = 9; 9 x 9 = 81. E ainda se pergunta: Mas essa numerologia sobre o número três e o nove não são tão antigas e somente agora ela é lembrada, isto depois do Painel de 12 nós de Oswald Wirth? Entendesse, que subjacente a todo e qualquer símbolo existe uma infinidade de interpretações e todas elas merecedoras do maior respeito, pois depende muito do ponto de vista daquele que interpreta. Se a corda de 81 nós está logo abaixo do teto do templo onde se vê a abóbada celeste com as constelações, o Sol e a Lua, como que abraçando todo o "universo celeste". Não seria a corda de 81 nós, um símbolo espacial da distância da Terra à Lua e da Terra ao Sol, pois a distância da Terra ao Sol é justamente 81 vezes a distância da Terra à Lua? Não estaria ai, mais uma revelação que em épocas passadas eram proibidas? Não podemos esquecer Galileu e Coopérnico que sofreram fortes pressões para não divulgarem as suas ideias, as quais mais tarde foram aceitas e reconhecidas. Prezados Irmãos cabe analisar e estudar se essa teoria deva ser aceita ou não, sobre o simbolismo da Corda de 81 nós.

No longo do friso, imagem da eclíptica, circula um grosso cordão, com 12 Nós, a distâncias proporcionais, formando doze laços, cujos extremos estão terminados em duas borlas que se apoiam sobre as colunas da Ordem.

Essa cadeia ou laço interior nos explica a relação que existe entre uma faculdade espiritual e outra. Esse laço interno deve ser procurado individualmente e cada um deve manifestar a mais elevada de suas faculdades, em pensamentos (sentimentos), palavras e obras.

Não basta a manifestação boa de uma só faculdade individualizada, todos devem vibrar em uníssono com o Divino; isso deve ser assim pois, do contrário, uma só vibração negativa tende a anular toda uma cadeia positiva. Então o laço simboliza a união de todas as faculdades espirituais, e a união de todos os maçons por toda face da terra, para o aperfeiçoamento geral, criando, desta forma, uma Família Universal.

No Oriente se levanta um estrado ou plataforma, elevado sobre um nível de quatro degraus e cuja frente está formada por uma balaustrada. Na parte central desta plataforma que se levanta sobre outros três degraus tem outro estrado de dimensão menor, porém, bastante espaçoso para conter o local do Venerável Mestre e a ara ou o trono que fica adiante, resultando que este se encontre elevado à altura de sete degraus sobre o nível da plataforma normal no Ocidente.

O local do Venerável encerra, para nós, numerosos mistérios. É outro símbolo do Homem, miniatura do Macrocosmo. Diz-se que na frente do Homem está o Oriente por onde o Sol derrama seus raios de vida e de luz; os ocultistas dizem que é o assento do Eu Sou Cristo ou trono da Divindade no Homem.

A quem vencer, eu o farei coluna no templo do meu Deus, e dele nunca sairá; e escreverei sobre ele o nome do meu Deus, e o nome da cidade do meu Deus, a nova Jerusalém, que desce do céu, do meu Deus, e também o meu novo nome.

Apocalipse. Cap. III vers. 12.

Este trono se levanta sobre sete degraus. A ciência espiritual nos ensina que o Homem é composto por sete mundos compenetrado uns nos outros e que esse número sete se encontra em tudo, porque é o mais sagrado. Os mundos no Homem são: Físico, Astral, Mental, Intuitivo, Espiritual, Monádico e por último Divino. Quando chegamos ao Grau de Mestre, detalhamos minuciosamente o significado do número sete, e logo diremos: que para chegar a sentar-se no trono da Divindade; para merecer o título de Mestre verdadeiro, deve este elevar-se por meio da verdadeira Santidade altruísta sobre seus sete mundos, representados pelos sete degraus acima do nível do piso do Ocidente.

Em algumas Lojas se observam leves diferenças na disposição dos degraus, por exemplo: na parte Oriental do Templo se encontra elevada sobre três degraus, acima do piso da Loja, significando com eles, que não se pode chegar ao mundo das causas, senão elevando-se por meio da abstração e da meditação às regiões superiores do pensamento, onde se encontram os princípios originários das coisas.

Nesta parte elevada sentam-se, respectivamente ao Sul e ao Norte, o Secretário e o Orador e, mais abaixo, o Hospitaleiro e o Tesoureiro; o Porta Estandarte e o Mestre de Cerimônias. Estes com os Diáconos, os dois Expertos e o Guarda do Templo constituem os oficiais da Loja, que cooperam com os três Dignitários nas diferentes cerimônias que se desenvolvem cooperando na ordem e na harmonia dos trabalhos.

Todos estes nomes e dignidades serão explicados a seu devido tempo e decifrada sua relação íntima com o Homem.

Então o Venerável Mestre é aquele ser que, por seu próprio esforço em servir aos demais, impessoalmente, se eleva sobre seus mundos, seus corpos, e se senta no trono de sua própria divindade, representando pelo dossel ou estrado, colocado sobre os sete degraus.

Por cima do assento do Venerável Mestre, destaca-se um Delta ou triângulo resplandecente, que leva uma letra hebraica (׳ = Yod; letra inicial do Tetragrammaton), que sugere o nome de Jehovah, ou apenas o olho Divino no centro. Pode também pode ser visto com as quatro letras que formam o Tetragrammaton (יהוה = Yod, He, Vau, He), conforme figuras abaixo:

Todos estes símbolos encerram grandes mistérios e muitas reflexões. O Delta indica a trindade do Homem, imagem do Criador. Os três lados sintetizam o mistério da Unidade, da Dualidade e da Trindade, ou seja, o Mistério da Origem de todas as coisas e de todos os seres.

O lado superior representa a unidade fundamental no Homem, ou o primeiro princípio do qual tudo teve nascimento. É a representação do Absoluto dentro e fora do homem. É a primeira frase do Gênese que diz *"No princípio, Deus criou os céus e a terra."* e no qual todas as coisas existem. É o Pai a origem de toda criação.

Os ângulos inferiores são a imagem da dualidade, representadas também pelas duas colunas ou as pernas do Homem, e os dois lados: positivo e negativo em seu corpo. Cada ângulo é um distinto aspecto da unidade Primordial Originária. O triângulo equilátero é o símbolo da Perfeição, Harmonia a Sabedoria, são o Pai, Filho e Espírito Santo; as três emanações, poderes e princípios. São o Criador, Conservador e Destruidor, que formam n'Ele um só Ser.

Deste triângulo que forma o Delta, propriamente dito, irradiam dos seus três lados, grupos de raios que se terminam em uma coroa de nuvens. Estes raios simbolizam a força expansiva do Ser Interno, que desde um ponto central no homem se estende e enche o espaço infinito. E a coroa de nuvens indica a força cristalizada, ou a matéria formada que se produz, como refluxo natural da força interna e invisível e se condensa com o movimento de contração.

Na Sagrada Kabbala podemos encontrar esta correspondência, que merece ser estudada; trata-se da tríade kabbalística – *AIN, AIN-SO-*

PH e *AIN-SOPH-AOUR*, que poderá trazer luz e entendimento à nossa reflexão.

No sentido teológico da palavra, esta Tríade Kabbalística é uma verdadeira Trindade, embora esta palavra não seja aceita pelos rabinos Israelitas, porque o monoteísmo Hebreu sempre permaneceu inflexível, principalmente quando se trata aa relação dos Nomes de Deus. Podemos fazer uma observação dizendo que AIN, AIN-SOPH, e AIN-SOPH-AOUR fazem parte de um grupo de aspectos trinitários sobre o Plano Divino, mas não sobre o Plano do Absoluto.

Para esclarecer mais, tentaremos definir esta Trindade conforme nosso entendimento. AIN é o Tudo e o Nada simultaneamente; AIN-SOPH é o Mistério da Divina Sabedoria; AIN-SOPH-AOUR é a Luz Essencial e Ilimitada. Essas três fases do Absoluto existem no NÃO-MANIFESTADO. Ao mesmo tempo, o Absoluto não é um composto dessas três fases, porque Ele é único e Indivisível.

A NATUREZA DE AIN

Embora seja útil dar uma breve resenha da noção de Deus na Kabbala, não devemos acentuar demasiado as correspondências dos três aspectos de Deus analisados acima, com AIN, AIN-SOPH e AINSOPH-AOUR. As descrições já dadas devem nos ajudar na compreensão da Trindade Kabbalística – às vezes chamada Os três Véus da Existência Negativa – mas elas não devem seguir como identificação.

AIN quer dizer o NADA, o que não é a mesma coisa que NADA. O Nada implica o que não é definido por comparação com alguma coisa que existe; sua existência é de uma forma além de toda existência conhecida, e que só pode ser sugerida por proposições negativas: AIN não é isso, AIN não é aquilo.

AIN também quer dizer TUDO, e, por conseguinte, AIN é o NADA que é o TUDO, é o Tudo que é o Nada. O Tudo é igualmente desconhecido porque não há nada por cima do Tudo ou além do Tudo com o qual uma comparação possa ser feita. É, portanto, claro que o Todo que é o Nada e o Nada que é o Todo indica a Transcendência Suprema que é indescritível a qual nenhuma definição pode ser dada.

Em razão de Sua Transcendência, o Todo possui uma força potencial ilimitada; e, pela mesma razão, o Nada guarda esta força latente. No Todo, AIN está em todos os lugares e em todos os tempos; no Nada, ele está por fora de todo Espaço e de todo Tempo. No Todo, ele é o centro ou ele é todos os pontos e, portanto, todos os centros incalculáveis; no Nada ele não pode ser definido nem por Posição nem por Direção.

A frase "O Véu da Existência Negativa" se encontra no Zohar, mas nós acabamos de indicar que essa é a negatividade de sua definição e não do seu ser que está em questão. Existência é positiva e ela não pode ser negativa; constata-se isso no momento onde se procura fazer uma definição da Existência. Todavia, é justificável fazer o postulado de uma Existência que não está somente além de toda definição humana, mas de todo conceito humano. Um tal postulado será portanto falso? De modo nenhum. Porque os Kabbalistas tiveram o bom julgamento de perceber que a razão do homem não é o ponto último de todo conhecimento. A razão não é mesmo o ponto último de todo conhecimento humano porque os Kabbalistas dizem que a Graça de Deus é que abre as Portas do Conhecimento no homem e que a razão é uma dessas portas. Portanto, é perfeitamente possível fazer o postulado de uma existência fora de nosso conhecimento e poderia se dizer que isso é mesmo obrigatório. Não poder admitir uma Existência fora de nosso conhecimento seria dizer que a Existência está limitada por nosso conhecimento e, como o conhecimento varia com cada ser humano a frase seria um absurdo. A Existência incognoscível – ou AIN - segue logicamente por si mesma nosso conceito da Existência Cognoscível. AIN é, por conseguinte, uma verdade imperativa e não uma simples doutrina.

NATUREZA DE AIN-SOPH

Já dissemos que AIN está além de nossa compreensão, mas que nós compreendemos a necessidade de sua existência. AIN que é ao mesmo tempo o Nada e o Todo não podem ter objetividade e nenhum ser humano (ou qualquer ser de outros Mundos) jamais pode aproximar-se o suficiente para conhecer a essência Divina a fundo e ninguém jamais a conhecerá. AIN é, portanto, completamente além de toda subjetividade. Não acontece assim com AIN-SOPH. Em razão de seu caráter muito especial, é possível chegar objetivamente a algumas aproximações sobre a natureza da AIN-SOPH. Vamos procurar fazer um certo esclarecimento deste aspecto da Trindade, seguindo as indicações da Kabbala.

Segundo o ensinamento Kabbalístico, AIN não é consciente de si mesmo. No Todo, isto não seria necessário; no Nada, isto não seria possível. Não há comparação entre Nada e Nada, nem entre Todo e Todo, e o Nada e o Todo não são mutuamente comparáveis. Em Nada-Tudo, AIN possui os atributos de Onipresença, Onisciência, Onipotência. Onipresença demanda um lugar de manifestação. Onisciência implica conhecimentos a conhecer, Onipotência exige a possibilidade de ação. Quer no seu aspecto do Todo ou do Nada, AIN possui um Potencial Infinito latente. Esse potencial exige a atividade, a energia latente, exige a energia ativa e AIN torna-se consciente de Si mesmo. AIN-SOPH é AIN consciente de Si mesmo.

Nem AIN nem AIN-SOPH são comparáveis a nenhuma outra Força ou nenhuma Forma. Não há nisso a mínima sugestão de dualismo porque o Kabbalismo é escrupulosamente monoteísta. É em Si mesmo que AIN se torna consciente. O estado consciente de AIN (o que AIN-SOPH) possui por essa consciência, o essencial da Sabedoria, porque a inconsciência não pode ser a Sabedoria. AIN-SOPH é, por conseguinte, não somente a consciência de AIN, mas também a Sabedoria de AIN. Por essa razão AIN-SOPH é chamado A SABEDORIA DIVINA.

A consciência de Si mesmo implica o Pensamento; a Sabedoria implica o poder de aplicar esse pensamento. Dando a AIN-SOPH o poder do pensamento e o poder de aplicar o pensamento, nós damos a AIN-SOPH um caráter subjetivo que não pertence a AIN. Assim AIN--SOPH é AIN subjetivo. Isto nos permite fazer uma aproximação dando uma noção de AIN-SOPH, porque em nossos próprios pensamentos podemos subjetivamente aproximar dos pensamentos de AIN-SOPH.

AIN-SOPH é às vezes chamado O Mistério da Sabedoria Divina e O Véu Impenetrável da Consciência Imanente. A Sabedoria, já dissemos, requer a aplicação. A Força Primordial que está latente em AIN vem da Força Primordial Consciente em AIN-SOPH. Todavia, essa Força Primordial permanece no domínio do Absoluto porque não se deve esquecer que AIN-SOPH está por trás de um dos Véus Impenetráveis. Sua consciência Imanente é uma parte da Consciência Absoluta: Nós ainda não chegamos à Manifestação.

A distinção entre AIN e AIN-SOPH é bastante sutil, mas perfeitamente clara. Isto é uma incompreensão da Kabbala de não considerar AIN. A essência ou a potencialidade existe em AIN, mas sem consciência. É evidente que para AIN-SOPH se tornar consciente, tem aí uma etapa ou um aspecto - o de AIN - que é inconsciente. A essência divina não muda passando de AIN a AIN-SOPH, mas no segundo aspecto há Consciência da Essência divina. Deus não estando consciente de Si mesmo, só se manifesta no Absoluto a Si mesmo. Por esta derivação sutil os Kabbalistas escaparam ao erro de um Deus Pessoal e ao erro igualmente grande de um Deus impessoal.

A NATUREZA DE AIN-SOPH-AOUR

Assim como AIN-SOPH é um aspecto de AIN, AIN-SOPH-AOUR é um aspecto de AIN e de AIN-SOPH. Não podemos dizer que um deriva do outro, mas um é o aspecto do outro. AIN-SOPH é mais subjetivo que AIN; em AIN-SOPH-AOUR essa subjetividade torna-se uma ideia abstrata apreciável. Assim como a Consciência estabelece a diferença entre AIN e AIN-SOPH, assim a Operação dessa Consciência estabelece a diferença entre AIN-SOPH e AIN-SOPH-AOUR.

AIN-SOPH-AOUR é chamado A Luz Ilimitável (o que não é a mesma coisa que ilimitada). Esta frase nos impede de cometer o erro de conceber a Luz de AIN-SOPH-AOUR sobre uma base relativa. É evidente que para a visão que não pode harmonizar-se com a Luz Divina, nada será visível e a Luz Ilimitável será para nós a Obscuridade Ilimitada. Isso não seria ilimitável porque a obscuridade não será a ausência de luz em si mesma, mas a ausência da possibilidade de registrar a Luz. AIN-SOPH-AOUR é a Essência de Luz não a Luz em si mesma, mas isto é a Vestimenta Luminosa Divina (lembrando-se que falamos de um plano infinitamente superior de todo conceito material).

Será útil notar a descrição de AIN-SOPH-AOUR que se encontra no próprio Zohar: "Saiu em segredo selado, uma faísca da origem de AIN-SOPH sem forma ou dimensões, o centro sem posição, de um círculo de circunferência ilimitada, nem branco nem preto, nem vermelho nem verde – sem cor". No ZIM ZOUM de AIN, a Consciência de AIN-SOPH se encontrou, e na consciência de AIN-SOPH a energia (luminosa) de AIN-SOPH-AOUR preencheu o vazio (do relativo) estabelecido pela concentração de si em AIN.

AIN-SOPH-AOUR é transcendente em si mesmo, ou mais exatamente, ele está fora de si - num ritmo que é ao mesmo tempo simultâneo e alternativo; ele é, portanto, uma vibração constante, - sendo do Absoluto - equilibrando-se em Si mesmo. No sentido Absoluto, AIN-SOPH--AOUR é a essência das duas formas de energia: centrífuga e centrípeta, seu ritmo constitui a Luz Ilimitável que foi a primeira força operante da Criação. Estes três aspectos do Absoluto se encontram indicados nos três primeiros versículos do Livro do Gênesis.

"No começo AIN Deus criou o Céu e a Terra.
A Terra era vazia e sem forma e havia trevas na superfície do abismo, e o Espírito de Deus AIN-SOPH movia-se por cima das águas.

Deus disse: Que a Luz se faça! AIN-SOPH-AOUR. E a Luz se fez."

A Luz essencial, a Luz de AIN-SOPH-AOUR é a extensão da Consciência Divina na Energia, como a Sabedoria de AIN-SOPH é a extensão da Consciência Divina no pensamento. Nada do que existe em nenhum Mundo está fora da irradiação de AIN-SOPH-AOUR.

No homem existem duas correntes: uma negativa e outra positiva, que estão relacionadas e reguladas pelo ritmo que as une como um ponto equilibrante.

As letras hebraicas, que formulam do nome de Deus Jehovah encerram Kabbalisticamente o mistério da criação pelo triângulo. Em hebraico são, conforme já falamos antes; יהוה = Yod, He, Vau, He – Y = 10 (Y,J,I tem o mesmo valor no alfabeto hebraico que vale 10 [dez]), número do Criador; H vale 5 (cinco), a metade de 10, que representa a criação em si mesma. Unindo o Criador a sua criação, ou 10 + 5 se obtêm 1 + 5 = 6, que equivale ao Vau, e assim temos o mistério da trindade do Pai 10, que emanou de si o filho 5, ou o mundo e da relação do 10 com o 5 temos o Espírito Santo.

O homem como divindade emana e se manifesta por meio do corpo físico, de cuja união se expressa à vida. Desta maneira que YH é V são três letras que representam o triângulo da trindade que se fala em toda religião e filosofia sob múltiplos nomes, que são representadas pelo número três em todo seu significado de pequena ou grande complexidade. Enumeraremos algumas. A mais simples trindade é: Pai, Mãe e Filho. No Egito: Osíris, Ísis e Hórus. Na religião Bramânica: Nâra, Nâri e Virâj. Na Caldeia: Anu, Nuah e Bel. No Cristianismo: a mãe desaparece para dar lugar ao Espírito Santo; porém, conserva o culto da Mãe de Deus. E finalmente, no judaísmo, dentro da exegese da Kabbala, conforme apresentamos acima, uma representação complexa, que demanda, logicamente, maiores estudos, trata-se de *Ain, Ain Soph e Ain Soph Aour*.

Alquimicamente: o Enxofre, o Sal e o Mercúrio como princípios constitutivos do Universo.

Rajas, Tamas e Sativa ou atividade, Inércia e Ritmo, que correspondem à força centrífuga, a força centrípeta e a força equilibrante. Brahma, Vishnú e Shiva da trindade Bramânica.

Todos esses nomes que encontramos na definição do Ser Supremo, se fazem no homem o eu da consciência individual, a mente ou inteligência e a vontade que impulsiona o desejo para sua satisfação. Estes três princípios correspondem também aos três atributos de Deus e do homem: Omnipresença, Omnisciência e Omnipotência.

Essa Trindade também origina a distinção dos três mundos: exterior, interior e divino ou transcendente que correspondem às três partes do homem espirito, alma e corpo.

As três colunas simbólicas que sustentam a Loja (distintas daquelas que se encontram no Ocidente, representam as duas partes ou pernas do homem, como dois polos, representadas igualmente pelas três luzes que constituem outra interessante trilogia: Sabedoria, que corresponde ao Venerável Mestre, ou seja, a inteligência criadora, que concebe e manifesta interiormente no plano do Grande Arquiteto do Universo; a Força, que corresponde ao Primeiro Vigilante, que é a força volitiva que fica incumbida de realizar aquilo que a primeira concebe; e a Beleza, representada pelo Segundo Vigilante, estas três faculdades se encontram dentro do próprio homem.

Liberdade, Igualdade e Fraternidade; a primeira representada emblematicamente pelo prumo consiste na erradicação da ignorância, do vício e do erro, das paixões que degradam o homem e o fazem escravo de seus desejos...

> *Quanto vos odeio, ó homens que demolis sem poder construir; e quanto vos amo, ó vós que ides plantar e <u>erradicais</u> do nosso espírito e dos nossos sentimentos quanto nos prenda ao que deve morrer!*
>
> Pontes de Miranda, *Obras Literárias*, p. 210.

A *igualdade* corresponde ao nível que nos ensina que a unidade fundamental de todos os seres humanos com os princípios da equidade e da justiça. A *fraternidade* simbolizada pelo esquadro é a união dos dois princípios anteriores, que nos fazem conceber que somos filhos de um único Pai e de uma só mãe. Somente um Mestre pode praticar efetivamente a fraternidade, porque no Grau de Aprendiz se fez livre e no do Companheiro se fez justo.

O olho no centro do triângulo é a representação do Absoluto dentro e fora do homem. É a unidade que se fez três, é o símbolo do Primeiro Princípio, é a Causa sem causa, em seus três lados ou atributos primordiais representados pelas três pontas do triângulo que tem também outras significações simbólicas ao representar os três reinos da Natureza; o passado, presente e futuro – o nascimento, a vida e a morte; Deus, perfeição, transformação.

No fundo do Oriente, nos dois lados do dossel, no alto, se destacam nos dois lados do Delta, a luz da realidade transcendente, as imagens dos dois grandes corpos luminosos do Universo: O Sol e a Lua; as duas luminárias visíveis, que iluminam nossa terra, são manifestações diretas e reflete (representam, simbolizam) a luz invisível do Grande Arquiteto. O Sol está a direita e a Lua, em seu quarto crescente à esquerda do Venerável Mestre.

Esses dois símbolos nos ensinam a dualidade da manifestação. O

Sol representa a mente divina no homem que corresponde a parte direita do cérebro, pai de toda ideia altruísta; enquanto que a Lua, em seu quarto crescente, demonstra a parte esquerda do cérebro, ao intelecto que é o responsável por todo egoísmo no ser humano.

As duas luminárias e as duas colunas que se encontram no Ocidente do templo representam os dois princípios complementares, humanizados em nossos olhos, na dualidade manifesta em quase todos nossos órgãos, nos dois lados, direito e esquerdo de nosso organismo, e nos dois sexos que integram a raça humana e se refletem em todos os reinos da vida da Natureza: correspondem aos princípios da Atividade e da Inércia; Energia, Matéria e Substância, Enxofre e Sal e metafisicamente correspondem aos dois aspectos masculino e feminino da Divindade; ao Pai Mãe celestial de todas as religiões.

Enfim, todos esses símbolos se encontram no próprio corpo do homem, e sua materialização na Loja tem por objetivo obrigar ao intelecto concentrar e meditar em si mesmo para adquirir o perfeito conhecimento ou o conhecimento de si mesmo.

Meditemos...

QUARTA INSTRUÇÃO

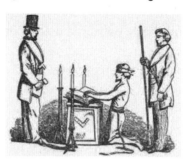

QUERIDOS IRMÃOS,

Conforme já falamos, a Maçonaria é um feito da Natureza e, sendo um acontecimento natural, é uma repetição diária. Vem influenciando e ajudando a construir a humanidade, melhor e mais justa, trabalha incessantemente na ascensão da vida do homem, através dos milênios de existência. Favorecendo o ser humano na Senda do aperfeiçoamento moral e na reintegração espiritual, de forma transcendental e transcendente, por toda face da terra, que clama pela luz, vida e amor. Suas leis são as mesmas de toda e qualquer religião, tendo por objetivo o descobrimento do verdadeiro Ser interior, e principalmente do conhecimento de Si mesmo.

Da mesma forma que sucedeu com as religiões, a Maçonaria também passou a materializar seus pensamentos fugindo de sua principal vocação, idealizada pelos Mestres Passados, que era de converter seus partícipes em deuses; literalmente transformando-os em homens livres e de bons costumes.

Não negamos que os segredos exotéricos das religiões e da Maçonaria são atualmente de todo mundo, mas os reais mistérios delas não se encontram nos livros, rituais ou cerimônias, mas, sim no local mais recôndito do espírito humano, no Jardim Edênico do Ser, cuja porta está fechada e vigiada pelo anjo da espada flamígera. Os religiosos, os sacerdotes de todas as religiões e os maçons possuem os mistérios, da mesma forma que os camelos do deserto, carregam a água e morrem de sede, e como todos seguem buscando sistematicamente o líquido da vida por todas as partes.

O símbolo é como a verdadeira arte, nunca deve falar aos sentidos e sim buscar excitar a imaginação. Mas, desgraçadamente, o homem atual tem uma imaginação tão preguiçosa que não se incomoda em escrutinar, perscrutar, escarafunchar nada, e se contenta apenas em adorar o ídolo que ela criou.

Os Faraós e Sacerdotes do Eterno e distante Egito aprenderam de antemão que os rituais e cerimônias cultivadas por eles eram como pérolas diáfanas de um colar. Chegariam a ser falsas medidas para as sombras do talento se os assuntos dos quais sempre pendiam as conchas (ostras) às ideias não fossem tratados, necessariamente, da forma que idealizaram. Souberam ser divulgados e espargidos como verdadeiras pérolas por todo o Sagrado Nilo para sempre. Se desconfiassem que seus escritos fossem fontes de infecundas ideias, certamente teriam derramado seus tinteiros nos poços do esquecimento e quebrado suas penas com as mãos da indiferença.

Se nossos Mestres Passados soubessem que o espírito da Maçonaria, que foi criado pelo Eu Sou Divino interno, iria ser materializado pelo intelecto, certamente teriam guardado nossos tesouros no centro da unidade de um cofre com sete portas impenetráveis e as chaves lançadas no lugar mais profundo dos oceanos.

Não somos egoístas, mas nos doe que o idioma do Espírito seja gaguejado por línguas ignorantes, e o néctar dos deuses vomitado pelos estômagos dos pretenciosos; não podemos acreditar que uma rã se inflando possa igualar a uma vaca.

O Espírito maçônico é um espírito santo, cujo corpo é a bondade do coração, santuário da alma, seu alimento é o amor e suas bebidas são os mais puros sentimentos, se, por outro lado, se nos apresenta de outra forma, devemos considerá-lo como o próprio anticristo.

Espírito Universal perdoa-nos, nós que queremos aproximar de Ti com o grito ensurdecedor e não te adoramos com a nobreza da alma. Espírito Universal que nos olha com o olho da eternidade, desejamos aproximar de Teu altar que foi adornado com as pérolas do saber; mas a fumaça das Oficinas, como uma neblina ante nossa visão, vem cegando nossos olhos e o ruído do ferro nos fez perder o sentido da audição, nos atordoando, diante do silêncio de uma Sabedoria que anda esquecida. Perdoa-nos se levantamos a ponta do véu, que talvez o homem livre possa contemplar, e se dedicar a estudar geometria e música para entrar em seu Santuário.

(...) Depois de descrever a Loja, com seus oficiais e fazer reflexões inerentes às suas simbologias, encontramos, diante do trono do Venerável Mestre, e a conveniente distância, um pedestal ou ara chamado de: *Altar dos Juramentos*. Esse altar é um símbolo antiguíssimo em todas as religiões; era destinado ao sacrifício dos animais durante o serviço religioso. Os judeus sacrificavam touros e cabras, ato que pode nos parecer bárbaro hoje em dia, porque a Bíblia disse terminantemente que Deus não deseja sacrifícios senão o de um espírito humilde e um coração constrito, e que para Ele não tem qualquer prazer os sacrifícios de sangue; mas parece que toda religião, antigamente, usava e abusava de atos bárbaros. O homem antigo amava suas posses materiais e não podia compreender nada do céu para aspirar a ele, assim como atualmente, o homem dominado pelos desejos não pode nem tem tempo para pensar em ideais superiores. Com os sacrifícios viventes, os antigos sentiam a perda de um animal cedido por um pecado cometido ou uma transgressão moral da lei, como nós hoje sentimos os remorsos na consciência pelas nossas más ações.

Sobre o altar deveria arder, permanentemente, o fogo divino, ano após ano, com o mais zeloso cuidado. Esse fogo consumia o sacrifício, que simbolizava a dor e a morte, causado pelo pecado. O Tabernáculo no deserto era apenas uma indício de coisas muito maiores, disse São Paulo.

Esse altar com seus sacrifícios e a queima das carnes, deve ser o interior do místico. Nenhum altar externo pode ajudar-nos se não construímos o tabernáculo e seu altar dentro dos nossos próprios corações e de nossas consciências. Cada homem deve converter-se num altar de sacrifícios e, ao mesmo tempo, ser a hóstia ou oblação que nele se oferece e que simboliza o animal que em tempos passados era imolado. Cada homem deve converter-se em sacerdote que degola o animal dentro dele, sobretudo deve também sacrificá-lo e queimá-lo. O certo é que no princípio a fumaça produzida na obscuridade ou trevas tinha um odor nauseante, repugnante, porém era com ela que nossos antepassados faziam perpetuamente o sacrifício dos defeitos e desejos e chegava, naquele momento, a dissipar as nuvens dos pecados e das consciências pesadas ante o olho espiritual, e aquela fumaça que causava náuseas e repulsa é trocada pela fumaça do incenso e o altar do sacrifício é substituído pelo altar dos perfumes, ou altar do incenso. O incenso é o símbolo do serviço voluntário, ou aroma do serviço. O sacerdote tinha o mandamento expresso de que nunca oferendaria um incenso diferente, sobre o Altar de Ouro, quer dizer, que sempre empregaria aquela sagrada composição.

O altar dos juramentos diante do trono, na Loja, tem a forma triangular (lembramos que o altar dos juramentos pode ter outras formas dependendo do rito). Essa forma representa os três altares no tabernáculo ou sua evolução. Altar de bronze ou do sacrifício, altar do incenso e o altar de ouro, cujo simbolismo é o homem antigo, o homem moderno e o homem futuro ou o super-homem.

Sobre o primeiro estrado, junto à balaustrada, à direita e à esquerda do Venerável Mestre há duas mesas para os IIr∴ Orador e Secretário. O Orador na Loja representa o poder do verbo no homem. O objetivo do primeiro grau é o desenvolvimento desse poder no candidato. Ao falar do significado dos graus, poderemos detalhar seu valor espiritual e seus efeitos no homem.

O Secretário representa no homem a memória que acumula, ordena e arquiva toda experiência recebida nos mundos do corpo.

Sobre o altar do Venerável se coloca um candelabro com três velas acesas, uma espada, um pequeno maço, chamado de malhete, e a carta ou patente constitutiva da Loja.

O candelabro com três velas acesas representa no homem as três luzes da Trindade. Deus é luz, disse São João. Sabe-se que a luz, a qual é Deus é refratada em três cores primárias, pela atmosfera da qual rodeia a terra. Tais cores são: azul, amarelo e vermelho; tal como Deus é refratado em três atributos ou pessoas, assim também é o homem, que é sua imagem e semelhança.

O Raio do Pai é azul, do Filho é amarelo e do Espírito Santo é o vermelho. Na Natureza vemos estas cores com suas respectivas combinações. Assim como a luz do candelabro ilumina a Loja, assim também é a luz da trindade, que deve ser posta dentro de nossos corações, para que nos guie. A chama sagrada da Divindade interna deve morar em nossa própria consciência; do corpo, templo de Deus, e sobre nosso altar que é o coração.

A Espada tem vários significados; por hora, podemos dar-lhe a interpretação do poder do verbo ou da verdade intuitiva, o poder da vontade educada (submetida).

O Malhete simboliza a força da vontade no homem.

A carta Constitutiva da Loja nos indica a sucessão da verdade no homem.

Sobre o altar dos juramentos se põe o livro da lei (ainda que isto não seja obrigatório em todos os ritos), e um compasso e um esquadro entrelaçados.

O livro simboliza a Palavra Divina, o Verbo ou arquivo da memória; é a lei natural da qual fala São Paulo. O compasso representa um ângulo no qual duas linhas distintas partem de um ponto e quanto mais se distanciam de sua origem mais se separam. É a dualidade no homem: espírito e matéria. O ponto central da união corresponde ao Oriente, ou seja, ao mundo da verdade, da realidade, a fonte de criação que permanece eternamente e em estado de Unidade Indivisível; a parte oposta ao ponto é a irrealidade, a matéria, o ocidente; é a mesma realidade dividida em dois princípios ou colunas distintas.

Então, o ponto central do compasso é a união do espírito do homem com o espírito Divino. É a realidade que se manifestou em aparência. É o Ser que adquiriu forma. É o Espírito que vestiu de matéria.

Agora cabe ao homem formar, realizar por meio da imaginação, ir dentro, ou progredir caminhando no sentido inverso, desde o ocidente ao oriente, espiritualizar sua matéria, ou seja, ir desde os extremos do ângulo, retornando à sua origem. O compasso também representa o céu, a Divindade, o Espírito, entrelaçado com o esquadro, a terra, a humanidade e a matéria. O superior se une ao inferior, o Verbo se fez carne.

O esquadro é o inverso do compasso.

Se o compasso representa ao Espírito manifestado na matéria, no corpo, o esquadro, cujo ponto central é para baixo e seus dois ângulos se elevam para o céu, representa ao homem inferior, que por ser dominado pelo superior se eleva novamente a sua origem, ao céu.

O compasso é a intuição e o esquadro é a razão. O compasso é a sabedoria interna e o esquadro é o conhecimento externo; mas ambos são necessários para o homem no mundo físico.

Logo, o esquadro e o compasso, abertos e entrelaçados perto do livro da lei, ou Palavra Divina, são os instrumentos simbólicos que nos servem para interpretar e usá-la construtivamente.

Em ambos os lados Norte e Sul os assentos respectivamente são dos Aprendizes, e dos Companheiros e Mestres: os primeiros têm que colocar-se na região obscura, porque não podem suportar a luz plena do Meio-dia, onde se encontram os Companheiros e os Mestres, respectivamente do lado do ocidente e do oriente, trabalham proveitosamente, os primeiros ajudando aos últimos.

Meditemos...

O OBSERVADOR

M∴ M.

Na alma de cada mortal habita um observador, que espera pacientemente a hora na qual sua obrigação clamará por uma consciência das realidades divinas, e quando isso acontecer, o observador interior guiará o pesquisador por uma série de experiências que o aperfeiçoarão e o tornarão apto para adentrar os templos da Verdade. Onde quer que o pesquisador habite, seja ele branco, amarelo ou negro, habita uma cabana ou palácio, ele deseja imediatamente se tornar um ajudante da humanidade e trabalha em unidade com as leis do espírito, ouve diretamente à voz compelidora da intuição que o convidava a buscar além do glamour dos acontecimentos, e ele obedece-a, então o observador interno o leva para uma viagem que só termina quando o pesquisador encontrar a si próprio. Porém, enquanto guia-o, o observador também lhe dá várias chaves, chaves estas que abrirão cada uma das sete portas que levam à câmaras antigas, onde pode-se encontrar livros escritos pelos outros eus do passado, trabalhos nos quais estão inscritos os símbolos dos poderes divinos. Somente através da perseverança e busca implacável é que o pesquisador pode alcançar seus desejos. Pois em sua aspiração pela iniciação, ele não deve permitir que suas energias sejam dissipados nos clamores mentais e vozes parasitas e interesses vagos, que são moldados de neblina e trazem somente sustentação temporária. Pois a iniciação consiste em descobrir as suas próprias limitações, embora também se descubra uma afinidade com os elementos da natureza e do universo. E chegará uma hora em seus estudos ocultos quando ele entrará através das cortinas de ar, e possuirá poderes que podem demonstrar a humanidade a existência de reinos e forças maiores.

A verdade não vem ao homem após sua morte, pois os poderes Celestiais podem ser sussurrados e encontrados enquanto ele ainda anda sobre a Terra. O homem encarna para ganhar novas experiências e também uma extensão de consciência que, como lamparinas de chama eterna, trarão a ele uma iluminação interna e perpétua. Além disso, quando sete fontes diferentes dão às atmosferas mentais do pesquisador seus filamentos, ele passa a possuir os poderes que o trarão a uma consciência mais ampla.

QUINTA INSTRUÇÃO

QQ∴ IIr∴ e leitores, além das ilações e provocações sobre o significado das simbologias dos nosso Templos, até agora provocados, não significa que esse assunto tenha sido esgotado. Aliás, ele deve ser revisto sob os mais diversos ângulos e dentro dos mais diferenciados aspectos. Isto é o que torna a nossa Arte qualitativamente e quantitativamente insuperável e incomensuravelmente inesgotável. Principalmente quando levamos em consideração os pressupostos de conhecimentos que cada partícipe traz consigo de suas formações profanas e culturais do mundo da vida, de suas experiências subjetivas ricas em vivências, que possa, de alguma forma, enriquecer nossas pérolas herdadas dos *Mestres Passados*.

O valor de cada um dos símbolos que comentamos sobre o Templo maçônico e sua estreita relação com o corpo físico e o homem em geral nos leva a acreditar que é apenas o início de bons e arrojados estudos para buscar mais características e ligações que fundamente nossas Instruções diante de temas tão complexos e ao mesmo tempo simples e naturais.

A Maçonaria expressada no simbolismo e na cerimônia de recepção do primeiro grau do Aprendiz não é mais que uma mimese fiel e exata daquilo que acontece invisivelmente no misterioso interior do Recipiendário chamado homem.

O SIGNIFICADO DA INICIAÇÃO

Nos dicionários encontramos que a palavra iniciação é derivada do Latim INITIARE e tem a mesma etimologia de INITIUM "início ou começo", vindo das duas de IN IRE "ir dentro ou ingressar". Assim, a palavra tem o duplo sentido, o de começar ou ir dentro. Em outras palavras, Iniciação é o esforço que o homem realiza para ingressar novamente, para ir dentro de si mesmo buscar as verdades eternas, que nunca foram expostas a luz, ao mundo externo. Iniciação é equivalente à religião (de RE-LIGARE ligar-se novamente); é a volta do filho pródigo ao seio de seu Pai, depois de haver errado por longo tempo no mundo material sofrendo misérias e fome.

O verdadeiro Iniciado é o ser que reconheceu seu erro e voltou a ingressar ao interior de sua casa paterna, enquanto que o profano fica fora do templo da Sabedoria ou de um real conhecimento da Verdade e da virtude, seguindo somente a satisfação de seus sentidos externos, do mundo dos prazeres.

Este Ingresso (Iniciação) não é e nem deve ser considerado unicamente como algo teatral ou material, muito menos uma aceitação de uma determinada associação, senão como o ingresso a um novo estado de consciência, a uma maneira de ser interior; da qual a vida exterior é apenas um efeito e consequência. O renascimento indicado pelo Evangelho é a transmutação do íntimo estado do homem, para efetivamente iniciar-se ou ingressar-se numa nova vida, que caracteriza o verdadeiro Iniciado e não como se supõe muitos que podem chamar-se iniciados desde o momento que começa o drama de seu renascimento iniciático, ou seja, a negação de seus vícios, erros e ilusões, que constituem os metais grosseiros ou qualidades inferiores da personalidade, para a afirmação da Verdade, da Virtude e da Realidade, que estabelece o Ouro puro da Individualidade, a Perfeição do Espírito que se expressa em nós através de nossos ideais elevados. Todo homem de boa vontade, bom e santo é o verdadeiro Iniciado, sem ter necessidade de pertencer a uma Ordem externa, considerando-se que já seja um membro da Fraternidade Branca Subjetiva.

A CÂMARA DE REFLEXÃO
A CASA ESCURA

Aqui, como numa casa escura, o homem despende seu tempo, chorando a perda dos velhos candeeiros que iluminavam os cômodos, aqueles profetas e poderes cujas mentes calmamente pairavam entre os poderosos relâmpagos de Deus. No pórtico sombrio, esses irmãos se reúnem e esperam, ouvindo as pesadas badaladas do relógio que indicarão o sinal para que possam entrar e novamente levar luz às câmaras sombrias. Eles abrirão novamente as poentas janelas e acenderão as lareiras; irão destrancar as portas da biblioteca novamente e trazer aos homens o conhecimento antigo que por tanto tempo foi negado, abrindo os pergaminhos amarelados e aqueles trabalhos pesados estampados com o símbolo de ouro da Verdade. Logo, os tons sonoros do relógio soarão, e seu eco vibrará em cada cômodo, acordando aqueles de sono pesado, que deixarão o sótão, o porão, a sala de estudos e o quarto e se reunirão na sala da casa, e apesar de ainda ouvirem os passos desses irmãos na varanda, não se apressarão para abrir as portas, os parafusos se desenroscarão dos soquetes sem a ajuda de mãos, e as portas se abrirão, deixando entrar uma rajada forte de vento que purificará toda a casa.

M∴M.

    Toda Loja deve ter um local especial chamado de Sala de Reflexão ou Câmara de Reflexão.

Todo homem, ao fechar os olhos, encontra-se em sua câmara de reflexão, no seu isolamento e na escuridão, que representa o período das trevas da matéria física, que rodeia a alma para seu completo amadurecimento. A câmara obscura da reflexão é o símbolo do estado de consciência do profano que anda nas trevas e por esta razão se encontra nos emblemas da morte e de uma lâmpada sepulcral. Nesse local, pintado de negro figurando uma catacumba, rodeado de símbolos de destruição e da morte se coloca um tamborete e uma mesa coberta com um pano branco, sobre o qual tem uma caveira (morte), algumas migalhas de pão (insignificância que tratam de obter os cinco sentidos), um prato com cinzas (o fim da matéria); um relógio de areia "ampulheta" (o correr do tempo que envolve tudo); um galo (o dever de ser vigilante e alerta); um tinteiro, penas e algumas folhas de papel para escrever seu testamento, cujo significado será explicado a posteriori. O recinto se encontra iluminado por fraca luz que se assemelha a uma vela sepulcral (lâmpada dos conhecimentos físicos adquiridos pela mente carnal); num dos ângulos se vê um ataúde junto a uma cova aberta, ou um hipogeu aberto também numa das paredes, deixando ver um cadáver (fazendo com que o Iniciado contemple o seu corpo físico, com todas suas impermanências). A Sala de Reflexão significa aquela crise, aquela luta entre o corpo e seus desejos com o espírito e seus ideais; esse quarto negro e escuro é o mesmo corpo que serve de prisão, de tumba e de ataúde ao verdadeiro ser Interior. Por essa razão, próximo aos emblemas da morte se acham certas inscrições em suas paredes, cujo objetivo é levantar a força interior e desenvolver a vontade do Neófito.

Ao ingressar na câmara o candidato tem que despojar-se dos metais (tem que voltar a seu estado de pureza edênica) a nudez adâmica antes de cobrir-se com a pele de todas aquelas aquisições que lhe foram úteis até o momento, para chegar a seu estado atual e que são obstáculos para voltar a seu estado primitivo. Deve abandonar todo desejo, ambição, cobiça dos valores externos, para conhecer-se a si mesmo, de modo que no seu interior encontrará verdadeiros valores espirituais. Dinheiro, bens, ciências, são apenas vaidades ante o conhecimento de si mesmo.

O candidato deve ser livre e despojado dos metais: qualidades inferiores, vícios e paixões, de seu intelecto, de suas crenças e prejuízos; deve aprender a pensar por si mesmo e não seguir como cego o conhecimento e crenças de outros; deve examinar tudo com muito cuidado para depois fazer juízo de valores. Por último, a Sala de Reflexão significa o isolamento do mundo exterior para poder concentrar no estado íntimo; no mundo interior para onde deve ser dirigido nossos esforços para chegar à Realidade da vida e das coisas. É o "conhece-te a ti mesmo" dos grandes Iniciados gregos. Na fórmula hermética se lê: *"Visita o interior da terra: retificando-se encontrarás a pedra escondida"*. Isto quer dizer, que o Iniciado deve descer às profundidades do ser para encontrar a pedra filosofal, que constitui o segredo dos sábios.

Assim como os ossos e imagens, que se acham representados nas paredes da Sala de Reflexões pressupõe a morte simbólica do Neófito, para renascer no mundo espiritual; indicando a morte aparente, factual, no mundo externo; assim também são as inscrições que cobrem as paredes indicando os conselhos do Ser interno, tendo por objetivo guiar o homem no rumo da verdade e ao Poder. São várias estas inscrições, citaremos algumas:

"Se uma vã curiosidade te conduz aqui, retira-te".

"Se tens receio de que se descubram os teus defeitos, não estarás bem entre nós".

"Se fores dissimulado, serás descoberto".

"Se és apegado às distinções mundanas, retira-te; nós aqui, não as conhecemos".

"Se tens medo, não vás adiante".

"Se queres bem empregar a tua vida, pensa na morte".

"Espera e crê... Porque prever e compreender o infinito é caminhar para perfeição".

"Ama os bons; compadece e ajuda aos débeis, fuja dos embusteiros, e não odeia a ninguém".

"O homem mais perfeito é aquele que é mais útil a seus irmãos".

"Não julgue ligeiramente as ações dos homens, fale pouco, adula menos e nunca censure ou critique a quem quer que seja".

"Leia e aproveite; olhe e imita; reflita e trabalhe; procura ser útil a teus irmãos e trabalharás para ti mesmo".
"Pensa sempre que do pó nasces-te e em pó te converterás"

"Nasceste para morrer". Etc., etc., etc. ...

Todos esses conselhos na câmara de reflexão e as demais figuras tétricas nos demonstram que dentro do homem se encontram a morte e a vida; o engano e a iluminação; ao passo que os cinco sentidos oferecem a morte e o espírito depara com a vida eterna.

O GRÃO DE TRIGO

O candidato à perfeição tem que passar pelas quatro provas, a saber: as da terra, água, ar e fogo. Isso quer dizer que deve triunfar sobre os quatro corpos ou quatro elementos que compõem seu ser físico, para poder chegar à individualidade; a seu devido tempo tudo isto será entendido na sua plenitude.

Na câmara de reflexão ocorre a prova da terra. Entre os objetos que se encontram naquele local está o grão de trigo. O Iniciado é simbolizado no grão de trigo, deitado e sepultado no solo para que germine e se abra para a Vida, com seu próprio esforço, no seu caminho para a luz. O Espírito nele está sepultado como um grão de trigo; o Eu Sou está preso no corpo e está esperando despertar-se e manifestar-se na luz do Dia do Senhor. Assim como a semente germina ao ser jogado na terra, depois de uma morte aparente, da mesma forma, o homem é comparado a terra, pois nele se encontra, em estado latente, o Espírito divino à espera de uma manifestação perfeita. A semente mora por algum tempo no seio da terra para germinar; o homem deve aprender no grão de trigo a concentrar-se no silêncio da alma, isolando-se de todas as influências exteriores e morrendo para seus defeitos e imperfeições, a fim de germinar e manifestar-se numa nova e profícua vida.

O PÃO E A ÁGUA

Encontra-se na mesa, da câmara de reflexão, na continuidade do símbolo anterior, assim como o lavrador sempre rega, cuida, colhe, mói e amassa para formar do trigo um pão; assim é o Iniciado que deve imitar o lavrador em seu próprio corpo, devendo educar-se, limpar-se, formar-se e apresentar-se como o pão do sacrifício e dizer como disse o Divino Mestre: *"Este é meu corpo, comei-o"*.

O SAL E O ENXOFRE

Outros dois elementos se encontram na câmara de reflexão: dois recipientes um com sal e outro com enxofre.

De acordo com a Tradição, o enxofre é símbolo da energia ativa, o princípio Criador. O sal mostra a energia passiva, feminina ou materna. Esses dois princípios correspondem às duas colunas, aos dois polos do corpo humano e aos primeiros graus da Maçonaria.

Sal e Enxofre são as duas polaridades no indivíduo; espiritual e material; expansão e gravidade. O Candidato deve encontrar nele o equilíbrio; um equilíbrio muito distinto daquele que prevalece no mundo profano; deve encontrar um equilíbrio entre o esforço e a vigilância no mundo interno do Espírito para poder manifestá-lo no mundo externo. Ao esforço vigilante e a firmeza perseverante são as duas qualidades que o futuro Iniciado necessitará para obter o sucesso idealizado. Este símbolo se completa com a figura do galo e a ampulheta, que representam a Vida do Espírito, a qual domina o tempo e a destruição de toda forma indesejável do exterior.

O TESTAMENTO

Ainda na câmara de reflexão, o candidato deve escrever seu testamento. Esse testamento difere do testamento profano em que este último é uma preparação para a morte eterna enquanto que a primeira é a preparação para uma vida nova; porque a morte já não é um fim para o Iniciado senão o princípio da vida e o mesmo candidato serão próprio executor. Ele deve morrer para suas paixões e desejos baixos, faz o testamento como se o profano morreu naquele único ato. Ao morrer para suas paixões físicas, renasce de novo onde deve cumprir seus deveres para com Deus, para consigo mesmo e para com seus semelhantes; são três as perguntas que se faz neste testamento.

PREPARAÇÃO

Antes de ser admitido no templo interior representado pelo Templo exterior, na câmara de reflexão, na solidão da consciência se lhe prepara da seguinte maneira: os olhos devem estar vendados, se lhe põe uma corda no pescoço e se lhe faz descobrir o peito pelo lado esquerdo, o joelho direito e o pé esquerdo. Isto pode variar de acordo com certos ritos.

A venda é o estado de ignorância ou cegueira, inerente à condição humana no mundo profano no corpo físico dos sentidos.

A corda é o estado de escravidão das paixões; também nos recorda o cordão umbilical do feto no ventre da mãe; um ser ainda sem individualidade ou autonomia humana. As nudezes nas partes mencionadas levam os seguintes significados: de que o coração deve estar sem prejuízo, ódio e convencionalismo que impendem a sincera manifestação dos sentimentos. O joelho direito descoberto sugere que o orgulho intelectual não deve impedir a genuflexão ou a inclinação de ajoelhar-se ante o altar da Verdade. A nudez do pé esquerdo é a marcha no caminho, a marcha no templo para chamar a sua porta em busca de luz e de Verdade.

Meditemos...

(...) O sol desperta a mente para diversas atividades, enquanto a lua a adormece e lhe dá poder para absorver a material dos 'eus' interiores mais Sabedoria Divina.

A lua tem sua parte nas atividades mentais, pois ensina a mente mais mundana o som que pode uni-la à mente mais elevada, e com isso, trazer equilíbrio mental, pois a força da mente vem de sua ligação com a órbita solar ou lunar, pois na luz do sol ela desenvolve sua garra nas atividades mentais; porém a lua age no sentido de produzir departamentos de expressão.

Quando retiramos alimentos da Natureza, desenvolvemos uma força similar à força do mago branco, pois a Natureza é o corpo mental autodesenvolvido secretamente; porém, a força espiritual que a Natureza guarda não é passada, a alguém a menos que este tenha passado pelos estados internos do ser. Este é o motivo pelo qual fazemos viagens mentais e deixamos o corpo, para contatar esta substância mental que é de natureza mais sutil que a assim chamada "substância mental dos homens", embora seja assunto para a atmosfera mental mundana, sua e de outros; todos os pensamentos, questões e preocupações da humanidade, que como uma nuvem, ficam entre a verdadeira e a falsa mente de cada homem. O pupilo deve analisar seu próprio eu, e buscar a substancia de sua própria mente, para passar pelas atmosferas materiais da personificação substancial da Natureza.

O homem tem dentro de si os elementos fogo, ar, água e terra, e o poder de chegar à consciência mental de cada uma das diferentes esferas elementais, pois tem dentro de si as forças governamentais pelas quais pode controlar cada uma destas esferas.

Há muitas pessoas que retém o conhecimento desta consciência elemental, e podem ver coisas do plano elemental tanto quanto do plano humano; um dom encontrado particularmente em inventores que têm uma fraca percepção das verdades da natureza e que buscam burlar estas leis desconhecidas. Geralmente, muitas pessoas tropeçam intuitivamente nos segredos da Natureza, mas não tem o treino científico para materializar este conhecimento. Esta ignorância deve ser transposta antes que o homem se torne um mago. Portanto, mesmo nossa ciência experimental tem sua serventia, e até o cientista materialista, em seus esforços para descobrir os segredos da Natureza, abre caminho para Deus.

M∴M∴

SEXTA INSTRUÇÃO
O PORTAL DO TEMPLO

A Porta é o símbolo de uma passagem ou que dá ingresso a algum lugar. A Porta do Templo é a primeira região (local, instância) na Iniciação interna; para aprender os mistérios do espírito só existe uma maneira, entrando no templo interior, onde estão os ocultos e verdadeiros tesouros.

O Neófito bate na porta do templo desordenadamente; quer entrar, mas não sabe como, é desajeitado, inexperiente, porém, o templo interior está sempre aberto para aqueles que buscam a verdade e pedem Luz. O Logos (Cristo ou átomo *Nous*) está aguardando ser despertado por aquele que tocará na porta do Templo.

Somente quando a época de ouro retornar novamente, todas as cordas mudas da consciência despertarão e se misturarão harmoniosamente, surgirão no ser de cada homem, fazendo do barro a fonte de êxtase, o fogo, a sabedoria e a glória dos deuses.
M∴M.

Entrar ao Templo com os olhos vendados nos serve para indicar que no Templo da Sabedoria não pode servir aos sentidos e que a luz do saber interno é sentida e não vista.

O Guia que conduz o Neófito ao templo representa o guia interior que conduz individualmente a todo ser que ânsia em seguir o caminho da verdade, sem o qual seria impossível ao candidato chegar devidamente às condições que lhe pedem para sua Iniciação.

É o Guia que contesta as perguntas dirigidas do interior do Templo...

"Quem é o temerário que se atreve a perturbar nossos pacíficos trabalhos forçando a porta do Templo ou o Portal do Homem?"

O Guia Responde...

- *"É um profano desejoso de conhecer a Luz verdadeira da Maçonaria e que lhe solicita humildemente por ter nascido livre e de bons costumes."*

O significado iniciático dessa resposta é de fundamental importância. Ninguém pode entrar ao Templo da sabedoria se não tem o firme desejo de conhecer a Verdade; tem que solicitar o ingresso com humildade, convencido de sua ignorância e de sua fraqueza; deve ser também livre de todo preconceito filosófico, religioso e social, porque o orgulhoso de seu saber humano e intelectual nunca poderá ser admitido no templo interior; por fim, deve ser de bons costumes, porque maus costumes são barreiras infranqueáveis para o desenvolvimento espiritual.

A ponta da espada apoiada sobre o coração é o símbolo do Poder do Verbo e da Verdade Intuitiva, que se manifesta no íntimo de nosso ser. Para aquilo que os olhos não podem ver, o sentimento da verdade sempre subsistirá. Também tem o significado de que se o candidato entrar ao Templo do Saber por mera curiosidade ou por esperar algum tipo de poder, a espada flamígera da verdade lhe aniquilará.

INTERROGATÓRIO DO CANDIDATO

O interrogatório do candidato, ao ingressar no Templo, é o exame de suas meditações na Câmara de Reflexão.

Quais são seus deveres para com Deus, para você mesmo e para com a humanidade?

Quais sãos suas ideias sobre o vício e a virtude?

Essas perguntas são as explicações que contestou o Guia pelo candidato. O vício é a escravidão, a cadeia que cria obstáculos ao homem e sendo escravo de seu vício *"Não pode ser livre e de bons costumes"*, com o qual deve converter-se em virtuoso.

A virtude de força, virilidade, poder no sentido moral do homem que, por meio de seus "esforços pessoais", domina os vícios ou debilidades.

O verdadeiro Maçom é aquele que estabelece o domínio do Superior sobre o inferior; nisso se resume o programa de todo iniciado na Verdade e na Virtude.

A PRIMEIRA VIAGEM

A viagem significa o esforço que o homem fez para adquirir seu objetivo.

Na cerimônia do primeiro grau, o candidato deve realizar três viagens, a primeira está cheia de dificuldades e apresenta ao Recipiendário com muitos perigos e ruídos; representa a prova do ar ou da dominação do corpo de desejos e sua purificação. O Guia ou o sentido interno interior lhe ensina o bom e o verdadeiro, e o candidato deve ser dócil às suas insinuações e instruções. A direção desta viagem é do ocidente ao oriente pelo lado Norte. O Ocidente é o mundo sensível e material; é a parte inferior do corpo humano, onde residem os fenômenos objetivos do universo; a Verdadeira Luz se encontra nele, da mesma maneira, quando e onde, se põe o Sol; se encontra velada como Ísis e o Recipiendário deve revelá-la pelos seus esforços.

A realidade e a Luz nascem no Oriente que corresponde à cabeça do Homem, é aí onde brilha com todo esplendor. A viagem começa no Ocidente, quer dizer, desde seu conhecimento objetivo da realidade exterior, o homem se encaminha pela noite do Norte, em busca da Verdadeira Luz, que fica no Oriente; não devem assustar-lhe na obscuridade, nem nas dificuldades que se encontrem em seu caminho, para chegar à verdade. Uma vez que chega ao Oriente e mude a intensidade da Luz, não deve este deter-se ali senão deve regressar ao Ocidente. Agora com a consciência iluminada, que lhe permite enfrentar-se com mais serenidade, as dificuldades e asperezas do mundo, que já não têm mais poder para fazer-lhe desviar de seu caminho. Porque seu corpo de desejo foi purificado e dominou suas paixões pelo reconhecimento da verdade. Também tem outro significado: Uma vez que o Recipiendário se encontra iluminado, não deve guardar sua iluminação para si e, sim que deve instruir e iluminar aos demais que se encontram, todavia, no Ocidente, ou seja, no mundo material.

Senhor, a viagem simbólica que acaba de fazer é a imagem da vida humana. Os ruídos que escutou simbolizam as paixões que agitam o homem; os obstáculos significam as dificuldades que este sofre e que não pode vencer nem rebaixar enquanto não adquirir forças espirituais e os conhecimentos que lhe permitam lutar contra as adversidades, graças também à ajuda que possa receber de seus semelhantes. Estas dificuldades são maiores para aqueles que não possuem a Luz, e que por isso ignoram as leis profundas do Cosmos e que muitas vezes trabalham contra estas leis. Na ascensão que você tenha tentado nestas circunstâncias devia ser, fatalmente, seguida de uma queda, que poderia até ter sido mortal, sem a ajuda de mãos fraternas que puderam lhe sustentar no momento mais crítico. Esta experiência simbólica deve incitar-lhe a ser cometido e moderado em seus desejos, na prudência de seus ímpetos; constitui 'A Prova do Ar' nos Antigos Mistérios, que vem depois da 'Prova da Terra' que sofreu durante sua estada na 'Câmara de Reflexão'.

A SEGUNDA VIAGEM

Já lhe foi dito que a Câmara de Reflexão representa a prova da terra ou o domínio do mundo físico; a primeira viagem é o domínio do mundo dos desejos, agora a segunda viagem representa e simboliza o triunfo sobre o corpo mental ou mundo mental.

Esta segunda viagem é mais fácil que a primeira, já não existe obstáculos violentos. O esforço feito na primeira viagem vos ensinou como superar as dificuldades, que se encontram no caminho da evolução, uma vez dominados nossos desejos.

O choque das espadas se ouve durante esta viagem, num emblema de lutas que se desenvolvem ao redor do Recipiendário. É a luta individual consigo mesmo, para aprender a dominar sua mente elaboradora dos pensamentos negativos. É o segundo esforço para levar uma vida em harmonia com os ideais elevados. No batismo da água praticado pelas religiões; é a negação do mal; é a preparação para receber o Batismo do Fogo ou do Espírito Santo, ou seja, para afirmar o positivo.

O Batismo da Água objeto da segunda viagem é a purificação da mente e da imaginação, de seus erros e de seus defeitos.

A TERCEIRA VIAGEM

A terceira viagem representa o Batismo do Fogo e se cumpre, todavia, com mais facilidade que as precedentes, não mais aparecendo os obstáculos e ruídos; somente se ouve uma música profunda e harmoniosa.

Dominando e purificando a parte negativa de sua natureza que lhe causava dificuldades, o neófito se familiariza com a energia positiva do fogo, quer dizer, chega a ser consciente do Poder Infinito do Espírito, que se encontra em si mesmo. Na descida do Espírito Santo em Línguas de Fogo que depura todo traço dos erros que dominavam a alma.

Esta Prova do Fogo nas antigas iniciações, o elemento mais sutil, do qual nascem todas as coisas e na qual todas se dissolvem. No domínio do mundo do Espírito de Vida, cujas fronteiras estão com o mundo Divino.

A descida do Espírito sobre o Recipiendário, com seu fogo, faz desaparecer as trevas dos sentidos e com elas toda dúvida e vacilação, dando-lhe esta Serenidade Imperturbável, na qual a alma descansa para sempre no abrigo de toda e qualquer influência negativa, de tempestades e lutas exteriores.

Este Fogo é a essência do Amor Infinito, Impessoal, livre de todo desejo impulsivo pessoal. Dá poder ao Iniciado de operar milagres, porque lhe converte numa fortaleza de Fé Iluminada e numa Força Ilimitada, por ter franqueado todos os limites da Ilusão.

O CÁLICE DA AMARGURA

Dominado os quatro elementos ou os quatro mundos, o Recipiendário deve experimentar o cálice da amargura. Esse símbolo nos dá muito que pensar. Muitos iludidos acreditam que a ciência espiritual é um método fácil e sensível, a qual recorre para adquirir poderes, riquezas e comodidades e jamais pensam, nem houve quem lhes disseram que por trás destas provas nos espera o esmagador cálice da amargura, ao deparar-se com as desilusões, quanto tudo parece ir contra nossos projetos e de nossas aspirações. Até mesmo Jesus ao sentir este estado de amargor das coisas clama: *"Pai, se for possível, afasta de mim este cálice"*.

Porém, o Cálice não pode ser afastado, senão que deve ser "degustado" até a última gota. O Recipiendário deve seguir os passos do Cristo, carregar sobre seus ombros todas as amarguras dos demais, sofrer a ignorância, o fanatismo e a ingratidão de todos. Deve levar este cálice a seus lábios serenamente e prová-lo como se sua bebida fosse a mais doce e saborosa entre todas. Então se cumpre o milagre: a amargura em sua boca se converte em doçura nas bocas dos homens e a Verdade triunfará sobre as ilusões dos sentidos.

O SANGUE

Uma das provas que o candidato é submetido é a prova da sangria: se diz que deve firmar seu juramento com seu próprio sangue, isto é, assinar o pacto com ela. Os hermetistas sabem muito bem que o Eu ou o Ego tem sua morada no sangue, onde a vida é expressa na individualidade. Enquanto circular o sangue no organismo vida existirá a vida naquele corpo; porém, quando se coagula acontece a morte.

Firmar o juramento com o sangue significa aderir-se à Causa Sagrada eternamente, de maneira que este pacto assinado com ele não pode romper-se nem mesmo com a própria morte. Por tal motivo, nenhum Iniciado poderá voltar atrás e aquele que: *"Põe a mão sobre o arado não pode voltar seu olhar para trás"*, caso contrário se transformará numa estátua de Sal *"como a mulher de Loth"*. Não nos é sensato revelar mais sobre este profundo mistério, porque as consequências serão muito dolorosas para nós, e as pessoas que chegam a compreendê-lo na sua totalidade farão o mesmo, ou seja, ficarão em silêncio; podemos dizer que o autor do juramento assinado com seu sangue não pode ser nem deixar de ser Iniciado, por sua livre e espontânea vontade, senão que o será para sempre, e aquele que acredita poder romper com tal procedimento é porque nunca foi Iniciado. Quando Cristo derramou seu amor por meio do sangue, firmou o pacto de seguir com nós até a consumação dos séculos. O mesmo nos ensinou que não devemos jurar nem pelo céu nem pela terra, porque sabia do efeito do juramento.

O FOGO

Outro símbolo análogo ao sangue é o fogo. Convidam ao candidato a permitir que se faça nele uma marca no peito ou outra parte com o Fogo, uma impressão de um selo, pelo qual se reconhecem todos os maçons.

Este selo (na Maçonaria moderna, este selo nunca se aplicou materialmente, porém, foi praticado nas escolas de mistérios da antiguidade), se grava com o fogo da Fé no coração do Iniciado; a fé é o único selo pelo qual os maçons se reconhecem entre si. É a fé que ascende o ardor do entusiasmo para trabalhar em harmonia com o Plano do Grande Arquiteto, e cooperar conscientemente.

A AJUDA DA CADEIA DE UNIÃO

Finalmente e para dar prova de seu altruísmo, convidam ao candidato a ingressar na Cadeia de União, mediante uma oferta voluntária, para ajudar os necessitados. Antigamente dava tudo aos demais e esta cena se repetiu no tempo de Cristo, quando perguntou aquele rico: *"Mestre, que farei para ser perfeito?"* E o Mestre lhe respondeu: *"Vende teus bens e reparta-os entre os pobres"*.

O JURAMENTO

O candidato deve prestar juramento ou obrigação diante do altar (seu coração é o altar de Deus); segue com os olhos vendados (que não pode, todavia, ver a luz), ajoelhado sobre o joelho esquerdo (não somente em sinal de respeito e devoção, mas, sim, que nesta posição se põe em contato com as correntes terrestres que tendem a subir para aquelas que descem do alto. O candidato forma um ponto de união entre os dois); a direita em forma de esquadro (símbolo da firmeza, estabilidade e do rígido objeto do juramento; é a preparação para libertar-se. (Veja o significado do esquadro nas páginas anteriores). A mão direita sobre a Bíblia (ou outro livro Sagrado da Religião a qual pertença o candidato), verdade revelada e na mão esquerda um compasso cujas pontas apoia sobre o peito símbolo, do reconhecimento pleno de harmonia. (Reveja a explicação deste símbolo nas páginas anteriores).

O juramento se faz na presença do Grande Arquiteto do Universo e dos Irmãos reunidos em Loja. A presença do Grande Arquiteto no Homem é a primeira condição que deve compreender o candidato; os Irmãos que formam, com suas espadas, uma abóbada sobre sua cabeça, sem que ele possa vê-los com seus olhos físicos; são o símbolo dos protetores invisíveis que se encontram interior e exteriormente, que nos vigiam constantemente e nos protegem sem que nos demos conta de suas existências.

Esse juramento se contrai livre e espontaneamente, com plenitude de conhecimento da alma. Não se trata de uma obrigação involuntária ou com ameaças, porque como o Maçom é livre no sentido mais pleno da palavra. Contrai a obrigação ou juramento que o liga ao Ideal da Ordem com a determinação livre e sem constrangimentos de sua Vontade.

OBRIGAÇÕES DO JURAMENTO

As obrigações do juramento são três, sendo a primeira o silêncio: uma lei importante do hermetismo é não revelar a ninguém os segredos da Ordem – *"não lance as pérolas aos porcos"* (Mt 7,6). O homem ao penetrar ao Templo Interno da Sabedoria e receber os fragmentos do Saber Divino deve guardá-los como um tesouro em seu próprio coração por dois motivos: o primeiro é porque ninguém pode compreendê-los sendo revelado pelo outro; e o outro, é porque ao divulgá-lo perderá a palavra de energia interna, que é como uma levedura que fermenta no coração com aquela sabedoria. Em outras palavras: o Iniciado terá que procurar e descobrir por si só aquilo que jamais poderá ser revelado por outros.

A segunda: não escrever, não gravar ou formar qualquer signo que possa revelar a palavra Sagrada, isto é, o Verbo Divino que se encontra na totalidade do Ser, porque tirá-lo para fora é como que arrancar a semente da terra, para ver seu crescimento. O Verbo Divino ou o Ideal Divino deve trabalhar desde o interior para fora e nunca deve ser visto pelos olhos das paixões, como aqueles que se vangloriam de seus poderes.

A terceira: é a sua união eterna à Fraternidade Espiritual aos seus ideais, aspirações e tendências, comprometendo-se em ajudar a seus Irmãos em cada momento, porque se dá conta que a Fraternidade é um corpo e que ele é a cédula em dito corpo que deve cumprir com seus deveres.

Antes de faltar ao juramento, o Maçom prefere ter a garganta cortada e a língua arrancada que revelar os segredos da Ordem. O castigo simbólico do indiscreto, quando faça uso egoísta de seus poderes, terá então a língua, instrumento do Verbo, arrancado, isto é, perderá o poder da palavra ou do Verbo. Sua garganta, que é aquele órgão que produz o som da verdade, será cortada.

A LUZ

Uma vez que tenha cumprido os três deveres do juramento, será digno de ver a Luz da Verdade. Esse símbolo se efetua com a retirada das vendas dos olhos do candidato, que representa a venda da ilusão que lhe impede ver a essência da Verdade.

No princípio se fica deslumbrado, pois vê seus Irmãos com espadas dirigidas para ele. Essas espadas não são ameaças; porque aquele que vê a Luz nunca pode temer as ameaças; as espadas demonstram as dificuldades que deve afrontar o Iniciado no cumprimento constante de seus ideais; porém, o Iniciado não deve jamais renunciar à suas aspirações elevadas. Portanto, os Irmãos, ao ver-lhe firme em seus propósitos, descobrem-se, tirando a Máscara que escondia seus semblantes e baixam as espadas, que significa que as dificuldades são vencidas ante a firmeza da Fé. É a luz interior que passa livremente e se derrama sobre o mundo externo para dissipar todo temor e toda dificuldade. É a Luz da Divindade. É o objetivo da Iniciação interna: fazer do homem um Deus.

A Maçonaria recorre a todos esses símbolos para ajudar ao intelecto do homem compreender a verdade e descobrir que é um deus em Deus.

Meditemos...

O FOGO FILOSÓFICO

John Pontanus, em sua *Epístola do Fogo Filosófico*, afirma que todo o trabalho da Pedra se encontra nas breves palavras do insigne Hermes em seu discurso *A Chave*:

O intelecto do Todo é o fautor de todos os seres, o intelecto do ser humano faz, tão-somente, os da terra. Pois, desprovido de sua vestimenta ígnea, o intelecto que habita nos homens é incapaz de perfazer os seres divinos, pois sua habitação lhe impõe a condição humana. Quanto à alma humana, não toda alma para dizer a verdade, mas a piedosa é, de alguma forma, daimoníaca e divina. Essa alma, então quando se separa do corpo após ter percorrido o curso da piedade torna-se totalmente intelecto. Contrariamente a alma ímpia permanece no nível de sua própria natureza, torturando a si própria e procurando um novo corpo de terra no qual possa penetrar, mas um corpo humano: pois nenhum outro corpo saberia conter uma alma humana e a ordem divina interdita à alma humana o cair num corpo de animal sem razão. É, com efeito, uma lei de Deus que a alma humana seja protegida de um tão grande ultraje.

E continua mais adiante:

A mente é a fazedora de todas as coisas, e ao fazer as coisas usa o fogo como instrumento.

A mente, nous, espírito, corresponde ao fogo, sendo análogo a vontade. O fogo filosófico se identifica, pois, com a vontade enquanto ascese, encaminhada a obter um desenvolvimento espiritual.

Este fogo dissolve as "conchas qliphoticas" as impurezas incrustadas na alma ou no mundo intermediário, cujas densidades impedem as influências celestes descerem à Terra Filosófica, do mesmo modo que impedem as influências telúricas na Abóbada Celeste.

O mundo intermediário ou alma é o lugar onde ambas influências sutis deveriam mesclar-se e retificar-se mutuamente, por isso a primeira operação da Obra é a purificação da Matéria, para a qual o artista previamente deve ter aprendido a ascender o fogo extraindo, por meios apropriados, da Mina aonde arde consumindo-se a si mesmo aguardando ser liberado, assim como a manejá-lo segundo os graus convenientes em cada fase dos Trabalhos. Deve, pois, sua presença e perseverança ser constante, senão ele não conseguirá realizar a obra, sua intensidade não é sempre a mesma.

O fogo, sendo um elemento natural, ainda que de origem celeste, sofre alterações de grau segundo as leis que regem a Natureza, por isso esta deve ser a nossa mestra e guia.

Assim, pois, uma vez que o aprendiz da Arte conhece a Matéria, o Fogo e seus graus, pode começar os Trabalhos da Obra, e começará pela putrefação, pois a vida só pode surgir da morte, e sem regeneração não é possível extrair o calor do Enxofre nem a umidade do Mercúrio.

É necessário acrescentar que enquanto se fala de fogo no singular, como sendo uno, haveria de considerà-lo duplo, um celeste e outro terrestre. O celeste é puro, luz que não queima, enquanto que o terrestre ilumina, porém queima, é impuro. Sem dúvida os dois são necessários.

O fogo terrestre é inerente a todo ser, sendo aquele calor que anima a vida e a sustenta. Porém, assim como nos seres sem a razão do dito fogo é o que lhes permite sobreviver, no ser humano, dotado de razão, pode ser o aguilhão que lhe castiga e à

AS SETE INSTRUÇÕES DO INICIADO

cadeia que lhe ata aos mundos inferiores, ou bem a chispa que prenda nela a chama oculta no fundo da Mina.

Pois bem, posto que seja necessário um impulsionar para o superior, este solo se produzirá se o fogo celeste descer e animar ao fogo terrestre; desta forma será possível a promoção da escuridão para a Luz.

SÉTIMA INSTRUÇÃO

Então o Homem, que tinha pleno poder sobre o mundo dos seres mortais e animais irracionais, lançou-se através da armadura das esferas e rompendo seu envoltório fez mostrar à Natureza de baixo, a bela forma de Deus. Quando ela o viu, o ser que possuía em si a beleza insuperável e toda a energia dos Governadores aliada à forma de Deus, a Natureza sorriu de amor, pois tinha visto os traços desta forma maravilhosamente bela do ser humano se refletir na água e sua sombra sobre a terra. Tendo ele percebido esta forma semelhante a ele próprio na Natureza, refletida na água, amou-a e quis aí habitar. Assim que o quis, foi feito e veio habitar a forma sem razão. Então a Natureza, tendo recebido nela seu amado, enlaçou-o totalmente e eles se uniram, pois queimavam de amor.

Corpus Hermeticum

CONSAGRAÇÃO

Depois de ter visto a luz, o candidato é conduzido ao altar dos juramentos, diante do qual se ajoelha sobre o joelho esquerdo, enquanto que o direito está em forma de esquadro; fazem-se-lhe confirmar suas obrigações. Todo ato iniciático deve ter um significado mais profundo. O mero fato de ajoelhar-se tem um grande significado oculto, porque os centros etéreos físicos, ao aplicar o joelho na terra, se sintonizam em certas correntes que circulam sobre a terra, e que estão sempre à disposição daqueles que buscam auxílio no Invisível. A oração com a posição do homem ajoelhado não só ajuda quem ora, senão, até certo ponto, é preservado também das influências perniciosas que podem dominá-lo em qualquer outra posição que adote com seu corpo.

Pedir de joelhos é uma frase que se repete a cada momento, porque os antigos que nos deixaram esta frase compreendiam a eficácia da petição estando de joelhos. Já mencionamos sobre o significado do esquadro e não é necessário repetir aqui o simbolismo da perna direita que toma forma de um esquadro.

Quando o candidato cumpre com suas obrigações e se ajoelha diante do altar, que é agora o seu coração, onde mora o verdadeiro Mestre, o Eu Sou, o Átomo Nous, o Cristo, então, este, que é representado pelo Venerável Mestre, toma a espada flamígera apoiando-a sobre a cabeça do Recipiendário, pronuncia a fórmula da consagração, acompanhada por golpes misteriosos do grau. Feito isso, ou seja, ao terminar o faz levantar e o abraça, dando-lhe pela primeira vez o título de Irmão, e lhe veste com o avental branco, dizendo:

> *Receba este avental, distintivo do Maçom, mais belo que todas as condecorações humanas, porque simboliza o trabalho que é o primeiro dever do homem e a fonte de todos os bens, e que lhe dá direito a sentar-se entre nós, e sem o qual nunca deveis entrar na Loja.*
>
> De um antigo Ritual

A espada flamígera é o símbolo do Poder Divino. O poder criador se encontra no homem. Este poder atualmente na humanidade é o poder das trevas, é o Inimigo Secreto, que tem cada ser humano. O poder da criação se encontra na parte inferior da espinha dorsal, onde reside o inimigo secreto do homem, todos estão esforçando-se para unir-se com o próprio Íntimo do homem, ou segundo a parábola da Bíblia; ansiavam regressar ao Éden, ao paraíso, depois de ser arrojados como rebeldes, e Deus "Pôs no oriente do mesmo Jardim do Éden uns Querubins, que luziam em toda parte uma espada flamígera para custodiar o Caminho da Árvore da Vida". O homem degenera facilmente quando se encontra sob o poder do Inimigo Secreto; este o devora no forno ardente de seus desejos e, quando desperta enfraquecido, já está perdido e dificilmente conseguirá voltar a se colocar em contato com o ÍNTIMO durante duas ou três vidas, pois, antes, tem que ajustar o carma de seus malignos desejos.

Nossas forças criadoras devem ser preservadas e não dissipadas (a energia Sexual), porque esta energia acumulada é uma riqueza que pode enobrecer nosso caráter. É necessário que nos cuidemos no contato com todo aquele que mancha seu apetite com paixões e desejos doentios, pois não somente colocam em perigo sua própria saúde, mas também a de todos os que o rodeiam.

> *O Inimigo Secreto concede a todos aqueles que se entregam a dissipação, maiores oportunidades para que propaguem sua degeneração e impureza, já que é mais fácil impelir essas pessoas a cometerem atos de maldade do que o homem de mentalidade sã e equilibrada, o qual jamais sucumbirá ante estes tipos de tentação.*
>
> *Este poder tenebroso, sempre que pode, consome suas vítimas com terríveis enfermidades. Se não vos pode dominar enquanto sois pobres, mas percebe que possuís qualidades que podem responder à sua direção, lhes fará ricos; assim podereis disseminar maior quantidade de sementes de destruição, cuja influência maligna subsistirá, posteriormente, durante várias gerações. Muitos dos que chegaram ao poder, à fama e à glória, foram estimulados para isso e trabalham sob a direção do Inimigo Secreto.*
>
> *Com o objetivo de recrutar seus instrumentos, as escolas de magia negra fizeram do culto a energia sexual a parte preponderante de seus ensinamentos.*
>
> *O Intercessor ou Anjo Custódio, anteriormente mencionado, é um átomo de grande inteligência que permanece sempre na presença da Realidade. Se realmente procuramos sinceramente a união com o nosso próprio ÍNTIMO e lhe somos leais, depois de penetrarmos em nosso sistema secundário (o simpático) e revivenciarmos nosso passado, Ele intercede para que nossos delitos e transgressões sejam perdoados. Quando isto ocorre, então o homem nasce de novo.*
>
> Os Deuses Atômicos – Trad. Jayr Rosa de Miranda.

A Espada do Poder que se encontra em mãos do Mestre que reside no coração do homem impede aos rebeldes átomos destrutivos a aproximar-se da fonte do Saber Divino para não prevaricar no mau, segundo seus próprios desejos; porém, a partir desde momento que se ajoelham ante o Mestre Interno, ante o Altar do Sacrifício, o Mestre Íntimo os consagra como discípulos com a espada Flamígera com toques misteriosos, para transformá-los em ajudantes servidores e irmãos no trabalho da Obra.

O Avental é a túnica de pele, a qual menciona na Bíblia ou o Corpo Físico, com sua consciência individual (Adam) e seu reflexo pessoal (Eva), que foram arrojados do estado edênico, mental Interior – e foram levados para a terra, mundo físico, para trabalhá-lo e expressar na matéria as qualidades divinas e adquirir na terra experiências que transformam o homem vulgar em mestre.

O Avental no copo físico é a túnica de pele, é a parte que abriga o espírito Interno e oculta sua Luz aos olhos físicos. Vestir o Avental significa isolar o coração do mundo físico, durante os momentos do trabalho espiritual, durante a comunicação com o Pai que se encontra no coração.

AS LUVAS

O Recém-Iniciado recebe dois pares de luvas, um para ele e outro para oferecer a mulher por ele mais amada.

As luvas brancas simbolizam as boas obras, ou seja, para expressar o divino em nós sem olhar o fruto de suas obras.

Com o outro par de luvas para a mulher, se quer mostrar que a companheira do homem tem direito a participar dos benefícios da Ordem, ainda que até o momento em muitos países as negam estes direitos.

As luvas, segundo nosso entendimento, têm também outro significado, mais transcendental, que é amar a Deus com todas suas forças. As luvas são como o Avental, isoladores. Em algumas religiões se ensina que para orar se devem cruzar os braços. O homem irradia a energia pelos dedos das mãos; pois para amar a Deus com todas as forças se cruza os braços sobre o peito para conservar a energia, nele mesmo, que lhe ajusta a melhor adoração ao G∴A∴D∴U∴. As Luvas têm por objetivo conservar esta energia no homem para a melhor expressão da Verdade no momento necessário.

A PALAVRA

Depois de ser consagrado, o Aprendiz Maçom, o neófito está agora em condições de se comunicar a palavra sagrada e a maneira de dizê-la; de dá-la conforme a Arte.

No primeiro versículo do Evangelho de São João, há o significado e a chave da palavra. No princípio era o Verbo, ou seja, a Palavra. Era a resposta da verdade da qual tudo se manifesta a partir de um Princípio Interior ou espiritual chamado Verbo ou Palavra, quer dizer, afirmação criadora de sua realidade que o faz vir à existência ou manifestar-se desde um estado de Imanência latente ou potencial.

No princípio era o Verbo, é uma frase que nos demonstra a origem de tudo aquilo que vemos, ou que se apresenta de alguma maneira, diante dos nossos sentidos no mundo da vida, no mundo sensível. De fato, sem distinção, pode-se dizer que, no princípio (em sua origem) era ou foi o Verbo, Palavra, Pensamento ou Afirmação Criadora que a originou. E como o Verbo, Palavra ou Pensamento não pode ser senão uma manifestação da Consciência, toda coisa exterior tem uma origem interior no Ser, de onde teve nascimento primeiro como causa de cujo efeito se vê.

Tudo que se manifesta, no mundo sensível ou sutil, tido sua origem de um pensamento de desejo, aspiração, afirmação ou estado de Consciência. O Universo desde seu primeiro princípio, que é ser, e como tal fundamento de tudo aquilo que existe, dentro do tempo e espaço não é mais que um efeito do Verbo.

Dentro dessas considerações é de suma e transcendente importância aquilo que o homem diz, pensa ou afirma em si mesmo: só com este fato já participa consciente ou inconscientemente do poder criado universal do Verbo e sua obra construtiva.

O Aprendiz tem o privilégio, no primeiro grau da Maçonaria simbólica do REAA, de desenvolver o poder do Verbo, sábia e conscientemente. Aprender o reto uso da Palavra é uma tarefa fundamental que incumbe ao maçom desde o início de sua recepção. Esta disciplina se dá em sua atividade construtiva e em harmonia com os planos do G∴A∴, quer dizer, dentro dos princípios universais da Verdade.

Existe, pois, uma palavra sagrada de todas as palavras profanas que são nossos erros, pensamentos negativos e juízos equivocados formados sobre a aparência exterior das coisas, a Palavra Sagrada é o

Verbo; quer dizer, aquilo que há de mais elevado e sublime, conforme a realidade da qual podemos pensar ou imaginar, uma manifestação da luz que nos ilumina desde o interior. Em nosso ideal e nosso conceito daquilo que há de mais justo, bom, formoso, grande, nobre e verdadeiro, conformando nossas palavras a esse Verbo, pronunciamos a Palavra Sagrada e decretamos seu estabelecimento, pois como se disse: "Decretarás uma coisa e será estabelecida em ti."

A Palavra Sagrada, dada pelo Ven∴ M∴ que se senta no Oriente, simboliza a Palavra Sagrada dada individualmente, a cada um de nós, pelo Espírito da Verdade, pelo Íntimo Eu Sou que igualmente se senta ou mora no Oriente ou origem de nosso ser. Também representa a instrução verbal que se dá na Loja (ou lugar onde se manifesta o Logos ou a Palavra) e que sempre deve partir do Oriente para ser efetiva, quer dizer, daquilo que cada um pode pensar subjetivamente de mais nobre e elevado. Deve ser luz inspiradora e vida como a luz do sol que sai do Oriente.

A impressão da Palavra Sagrada que se formula ao ouvido, letra por letra, de acordo com a instrução hermética, se dá a cada um o primeiro esboço (rudimento); a primeira letra da Verdade, para que meditando e estudando sobre ela se chegue, a partir do próprio esforço, a conhecer e formular a segunda, que o fará digno de receber útil e proveitosamente a terceira. Desta maneira tem sido e foi comunicada a Doutrina Iniciática em todos os tempos – da época de Platão; a maiêutica socrática tem como significado "dar à luz", "parir" o conhecimento (em grego, μαιευτικη — *maieutike* — significa "arte de partejar"), sendo no simbolismo maçônico, a primeira letra da mística palavra sagrada da Verdade.

A Palavra Sagrada, que se dá ao novo Iniciado, é o símbolo daquela instrução sobre os princípios da Verdade, que cada Aprendiz tem direito de conhecer e é ensinada pelos Irmãos mais adiantados que se encontram no caminho, garante ao recém-chegado uma chave para um começo de confiança mútua entre seus partícipes. Esta palavra que se dá ao ouvido ou secretamente é o símbolo daquilo que o Iniciado recebe de seu interior ou saber verdadeiro, o Exercício que lhe converte apto para o Magistério da verdade e da virtude. Esta instrução não depende daquilo que recebe e senão daquilo que se encontra e assimila por si mesmo, com seus próprios esforços e méritos, quer dizer, do reto uso que se faz da primeira regra, recebida como meio para chegar diretamente à verdade. Nisto consiste a instrução iniciática: trabalhar sempre e trabalhar bem para chegar a descobrir as verdades transcendentais cósmicas, que estão em si e não como a instrução oficial que se contenta em fazer saber ao discípulo certas opiniões intelectuais que, muitas vezes, são mais prejudiciais que úteis; porque podem vir carregadas de ideologias sectárias. A ciência da Verdade deve ser sentida, vivida e não aprendida.

Cada letra da Palavra Sagrada deve ser objeto de uma reflexão individual; por exemplo, ao meditar nos poderes e significado da primeira letra, o discípulo chegará, por seus próprios esforços a encontrar a segunda, que é aquela que deve ser dada ao Instrutor, em resposta à primeira, para que perceba sua consistência e assim caso o julgue digno de confiança receberá a terceira, que é de um gênero diferente da primeira.

O homem correto, que anseia o saber, deve praticar, em primeiro lugar, o bem que está a seu alcance; então a primeira prática é descobrir o caminho da segunda: ajudar ao necessitado, consolar o aflito, significa dar e como efeito de dar é receber, segundo as leis Cósmicas. Então chegamos à conclusão de que: quem ajuda será ajudado para dar mais, e quem consola ao aflito será consolado para aliviar melhor a dor alheia.

A Palavra Sagrada tem três sentidos. O primeiro sentido é exterior, que determina certos ensinamentos por meio do símbolo, a cerimônia e alegorias, assim como nas religiões, as cerimônias e obrigações externas na ciência do método experimental com as propriedades exteriores das coisas.

O segundo sentido é o exotérico, que, por meio da reflexão e da aplicação individual, pode-se chegar a um conhecimento da Verdade, a Doutrina interior que está ocultada no simbolismo e nas formas exteriores. No místico ou secreto, o entendimento da Verdade é representado pelas alegorias e símbolos.

A mesma lei rege no caminho da Religião, que para o homem espiritualista, aquele que busca o sentido interior e profundo dos símbolos religiosos e o valor operativo de suas cerimônias, chega a entender seus significados espirituais.

Ficando ainda o terceiro sentido para o homem que se dedica ao reconhecimento indo no mais fundo das coisas, abarca em si todas as religiões, artes, filosofias e não necessita de nenhum mestre, basta-lhe seu próprio Mestre Interno que é Omnisciente, Omnipotente e Omnipresente.

O objetivo da Maçonaria e das religiões é preparar e ensinar ao intelecto como comunicar-se com seu próprio e único Mestre Eu Sou, que está ávido por instruir e iluminar o homem.

OS TRÊS ANOS

Os três anos do Aprendiz e as três viagens da Iniciação é o símbolo do triplo período que marcará as etapas de seu estudo e de seu progresso. Os três anos referem particularmente às três primeiras artes: a gramática, a lógica e a retórica. Antigamente um aprendiz estudava durante três anos consecutivos, empregando um ano para cada uma destas artes. Como dissemos anteriormente, o primeiro grau tem por objetivo desenvolver no homem o poder do Verbo e este poder forçosamente, deve prepará-lo o suficiente para dominar estas três artes iniciais. A gramática é o conhecimento das letras, dos princípios, signos e símbolos da Verdade. O Aprendiz que não sabe ler e escrever a linguagem da Verdade, senão que o faz soletrando letra por letra ou Princípios. Os três primeiros anos têm relação estreita também com os três primeiros números. O número Um, símbolo da Unidade Universal; o número Dois corresponde à dualidade da manifestação; o número Três ou trindade da perfeição.

LETRAS E NÚMEROS

O estudo das letras é uma parte da arte gramatical. Este estudo é aquela gramática (do grego *gramma*, que significa letra, signo), simbólica com a qual o Aprendiz deve familiarizar-se.

Uma vez conhecidas as letras, lhe será possível combiná-las por meio da lógica e manifestar o Verbo por meio da retórica.

Porém, os signos ou letras têm como todos os símbolos um triplo sentido: o externo ou literal, o interno ou figurado e o espiritual ou secreto. As letras, segundo os ocultistas (kabbalistas) são formas externas de poderes internos e espirituais.

A primeira letra do alfabeto, que é a letra A, mostra em sua forma os dois Princípios ou Forças Primordiais, que partem do ponto originário e forma o Ângulo; forma também o triângulo, que nasce do ângulo por meio da linha horizontal – o terceiro princípio – que une seus dois lados.

Esta primeira letra nos mostra a origem de tudo e sua progressiva manifestação: a involução ou revelação do Espírito no reino da forma e da matéria.

Aleph (א). A forma hebraica desta mesma letra cujo valor é 1 (um) nos apresenta numa linha oblíqua central, o Primeiro princípio Unitário do qual se manifestam as duas forças ou princípios no homem, ascendente e descendente, ou seja, centrífugo ou centrípeto, masculino e feminino representado pelas duas Colunas. É em si mesmo um signo de equilíbrio, enquanto mostra o domínio dos opostos e a harmonia produzida pela sua atividade coordenada. Em seu conjunto mostra a trindade, quer dizer, a força manifestada pela Unidade.

Até aqui chegamos ao conhecimento superficial e simbólico da letra A; mas, precisamos ir além: buscar uma interpretação mais profunda desta simbologia, isto é, buscar o sentido interno e analisar com atenção suas variantes. Neste viés formulamos a seguinte pergunta: quais são as forças que se encontram na letra A e como se deve utilizá-las.

Não são muitos os cérebros que tentaram rasgar o véu denso que oculta os poderes que encerram na letra A e suas companheiras do alfabeto.

Deus criou o Universo por meio do Verbo e o Verbo se fez carne segundo o número, peso e medida; então cada letra que forma uma parte da palavra deve ter seu número peso e medida.

Quem descobriu o número, peso e medida de cada letra? Quem pode utilizá-la conscientemente? Dizem que os mestres do Yoga têm estes segredos, eles chegaram a entender estes arcanos de incomensurável sabedoria e nos contam alguns no Ocidente.

Por meio de muito estudo, nós buscamos clarear este assunto em algumas obras que foram publicadas pela Ed. Madras e Ed. Isis; *Manual Mágico de Kabbala Prática, Manual Prático de Kabbala Teúrgica* e *Maçonaria, Simbologia e Kabbala*. Mas não temos a pretensão de declarar que esgotamos este conhecimento em tais publicações, mas que sinalizamos possibilidades e provocamos os leitores a ir além, buscar mais profundamente este insigne Conhecimento. O mistério de cada letra, seu valor numeral em peso e medida; segundo nossa inspiração interna nos põe em contato com um verdadeiro tesouro dentro de cada um. Por hora vamos seguir no sentido externo das letras.

A letra B é uma expressão da dualidade dos dois princípios superpostos, que evidenciam a Lei da Polaridade: mostra a relação entre o Superior e o Inferior, o Céu e a terra, uma relação bem distinta em seus dois aspectos, do lado direito (que é o lado esquerdo da figura e corresponde a involução ou revelação do Espírito na matéria) a direita do outro lado (o lado ascendente que corresponde à evolução do espírito na matéria). O lado direito mostra o domínio do homem no lado curvo da natureza.

A forma hebraica desta letra (*Beth* ב) evidencia igualmente esta relação entre o Superior e o Inferior, o Céu e a Terra; relação descendente por um lado e aberta por outro símbolo das possibilidades ascendentes, que se encontram abertas para o homem, mediante o estabelecimento de sua relação com o Princípio da Vida. Seu valor numérico é Dois. É uma das letras que forma a Palavra Sagrada do Aprendiz Maçom, que no devido tempo deverá meditar sobre este Conhecimento.

A terceira letra C é originária de um esquadro, e como tal se apresenta nos alfabetos fenícios e grego de onde tem o nome de *gamma* e o som da letra G.

O símbolo do esquadro já foi explicado anteriormente. Quanto a letra em sua forma latina mostra um arco, quer dizer a tensão das energias individuais para alcançar um determinado objetivo. Também representa o ciclo descendente da involução, que deve completar-se com o trabalho individual da ascensão evolutiva.

No alfabeto hebraico, esta letra se chama *Guimel* (ג) tem como simbolismo o Camelo, seu valor numérico é três. Refere-se ao verbo perfeito no ternário, e no progresso individual do homem, de baixo à cima (dos pés à cabeça), porque supõe um ser inteligente, um ser que fala e outro a ser falado. É o símbolo material das formas espirituais. É o corpo físico que encerra a divindade do homem, no avental que isola o homem das influências externas.

A quarta letra D é representada por um triângulo em vários alfabetos, é o delta do grego; seu nome em hebraico é *Daleth* (ד) significando porta. É o mesmo homem na cruz, chave de todos os mistérios humanos, é o homem-cruz, a forma material com seus quatro elementos inconsciente de sua Divindade, seu número (valor) é quatro.

Ao homem que é medido em seu corpo físico, em sua cruz, sua própria intuição o leva na escala da perfeição até a letra He (em hebraico

ה), até o pentagrama dentro da rosa na cruz. A letra E ou He significa o alento que anima a todos os seres. É o espírito que domina os quatro elementos. É como se diz ante a rosa – espírito – florescendo sobre a cruz do homem. Assim como na Magia, o Pentagrama domina todos os elementos, assim também o espírito do homem deve dominar sobre seus corpos inferiores. A letra He é representada pelo Círculo, segundo a ciência antiga e seu valor numérico é 5 (cinco).

À medida que o neófito da Arte Real vai buscando a sabedoria das letras, seus valores, aquilo que cada uma letra representa e seus valores numéricos, inclusive suas potencialidades ao serem vocalizadas, irá adquirindo uma consciência mágica diante desses arcanos e fazendo leituras nas entrelinhas dos textos e entendendo que a ciência da gramática é muito mais complexa e rica e que deve aproveitar este conhecimento para aplicá-lo em sua vida diária. Os benefícios destas relações das letras têm seus segredos e devem ser descobertos pelos próprios esforços.

Por exemplo: a letra A latina e a hebraica Aleph representa a trindade de Deus no homem, no ternário que forma a unidade de todos os princípios, porque todo par oposto encontra entrelaçado por um princípio de harmonia equilibrante.

O Pai e a Mãe engendram o Filho, o enxofre e o sal produzem o mercúrio. O homem, a criatura perfeita nasce da união do céu com a terra, realizando a mística união e a expressão do Superior com o Inferior.

Cada letra é uma potência, um poder e uma energia em si mesma e se pode distinguir sob várias formas.

1º - A letra é um símbolo representativo de um princípio Criador que rege a evolução interna da Criação.
2º - Cada letra tem um som, força que possui o poder em sua vibração sutil e que constantemente está vibrando por seu próprio tom.
3º - Este som, ao vibrar através da energia que anima a todos os seres, modela as condições das formas para dá-las nos seus arquétipos.
4º - A letra é a representação de uma divindade, que tem íntima relação com a consciência do homem.
5º - Vocalizar uma letra é chamar a uma divindade pelo seu nome e atrair sua força cósmica para si.

6º - Uma palavra composta de várias letras se transforma em instrumento da regeneração do espírito, porque se converte em ideia.

7º - Cada povo adaptou para suas letras uma forma especial que representa a propriedade de sua própria deidade, segundo a sensação com que impressionam a sua mente ou atributo e as características de tal deidade.

8º - Da maneira que se pronuncia em hebraico ou vocaliza a letra A, adaptando a forma de sua própria letra levantando a mão direita até o alto e estendendo a esquerda para baixo, obtêm-se os mesmos benefícios que um latino que ao pronunciar a mesma letra adotando a forma latina.

9º - Se cada letra do Alfabeto é um poder, a combinação de várias letras produz uma aglomeração de poderes para um fim desejado.

10º - O Mantra em sânscrito conservado pelos iniciados orientais não é mais que o poder do Verbo sintetizado em uma palavra, também em certas formas kabbalísticas conservadas nas cerimônias ocidentais.

11º - Toda palavra é uma ação e se é ação deve ser útil; tem uma velha lenda que nos ensina que o diabo não pode apoderar-se dos pensamentos enquanto que não sejam materializados pela palavra.

12º - Nas escolas herméticas, muitas palavras que não têm sentido para o profano e, às vezes, estas têm para os Iniciados. Essas palavras não são criadas como rompantes, segundo possam parecer, senão que os autores destas buscaram antes de tudo, o poder oculto e esotérico de cada uma de suas letras sem ocuparem-se muito com aquilo que pode significar vulgarmente num dicionário de línguas; assim como os inventores (criadores) dos símbolos nunca tiveram a intenção de que sua forma pudesse encerrar unicamente numa ideia determinada, senão que tal símbolo deve emanar a fonte de todas as ideias.

13º - O Aprendiz ao estudar as letras de seu grau, deve meditar nos pontos anteriores para compreender que a ciência do Verbo ou palavra está no princípio; que a luz intelectual é a palavra, que a revelação é a palavra e que falar é crer; porém para crer se devem escolher os elementos da criação e empregá-los com maestria.

14º - Deus dando a razão ao homem lhe deu também as letras para formar a palavra e pronunciá-la.

15º - A letra A, cujo valor numérico é um, é o primeiro som que o ser humano articula e a primeira letra do Alfabeto como o número um é a unidade mãe dos números; ambas as figuras expressam a causa, a força, a atividade, o poder, a estabilidade, a vontade criadora, a Inteligência, a afirmação, a iniciativa criadora, a originalidade, a Independência, o Absoluto que contém tudo e do qual emanam todas as possibilidades, o homem rei da criação que une o céu à terra, a supremacia, a atividade enervante, o desejo incansável de chegar ao seu fim, etc.

16º - Todos esses atributos e muitos outros pertencem à letra A. Os Iniciados, conscientes do poder da letra, separada ou unida a outra letra para intensificar sua força, entonavam-na segundo um ritmo especial, para produzir uma vibração e calor apropriados que ajudavam a criar um resultado desejado em sua própria mente e naquelas dos demais. Aderindo no interior de cada homem uma nota especial, aquele que maneja a pronúncia das letras segundo sua nota ou tom pessoal obterá incomensuráveis poderes. Queridos leitores e Irmãos, aprendam a vocalizar as letras e o proveito se manifestará em vossos três mundos: Espiritual, intelectual e físico. Este tema está disponível no nosso livro: SECRETUM - *Manual Prático de Kabbala Teúrgica*. Ed. Isis, SP. 2014.

Repousemos...

PALAVRAS FINAIS AOS FILHOS DA LUZ

Segundo os lexicógrafos, religião (em latim *religio*) se deriva de *religens* (devoto, religioso), particípio do verbo *religere*, composto da partícula *re* (de novo) e do verbo *legere* (colher, fixar, escolher, recorrer, seguir, etc.). Dizem, e com razão, que se deriva de *religare* (ligar, atar), teríamos que dizer "religação" (*religatio*) em vez de "religião".

Alguns escritores preferem derivar "religião" de *religare*, por esta palavra oferecer a ideia de união ou reunião com Deus, e que tal reunião é o fim que se propõe toda pessoa que se esforça para viver uma vida religiosa. Outros já consideram que a significação derivativa de tal palavra está envolta na obscuridade. Sem dúvida, por mais obscura que seja essa significação, à primeira vista, especialmente se for tomada do verbo *religare,* como origem de tal palavra, não é impossível explicar satisfatoriamente esta derivação.

Observemos que o verbo *religere*, entre outras coisas, significa (falando de caminhos) *percorrer de novo*.

Pois bem, todos os povos têm incidido numa tradição de que o homem (ou melhor, uma alma) caiu de um estado espiritual elevado, submergindo-se na matéria. Esta é chamada, por alguns, de *Queda* é o caminho que recorreu à alma (a mônoda), em sua descida no plano físico. Como temos visto, essa descida é a *involução*, a qual a ciência moderna está em véspera de descobrir como complemento indispensável da *evolução*. Isso será o selo de sua reconciliação com a religião, pois a "religião" é, muitas vezes, a ferramenta para *percorrer de novo o caminho da involução*, o qual, em sentido inverso, é o caminho da evolução.

Conseguintemente, *"religião"* é sinônimo de evolução; porém, num sentido superior, porque a ciência moderna se ocupa da evolução da forma e da vida animal, enquanto que a religião pode conduzir o homem à evolução para uma vida superior, isto é, para a vida mental superior.

Na Bíblia há uma definição da religião considerada como verdadeira santidade, devoção e piedade; quer dizer, a piedade interior do coração pela qual se recolhesse, respeita e ama a Deus, e a qual estimulará a cumprir com todos os deveres aqueles que sofrem. Diz São Tiago em sua Epístola (I, 27):

A religião (Θρησκεία, *threskeía*[44]), *pura e incorruptível diante de Deus e Pai é esta: Visitar os órfãos e as viúvas em sua aflição, e guardar-se sem mancha do mundo"*. Neste versículo anterior diz: *"Se algum acredita ser religioso, não refreando sua língua está enganando seu próprio coração, a religião deste é vã.*

Toda religião tem uma divisão natural, a saber: o essencial e o não essencial. O essencial é o desenvolvimento espiritual, no qual se pode conseguir, senão pela subjugação de todas as paixões, chegando assim ao Eu Superior, Buddhi-Manas, a dominar o eu inferior, Kama--Manas. O não essencial se compõe de dogmas, rituais, cerimônias e doutrinas, todos os quais têm uma utilidade proporcional com os diversos graus de desenvolvimento dos fiéis, quer dizer, que tal utilidade não depende de uma mera crença, senão da fé, cuja essência é espiritual. Os ensinamentos de Jesus se referem constantemente ao essencial, como vemos por ele, no Sermão da Montanha, sua parábola do Bom Samaritano, etc. Enquanto que o não essencial, Ele lhe dá sempre escassa importância. Resume a Lei e os profetas no Amor a Deus e ao próximo, sem fazer referência a qualquer dogma ou rito em particular, como coisa absolutamente indispensável para a salvação, a qual, como disse São Paulo, cada um deve trabalhar por si mesmo. Isto explica a definição que São Tiago de que a religião pura é incorruptível diante de Deus.

Sendo a religião a evolução da vida mental espiritual, é evidente que é essencialmente um assunto de experiência individual. Cada homem tem que percorrer o caminho por si mesmo, pois ninguém pode percorrê-lo por ele[45]. De nada podem servi-lhe os méritos alheios, a não ser que se esforce em seguir o exemplo dos Grandes Mestres, que em todos os tempos e em todas as nações instruíram direta ou indiretamente as multidões.

O essencial em todas as religiões é forçosamente o mesmo, ou seja, o domínio de si mesmo e o divino autoconhecimento. Assim também entendiam os antigos filósofos gregos; pelo qual Heráclito interpre-

---

44 De θρησκος *threskos*, religioso, fanático, supersticioso, palavra que, por sua vez, deriva de Θράκη, *Thrax*, Trácia, a causa dos mistérios deste povo, ou também de Θρέω, *threo*, gritar, falar alto, murmurar orações, ou também τρέω, *treo*, tremer de temor, estar cheio de temor religioso.

45 - A respeito do caminho, disse Jesus (João III, 13): *"Ora, ninguém subiu ao céu, senão o que desceu do céu, o Filho do homem, que está no céu."* O que baixou do céu é o Raio de Inteligência Superior.

tava a seguinte frase que estava escrita na entrada do templo de Delfos –Ιγωνς σεαυτόν, *Gnothi seautón*, conhece-te a ti mesmo: "A todos os homens lhes importa conhecer-se a si mesmo e exercer o domínio de si." Por isso se faz essencial o não essencial, compreende-se facilmente que não pode ser uniforme para todos os homens, sendo assim que não só tem uma diversidade de raças e nações, senão também uma vastíssima diversidade de graus de desenvolvimento intelectual, pois o Universo é a manifestação de uma Unidade, por meio de uma infinita multiplicidade. Todos os Grandes Mestres têm ensinado que a Unidade é a base da Diversidade, e assim vemos Jesus defendendo o direito de cada homem seguir um caminho particular, segundo sua idiossincrasia. Eis aqui a circunstância na qual deu uma saudável lição de tolerância religiosa a seus discípulos que disputavam entre si quem seria o maior. Depois de dizer-lhes: *"Se algum de vocês quer ser o primeiro, será o último de todos e o servidor de todos"*, tomou em seus braços um menino e lhes disse: *"Aquele que receber em meu nome a um desses meninos, a mim me recebe; e aquele que me recebe a mim, não me recebe a mim[46], senão Aquele que me enviou."* E João lhe disse: *"Mestre, vimos um certo homem que em teu nome (isto é, o Amém, a palavra Sagrada) botava para fora os demônios e o isolamos porque não nos segue."* Mas Jesus disse-lhe: *"Não se deve isolar tal homem, pois não existe nenhum homem que tenha uma obra de poder (sobrenatural) em meu nome, que possa facilmente falar mal de mim. Porque ele não é contra vocês, mas vocês são"*. (Marcos, IX, 37-40) Isso quer dizer que não existe ninguém que faça um trabalho de poder (sobrenatural) em meu Nome (isto é, em nome do Eu Superior de todos os seres, o Amém ou Christos) que possa facilmente falar mal de mim (um "eu" individual, isto é: *"Homens israelitas: escutai estas palavras: A Jesus Nazareno, homem aprovado por Deus entre vós com maravilhas, prodígios e sinais, que Deus por ele fez no meio de vós, como vós mesmos bem sabeis.[47]"*). Todos os homens verdadeiramente religiosos seguem o Christo, por mais diferentes que sejam os nomes e sob os quais designem o Espírito Universal, e os

---

46 - É notabilíssima a ênfase com a qual expõe Jesus na diferença que tem entre a personalidade, a individualidade e o Eu Supremo Universal. Assim, ademais dos exemplos já citados, lemos no Evangelho, segundo São João, a seguinte declaração: "Aquele que crê em mim (*na individualidade encarnada na personalidade chamada Jesus*), não crê em mim (dita individualidade), senão naquela que me enviou (*isto é, no Espírito Universal, o qual é um Raio do Eu Superior, Buddhi-Manas*)".
47 - Atos, II, 22.

sistemas filosófico-religiosos que tenham adaptado, seja com ritos e cerimônias, seja com nenhum deles.

As polêmicas e disputas sobre os dogmas religiosos são necessariamente coisas ociosas e nocivas. São ociosas porque se limitam forçosamente a meras exterioridades, isto é, em não ser essencial. São nocivas porque fomentam o amor próprio, a vaidade, o orgulho, a cólera, o ódio e o fanatismo, e assim impedem o desenvolvimento espiritual. Aquele que sabe distinguir entre o essencial e o não essencial não repreendem, porque se dá conta de que todos os homens têm a mesma meta, e que todos, uns mais outros menos aspiram a ela, na prosperidade como na adversidade, na virtude como no vício, e que todos anelam conscientemente ou inconscientemente por alcançar o Conhecimento da Verdade.

Sendo os homens veículos da mesma Vida, todos os aspectos da Verdade Única e todos têm que percorrer o mesmo Caminho, o caminho da Involução-Evolução, cujo termo é a *"Ominiautoconsciência"*. Como temos visto, a elevação na escada da evolução não é um movimento numa direção em particular, senão o desenvolvimento da autoconsciência, e portanto, o Caminho está no homem e é ademais o Verdadeiro Homem, o qual falamos sempre pelos lábios de todos os Grandes Mestres, e cuja voz o místico percebe em seu coração – *"Eu sou o Caminho, a Verdade e a Vida"* (São João, XVI, 6); ou seja: "Eu sou o Triplo Espírito manifestado no homem como Raio de Inteligência (*Buddi Manas*), Intuição (*Buddi*) e Espírito (*Alma Buddi*)".

Se considerarmos devidamente esta possibilidade consciente ou inconsciente de todo homem para alcançar a Liberdade e o Conhecimento da Verdade, chegaremos inevitavelmente à consciência de que o homem é forçosamente religioso por sua natureza interior, pois, como disse o filósofo inglês David Hume, o cético entre os mais céticos *"A Religião é uma necessidade interior"*. Por conseguinte, não existe homem verdadeiramente irreligioso, assim como não tem ninguém verdadeiramente ateu – todos são dotados de "Fé"; um tem fé que Deus existe e o outro tem fé que Deus não existe, porém, a fé leva os dois ao único caminho que tem como corolário o encontro com Deus. O que há de fato é simplesmente uma confusão de palavras e de ideias, *o apego à um nome ou a uma forma em particular.*

Com objetivo de ajudar as massas a satisfazer a "necessidade interior", ou seja, ao sentimento religioso, os Grandes Instrutores da

Humanidade promulgaram sempre, numa ou noutra forma, os grandes mandamentos, o primeiro dos quais se refere à relação dos homens com sua Origem e Meta, e o segundo à suas relações uns com os outros. *"Amarás ao Senhor teu Deus (o Eu Supremo Universal), com todo seu coração, e com toda tua alma, e com toda tua mente e com todas suas forças." "Amarás a teu próximo (a Humanidade inteira) como a ti mesmo."* Esses dois mandamentos se referem ao essencial, e assim compreendia o escriba que interrogou a Jesus a respeito do primeiro mandamento (São Marcos, XII, 28), pois digo que se cumprirem estes dois mandamentos que eram *"mais que todos os holocaustos e sacrifícios"* E vendo Jesus que havia respondido discretamente, lhe disse *"Não estás longe do Reino de Deus".*

Ainda que muitos admirem os ensinamentos do Sermão da Montanha, não são poucos que consideram tudo do ponto de vista impraticáveis. Mas ainda existe quem entende que sua prática perturbaria a ordem social. Semelhante afirmação é, no entanto, gratuita, porque a ordem social está sempre evoluindo, e não pode ser outra coisa senão a expressão das ideias predominantes numa raça (etnia) ou numa nação. É, portanto, pueril o temor de que o devolver o bem pelo mal é não resistir ao mal, possa perturbar a ordem social, em vista das provas do contrário dadas por homens virtuosos em todas as épocas, e ainda em nossa época, na qual o desenvolvimento físico-intelectual se persegue com afã tal comportamento. Os acontecimentos da vida diária provam que aquilo que perturba a paz e a harmonia são as múltiplas expressões do egoísmo, tanto no particular como no público, e que os homens virtuosos são sempre o elemento purificador da ordem social.

O não resistir o mal exteriormente, obrigando ao mesmo tempo sentimentos de rancor e de ódio, não pode ser outra coisa que hipocrisia e covardia. Muitos se imaginam loucamente que não há mal em abrigar desejos e pensamentos maus enquanto não cometer ações correspondentes. Porém, o fato é que tem uma indução mental pela qual nossos desejos dirigidos por nossa vontade fazem vibrar nossos pensamentos ao redor de nós afetando a distância aos que vibram em uníssono conosco em tal momento particular, o que tem desejos latentes da mesma natureza que os nossos. Toda força, ao manifestar-se, tem que fazer por meio de algum veículo material do plano de sua manifestação, e, por conseguinte, os pensamentos que irradiam de nós, têm seus veículos de matéria do plano mental. Pensar é na realidade trabalhar (criar algo neste plano mental); e ainda quando resista sempre o suficiente para abster-se de materializar por si mesmo um pensamento mau, se assume forçosamente as consequências deste pensamento, o qual tem que afetar a outras pessoas receptivas para más influências mentais. E assim como temos parte no bem ou no mal que nos fazem cooperando com as suas obras por meio de nossos desejos e pensamentos. Jesus ensinou claramente que os desejos e pensamentos são ações.

> *Haveis ouvido que foi dito: Não cometerá adultério. Mas eu vós digo que todo aquele que olhar a uma mulher para cobiçá-la, já cometeu o adultério com ela no seu coração.*
>
> Mateus, V, 27-28

Quer dizer, que o desejo mau não reprimido pela Vontade tem seu correspondente efeito na mente, ainda quando não haja chegado ao plano material.

A não resistência ao mal é a Norma dos poucos que se esforçam em levar uma Vida Superior, isto é, em viver no mundo sem ser do mundo. Porém, não se pode tomar parte dos códigos das nações, porque a resistência é necessária na evolução do homem ordinário, cuja mentalidade se desenvolve pelas dificuldades, com as quais tem que lutar e os obstáculos que tem que superar. A resistência naturalmente ao mal que outros lhe façam ou que querem lhe fazer assim como eles por sua vez resista ao mal que lhe fazem ou pretendem fazer-lhes. No qual atua a Lei da Ação e Reação em sua simples expressão, a reação sendo da mesma natureza que a ação. Por meio da resistência se desenvolve seu poder da vontade, a qual lhe serve primeiro para resistir ao mal exterior, e também para resistir paulatinamente ao mal interior, isto é, às suas paixões, quando vai reconhecendo que estas são as causas da maior parte de seus sofrimentos. Somente quando o homem aprende a resistir o mal por considerações impessoais e não por motivações egoístas, faz-se apto para deixar de resistir, porque o homem superior só opõe ao mal na sua perseverança de fazer o bem.

Diz Orígenes que *"A Escritura tem três sentidos: a carne que é para o homem ordinário, a alma para as gentes instruídas, e o es-*

pírito para os perfeitos" (*De Principiis*). Segundo isso, o primeiro sentido, a carne corresponde à letra, como nos textos hebreus, gregos e latinos, ou suas traduções modernas. Pelo segundo sentido, a alma, reconhecese que a Escritura não se refere meramente a assuntos históricos como acredita o vulgo, senão que o elemento alegórico predomina constantemente. As pessoas instruídas que têm o valor de pesar por elas mesmas, esquadrinham a Escritura sem temor de encontrar Verdades antes desconhecidas para elas, pois, ao perguntar-se constantemente "por que, como e para que", vão chegando invariavelmente à conclusão de a Verdade Divina é Una, e, por conseguinte, Base Infinita de todas as verdades relativas. Descobrem, ao estudar sua própria natureza, que o Homem é mesmo a Chave de todas as Escrituras da Humanidade, de todos os simbolismos, quer sejam coisas animadas ou inanimadas, quer sejam figuras geométricas ou relações numéricas, e reconhecem a necessidade imperiosa de uma disciplina mental e espiritual para alcançar a compreensão do terceiro sentido. Este é acessível tão somente aos que havendo dominado sua natureza inferior, entraram no círculo dos perfeitos. Porém, é evidente que não tem necessidade da letra que conhece o espírito, porque lê em si mesmo e na Natureza ao mesmo tempo. Consequentemente, a Chave de todo conhecimento filosófico, científico e religioso para cada homem, está necessariamente no grau de seu próprio conhecimento de si mesmo.

Em todo processo mental se afirma constantemente o "eu" como contendedor de toda ideia, pois ainda na distinção do "eu" e o "não eu", assim como a percepção dos objetos que nos rodeiam, efetua-se forçosamente dentro de nossa autoconsciência. Compreender é abarcar como num círculo, porém, como se pode abarcar a periferia de um objeto – ter um relógio na mão, por exemplo – sem conhecer todas as suas partes, se pode abarcar uma ideia geral sem conhecer suas múltiplas minúcias (detalhes), ou ideias particulares das quais se compõem a ideia geral. Por isso, não é perfeita à compreensão, se não abarca cada uma das partes de um conjunto ao mesmo tempo em que abarca dito conjunto. Nossa autoconsciência abarca, pois, necessariamente todos os conceitos que nós formamos acerca dos aspectos do Absoluto no Universo Manifestado, todos nossos conceitos acerca do Relativo, Deuses pessoais, Anjos, forças positivas e negativas, muitos seres de toda espécie.

O conhecimento do "Eu" é o princípio e fim de todo conhecimento. Como princípio é a distinção entre o "eu" e o "não eu". Como fim, é a realização da identidade fundamental do "Eu" e do "Não Eu", ou seja, da Unidade como Origem e Fim da Multiplicidade. Todo estudo de si mesmo deveria fazer-se à luz das seguintes proposições principais de epistemologia (teoria do conhecimento):

1º - Não pode fazer conhecimento sem que haja um conhecedor e algo cognoscível – Sujeito e Objeto.

2º - Não pode haver conhecimento sem que o conhecedor se distinga do objeto de seu conhecimento.

3º - O conhecedor ou sujeito não pode ter consciência de si mesmo, senão distinguindo-se do objeto de seu conhecimento. Então se reconhece a si mesmo como o "eu".

4º - Em todo conhecimento o "eu" e o "não eu", ainda que distinguíveis, são absolutamente inseparáveis.

5º - Uma entidade inteligente não pode ter conhecimento de coisa alguma sem ter ao mesmo tempo certo grau de conhecimento de si mesma como base de seu conhecimento.

6º - É impossível conhecer ao objeto por si só, isto é, em separado por completo de toda consciência de si. O "eu" é parte integrante de todo conhecimento, pelo qual o objeto total, ou seja, conhecido, é sempre o objeto mais o sujeito.

7º - É impossível conhecer o "eu" por si só, isto é, em separado de toda coisa e privado de todo pensamento. Somente pode conhecer-se a si mesmo o "eu" num estado particular ou unido a algum "não eu", quer dizer, com algum elemento do qual possa distinguir-se.

Não há conhecimento superior ao Conhecimento de Si Mesmo, e, por conseguinte, não houve jamais preceito mais grandioso, mais sublime que o *Gnothi seauton*, Ιγωνc σεαυτόν, "CONHECE-TE A TI MESMO", o qual significa: *Reconhece tua identidade com o Deus Impessoal, com o Universo e com sua Grande Causa.*

APÊNDICE

O ROSA✠CRUZ NA MAÇONARIA

Este Gr∴ foi introduzido na Maçonaria, pela primeira vez, em 1747, em França, pelo príncipe Charles Edward Stuart (31 de dezembro de 1720 – 31 de janeiro de 1788), que fundou em Arras um "Capítulo Primordial de R.✠C., que, por sua vez, foi designado com o título de "Escola Jacobita". Este foi o primeiro centro que se estabeleceu para a administração dos altos graus, e seus rituais serviram em seguida de base na composição deste Corpo, de todas as inovações para aumentar o sistema jesuítico templário, mais conhecido com o nome de *escocismo*.

O ritual do R.✠C., clamado Jacobita 18 de Arras, terminava numa *cena mística*, ou seja, num banquete representativo do cordeiro pascal, no qual os Cavaleiros se retiravam, fazendo o *sinal da cruz* e as genuflexões prescritas.

A *Câmara de Reflexões* representava um lugar espantoso de condenação, local de reflexão dos horrores da morte e do Inferno. Por último, os trabalhos se encerravam com as seguintes palavras: "Desde hoje a Nova Lei (o Novo Testamento) deve reinar nos trabalhos da Francomaçonaria, cujo único objetivo não é outro senão o da Religião, que para tal serviço foi constituída."

383

Acreditamos que estas linhas serão mais que suficientes para que qualquer um possa apreciar o caráter e tendência desse Gr∴, tal como foi introduzido em França, de onde se propagou depois por toda Europa.

A partir de então, desde o dia que foi criado, os Maçons do sistema Escocês o entendem e praticam em sua grande maioria. É evidente que o R.✠C. não pode ser considerado como um Gr∴ Filosófico, como se pretende e sim como uma cerimônia comemorativa, instituída em honra à doutrina evangélica, consagrada à memória da época mais indelével dos tempos modernos, a qual estabeleceu como um paradigma na emancipação dos povos, pela palavra vivificadora, pela Fraternidade.

Se os Cavaleiros RR.✠CC. imolavam na época da ressurreição anual o *cordeiro pascal,* é porque esse emblema representa o Sol de Primavera quando passa pelo signo de Áries, e se converte simbolicamente no Cordeiro reparador das desventuras do mundo, quer dizer, que veio reparar os males produzidos pelo Inverno.

Esses festins, nos quais se davam o nome de *Ágapes,* são tão antigos que deram origem a uma das festas mais solenes do velho Egito. Lá naqueles tempos mais remotos, a estátua de Ammon era levada anualmente aos confins da Etiópia, e reunidos os sacerdotes de ambas as nações, juntos ofereciam um sacrifício, em celebração do triunfo da Luz sobre as Trevas, por meio de um festim chamado *Heliotropos* (Heliotrópios) pelos gregos. O Sol, diziam estes, é o símbolo da vida, que embelece a Natureza, o qual somos devedores do fogo da imaginação, da agudeza da inteligência, da sublimidade dos pensamentos, da profundidade do juízo, numa só palavra, de tudo que caracteriza a inteligência humana.

Esses sacerdotes se reuniam na ilha de Meroé, residência habitual dos gimnosofistas ou ginosofitas (γυμνοσοφισταί, gymnosophistai. "Filósofos nus" ou "sofistas nus" é o nome dado pelos gregos a certa filosofia indiana antiga que buscava o asceticismo), para louvar a Deus e comer em comum os manjares benzidos pela pregaria. Isso é o que constituía o ágape simbólico que era celebrado depois da primeira lua em seguida do Equinócio da Primavera.

Os sinais de reconhecimento neste Gr∴ não são menos antigos que seus símbolos e alegorias. Se encontram no *Abraxax* com a figura do Eterno, tendo os braços cruzados na postura do Bom Pastor. Por último, o malhete em mão do Sap∴ é um emblema da força submetida ao poder da inteligência e da sabedoria; sua forma caracteriza o número 8, chamado de perfeita harmonia.

Para este assunto não parecer interminável, diremos que a Francomaçonaria, desde o século XVIII, veio criando diversos GGr∴, nos quais entra a denominação Rosa✠Cruz. Assim temos o *Rosacruz Jacobita*, de Arras, que adotou Charles Edward Stuart, e os seguintes: *Rosacruz* (Cavaleiro, Soberano Príncipe), título do Gr∴ 7º do antigo sistema da Loja Real York, de Berlin. *Rosacruz Aprendiz*, título de um Gr∴ do Rito Rosa Cruz Retificado. *Rosacruz Adepto*, título do Gr∴ 199 da nomenclatura da Universidade. *Rosacruz da Alemanha*, título de um Gr∴ subdividido em outros três graus. *Rosacruz da Águia Negra*, título que compreende os GGr∴ 1.º, 2.º e 8.º do Ritual Escocês Filosófico. *Rosacruz da Torre*, alto Grau dividido em três partes que se conferia na Escócia pela Grande Loja da Ordem Real de Heredom de Kilvinning. *Rosacruz do Grande Rosário*, título dos membros que constituem o Gr∴ 4.º e último grau dos Capítulos do Rito Primitivo. *Rosacruz do Oriente*, título que se confere entre os Maçons que professam o Rito de Memfis. Também se deu este título a um alto grau alquímico que se praticava na Alemanha em 1777. *Rosacruz de Ouro* é o título dos membros de uma Sociedade que se constituiu na Alemanha no final do século XVIII. Estes Rosacruzes aspiravam estar sendo dirigidos pelos mestres superiores invisíveis. *Rosacruz filosófico*, grau alquímico na Maçonaria alemã. *Rosacruz Hermético*, grau que forma a 4.ª Ordem capitular do Rito Moderno Francês; é o 7.º de sua escala hierárquica. E, por último, na Maçonaria Feminina se confere um grau que tem por título *Dama Rosacruz*.

Não tivemos a pretensão de ter registrado todos os títulos maçônicos que empregam a denominação Rosacruz. Certamente que nos escapou muitos. Para terminar, diremos brevemente que todos os Rosacruzes que figuram na Francomaçonaria não têm nada a ver com os estudantes nem com os mestres que investigam o Mundo Oculto e praticam o mais puro Misticismo.

QUARTA PARTE

CAPÍTULO I

PRÁTICAS ESOTÉRICAS

A CIÊNCIA DA RESPIRAÇÃO

71

ΚΕΦΑΛΗ ΟΑ

A CAPELA DO COLÉGIO DO REI

Tanto para a mente, quanto para o corpo, não há melhor purificador que Pranayama, não há purificador melhor que Pranayama.
Para mente, para corpo, tanto para a mente quanto para o corpo -tanto quanto!- há, há, não há purificador como Pranayama_Pranayama!_ Pranayama! Sim, para a mente, tanto quanto para o corpo, não há purificador, não há purificador, não há purificador (tanto para mente quanto para corpo!) não há purificador, purificador, purificador como Pranayama, não há purificador para mente, tanto quanto para corpo, como Pranayama, como Pranayama, como Pranayama, como Prana_ Prana_ Prana_ Prana_ Pranayama! _Pranayama!

AMÉN.

Aleister Crowley - Liber 333

Com o maior ou o mais completo êxito é a ciência da respiração, o domínio desta técnica está para o sucesso do homem assim como o ar e a liberdade está para o pássaro. Os iogues se dedicaram a esta ciência, ficando por anos desconhecida para os ocidentais e, em grande partem para a maioria dos orientais. Apenas na Índia a técnica foi conhecida, aperfeiçoada e conservada; foi admiravelmente colocada em prática como fonte estratégica de saúde.

Os *Rishis*, videntes ou sábios, empregavam-na e conseguiam desse modo ampliar sua saúde e melhorar a dos outros. Foram ainda mais longe: descobriram que a respiração é o elo que os ligaria ao restante do mundo.

A princípio, estas asserções parecerão pueris às pessoas que nunca ouviram falar delas e que nem sequer suspeitavam que pudesse existir semelhante meio de preservação da saúde, pela qual razão nos absteremos de louvar ou apregoar os seus resultados, limitando-nos tão somente a indicar os exercícios que por si só constituirão a prova mais cabal e eloquente da sua excelência e virtude restauradora.

Para se convencer deste fato basta que a pessoa que aspire regularmente e esteja isenta de preconceitos, proceda da seguinte forma: a qualquer hora do dia, verifique por qual das suas narinas está respirando. Suponhamos por exemplo, que esteja pela esquerda. Tome um travesseiro e comprima-o contra o lado esquerdo, próximo do cotovelo, a contar da 5ª costela, se julgar mais cômodo poderá deitar-se do lado esquerdo. Em ambos os casos, em breve tempo, a respiração passará da fossa nasal esquerda para a direita (para um principiante com moléstias graves este método é muito eficaz).

Da mesma forma, poderemos levá-la da direita para esquerda. A razão pela qual sucede é digna de acurada atenção. A respiração não se altera, a não ser por uma operação artificial como esta.

A respiração modifica-se também, algumas vezes, por si mesma, de forma natural. Quando uma pessoa se encontra em perfeita saúde, a sua respiração muda por si mesma, de uma narina para a outra, em intervalos regulares. Para atestar nossa afirmação basta fazer a experiência a seguir:

> *Sente-se confortavelmente sobre uma cadeira e nesta posição fique durante uns dez minutos, antes de clarear o primeiro dia da segunda semana da lua crescente. Ponha-se sobre a mesa próxima um relógio e um calendário. Cumpre advertir que, antes de se sentar, esteja fazendo a respiração pela narina direita. Com facilidade o conseguiremos, praticando um dos métodos já mencionados, no caso em que se não tenha mudado antes, por si mesma. Logo depois do primeiro clarão do dia, notaremos que a respiração passou para a narina esquerda.*

Deste modo, ela permanecerá por cinco *gharis* (Um dia e uma noite têm 60 *gharis*, e 5 *gharis* são duas horas). Principiamos agora nosso trabalho, mas evitemos qualquer modo fatigante que venha perturbar a regularidade respiratória.

> *Após o tempo aprazado, notarão que se operou a mudança da respiração, da narina esquerda passando para a direita. Tal mudança se fará regularmente a cada 5 gharis. Se, porém, iniciarmos a experiência pela segunda semana de lua minguante, verificaremos que a respiração, durante os primeiros cinco gharis, do primeiro dia se faz pela narina direita, e depois muda, de acordo com a narina indicada.*

Com semelhante regularidade, qualquer coisa existe indubitavelmente, que deve atrair a atenção da ciência.

Além disso, o adepto, se experienciar esta ciência com perseverança, notará que: durante os primeiros três dias da segunda semana da lua crescente, a respiração começa pela narina esquerda, e nos três dias subsequentes, pela direita. Tal mudança dá-se de três em três dias, ao amanhecer. Mas, se começarmos com o terceiro dia da segunda semana, na minguante, acharemos que a respiração corre primeiramente pela narina direita e depois muda, segundo a forma indicada.

Parece que o exposto basta para demostrar a maioria dos céticos que o assunto é realmente digno de atenção e está a pedir um exame científico. Há muito que esta ciência era conhecida pelos antigos iogues na Índia. Muitos até rirão ao ouvir falar das práticas dos iogues; mas se desejam realmente instruir-se nestes assuntos, têm que se dedicar um pouco a essa ordem de experiências até que consigam curar-se, sem o emprego dos químicos, ou de outro qualquer medicamento, de uma febre no prazo mais breve possível. Por meio das práticas iogues, ou seja, só por meio da respiração indiana, consegue-se evitar qualquer moléstia, ainda que esteja o homem no meio de milhares de cadáveres, e no caso em que se encontre enfermo, conseguirá libertar-se da moléstia de um modo mais rápido e decisivo, por meio da respiração praticada como aqui se aconselha.

Nos tratados antigos desta ciência, encontram-se regras de respiração por uma ou outra das fossas nasais. Algumas dessas regras se acham indicadas nestas informações do Círculo do Despertar, que veremos mais adiante..

A ciência da respiração mostra-nos a possibilidade de se conhecer em três tempos: *presente, passado e futuro*; como é que o mundo começou a existir; o que se tornará este, etc. Alguns métodos elementares para se prevenirem de doenças entre outros meios de tornar nossas vidas mais livres de tudo que nos incomoda.

Segundo esta ciência, o universo originou-se dos cinco princípios ou elementos chamados *Tattwas* (forças sutis da natureza), como o terráqueo, o aquoso, etc.

Na filosofia yoga, estes *Tattwas* se apresentam geralmente como causa material do universo, e, às vezes, se confundem com a terra, a água, o ar e os demais elementos conhecidos (esotericamente, este termo *Tattwa* parece significar: as forças sutis da natureza, ou sejam – eletricidade, magnetismo, aura, fluído astral, *akasha* ou éter, etc. fluídos que, para nós, significam uma só coisa, pois admitimos a unidade da matéria).

Sem dúvida, estes elementos contêm muitas das qualidades dos *Tattwas* e, por isso, lhe tomam a denominação, mas não se pode dizer que a identidade aqui se justifique. Um estudo cuidadoso do assunto nos elucidará o caso dessa ciência de maneira suficiente por meio das leituras das obras sugeridas a seguir:

A. L., Soror. *Western Mandalas of Transformation: Magical Squares - Tattwas - Qabalistic Talismans*. Llewellyn Publications, 1996.
MIRANDA, Caio. *A Libertação Pelo Yoga*. Rio de Janeiro, 1960.
KRUMM-HELLER, Dr. Arnold. *El Tatwametro o las Vibraciones del Eter*. Buenos Aires, 1965.
MUMFORD, Jonn. *Los Tattwas Mágicos*. Barcelona, 1998.
PORTELA, J. A. *El Poder de los Tattwas*. Barcelona, 2000.
TEGMEIER, Ralph. *El Poder Curativo de los Elementos*. Madrid,1986.
LASZLO, Ervin. *A Ciência e o Campo Akáshico*. Editora Cultrix, SP, 2004.
URBANO-JR, Helvécio de Resende. Secretum. Manual Prático de Kabbala Teúrgica - Ed. Isis, SP, 2014.

Os *Tattwas* têm cores diversas. A compreensão desse fato pode parecer-nos um pouco difícil, mas desde que o adepto tenha conseguido compreender o sentido central do assunto e praticar com disciplina os ensinamentos que recomendamos alcançará, entre outras coisas, que esses princípios atuem harmoniosamente em todo o Universo, à guisa de peças componentes que põem todo o aparelho humano em movimento.

Para uma pequena experiência, peça a um amigo, em perfeita condição de saúde, que imagine uma cor qualquer, isso, porém, reservadamente. Para o princípio da experiência, a cor deve ser: *vermelha, verde, amarela, branca* ou *preta*. Em seguida, ponha a mão debaixo do nariz e respire constantemente para baixo, até que já não perceba a respiração sobre ela. É necessário certificar-se bem do fato; a princípio, pode ser um pouco difícil, mas logo começará a obter sucesso. Desde o lugar em que a mão não possa perceber a respiração, até o nariz, deve medir-se o intervalo, tomando por medida a largura do dedo. Se esse espaço for de 16 dedos de largura, a cor imaginada será branca, diria seguramente que, durante aquele tempo, estivera correndo o princípio aquoso. Se o intervalo fosse de 12 dedos, a cor seria amarela; se de 8 dedos, verde; se de 4, vermelha; se de um ou nenhum, preta (como se vê, aqui há uma graduação, de 4 em 4 [16 – 4 – 4 – 4 – 4 = 0 ou preto]. É isto, portanto, científico e harmônico). Caso a experiência não consiga êxito, não se dita abruptamente ser uma coisa absurda. Aqui, como em todas as coisas, é preciso perseverança.

Outros exercícios desta ordem se encontrarão nos livros indicados. A duração dos exercícios dependerá da aplicação e do cuidado. Em geral, pode ser de 12 dias.

Acabamos de dizer que, presentemente, não sentimos como transcorre a respiração pelo nariz, ainda que, às vezes, as sintamos à distância de 4, 8, 12, 16 e mais dedos. Depois de alguns dias de constante prática, toda a pessoa consciensiosa há de reconhecer que a reprodução do fato obedece às normas exatas e que a respiração é uma ciência digna de ser cultivada. Cumpre que as experiências sejam compreendidas e executadas com perseverança para que o discípulo se esclareça a respeito das moléstias.

Mas isso seria apenas uma pequena vantagem. O principiante pode também prever o futuro, predizer o tempo, e finalmente, adquirir, além de outras preciosíssimas aptidões. O domínio sobre os elementos da natureza. Façamos, porém, um intervalo sobre este assunto desta ciência e deixemos ao exame de nossa compreensão para se encarregar por si mesma de elucidar esta questão.

RESULTADOS PRINCIPAIS

Como é que o mundo se tornou objetivo? Como continuará a agir? Como finalizará?

Tais são as perguntas que constantemente e naturalmente surgem no espírito investigador. O fim da ciência da respiração é dar solução a estas questões e tudo quanto ensina fará compreensível e demonstrável a todos que queiram se libertar e se derem a prática dos exercícios que são necessários e indispensáveis para a evolução do ser humano.

O mundo objetivou-se nos *Tattwas*; age nos *Tattwas*, e finalmente desaparecerá nos *Tattwas*. Ou, em outras palavras: o mundo são os *Tattwas* sob diversas modalidades e sob qualquer outra denominação que queiram lhe dar. Quem conhece os *Tattwas*, conhece tudo. A criação, a conservação e a destruição tornam-se uma ciência positiva, e já não é simplesmente uma mera teoria.

A priori existem cinco princípios ou *Tattwas*, que são os seguintes:

Akasha	ou princípio etéreo
Vayú	ou principio aéreo
Tejas	ou princípio luminoso e calorífico
Apas	ou princípio aquoso
Prithivi	ou princípio térreo

A base de todos estes *Tattwas* é o grande regulador de todas as coisas, a luz única, a coisa sem forma. Dela objetivou-se, em primeiro lugar, o éter, depois o ar e assim por diante. O iogue obtém o conhecimento dos princípios desses *Tattwas* (*Suskma Sharira*). E a maneira de conhecê-los é a parir de uma busca séria nas obras indicadas. Somente a discriminação etimológica do nome desta ciência já nos incita uma noção dela, aqui de forma bem resumida o leitor terá uma breve noção desse assunto.

Em sânscrito, a palavra *Swarodaya*, composta dos elementos *swara* (respiração) e *udaya* (nascer), significa subida da respiração.

A regularidade no ato de absorver o ar é a condição única que se exige do adepto. Não é uma coisa tediosa ou fatigante, mas, sim, uma condição prazerosa que somente proporciona ao adepto prazeres infinitos. Para alcançar esta recompensa inenarrável, torna-se necessário uma grande força de vontade, paralela a uma indispensável postura moral.

Tal recompensa não poderá ser obtida rapidamente, conquanto o exercício ofereça, desde logo, consideráveis vantagens e conduza o principiante ao umbral do conhecimento. Todos os *Vedas*, todos os *Schastras* e todo mundo se acham no *Swara*. Este é a própria alma.

O astrólogo que não conhece o *Swara* é inútil; é como um ser sem seu par, um orador sem conhecimento, um corpo sem cabeça. O *Swara*, o grande regulador de todas as coisas, cria, destrói e é a causa de tudo quanto no mundo sucede.

Assim, a experiência e a tradição confirmam que não há outro conhecimento que não seja tão importante quanto o *Swara*. Nada se compara com ele que exponha com maior clareza o grande poder oculto. Pela força do *Swara* podemos destruir ou dominar: poderios, riquezas, celebridades, prazeres.

Pela regularidade da respiração, é possível, por ocasião da concepção, predizer-se o sexo a que pertence uma criança.

Quando um mestre desta ciência responde a uma pergunta que lhe é dirigida e que se relaciona com o futuro, para ele já não é uma pergunta, pois a resposta para este sempre antecede a pergunta.

O discípulo deve ter ideias puras, serenidade de ânimo, honestidade nas ações e ter em seu Mestre (SAG) uma fé inabalável. Deve ser forte e generoso nos empreendimentos.

Esta ciência em nada aproveitará aos rixosos e briguentos; por outro lado, até poderá ser-lhes prejudicial.

DISCRIMINANDO OS TATTWAS

*O Universo saiu dos **TATTWAS**, persiste por mediação dos **TATTWAS** e desaparece nos **TATTWAS**; pelos **TATTWAS** se conhece a natureza do Universo.*

AKASHA

É o Tattwa da turbação e da destruição. Trabalha na dissolução, opondo-se e destruindo tudo que é corporal. Nele dorme o princípio de todo ser, o enigma de toda a criação. Tudo que se começar durante seu período de ação (estudos, a prestação de qualquer exame intelectual ou execução de obra artística, literária ou empresarial) tenderá ao fracasso, porquanto Akasha sempre leva a resultado desfavorável, o que se inicia durante os 24 minutos de sua vibração.

Por seu caráter dissolvente de tudo que é físico, é fatal para as operações cirúrgicas e para o início de qualquer tratamento terapêutico. É ainda impróprio para realizar casamentos, criar associações, entabular amizades, porquanto serão efêmeros e acompanhados de desenganos, dores e, às vezes, morte.

As grandes decepções da vida, as esperanças destruídas, os empreendimentos fracassados têm sua origem dolorosa nas circunstâncias de que suas ideias originais foram concebidas em algum período de Akasha.

Enquanto vibra Akasha, não deveríamos fazer nada, a não ser isolarmo-nos, procurando meditar e entregarmo-nos à oração, aos pensamentos tranquilos sobre o princípio de todo ser. Isso é o que aconselha a filosofia hindu. Entretanto, como o homem moderno não pode permanecer inativo durante os 24 minutos de ação deste Tattwa, aconselhamos sua ação somente em ocupações sérias ou fraternais, com a finalidade de corrigir as influências deprimentes do período, no qual, o mais apto em qualquer atividade, está sujeito a maior número de erros e equívocos naquilo que vier a fazer.

Akasha é também o Tattwa da morte. A maior parte dos que desencarnam dão seu último suspiro em Akasha.

As crianças que nascem sob este Tattwa trazem o beijo da morte; geralmente (as almas mais evoluídas, não) morrem na infância.

Amizades e uniões de corações realizadas durante este Tattwa trazem luto, decepções e rápida separação.

Nunca deveríamos fazer as refeições durante a ação deste Tattwa. Quando o fazemos, é provável que sintamos um gosto amargo em todos os alimentos.

A influência deste Tattwa é fácil de comprovar de diversos modos:

a) quando estamos numa conversação animada e chega a hora de Akasha, os temas de conversação se esgotam, e, se alguém se empenha em tratar se reanimar a conversação contando piadas ou empregando qualquer outro recurso, verá que seus esforços fracassarão antes mesmo de começar;

b) a maioria dos acidentes, síncopes, desmaios, esquecimentos, etc. se verifica durante Akasha.

Dificilmente se pode ver Akasha. Geralmente é obscuro, difuso. Todos os outros Tattwas derivam, vivem e trabalham em Akasha. Todas as formas e ideias do Universo vivem nele. Não existe coisa vivente no mundo que não esteja precedida ou seguida de Akasha. Ele é o estado do qual podemos esperar que saiam imediatamente toda outra SUBSTÂNCIA E TODO OUTRO Tattwa, ou, mais estritamente, no qual toda coisa existe potencialmente.

Akasha é o éter sonoro. Sua forma é semelhante à da orelha, e sua ação se faz na cabeça, especialmente nos órgãos da audição. Quando ocorre sua ação, nossa respiração é pouco sensível (2 dedos) e nossa audição se aguça e se torna clara. A meditação sobre este Tattwa deve ser feita prefigurando muitas cores, com a letra H (ou o som **HAM**) por símbolo algébrico, como sem forma e proporcionando o conhecimento dos três princípios.

Embora não tenha horas favoráveis, podemos citar, como as mais desfavoráveis durante a ação deste Tattwa, aquelas em que predomine Saturno, Marte e Mercúrio e na qual a Lua esteja em Sagitário, Escorpião, Capricórnio e Aquário, isso nas terças-feiras e sábados.

VAYÚ

Este Tattwa representa a primeira manifestação da vida, porquanto é por intermédio dele que nasce aquilo que conhecemos por movimento.

Tudo aquilo que corresponde a velocidade e movimento está sob o domínio de Vayú; assim como o ar, os ventos, a navegação aérea, o caminhar, como também o que se refere a avançar.

Vayú preside o princípio tátil e o sentido da linguagem, sendo necessário atentarmos sobre o conteúdo de nossas conversações quando vibra sobre este Tattwa. Quando vibra Vayú, é comum as conversações descerem para o nível das murmurações, calúnias, desfigurações, mentiras, coisas tristes ou néscias e se exaltam os defeitos humanos e o triunfo daquilo que é errado.

Como a difamação faz muito mal aos que a escutam, ainda mais que à pessoa caluniada, o verdadeiro ocultista não deve suportar que se fale de uma pessoa ausente, ficando na obrigação de reverberar toda pessoa que rebaixe uma outra ausente. Em Vayú, os malvados traçam o plano de seus crimes, os homens e mulheres maltratam seus próximos e os comerciantes, sobretudo aqueles que negociam com papel (livreiros, editores, etc.) enganam ou se sentem inclinados a enganar. Até mesmo as pessoas honradas não conseguem evitar, na maioria das vezes, a perda do nível das conversações.

O lado obscuro deste Tattwa é muito perigoso: o assassinato a sangue frio, premeditado, está sob sua influência.

Quando vibra Vayú não devemos comprar nada, a fim de evitarmos prejuízos. Tampouco se deve admitir novos empregados, criados, etc., porquanto o roubo, as brigas e os aborrecimentos serão as consequências. Tampouco se devem fazer novas relações durante sua atuação ou se efetuar casamentos, porquanto também serão infelizes e desgraçados.

No âmbito geral, devem-se evitar as coisas de duração e somente os assuntos de realização rápida serão coroados de êxito.

Neste Tattwa acontece a maior parte das mortes repentinas, assim como as asfixias, as paralisias, envenenamentos e doenças respiratórias. Exerce influência no ânimo dos suicidas, os quais dão preferência a asfixia e a intoxicação por gazes.

Os que nascem sob a influência deste Tattwa raramente são felizes e sempre estarão sob o peso de uma natureza hermafrodita. Serão criaturas de natureza nervosa, constantemente inclinadas a falar, sofrendo uma espécie de "verborreia" aguda. Por outra parte, terão muita facilidade para a oratória. O sentido tátil é muito desenvolvido nos mesmos.

Como já está entendido, Vayú é o Tattwa do movimento. Por conseguinte, quem inicia uma caminhada durante esta atuação, não se cansará tão rapidamente quanto aquele que a começar em qualquer outro Tattwa. Para se subir ladeiras ou escadas, o início da tarefa neste Tattwa implicará em menor cansaço e maior rapidez para o término da mesma. Acrescida da respiração positiva (Solar) a tarefa será realizada sem cansaço nenhum. Toda fatiga ou cansaço desaparecerá tão logo se pode produzir ou deter Vayú. O aspecto superior deste Tattwa pertence às faculdades intelectuais e espirituais; convida à continência e torna a pessoa equilibrada, sem paixões. Os mais elevados eticamente se veem induzidos a maior proteção intelectual e têm, durante este período, profundo sentido lógico e maior conceito intuitivo. Em troca, seu aspecto inferior estimula os instintos brutais e as paixões grosseiras do ser humano; cristaliza os pensamentos de suicídio e desata a língua para ressaltar os defeitos alheios. Este Tattwa é de cor azul celeste ou esverdeado, segundo o desenvolvimento individual de cada um. Favorece os sabores ácidos e traz consigo uma sensação de frescor ou frio, motivo pelo qual não é conveniente para se tomar banho durante seu período, embora a aplicação de "suadores" contra febres realizados em Vayú têm efeitos admiráveis.

Como dissemos anteriormente, Vayú é o éter tátil. Sua forma é esférica e sua ação se manifesta na região umbilical. Ocupa-se dos ácidos em nosso corpo: proporciona movimento, contração e dilatação. Em seu período, a respiração é de 8 dedos de extensão. A meditação sobre Vayú deve ser feita com a letra P **(PAM)**.

Os dias favoráveis são as 4as. e 5as. feiras, durante as horas de Mercúrio e a Lua, e nos dias em que a Lua esteja em Gêmeos e Virgem. Os desfavoráveis são as terças-feiras e sábados, nas horas em que a Lua esteja em Escorpião, Capricórnio e Aquário.

TEJAS

É o Tattwa da expansão. É uma força termógena e preside às sensações conhecidas sob os nomes de sede, fome, sono. Tejas é o princípio do calor e da luz.

Quando vibra Tejas, se observarmo-nos atentamente, verificaremos que nosso humor (condição física) é mais ou menos positiva. As pessoas que alcançaram um desenvolvimento maior, receberão, quando vibre este Tattwa, um aumento de energias que as impulsará a serem mais ativas e lhes dará maior grau de força positiva, tanto que muitas vezes se verão inclinadas a abusarem dessa força. Ao se expressarem, terão uma tendência para decidir as coisas, vontade de discutir e contradizer e sentem desejos de lutar, colocar em jogo suas qualidades intelectuais e lhes será difícil assim não procederem, embora normalmente possam ser de caráter calado e tranquilo.

Ao começar este Tattwa, essas pessoas sentem uma confiança absoluta em si mesmo. Os poucos desenvolvidos deverão precaver-se durante a ação deste Tattwa, porquanto sentirão tendência a se tornarem agressivos, aborrecidos, briguentos e egoístas.

Durante o domínio de Tejas acontecem a maior parte das brigas, e, toda desavença que comece em Tejas, tomará grandes proporções, pois é característica desta energia à ação e à expansão das forças impulsivas da Natureza.

Assim como este Tattwa pode ocasionar males, desavenças, rixas, etc., tem, como todas as coisas da vida, um aspecto benéfico, pois da mesma forma que impulsiona, pode também animar o princípio da atividade para formar e sustentar, razão pela qual está relacionado com as vibrações do Sol e de Marte. O sentimento de liberdade, a atividade e todo fato grandioso, nascem durante sua ação.

Durante Tejas, aumenta o alcance de nossa visão, e a pessoa sente desejos de alimentos e de bebidas picantes. Caminhadas curtas que se comecem durante este Tattwa serão coroadas de êxito, porquanto a rapidez e agilidade são suas características. Em troca, viagens longas estarão expostas a incômodos, aborrecimentos e acidentes.

Quando acontecem acidentes, de causa natural como raios, inundações, furacões, etc., durante Tejas, seus efeitos ou consequências não são muito graves; porém, se não são naturais, (acidentes ferroviários ou automobilísticos, explosões, incêndios, etc.) estes serão de horríveis consequências e tomarão grandes proporções.

Banhando-se sempre durante este Tattwa, mesmo em água fria, a pessoa jamais se resfriará, porquanto o princípio de Tejas é o calor, de modo que quando este Tattwa vibra, a temperatura de nosso corpo se eleva de tal maneira que o faz reagir de modo muito favorável sobre temperaturas frias.

As enfermidades febris que começam em Tejas ou que fazem sua crise durante sua ação serão fatais, enquanto que as enfermidades negativas receberão uma influência benéfica e o doente pode curar-se. Todo todo magnetopata (magnetizador) deveria se fixar em usar este Tattwa quando se trata de combater uma enfermidade negativa ou sintomas negativos.

Os casamentos realizados durante o período de Tejas estarão sob a égide da luta. Os cônjuges brigarão constantemente para afirmar sua supremacia e chegarão ao divórcio sem compreenderem a razão da animosidade que prevaleceu em sua união. Da mesma forma, acontecerá com a maioria das amizades que começarem neste Tattwa.

Os militares, os que são funcionários públicos (menos os do Ministério da Justiça) e os que exerçam trabalho que tenham algo a ver com o fogo ou ferro, terão sempre êxito quando predomine Tejas.

Como já foi dito anteriormente, Tejas é o Tattwa da expansão e da visão. Sua forma é triangular e sua ação se manifesta nos ombros. Sua cor é vermelha e durante sua manifestação, torna picante o paladar e aumenta a temperatura. A respiração se realiza em 4 dedos de extensão. Seu movimento é para cima e em remoinho. Sua direção é o sul. Seu valor algébrico para meditação é a letra R **(RAM)**.

PRITHIVI

Prithivi é o Tattwa da justiça, dos sentimentos humanitários, da alegria, da saúde, da caridade e do amor universal. Somente deveríamos fazer nossas refeições durante Prithivi. As doenças do estômago, dos ossos, da pele, dos músculos e dos intestinos encontram rápido alívio quando começam a ser tratadas sob este Tattwa. Sua influência é tão benéfica quanto a do seu planeta regente: Júpiter.

Durante o período de Prithivi, a humanidade se torna menos egoísta, mais confiante, menos odiosa e sente uma inclinação natural para ajudar, fazer o bem, amar o belo, ser fraterna. Dificilmente ocorre qualquer coisa de mal durante o tempo deste benéfico Tattwa; pelo contrário, durante sua ação tem lugar as obras humanitárias, de justiça, de solidariedade, de caridade e de paz. Da mesma forma, é o Tattwa da veneração, da devoção, da oração. As orações feitas durante seu tempo, trarão inexoravelmente, um consolo milagroso. O ideal é que, quando vibrasse Prithivi, pudéssemos ir aos templos, assistir aos rituais religiosos, concentrarmo-nos na Divindade e estudar as sagradas escrituras. Essas influências, nos seres menos adiantados, se traduzirá em ambição, desejo por prazeres materiais e ciúmes. Porém, até os seres mais atrasados, se têm tendência mais material, não escaparão das influências benéficas de Prithivi, pois que não poderão ser tão egoístas como de costume e se sentirão atraídos para o nobre e para o bem.

Prithivi é o princípio da vida, representado pela coesão, pela qual conduz tudo à solidariedade. Devido a isso, é muito difícil acontecer algo mal durante este Tattwa. Prithivi é conservador; sua influência é manter, conservar tudo. O que se inicia em Prithivi é benéfico e constante, enlaça, une e é sobretudo saudável para o corpo material. Uma enfermidade que comece em Prithivi ou que tenha sua crise durante sua ação, não será perigosa e será de curta duração.

Durante Prithivi, as glândulas endócrinas são altamente estimuladas, sendo fácil compreender que é durante este período que devemos ativar as nossas capacidades mais preguiçosas ou começar qualquer tratamento à base de hormônios.

As amizades iniciadas durante Prithivi serão mais sinceras e constantes e, entre os amigos, se estabelecerá uma relação permanente e íntima. Os casamentos realizados durante o período deste Tattwa serão ditosos e os cônjuges se entenderão e amarão mutuamente. Os lares assim fundados serão sempre agradáveis para aqueles que venham desfrutá-los.

Uma conferência, reunião ou festa que inicie neste Tattwa será animosa e terá êxito social e moral. Aquele que tiver que elucidar um caso qualquer na justiça, deverá iniciar suas pretensões durante a hora de Prithivi e nos períodos do dia que esteja sob a égide de Júpiter; assim encontrará juízes justos, abnegados e competentes.

Quando nasce uma criança sob o Tattwa Universal Prithivi, ela amará muito a seus pais e estará ligada inseparavelmente a eles, principalmente se os pais têm como Tattwa pessoal Prithivi.

Tudo o que é estável e permanente deve ser começado em Prithivi. Podemos acrescentar, ainda, que Prithivi aumenta o calor do corpo e, durante suas vibrações, produz-se um sabor adocicado no paladar. Durante Prithivi, o organismo assimila a parte açucarada dos alimentos, os amiláceos. Estes nutrem os ossos, músculos, pele, cabelos e a substância nervosa do corpo. Prithivi comunica a quem o possua em dose normal, perseverança e a faculdade de poder gozar a vida.

A cor de Prithivi é o amarelo, sua forma rombóide, tem movimento pausado e se move no meio. Durante seu período o fluxo respiratório chega a 12 dedos (até o final do externo), seu som é grave, ativa o sentido do olfato e sua influência orgânica se manifesta desde os pés até os joelhos. Seus dias favoráveis são domingos, segundas-feiras; quartas-feiras; quintas-feiras e sextas-feiras. Feitas nas horas que domina o Sol em Mercúrio e Vênus e nos momentos em que a Lua esteja em Capricórnio e Aquário. Desfavoráveis e até mesmo fatais aos sábados e às terças-feiras, nas horas de Marte e Saturno. O símbolo algébrico para meditação sobre este Tattwa é a letra **L (LAM)**.

APAS

O Tattwa APAS corresponde à água: obra concentrando; é excitante e dos sentidos. Durante sua atividade, temos vontade de todos os desejos. No âmbito geral, é muito benéfico para o ser humano. Traz paz, alegria, felicidade, brincadeiras e prazeres de todas as classes. Estimula o desenvolvimento moral e intelectual e aperfeiçoa os sentidos para as concepções das artes e da beleza. Como todos os outros Tattwas, tem dupla influência. Seu aspecto benéfico enobrece, anima e é para o indivíduo, um fator que desenvolve o egoísmo são. É favorável para tudo o que direta ou indiretamente se relaciona com a água; é o Tattwa dos pescadores. Durante Apas, é bom estar à beira do mar, a fim de que o ar marítimo nos purifique e nos cure as enfermidades. Apas é o Tattwa que doa o amor sexual. Atua sobre todo o sistema gênito-urinário; proporciona poder, riqueza e ação ao esperma, ao sangue, a saliva, as gorduras e a urina. Em Apas se pode curar a impotência masculina. Provoca a assimilação da matéria adstringente nos alimentos. Governa a concepção no ventre materno. A mulher que concebe durante Apas terá um parto feliz, a não ser que a Lua esteja em Escorpião e a hora seja governada por Saturno. Nesta condição, apesar do Tattwa favorável, terá uma gravidez difícil e um parto doloroso, embora não tanto como quando a concepção ocorre durante Akasha. (Obs.: Se por um lado Apas é melhor durante a gravidez para a mulher, para a criança que vai nascer, o melhor é Prithivi. Prithivi proporciona à criança uma constituição física superior; Apas melhorará sua constituição intelectual). Ainda nos indivíduos mais evoluídos, excita a concentração e a assimilação de seus estudos. É favorável para os artistas, pois dilata a intuição e desperta em alto grau a percepção artística. Os pintores deveriam começar suas obras e inaugurar suas exposições em Apas para obterem êxito. Nos indivíduos mais atrasados, Apas estimula o egoísmo, a cobiça, a gula e as paixões; governa todos os prazeres materiais.

Não se deve tomar bebidas alcoólicas em Apas, porque redunda com facilidade em bebedeira. Apas atua de forma oposta à de Tejas. Aquele que é capaz de introduzir as vibrações de Apas numa enfermidade febril e sustentá-las poderá fazer abortar o mal. Todas as condições de vida que correspondem ao Tattwa Tejas têm em Apas sua oposição. Quando começa uma desavença em Apas, nunca toma grandes proporções e sua tendência, é chegar logo a uma reconciliação. Os incêndios que começam em Apas jamais tomarão grandes proporções. Um raio que caia durante Apas jamais provoca incêndios.

A chuva que começa em Apas tende a permanecer durante vários dias e, se aparecem nuvens no horizonte durante Apas, a tendência é para tempestades. Como Apas atua concentrando, não existe melhor época para se iniciar negócios, depositar dinheiro ou especular. Apas é o Tattwa da riqueza, da opulência, dos bem-sucedidos, e este princípio pode manifestar-se em todas as ocasiões da vida. Quando, pela influência da luz, existe um certo movimento para determinado caminho, este será sempre concêntrico, isto é, irá para dentro, para o centro; desta forma, poderíamos dizer, quando especulamos durante Apas, que o dinheiro nos virá como se fosse atraído por meios magnéticos, e permanecerá conosco pelo poder que vibra neste Tattwa, aumentando nossa capacidade de ter. Aquele que começa um jogo em Apas, ganhará sempre, com toda a segurança. O ideal é comprar bilhetes de loteria e arriscar em jogos durante este Tattwa. Alertamos, porém, para o perigo dos bens materiais. Todo excesso gera desequilíbrio.

Apas favorece, ainda, as viagens. As viagens marítimas somente deveriam ser iniciadas durante a ação de Apas. A influência da Lua concorre para o bom resultado dessas viagens. Como Apas é um princípio estacionário, concentrador, as viagens empreendidas durante seu período muitas vezes obrigam a pessoa a estabelecer-se por longo tempo no ponto do destino. É ainda muito conveniente comprar joias e vestidos durante Apas. As roupas adquiridas durante Apas, terão longa duração. O ideal é comprar joias e roupas quando a Luz esteja nas constelações de Touro, Leão ou Libra, durante Apas; assim não seremos ludibriados nem roubados. Os objetos comprados serão de boa qualidade, úteis, práticos e trarão prazer ao comprador.

Apas é um Tattwa favorável para os seres humanos e todas as obras de caridade deveriam ser começadas durante seu período para obter êxito assegurado.

Apas aparece quando fechamos os olhos, com uma cor branca-acinzentada, que naturalmente sofre certas modificações, segundo o temperamento de cada um, de forma que alguns chegam a percebê-lo como cinzento-escuro-sujo; outros branco-amarelecido e outros ainda, um branco-esverdeado. Somente os muito desenvolvidos chegam a vê--lo como um branco diáfano. Tem um movimento rápido, para baixo, e o fluxo da respiração chega (para as pessoas saudáveis) até o umbigo (16 dedos).

Quando se medita sobre este Tattwa, devemos fazê-lo tendo por símbolo algébrico a Letra **V (VAM),** como sendo semilunar, branco como a Lua, proporcionando resistência contra a fome, a sede, etc., e produzindo uma sensação parecida a da submersão na água. Durante a meditação, perceberemos que seu som é grave, que o sabor se torna adstringente, frio e proporciona profunda calma. Os dias favoráveis são as segundas-feiras e sextas-feiras. Feiras e, em segunda instância, domingos, quartas e quintas-feiras, sempre nas horas do Sol, Mercúrio e Júpiter e nas horas que a Luz esteja nos signos de escorpião, Capricórnio e Aquário.

SWARA (respiração) NO CORPO

Em minha própria capacidade, sou como um homem cego, como é qualquer um, e incapaz de qualquer coisa; porém, no Espírito de Deus, através de tudo, permanece meu espírito inato, mas nem sempre firme; mas quando o Espírito do amor de Deus é evidenciado através do meu espírito, então é o nascimento da criatura e da Deidade uma só essência, uma compreensão e uma luz.

Jacob Boehme

Dez manifestações do *Swara* realizam-se no corpo. Antes de entrarmos neste conhecimento convém como *conditio sine qua non*, que tenha um conhecimento completo do sistema nervoso, que poderá beber em algum tratado de anatomia ou em alguma outra fonte semelhante. Este conhecimento é de grande importância e, conforme a profundidade do seu conhecimento, o discípulo adquirirá maior ou menor resultado.

Apresentamos aqui um esboço daquelas partes da qual vamos nos ocupar.

Existem dez nervos principais. É neles que se dão as dez manifestações do *Swara*. Nesses nervos movem-se ainda os dez *Vayús*. Não deverá tomar aqui a palavra *Vayú* na significação de gás atuando sobre os nervos. Sãos os *Vayús* as dez forças que produzem dez funções diferentes. Dentre os dez nervos, existem três mais importantes que são:

1º - *Ida*, no lado esquerdo do corpo, brônquio esquerdo.
2º - *Pingala*, no lado direito do corpo, brônquio direito.
3º - *Sushumna*, ou Brahma *Nâdi*, no meio (medula espinhal).

Obs: No momento, basta explicarmos esses três.

Os *Vayús* (forças) são:

1º - *Prana*, no peito; princípio universal de energia;
2º - *Apan*, na região do aparelho digestivo;
3º - *Saman*, no umbigo;
4º - *Udan*, no meio da garganta;
5º - *Vayú*, força que penetra todo o corpo;
6º - *Kurm*, no olho, ajuda a abri-lo;
7º - *Krikala*, no estômago; produz a fome;
8º - *Nag*, produz vomito;
9º - *Davadatta*, produz bocejo;
10º - *Dhananjaya*, aquilo que não deixa o corpo nem mesmo depois da morte.

Esses dez *vayús* (forças) agem conjuntamente nos dez nervos principais e não em cada nervo. São dez reguladores do corpo humano. Quando funcionam regularmente, o homem conserva-se numa perfeita saúde; quando não, manifestam-se neste diversas enfermidades.

A força de todos esses nervos se encontram no efeito de *Prana Vayú*, que neles penetra com o ar por *Ida, Pingala* e *Sushumna* (O *Prana* verdadeiro é o princípio que é indestrutível ou melhor: é a "Energia Universal", conforme a expressão do insigne iogue Vivekananda; veja *Filosofia Vedanta*, parte II).

Respirando o ar por *Ida,* percebemos que entra e sai pela narina esquerda. Se passar por *Pingala*, perceberemos que entra e sai pela narina direita; e se por *Sushumna*, notaremos que entra e sai por ambas às narinas. Pode-se observar que na cópula, no momento do êxtase, nossa respiração entrará em *Sushumna*.

O ar passa, por, por certo tempo, ora por uma e ora por outra narina – disto já falamos anteriormente. Quando, a qualquer momento, a respiração entra e sai pela narina esquerda, apresentam-se certas doen-

PRÁTICAS ESOTÉRICAS

ças. Mais uma vez, porém, afirmamos que a comprovada verdade dessas asserções só poderá levar obter-se pela experiência levada a efeito com paciência e despida de qualquer preconceito.

Ida é também chamada de *Chandra Nâdi* ou nervo lunar; e *Pingala* denominada em sânscrito de *Pingala Nâdi* ou nervo solar.

Se a respiração se faz pela primeira (esquerda), denomina-se *Chandra Swara* ou *respiração lunar*; se pela segunda (direita), *Surya Swara* ou *respiração solar*. Quando a respiração se faz por ida, espalha-se fresca pelo corpo, e quando por *Pingala*, se difunde misturada com certo calor.

Os antigos *iogues* indicavam *Pingala* no corpo humano, como lugar do sol e *Ida* como lugar da lua. Tudo quanto se encontra no Macrocosmo ou Universo, também se acha no Microcosmo, no homem. As demais ramificações entre estes nervos poderão ser estudadas nas obras já indicadas e, em especial, na obra de Cedaïor (Albert Raymond Costet - Conde de *Mascheville*) – *Libro de las Leys de Vayú*, Buenos Aires, 1919.

COMENTÁRIOS

Pelo lado direito, estende-se o *Pingala Nâdi*, brilhante e refulgente como o sol. Este manancial de virtudes se denomina "*Veículo dos Devas*". (Interpreta-se esta passagem no sentido de que que fixa sua mente neste *Pingala Nâdi* ou essência de virtude pode cruzar pelo céu como os devas ou deuses. Tal é a razão segundo a qual esta essência de virtude se denomina *Devajana* ou "*veículo dos deuses*").

Pelo lado esquerdo (isto é, desde a planta do pé esquerdo até a parte superior da cabeça, onde existe o "*Sahasrara*"), estende-se o *Ida Nâdi*, cujo brilho muito inferior é a guisa do da lua. Reside no alento da narina esquerda e se denomina "veículo dos *Pitris*". (Interpreta-se esta passagem no sentido de que só o que fixa sua mente neste *Nâdi* pode chegar ao *Pitriloka* e, por esta razão, se chama *Pitrijana* ou "veículo dos *Pitris*").

Como o espaldar de uma harpa, desde a *rachis* até a cabeça do ser humano, estende-se a larga coluna do osso, com várias junções, que se chama *Meru-Danda* (espinha dorsal).

Desde o *Mûla-Dhara* até a cabeça, atravessa, de parte a parte da coluna dorsal, uma apertada cavidade por onde passa o *Nâdi* (nervo), chamado pelos iogues *Sushumna* ou *Brahma Nâdi* (medula espinhal).

Sushumna é um nervo delicado que passa entre a *Ida* e *Pingala*. Deste S*ushumna* nascem todos os outros nervos sensoriais, e por isso, se chama "o nervo do conhecimento".

Danda-Nâdi – este nervo sai do *Sahashara* e desce, gradualmente, mais delgado em cada ponto, ao longo da coluna vertebral pelo interior desta. Em seu começo, nascem dele novos jogos de pequenos nervos que se estendem até os olhos e aos demais órgãos da sensação. Cada vértebra espinha dorsal articulam os pares de costelas e debaixo destas se estendem trinta e dois jogos de nervos, com inumeráveis ramificações que cobrem todo o corpo como uma rede e servem para o sentido do tato e outros serviços requeridos pelo funcionamento do corpo físico. Estes nervos são de contextura tão sutil que, reunidos 400 deles, não seria possível percebê-los a olho nu. Porém, não obstante sua tenuidade, estão dispostos à maneira de tubos, cujo espaço enche uma substância oleosa em que se reflete a *Chainanya*. Por essa razão, os *Rishis* chamaram *Nervos do Conhecimento* à medula espinhal de onde parte todas as ramificações nervosas, considerando-a como uma árvore cujos ramos inumeráveis cobrem o corpo inteiro, com as raízes para cima (no cérebro ou *Sahashara*) e as ramificações para baixo.

O sol, a lua e os demais *Devatos*, as quatorze moradas, os dez pontos cardeais, os lugares sagrados, os sete oceanos, os sete rios sagrados, os quatro *Vedas*, toda a filosofia sagrada, as dezesseis vogais e as vinte e quatro consoantes, o *Gayatri* e os demais hinos sagrados, os dezoito *Purunas* e todos os *Upa-Purinas*, as três qualidades, o mesmo *Mahat*, a raiz de todos os *Jivas* e seu *Atma*, os dez alentos, o mundo inteiro, em suma, todas estas coisas se acham reunidas no *Sushumna*. Do *Sushumna*, que é o receptáculo da alma interior de todos os *Jivas*. Brotam vários nervos, estendendo-se em todas as direções pelo corpo físico. Considera-se uma árvore invertida, como já anteriormente mencionada.

Somente que conhece os Tattwas é capaz de subir as ramas da Árvore da Vida com mais facilidade e com a ajuda de Prana Vayú esta escalada se torna ainda mais suave.

De acordo com a tradição, há sessenta e dois mil nervos no corpo humano, com suficiente espaço, por meio do qual penetra *Vayú*.

Somente os iogues, em virtude de sua *Yoga-Karma*, chegam a penetrar na verdadeira natureza destes nervos.

OS PRINCÍPIOS DOS TATTWAS

Swara ou a respiração: corre por uma narina durante cinco *gharis*, tempo igual ao do ritmo regular dos *Tattwas*.

Elencando-os:

1.º Teremos *Akasha* (princípio etéreo)

2.º Teremos *Vayú* (princípio aéreo)

3.º Teremos *Tejas* (princípio luminoso e calorífico)

4.º Teremos *Prithivi* (princípio térreo)

5.º Teremos *Apas* **(princípio aquoso)**

Num período de 24 horas (um dia e uma noite) ou em 60 *gharis* há 12 correntes de *Tattwas*; cada uma delas dura um *ghari* e torna a aparecer depois de 4 *gharis*.

Cada um dos *Tattwas* subdivide-se em 5 partes, como se explica a seguir:

Akasha	*Akasha*	(1)
Akasha	*Vayú*	(2)
Akasha	*Tejas*	(3)
Akasha	*Prithivi*	(4)
Akasha	*Apas*	(5)

É de grande importância reconhecer os *Tattwas,* não somente pelo cálculo do tempo o qual eles fazem seu curso matemático, mas ainda os vencendo em sua trajetória.

Como um iogue regula sua vida.

O Iogue harmoniza todas as suas ações por meio dos *Tattwas,* ou seja, por meio da respiração, pois é certo que esta é a grande reguladora da vida. O principiante ou discípulo irá reconhecendo a razão disso na medida em que for progredindo na prática. A experiência virá provar a veracidade do exposto.

Ida

Discípulo ou leitor, observe o seguinte: Somente estando o *Swara* em *Ida* é que se deve praticar-se todo o serviço que dure um certo tempo, como a construção de uma casa, a perfuração de um poço; viagens longas; mudanças de residência; coleção de objetos; exposições de presentes ou dádivas; matrimônio; preparação de ornamentos e roupas; emprego de medicamentos; audiência com superiores; visitas a autoridades para qualquer fim; plantios nos campos; negócios e acumulações de capitais; começo de qualquer leitura; visita aos amigos; toda ação caridosa ou que tenha cunho altruísta ou humanista; o retorno para o lar ou regresso à pátria; a compra de animais generalizadamente etc.; o trabalho em proveito de outrem; o deposito ou investimento de economias em bancos; todas as ações como cantar, dançar, fabricar instrumentos, estabelecer-se numa nova residência ou noutra cidade; beber água, agir em ocasiões que demanda cautela, aflições, febres, etc. Todas estas coisas devem ser feitas quando o discípulo (leitor) respirar pela narina esquerda.

Observe, caro leitor, que durante este tempo devem desprezar-se os *Tattwas Vayú, Tejas* e *Akasha*, lembrando-se que se pode alcançar êxito com *Prithivi* e *Apas*.

Quando se tem febre, o iogue respira ou antes aspira o ar por *Chandra* (*Ida*, lado esquerdo) e põe em curso *Apas*, e, em breve tempo, a febre, por mais obstinada que seja, desaparecerá.

Pingala

Surya-Swara é favorável à leitura e estudo de ciências difíceis, coito, viagens marítimas, caçadas, subir montanhas, cavalgar, etc. nadar ou atravessar um rio, escrever e pintar, comprar e vender, combater com armas ou sem elas, ir à uma audiência, banhar-se, barbear-se, comer, dormir, e fazer qualquer tratamento médico, etc.

Todas estas operações prometem êxito quando forem feitas com *Surya Swara*.

Sushumna

A respiração se faz por *Sushumna* quando se respira por ambas as narinas. Nada deve empreender-se durante este tempo, pois teria fracasso. O mesmo se dá quando a respiração passa de uma para a outra narina repentinamente. O discípulo não deve fazer coisa alguma durante este tempo; mas sentar-se e meditar-se sobre a palavra sagrada *Hamsa*.

O melhor e mais apropriado tempo para a meditação é o da respiração em *Sushumna*.

Aqueles que leram o *Zanoni* de Bulwer Lytton certamente devem ter se admirado da maneira como Zanoni jogou com tanta maestria e êxito por Cextora e como pode vencer o vinho envenenado quando na companhia do príncipe de ***. A explicação é muito simples, e aqueles que progredirem na prática podem, por experiência, constatar-se dessa verdade. No primeiro caso, Zanoni dirigiu sua respiração para a narina direita, colocando seus adversários numa espécie de envoltório do *Tattwa Akasha*, em consequência todos adversários perderam, porque, no jogo, o outro corria necessariamente por *Surya Swara*. No segundo caso, pôs em prática o *Tattwa Apas* e o dirigiu, com toda a energia e vontade direcionada, venceu o calor comburente do veneno, durante um tempo muito longo, e antes que readquirisse a sua força já estava fora do organismo.

AS CORES DOS TATTWAS

Cinco são os *Tattwas* e cada um deles tem uma cor que lhe é peculiar:

Akasha é preto ou incolor; (complementado por prata/branco).

Vayú é verde (complementado de laranja; podendo aparentar uma coloração esverdeada).

Tejas é vermelho (complementado com o verde).

Prithivi é amarelo (complementado com púrpura).

Apas é branco ou tem em si todas as cores (complementado com negro).

Por meio dessas cores podemos saber imediatamente qual o *Tattwa* em vibração. Além disso, eles formam figuras e produzem movimentos (sabores), etc.

I
FORMAS PRODUZIDAS PELOS TATTWAS

a) Respire sobre um espelho cuidadosamente limpo. Se o bafejo nasal formar uma figura de 4 ângulos, teremos o *Tattwa Prithivi*. É necessário que se observe isso com toda atenção, visto que a mancha produzida pelo bafo sobre o espelho logo desaparece. Somente quando o discípulo tiver uma certa prática poderá distinguir corretamente as figuras formadas sobre o espelho. Essa forma em nada se parece com a esfericidade da Terra.

b) Se a forma for de uma meia-lua, será *Apas*.

c) Se a forma se apresentar triangular teremos *Tejas*.

d) Se esférica é *Vayú*.

e) Se parecer com uma "orelha" é *Akasha*.

II
SABOR DOS TATTWAS

1- *Prithivi* é doce.

2- *Apas* é adstringente.

3- *Tejas* é picante.

4- *Vayú* é ácido.

5- *Akasha* é amargo.

III

COMPRIMENTO DOS TATTWAS

a) À distância de 12 dedos percebemos *Prithivi*.

b) À distância de 16 dedos percebemos *Apas*.

c) À distância de 8 dedos percebemos *Vayú*.

d) À distância de 4 dedos percebemos *Tejas*.

e) O *Ahasha* se percebe sem nenhuma distância

    É este o método conhecido para se perceberem os *Tattwas* por meio dos sentidos externos. Tal método, por sua antiguidade, é apresentado ao discípulo como o mais eficiente e prático.

IV

A NATUREZA DOS TATTWAS

a) *Prithivi* é, por sua natureza grumoso.

b) *Apas* é frio.

c) *Tejas* é quente.

d) *Vayú* está sempre em movimento.

e) *Akasha* é omnipenetrante.

V

A DIREÇÃO DOS TATTWAS

a) *Prithivi* sempre se movimenta no centro.

b) *Apas* para baixo.

c) *Tejas* para cima.

d) *Vayú* inclinado.

e) *Akasha* transversal.

EXPERIÊNCIAS COM OS TATTWAS

Consiga cinco bolinhas que tenham diferentes cores relacionadas aos *Tattwas* (preta, verde, vermelha, amarela e branca), ponha-as numa sacola, feche os olhos e tire uma delas. A cor da bola que tirou é a cor do *Tattwa* correspondente e que vibra naquele instante. Depois experimente, cerrando os olhos, se pode perceber a mesma cor. O discípulo não pode naturalmente conseguir esta penetração de um salto. As cores que, durante o primeiro mês ou mais, refletem-se diante dos olhos são confusas, e quase nunca a cor da bolinha corresponde à que tiramos. Continue praticando e a confusão desaparecerá.

Cores determinadas começarão a apresentar-se à nossa vista interna e, finalmente, a cor da bolinha corresponderá a que tomamos. Dado isso, já aprendemos a conhecer qual é o *Tattwa* que, no momento, está em vibração.

Existe ainda um exercício especial por meio do qual o espírito consegue, com bom êxito, que se abra a visão interna.

Pede-se a um amigo que imagine no seu espírito uma flor; para o discípulo convém que esta tenha uma das cores dos *Tattwas* (branca, preta, verde, vermelha ou amarela). Quando a flor se apresentar viva no espírito do amigo, podemos estar certos de que a cor da flor imaginada corresponde a do *Tattwa* em vibração no momento.

Então de olhos fechados, poderemos nós mesmos ver a cor do *Tattwa* e causar uma surpresa ao amigo, dizendo-lhe a cor da flor.

Interessante é também o seguinte:

Quando alguém estiver com colóquio com os amigos e achar que o *Tattwa Vayú* entrou em vibração, pode estar certo de que aqueles que se acharem em estado normal se retirarão.

Interrogados, não deixarão de confessar as suas impressões, se forem sinceros e francos.

De que modo os demais *Tattwas* influenciam o corpo e o espírito do homem é um assunto para ser apreendido a partir de muita dedicação e compreensão desta ciência. Logicamente que por alguns cuidados necessários teremos que nos abster de aprofundar neste assunto, deixando a cargo dos leitores (discípulos) que busquem através da meditação e dentro de seus merecimentos encontrarão um manancial de possibilidades e facilidades. Aqueles que perseverarem nos exercícios que aqui demonstramos reconhecerão em breve tempo as cores dos *Tattwas*.

Com a meditação, as numerosas cores irão lhes indicando e relacionando segredos e aplicações nas relações dos *Tattwas*. Convém notar que, nos primeiros momentos, os exercícios se tornam geralmente enfadonhos. No decorrer da primeira fase, quando as mil diferenças de cores se nos apresentam a mente, teremos um quadro de cores mágicas que dará ao espírito ensejo de se recriar. Praticando a meditação e examinando infinitas possibilidades, desaparecerá o tédio.

AS ATIVIDADES DURANTE OS DIVERSOS TATTWAS

Os exercícios longos indicados no *Chandra Swara* só devem efetuar-se quando o *Tattwa Prithivi* estiver vibrando. Os que forem breves deverão praticar-se no tempo do *Tattwa Apas*. Os que exigem esforço deve ser reversado para o tempo do *Tattwa Tejas*.

Se o iogue tentasse matar um homem somente o faria no ato do *Tattwa Vayú* (na verdade, esta é uma hipótese totalmente esdrúxula, uma vez que um iogue jamais cometeria um assassinato); no *Akasha* o iogue só deve exercitar-se.

Ações de trabalhos ou empreendimentos dos tipos anteriormente indicada só serão profícuas durante os resultados correspondentes aos *Tattwas* mencionados; todas as vezes em que nos tivermos saído bem naquilo que empreendemos, podemos indagar em que *Tattwa* o começamos e assim nos convenceremos da veracidade e alargaremos o nosso horizonte.

As diferentes relações destes *Tattwas* entre si e as diversas circunstâncias que os acompanham também habilitam o homem a lançar uma vista sobre o futuro; mas este é um assunto que não entraremos neste momento.

A MEDITAÇÃO SOBRE OS *TATTWAS* E GOVERNO DOS MESMOS

Já expusemos de forma abrangente a questão dos *Tattwas*, assim como as regras para distingui-los entre outros sistemas relacionados a esta ciência. Para o principiante ou discípulo, essas informações são de grande utilidade e importância, mas, avançando um pouco mais, explicaremos os métodos de uso mais recomendados. É este o mistério que os sábios da Índia guardavam com muito cuidado, eram conhecimentos que apenas passavam aos discípulos mais desenvolvidos e merecedores.

No começo, o principiante pode tomar esta ciência como uma brincadeira ou ato de um jogo de curiosidades. Mas apenas um pequeno exercício bastará para lhes garantir os melhores e mais satisfatórios resultados no exercício do dia a dia. Depois se irá, pouco a pouco, fortalecendo, até que chegue a conservar, na sua visão interna, o mundo visível e a dominar os mistérios da natureza.

Durante o dia, estando o céu claro, assente-se por um espaço entre uma ou duas horas; purifique suas ideias, afastando de sua mente todo e qualquer assunto e olhe para o alto contemplando o céu, apenas fique a olhá-lo sem ter qualquer pensamento. A princípio verá vapores na atmosfera; depois de alguns exercícios, tendo em vista que já esteja habituado a olhar o céu, chegará a ver, no ar, diversas espécies de formas entre outras coisas admiráveis. Chegando a este estágio, o discípulo pode estar certo de que seu caminho será ditoso e profícuo.

Paulatinamente irá percebendo no espaço as diversas cores dos *Tattwas*. Para se convencer desta verdade, o discípulo deve cerrar os olhos e comparar com as que foram vistas no céu, com aquelas que presencia internamente. Se ambas as cores combinarem, o resultado é sempre satisfatório. Este é, pois, o exercício a que se entregará o discípulo, durante o dia.

Para a noite, observe o seguinte: pela madrugada, por volta das 2 horas, mais ou menos, quando reinar inteiro silêncio na Terra e no céu brilharem as estrelas, levante-se. (Isso é mais facilmente conseguido em zonas rurais, onde o silêncio ainda pode ser observado). Lave as mãos com água fria e as pernas e depois os pés, em seguida o alto da cabeça e a nuca; ajoelhe-se de forma que a barriga toque o calcanhar; ponha as mãos sobre os joelhos com as extremidades dos dedos voltadas para o corpo e fixe os olhos na ponta do nariz.

Durante o exercício, medite sobre a respiração, notando de que modo o ar entra e sai. Esta meditação, além de distrair o discípulo, lhe causará grandes proveitos para seu desenvolvimento. Basta lembrar que somente por meio da meditação que o iogue faz seus progressos. Aspirando o ar o iogue vibra um som como *Ham* e expirando emite outro som como *Sa*. No ritmo deste exercício a respiração fica entre estes dois sons, que aglutinados formam *Hamsa*. Assim uma respiração completa produz *Hamsa*. Este é o *nome Regulador do universo* que agregando suas forças produz todos os fenômenos naturais.

CHEGANDO A ESTA ETAPA FAÇA O SEGUINTE EXERCÍCIO:

Levante-se às duas ou três horas da madrugada, banhe-se segundo a forma anteriormente descrita e pense no *Tattwa* que vibra naquele momento. Se for *Prithivi*, o discípulo deve imaginar um objeto amarelo, adocicado, que tenha quatro cantos e que seja de forma pequeno e cure todas as moléstias, repetindo ao mesmo tempo a palavra: *Lam*.

Se o *Tattwa* for Apas, imagine um objeto na forma de uma meia-lua, que faça cessar o calor e a sede, imagine achando-se mergulhado numa imensidão de água, repetindo ao mesmo tempo a silaba: *Vam*.

Se o *Tattwa Tejas* estiver vibrando idealize um objeto triangular, de brilho vermelho; que comporte alimentos e bebidas; imagine tudo queimando e por isso se torna insuportável. Repita enquanto faz este exercício mental a palavra: *Ram*.

Se for *Vayú* o *Tattwa* vibrante, pense então num esferoide verde como o das folhas das árvores após a chuva. Pense nesse instante num pássaro que voa de galho em galho numa árvore frondosa e que você se levanta do lugar onde está, apesar da força daquela criação mental, repetindo a sílaba: *Pam*.

Se identificar *Akasha,* pense num objeto sem forma definida, que difunda luz brilhante, e repita a sílaba: *Ham*.

Repetindo este exercício sistematicamente tornará essas sílabas inseparáveis dos *Tattwas* e provocará transformações na sua maneira de pensar e de ver a vida; passará a perceber nuances antes não notadas.

Quando o iogue repete uma delas o *Tattwa* correspondente se apresenta com tanta força quanto a que deseja e é este o meio pelo qual se chega ao domínio de sua natureza interna, assim como ao de todos os fenômenos aéreos.

REGRAS PARA CURA DE MOLÉSTIAS

Quando vibra erradamente um *Tattwa* e a respiração se dá de maneira irregular, ou seja, pela narina não apropriada, a moléstia aparece.

Levada a respiração para a narina apropriada mediante um dos exercícios já explicados anteriormente e posto o *Tattwa* em vibração, o doente recuperará a saúde. Não se deve pensar que isto se faça num abrir e fechar de olhos; há que praticar. Se a moléstia for inveterada e se apresentar com violência, deve ser combatida no espaço de tempo requerido.

Geralmente, o *Swara Chandra* é o melhor medicamento contra todas as enfermidades. Se não obtém imediatos efeitos o principiante deve fazer inalação por meio de medicamentos adequados. A vibração do *Swara Chandra* é um sinal seguríssimo do restabelecimento do enfermo.

No caso de resfriados ou constipações, tosse ou rouquidão, etc., deve o discípulo levar a respiração para a narina direita. Nem os *Tattwas* nem os *Swaras* produzem dor enquanto correm com regularidade.

Não se devem fazer, sob nenhum pretexto, experiências forçadas ou exageradas.

Somente não deve haver demora para proceder aos trabalhos, no caso da irregular vibração de um dos *Tattwas*, fato que acarretará irremediavelmente a repetição da moléstia. A experiência tem provado que os *Tattwas Apas* e *Prithivi* são os melhores à saúde. É fato que durante a vibração do *Tattwa Apas*, percebemos a respiração a uma distância de 16 dedos e durante a de *Prithivi* esta distância é de 12 dedos do nariz, e isso demonstra a ação mais vagarosa da construção do corpo, a qual somente percebemos à distância de 8 ou 4 dedos.

Akasha é o *Tattwa* mais antagônico à saúde, no estado de doença, encontramos ordinariamente em vibração *Vayú* e *Tejas*.

Em caso de necessidade, proceda da seguinte maneira: depois de passar a respiração da narina errada para a certa, que, ordinariamente, é a esquerda, e de se ter comprimido a parte oposta com um travesseiro, como já mencionamos, de maneira que a respiração já não possa mudar, deve assentar-se o doente comodamente e amarrar um lenço na perna esquerda, sobre o joelho, de forma leve. Após um breve tempo, cuja duração está na razão inversa da experiência e da pouca prática, e na razão direta da agressividade da moléstia, observar-se-á que o *Tattwa* se transforma no imediatamente inferior.

Observando-se bem o corpo, podemos notar que a disposição melhora consideravelmente e o pensamento se torna mais fácil. Se necessário aperte um pouco mais o lenço. Uma vez conseguido o *Tattwa Prithivi*, já se manifesta grande melhora. *Prithivi* ou *Apas* (qualquer um) vibrará por um tempo.

Decorrido alguns dias, é necessário que qualquer um destes volte a vibrar, embora a doença haja desaparecido. Só isto é bastante suficiente para retomar a saúde. Este modo de mudar o *Tattwa* só tem serventia para o principiante, enquanto que o mestre o consegue facilmente pronunciando as sílabas anteriormente indicadas.

CAPÍTULO II

POSTURAS E RESPIRAÇÃO

As três posturas usadas na Tradição Ocidental são:

A. *Sentado ou postura de Deus*
B. *De pé ou postura da Vara*
C. *Deitado ou postura da Terra*

A. A postura de Deus é de origem egípcia. Para assumi-la, é essencial que o assento a ser usado seja de tal forma que os músculos fiquem horizontais e as pernas verticais, com as plantas dos pés descansando firmemente sobre o solo ou sobre um suporte, caso seja necessário (em todos os casos não se deve cruzar as pernas). A espinha (coluna vertebral) deve estar ereta, porém, não rigidamente vertical, e os pés e os joelhos devem estar juntos. Os braços caem relaxadamente e os lados das mãos descansam sobre os músculos com as palmas para baixo. A posição da cabeça é da seguinte forma: com os olhos abertos, olhando diretamente para frente.

B. A postura da Vara é uma posição vertical normal e bem equilibrada. A cabeça deve estar numa posição normal bem colocada e os ombros para trás, de forma que nem estejam caídos e muito menos rigidamente verticais. Os braços ficam soltos com uma ligeira curva natural à altura das coxas. Os pés devem estar juntos e paralelos, sem que os dedos fiquem para dentro nem para fora. Se a postura estiver corretamente assumida, deve resultar na possibilidade de dar um passo adiante com qualquer pé sem que haja necessidade de desprender o peso do corpo.

C. A postura da Terra é uma posição na qual o sujeito está deitado de costas. As pernas e os braços devem estar retos ao lado do corpo. É essencial mantê-los retos junto ao corpo e nada deve estar prendendo ou de outra forma incomodando.

A Técnica de respiração usada na conexão com as práticas do Círculo do Despertar recebe o nome de Respiração Rítmica. Também é conhecida como Respiração Curativa, porque um dos bons resultados que se obtém a partir deste exercício é um eficiente e poderoso meio de liberação de energia – para que o mesmo seja profícuo é necessário que o faça de forma cadenciada e determinada – sua função pode ser para cura ou para atos mágicos em geral.

Para praticar a Respiração Rítmica, há que começar contando as próprias batidas do coração. No princípio pode parecer difícil contar as batidas do coração, de forma que é melhor enquanto se pratica isolar-se de sons do tipo de *tic-tac* de relógios ou de música rítmicas. Com o tempo será capaz de simplesmente não prestar atenção em quaisquer sons que não tenham relação com aquilo que estiver fazendo.

As primeiras vezes que concentrar sobre o próprio pulso pode tender a fazer-se mais lento, neste caso prossiga até que estabilize de novo; isso é completamente normal e deixará de ocorrer com o tempo.

O ritmo a seguir nesta forma de respiração consiste na tomada do alento durante uma conta de seis batidas do coração, a retenção do alento durante uma conta de três batidas, a exalação durante uma conta de seis e conta outros 3 antes de começar a inalar novamente. O ponto crítico é esta conta de três antes da seguinte inalação. Alguns estudantes encontram tal pausa quase no impossível ou gerando uma tensão. Em tal caso, a tensão deve ser evitada. Neste caso poderá então fazer uma pausa de duas, porém no ritmo da respiração durante uma conta de quatro e fazer então a pausa de duas antes da seguinte inalação. Com o tempo, a conta se tornará fácil.

Uma vez conseguida a Respiração Rítmica, tanto no caso 4-2-4-2 como no 6-3-6-3, esta deverá ser realizada para fins de empreendimentos de prática mágica ou meditativa. A intensão da Respiração Rítmica não é, como poderá parecer à primeira vista, de manter a atenção enfocada no coração ou contar as batidas, mas de facilitar uma total concentração da atenção sobre outras questões, na confiança de que a Respiração Rítmica, uma vez estabelecida, continuará de um modo uniforme e totalmente adequado enquanto se necessite, sem necessidade de contar ou vibrar qualquer outro pensamento consciente. A sucessão natural e espontânea da Respiração Rítmica se torna assim uma típica "segunda natureza".

MEDITAÇÃO SOBRE A LETRA A

A letra A, presente em todos os alfabetos, tem sua origem na primeira letra do alfabeto protosinaïtico: no hebraico esta letra significa, entre outras coisas, o "touro", que por sua vez simboliza a força, energia útil à vida, a agricultura, ao transporte, energia primordial que coloca o ser em movimento, que passa o ser à própria existência.

Esta prática é de suma importância e muito comum nas tradições Orientais ou Ocidentais. Ela dá suporte ao fundamento central das práticas mantrásicas em que os sons IAO são as três primeiras raízes.

I é masculino, *Yang*; *O* é feminino, *Yin*; *A* é andrógino. A letra A é a origem de todas as Essências. Assim que abrimos a boca, é o som A que emitimos a priori. A letra A é o gérmen de os fonemas, a mãe de todas as letras.

A é, ao mesmo tempo, símbolo do começo e da terminação (negação da produção).

Assim como o A está presente em todas as letras e as contêm generalizadamente, enquanto princípio, desta forma, todos os graus da Realização e do Despertar estão relacionados no primeiro, que é também, ao mesmo tempo, o último.

A é o ser e o não ser, e logo, o estado além do ser e do não ser; A é irrestrito.

Nas escolas de alquimia encontramos interpretações do A, principalmente naquelas relacionadas às alquimias internas do Corpo de Glória. A corresponde aos dois princípios, masculino e feminino reunidos num processo da fusão; além disso, o A representa o estado do substancial (substância celestial), em que a forma e o espírito se confundem, no "ponto único" do Intervalo (o raio de luz). A respiração dos órgãos durante a fusão é, pois, o sopro do Despertar original sem começo.

PRÁTICA INICIAL

Assuma uma posição que lhe assegure a verticalidade da coluna vertebral, visualizando uma Lua Cheia, prateada, a um metro e meio à sua frente e uma segunda Lua prateada no vosso corpo, entre o umbigo e o plexo solar. A seguir faça desta forma:

Inspirar: Visualizando a luz prateada que sai da Lua externa pelo alto para penetrar na Lua interna também pelo alto. Concomitantemente, emitir o som A, mentalmente.

Expirar: Visualizando a luz prateada que sai da Lua interna por baixo para penetrar na Lua externa também por baixo. Concomitantemente, emitir o som A, mentalmente.

O som A é, o som do sopro na inspiração e na expiração. São, todavia, ligeiramente diferentes.

Praticar este exercício por 8 minutos.

Notará que esta prática vos condicionará a dividir a atenção em três: a visualização, a sonoridade e a respiração.

Quando já tiver controle desta prática nesta etapa, poderá acrescentar uma referência (seja o interior da palma da mão, seja o topo do crânio).

Esta prática poderá ser executada em qualquer momento. Sugere-se, no entanto, que seja antes de dormir, até que o sono aconteça.

Após algum tempo de prática inicial, poderá passar à contemplação da letra A.

CONTEMPLAÇÃO DA LETRA A

A meditação é feita sobre uma Lua cheia branca onde se abre uma rosa de oito pétalas, sobre a qual aparece uma letra A de cor dourada.

Podereis utilizar uma caligrafia do *Aleph* hebraico ou do *Alfa* grego ou de qualquer outro alfabeto que tenha mais afinidade.

A rosa representa as oito dimensões da Grande Obra Alquímica. Na tradição grega, é representada por uma dama chamada *Octop* que simboliza o Coração e o Espírito.

Levante a imagem que desenhou a uma altura dos seus olhos e coloque sobre uma cartolina negra ao fundo na parede a uma distância de 3 metros – a Lua deverá ter um diâmetro de 33 centímetros.

Sente-se de frente para este desenho e encoste a língua no palato.

A Observação da letra A é feita em três fases:

1. Contemplando a Lua e pronunciando o som A e cada inspiração e expiração.

2. Visualizando no peito, à altura do coração, uma lua com a rosa e a letra A, idêntica à imagem exterior.

   Pronunciando o som A na expiração, vendo a energia que sai da roda da Lua interior por baixo, dirigindo-se também por baixo para a roda da Lua Interior, animando depois a imagem do A.

   Pronuncia-se o som A na inspiração, vendo a energia que sai da Lua por cima e que entra também por cima na Lua interior, para animar a imagem do A.

3. Fazendo inspeção interna. Trabalha-se unicamente sobre a Lua Interior, como na fase 1.

Esta prática poderá ter uma duração de 16 minutos. Quando o adepto já estiver bem familiarizado com uma fase, poderá então abordar a segunda da seguinte maneira: fase 1, durante 3 minutos, depois a fase 2, 5 minutos. Mais tarde: fase 1 mais 3 minutos, fase 2, 6 minutos e, finalmente, a fase 3, enquanto tiver confortável.

Após alguns exercícios de prática, notará que tudo vai ficando mais fácil de ser executado, ao manter a visualização na lua e no A externos e ao mesmo tempo na lua e no A internos constatará algumas mudanças na maneira de pensar e agir, tudo isso com muita naturalidade.

O objetivo é atingir a Inspeção desenvolvida a partir da meditação da letra A numa prática permanente em tudo que empreender de atividade no dia a dia, sem suporte externo como na prática inicial. Neste ponto o adepto já não será mais um ator, mas um observador (ator/testemunha) da prática.

Isto permitirá ao praticante inscrever-se em cada um dos seus gestos, em cada um dos seus pensamentos, no A e automaticamente na respiração universal. Este é, na verdade, o coroamento do ritual. Todo ritual deveria inscrever-se por inteiro e sempre na respiração consciente.

A prática sistemática da visualização da letra A dará ao adepto mais clarividência e entendimento dos sonhos. Após um longo período de trabalho, o praticante poderá efetivamente tentar a prática da letra A ao adormecer. Desta maneira, poderá obter a lembrança dos sonhos com riqueza de detalhes e depois, ao acordar, uma clara interpretação daquilo que sonhou. Graças a estas conscientes interpretações poderá conduzir sua vida de maneira mais justa identificando os melhores caminhos a serem traçados; já diziam os antigos: *"um sonho não interpretado é como uma carta não lida"*.

Outra forma de potencializar esta prática e avançar com mais eficazes aproveitamentos é utilizar uma rosa de treze pétalas e de uma imagem de um duplo A, sendo um vermelho e o outro branco, dispostos em espelho um do outro.

A prática mais bem-acabada desta prática (da Letra A) é a do A branco indiferenciado, sobre um fundo também branco sem limites. Esta forma constitui como resultado a integração dos A de cor. No âmbito das alquimias internas, a prática do A branco corresponde a última fase da obra.

PRÁTICA DOS SONS   I, A, O

Existem duas práticas do som IAO, uma dinâmica, densa, que reúne a energia e outra harmonizante, reguladora das energias. A primeira forma é aconselhada antes de operar e a segunda antes de uma fase reconciliadora ou de repouso.

A – Prática Dinamizante (Solar)

A posição para executá-la é de pé, sem tensão.
O ciclo completo segue com três respirações:
A cada inalação corresponde a um som, um gesto e uma percepção.

Expirar profundamente, esvaziando completamente os pulmões.
Inspirar pelo nariz, emitindo o som Ê mentalmente.
Expirar pela boca, emitindo o som I em voz alta, fazendo o gesto correspondente com a mão direita (dedo indicador levantado) à altura da garganta. A consciência é colocada na base da caixa craniana.
Inspirar emitindo o som Ê mentalmente.
Expirar emitindo o som A em voz alta, fazendo o gesto correspondente com a mão direita (mão aberta, polegar em esquadria) a altura do coração. A consciência deve estar no coração.

Inspirar, emitindo o som Ê mentalmente.

Expirar pela boca, emitindo o som O em voz alta, fazendo o gesto correspondente com a mão direita (O formado pelo polegar e indicador) a altura do ventre. A consciência deve estar a três dedos abaixo do umbigo, no oceano de energia.

Durante todo ciclo, a mão direita recebe e passa a energia.

Recomeçar então o ciclo, que deverá durar 8 minutos, acelerando o ritmo.

Encerrar. Colocar a mão direita na mão esquerda como se estivesse segurando um ovo. Apoiar as duas mãos debaixo do umbigo e massagear ligeiramente durante dois minutos. Parar. Permanecer quieto, sentindo a circulação da energia.

Repetir este conjunto três vezes. A cada vez, a aceleração será maior.

Após a terceira vez, proceder à criação da esfera de energia, cujo centro é o oceano de energia.

Para isso, deverá proceder a quatro rotações em cada plano, o seja, doze rotações, começando sempre pela esquerda (por convenção), duas à esquerda e duas à direita.

O praticante é, então, o centro da sua própria esfera de energia e, onde quer que ela vá, permanecerá sempre no centro. Toda a operação teúrgica desenvolver-se-á então desde o centro da esfera e dentro da esfera, propriamente dito.
O praticante permanecerá no eixo central.

B- Prática Harmonizante (Lunar)

A posição de trabalho é a posição dita do "Cavaleiro-arqueiro", sentados no vazio como se estivessem a cavalo. A bacia fica um pouco adiantada do corpo, ligeiramente para frente, sem tensão, permitindo, desta forma, que a coluna vertebral permaneça ereta, sem esforço. Note-se que toda postura hierática permite a ativação desse eixo energético.

O ciclo completo se faz com quatro respirações:

Com as mãos sobre o ventre, dedos recolhidos, juntos.

Inspirar pelo nariz, emitindo o som Ê mentalmente, e subir as mãos até à garganta.

Voltar a cabeça para esquerda e afastar lentamente a mão esquerda aberta, como se fosse esticar uma corda de um arco à sua esquerda. A mão direita fica próxima à garganta. Expirar pela boca, emitindo simultaneamente o som I em voz alta.

Inspirar, emitindo o som Ê mentalmente e trazer a mão esquerda para junto da mão direita, que ficou frente à garganta. Voltar-se para frente.

Descer as mãos para o oceano de energia do ventre, emitindo o som O em voz alta durante a expiração.

Inspirar de novo emitindo o som Ê mentalmente e subir as mãos até ao coração.

Voltar a cabeça para direita e afastar lentamente a mão direita como se esticásseis a corda de um arco na sua direita. Expirar simultaneamente, emitindo o som A em voz alta.

Inspirar, emitindo o som Ê mentalmente, e trazer a mão direita para junto da esquerda, que ficou em frente ao coração, voltar o olhar para frente.

Descer as mãos para o oceano de energia do ventre emitindo o som O em voz alta durante a expiração.

Repetir três vezes o ciclo.

Permanecer em silêncio e tentar perceber suas impressões mais sutis.

A CORRENTE DA RESPIRAÇÃO

O mês lunar divide-se em duas metades, isto é, nas duas semanas da lua crescente e nas duas da lua minguante. No primeiro dia das duas semanas da lua crescente, deve a respiração passar, ao nascer do sol, pela narina esquerda, isto no princípio dos três primeiros dias. No princípio do quarto dia é necessário que passe pela direita, outra vez, durante três dias. No sétimo dia, principia-se outra vez a respiração lunar, e assim por diante. Vemos, pois, que, em certos dias, se começa por uma respiração determinada. O tempo que uma respiração permanece em cada narina é de cinco *gharis* ou duas horas.

Se no primeiro dia das duas semanas, na lua crescente, começa a respiração lunar, deve esta ser substituída, depois de cinco *gharis*, pela respiração solar e, passado esse tempo, outra vez pela lunar. Isso se dá todos os dias com naturalidade. No primeiro dia das duas semanas da lua minguante, começa então outra vez a respiração solar, que se muda depois de cinco *gharis*, etc., durante os três dias seguintes. De onde se conclui que todos os dias do mês são divididos entre *Ida* e *Pingala*.

A respiração (*swara*) somente corre em *Sushumna*, quando passa de uma para outra narina, ou na forma naturalmente ou também sob condições especiais. Todos estes fatos podem ser comprovados pela experiência. É este o curso da natureza, mas um *iogue* o governa; ele regula cada coisa de acordo com a sua vontade.

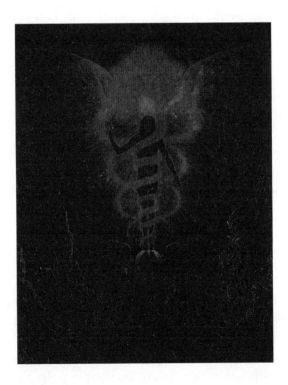

CONTEMPLAÇÃO DO INFINITO NO CORPO

E o Eterno formou o homem do barro da terra e soprou em suas narinas o sopro da vida.
Gênesis 2:7

A partir do momento em que nascemos respiramos. A respiração é fundamental à vida. Junto com o alimento, o descanso, o sono e a luz do sol, a respiração é a fonte principal de vitalidade etérica necessária à geração e regeneração de uma vida saudável. Contudo, muito embora a respiração seja fundamental à boa saúde, nós não dominamos naturalmente as melhores técnicas ou padrões necessários para que tenhamos o máximo de aproveitamento do ar que respiramos para alcançar o controle autoconsciente sobre o trabalho dos pulmões. A realidade é que a grande maioria de nós respira muito mal e, em corolário, nossa saúde sofre com isso.

Há muitos exercícios respiratórios, e cada um de nós devemos encontrar aquele que melhor se adeque a nossa necessidade, pois nem todos os exercícios nos trazem benefício. A maneira pela qual respiramos afeta todos os outros aspectos de nossa fisiologia e nosso bem-estar psíquico. Podemos verificar que muitas das técnicas orientais respiratórias apresentam efeitos nocivos sobre a mente e o corpo, enfraquecendo o nosso sistema nervoso pela excitação desnecessária de seus centros de energia etérica. Por isso precisamos ter o bom senso e ao fazer os exercícios recomendados devemos verificar quais os efeitos que estão nos causando.

A *Técnica Respiratória Primária* (TRP) é uma flutuação do Líquido Cefalorraquidiano, e esse líquido é aquele que banha o cérebro e a espinha medula. Encontra-se também ao longo das bainhas nervosas que percorrem o corpo. Esse líquido que é formado na cabeça, a partir do sangue arterial nos ventrículos do cérebro passa de um ventrículo ao outro e depois desce ao longo das meninges que circundam a espinha medula, fundamentalmente a aracnoide, e depois se espalha por todo o corpo. É a partir desse líquido que se forma a linfa, que por sua vez, retorna à veia cava e depois vai ao coração e às artérias fechando o círculo.

O *Líquido Cefalorraquidiano* (LCR) está repleto de um movimento rítmico de origem ainda desconhecida. Esse movimento rítmico que os osteopatas chamam de Mecanismo Respiratório Primário. O LCR possui um movimento rítmico que faz descer e subir, movimento chamado de flexão/extensão, o que seria mais exato do que falar de descida e subida. O mecanismo respiratório primário impõe seu ritmo em todas as partes do corpo, exceto no osso do calcanhar, o calcâneo, que não flutua. Serve, efetivamente, de base de apoio no solo a marcha e deve por isso se manter estável.

Na verdade, todos os ossos flutuam segundo esse ritmo de flexão/extensão. Estes movimentos são mínimos, mas dão vida ao corpo. O ritmo dessa flutuação é de 6 a 8 ciclos por minuto.

Para sistematizar esse movimento, o corpo humano serve-se de três suportes anatômicos principais: o cuboide, no pé; o sacro, na bacia; e o occipital, ao nível da cabeça. Esses três ossos possuem um movimento de conjunto sincronizado. Na realidade, o cuboide (a Terra, o sacro (que liga a Terra ao Céu, na base da ascensão sagrada), e o occipital (o Céu) são os sustentáculos reguladores do Mecanismo Respiratório Primário que ritmam todas as flutuações do corpo, físicas, orgânicas, hormonais, psicológicas, etc.

Este movimento respiratório primário aparece antes da respiração pulmonar, pois está presente antes do parto e perdura após a morte.

O MOVIMENTO RESPIRATÓRIO PRIMÁRIO E A TRADIÇÃO

Várias tradições parecem conhecer algo equivalente a este movimento respiratório. É o caso do Taoísmo. Nas alquimias internas taoístas, certos exercícios consistem em transmutar o *Jing*, a energia primordial, em *Qi*, sopro nutriente, e depois o *Qi* em *Shen*, em energia espiritual e finalmente transformam o *Shen* em vacuidade. Essas práticas taoístas desenvolvem-se segundo um ciclo microcósmico que utiliza os meridianos do Vaso Governador e do Vaso Concepção para criar uma ascensão e uma descida do sopro, logo uma flexão/extensão, que necessita a mobilização sincrônica do sacro e do occipital idêntica à do movimento respiratório primário.

Este ciclo, que tem um ritmo definido, mas que não é imutável no tempo, não existe no princípio universal, permite passar do mundo material (Terra, cuboide, *Jing*) a um mundo intangível (Céu, occipital, *Shen*) por uma etapa intermediária (sacro, ponto de balanço, *Qi*). O homem é factualmente mediador entre a Terra e o Céu.

Encontramos exercícios (práticas) semelhantes no tantrismo, e também nas escolas caldaico-egípcias, e também nas pitagóricas. Esta circulação microcósmica é a representação interna intracorporal (a projeção ou a precipitação) do ritmo macrocósmico ao qual está intimamente ligada. Na antiguidade, alguns adeptos conheciam aquilo que chamamos, desde o início do século XX, o *Mecanismo Respiratório Primário*.

A PRÁTICA DA MEDITAÇÃO DO INFINITO NO CORPO

O objetivo deste exercício é dar uma consciência da inscrição do ritmo do Universo, da respiração do Universo em nós mesmos. De certa maneira, é tomar consciência de que o universo medita em nós e que basta, pois, tomar consciência da "*Meditação do Infinito no corpo*".

Para isto, começaremos com uma prática artificial que vai nos permitir "apreender" esse ritmo interno.

Toma-se uma postura que permita ajustar a coluna vertebral. E assim que encontrar um ponto de conforto com esta postura passa a etapa seguinte:

Etapa I

Tomar consciência de um ponto na base do occipital. Com este ponto, traçar, com uma ligeira oscilação, o sinal do Infinito:

Deixe-se ir totalmente nesse movimento, sem nada controlar, até que o movimento se sincronize por si mesmo no ritmo da respiração.

Etapa II

Avance esse "ponto que traça" para o interior da cabeça. O movimento oscilatório é então sentido no interior da cabeça. Após um movimento, deve ter a percepção dessa animação enquanto permaneceis quietos.

Etapa III

Comece a perceber essa oscilação durante as vossas atividades.

Etapa IV

Faça descer a oscilação ao longo da coluna vertebral até ao nível do plexo cardíaco. Sentir bem o movimento.

Etapa V

Faça descer a oscilação ao longo da coluna vertebral até ao oceano de energia (dois dedos abaixo do umbigo). Sentir bem o movimento.

Etapa VI

Faça descer a oscilação ao longo da coluna vertebral até ao sacro. Sentir bem esse movimento.

Etapa VII

Deixe o movimento invadir o corpo. Esta etapa deve emergir de maneira automática (natural) e não ser forçada. Então pode tentar concentrar o movimento sobre um órgão ou uma parte do corpo com a finalidade de eliminar as toxinas entre outras impurezas.

O QUATERNÁRIO UNIFICADO

E fez-se luz no coração humano, que desde então, acolheu em si o arbítrio de ocultá-la ou colocá-la no velador.

Jan Van Rijckenborgh - *A luz do mundo*

Quatro práticas numa só. De fato, uma técnica em quatro estágios ou etapas. Cada um dos seus exercícios contém o outro, dos quais descobrirá gradativamente seus segredos. Quando esta prática for dominada, isto é, absorvida na memória do corpo, poderá então combiná-las, primeiro de duas em duas, depois três a três, e finalmente, unificá-las numa só técnica, que se tornará um meio de ser natural.

Existem muitas maneiras de executar este *Círculo de Despertar* que se localiza na modalidade das formas. O segundo círculo de despertar, que emerge do primeiro está localizado na modalidade das energias latentes. Por fim, o terceiro círculo de despertar revela da modalidade das essências. Verificando a eficácia desta prática, que tem sua sustentação numa realidade comportamental.

Modus operandis

- Domínio do meio ambiente.
- Arte de "dobrar" o tempo.
- Desenvolvimento da energia e da solaridade.
- Uma maior serenidade. "Sede tranquilos!"

Alguns critérios e autocrítica vos permitirão perceber se estão numa boa via.

- A divisão da atenção conduz à consciência acrescida.
- A prática da letra A conduz a Vacuidade.
- A prática dos Sons conduz à Maestria do poder de criação.
- A prática da Meditação do Infinito no Corpo conduz à Fusão.
- O conjunto, pela presença Aqui e Agora, permite a Autonomia[48].

---

48 - Autônomo, segundo a etimologia gr. *autónomos* 'regido por leis próprias, independente'; prov. sob infl. do fr. *autonome* 'id.'; ver *aut(o)-* e *–nomo* – significa que dá a si mesmo a sua própria Lei. Isto indica a saída do círculo das identificações, diluições, representações e cristalizações mentais, para ir ao encontro do Centro, onde simplesmente "eu Sou" ou "eu permaneço". Não mais "ser vivido" para viver. Devir verdadeiramente "vivo". Só no Centro podemos dar a si mesmo a sua Lei, ser autônomo.

PRÁTICAS GNÓSTICAS DO CAVALEIRO DA LUZ

Esta prática está reservada àqueles que já se encontram no "caminho" exercitando as quatro técnicas de base. Lembramos que a consciência deverá estar sempre no topo do crânio, na fontanela.

A seguir indicamos os passos como regras a serem seguidas:

A consciência desce sempre na expiração e sobe na inspiração, ao longo da coluna vertebral. A consciência é colocada sempre no plexo solar; a expiração é feita no eixo central da coluna vertebral e a inspiração atrás do eixo central. Em outras palavras: se a expiração se dará na frente da coluna vertebral a inspiração é feita do outro lado da coluna.

Passa-se de uma postura a outra na retenção do sopro, no final da inspiração, com a consciência na fontanela.

Expira-se quando a postura estiver ajustada.

Respirando normalmente, de modo calmo e cadenciado, encontre o *"momentum"* certo de começar o próximo exercício.

Salvo na prática do IAO, a língua deverá estar sensivelmente retraída, porém de forma natural, sem forçar, a ponta tocando o céu da boca. "De maneira natural" não significa voluntariamente. Esta posição da língua é obtida sem esforço quando a língua, as bochechas e a garganta estiverem descontraídas, relaxadas. A língua então "cai" para trás, a ponta seguindo a consciência no topo do crânio.

A - SAUDAÇÃO AO LESTE

De pé (nesta posição, em pé, deverá estar com as pernas ligeiramente unidas).

Pernas ligeiramente juntas, calcanhares unidos.

Quadris ligeiramente flexionados para frente.

Queixo recolhido ligeiramente.

Mãos cruzadas sobre o coração, sendo a direita sobre a esquerda.

Consciência no topo do crânio.

Sentir as batidas do seu coração e a vibração do momento.

Respirar conscientemente e de forma normal, enchendo o peito de ar sem excesso.

Reter a respiração no topo do crânio no fim de cada inspiração.

Colocar-se de joelhos, apenas com o esquerdo tocando o chão e direito deve estar apenas flexionado e deveis:

Inclinar a fronte para frente, em direção ao chão.

Soprar ao retrair o queixo. Respirando sempre normalmente.

Bloquear a respiração depois de cada inspiração, contando até 4, e depois deveis:

Levantar. Expirar.

Esta saudação deve ser feita por três vezes.

Permaner de pé e em silêncio, mantendo a consciência sempre no topo da cabeça.

B - MEDITAÇÃO PLENA DO CORPO

1 – Conscientizando os centros de percepções pela respiração.

Pode ser realizado de pé ou sentado. De forma que deve se adaptar a esta prática de modo mais confortável.

Manter os olhos fechados e testa relaxada.

Colocar a consciência atrás da nuca entrando no centro da cabeça no local onde se encontra a glândula pituitária.

Sentir a oscilação respirando calmamente, relaxadamente, mas de forma disciplinada.

Subir sua consciência até ao centro da Coroa, no topo da cabeça, por uma inspiração profunda.

Sentir a oscilação, respirando calmamente.

Descer a consciência juntamente com a expiração do alto da cabeça até o plexo solar (altura do coração). Voltando ao cimo da cabeça por uma inspiração por 4 vezes.

Do topo da cabeça descer a consciência ao Centro da garganta por uma expiração. Voltando ao cimo da cabeça por uma inspiração por 4 vezes. Do cimo da cabeça desça a consciência ao Centro do coração por uma expiração e voltar ao cimo da cabeça por uma inspiração por quatro vezes.

Do cimo da cabeça descer a consciência até o Centro do plexo solar por uma expiração, voltando ao cimo da cabeça por uma inspiração (repetir 4 vezes).

Do cimo da cabeça descer a consciência ao Centro do umbigo por uma expiração (dois dedos abaixo do umbigo, na altura da coluna vertebral). Voltando ao cimo da cabeça por uma inspiração (repetir quatro vezes).

Desde o cimo da cabeça descer a consciência ao Centro sexual (quatro dedos acima da base da espinha dorsal, da coluna vertebral) apenas com uma expiração. Voltando ao cimo da cabeça por uma inspiração (quatro vezes).

Do cimo da cabeça descer a consciência ao Centro raiz (situado na base da coluna vertebral) por uma expiração. Voltar ao cimo da cabeça por uma inspiração (quatro vezes).

Permanecer consciente da oscilação no cimo da cabaça e deixai-a irradiar por todo o corpo.

Respirar normalmente.

C - PRATICANDO COM A FÓRMULA SOLAR IAO

(veja o Círculo do Despertar)

Praticar 3 vezes o IAO na sua forma solar, lentamente, solenemente e depois rapidamente.

D - PRÁTICA DA LETRA A

(veja o Círculo do Despertar)

De olhos abertos. Olhar abstratamente no infinito. Prática sensivelmente profunda.

E - SISTEMA ENERGÉTICO

Deve fazer cinco alongamentos que retomam a expansão da energia no corpo.

Realizar a sequência 1, 3, 7 vezes ou mais. Em seguida, na posição em pé, voltado para o Norte, com os pés ligeiramente afastados, para ter um bom equilíbrio à largura dos ombros.

Pernas ligeiramente flexionadas, mas de forma natural.

Cerrar os punhos, dobrando os braços para colocar os punhos sobre as axilas.

Inspirar profundamente e expire ao inclinar-vos para a vossa esquerda.

Lembrar-se de que deve ficar ereto ao inspirar.

Ao expirar, inclinar-se para a sua direita, continuando ereto ao inspirar. Depois, expirar inclinando-se para frente, de modo que leve seu olhar entre as pernas, retornando à posição ao inspirar.

Cruzar as mãos atrás das costas; subir com elas cruzadas o mais alto possível, em direção à nuca. Expirando ao inclinar-vos para trás o máximo possível. Voltando a posição ereta ao inspirar.

Colocar as mãos sobre os quadris contendo o ventre com as mãos espalmadas avance com a perna esquerda flexionando ligeiramente para frente e em seguida abaixando o máximo possível, flexionando o joelho esquerdo, costas direitas, olhar no infinito expulsando o ar e encolhendo o ventre.

Aliviar ligeiramente a flexão e rodar o tronco lentamente inspire. Avance a perna direita, flexionando-a. Em seguida baixar-se o máximo possível, flexionando o joelho direito, costas direitas e olhando ao longe expulse o ar dos pulmões encolhendo o ventre.

Endireitar a coluna lentamente ao retornar a postura inicial inspirando, mantendo a perna flexionada. Colocar a consciência no topo do crânio.

Fazer uma rotação com a cabeça primeiro no sentido horário, por algumas vezes, até relaxar e depois inverter o sentido e relaxar.

Endireitar novamente ao inspirar; virado para o Norte, juntar os pés e deixar cair os braços, relaxados e depois respirar normalmente, deixando irradiar a energia por todo o corpo.

F - MEDITAÇÃO DO CAVALEIRO DA LUZ

Sentada.
Com a postura adaptada à prática, de acordo com a postura que mais sentir confortável.
De olhos cerrados e testa relaxada realize a
Sequência da Descida do Sopro

Colocar a consciência atrás da nuca e entre no centro da cabeça.

Sentir a oscilação da respiração calmamente.

Subir ao Centro da Coroa por uma inspiração profunda, respirando calmamente.

Do cimo da cabeça descer a consciência até o Centro desta por uma expiração. Bloqueando a respiração por alguns segundos, tudo sem esforço, muito naturalmente.

Voltar ao cimo da cabeça por uma inspiração, bloqueando a respiração alguns segundos sem esforço e do cimo da cabeça desça à consciência ao Centro da garganta por uma única expiração. Depois bloquear a respiração voltando ao cimo da cabeça por uma inspiração. Bloquear novamente a respiração do cimo da cabeça, descer a consciência até o Centro do coração por uma única expiração.

Bloquear. Voltando ao cimo da cabeça por uma inspiração. Bloquear a respiração e do cimo da cabeça desça a consciência ao Centro do plexo solar por uma única expiração.

Bloquear, voltando ao cimo da cabeça por uma inspiração. Bloquear a respiração e do cimo da cabeça desça a consciência ao Centro do umbigo por uma única expiração.

Bloquear, voltando ao cimo da cabeça por uma inspiração. Bloquear a respiração e do cimo da cabeça descer a consciência ao Centro sexual por uma única expiração.

Bloquear e voltando ao cimo da cabeça por uma inspiração. Bloquear a respiração e do cimo da cabeça descer a consciência até ao Centro da raiz por uma expiração. Novamente bloquear. Voltar ao cimo da cabeça sobre a inspiração e depois bloquear, finalizando a prática.

G - SEQUÊNCIA DA SUBIDA DO SOPRO

Iniciar do cimo da cabeça, descer a consciência ao Centro da raiz por uma expiração.

Bloquear a respiração, voltando ao cimo da cabeça por uma inspiração. Após bloquear novamente a respiração e do cimo da cabeça descer a consciência ao Centro sexual por uma expiração. Logo bloquear novamente a respiração. Voltar ao cimo da cabeça por uma inspiração. Bloquear e do cimo da cabeça descer a consciência ao Centro do umbigo por uma expiração.

Novamente bloquear a respiração. Voltar ao cimo da cabeça por uma inspiração. Bloquear e do cimo da cabeça desça a consciência ao Centro do plexo solar por uma expiração.

Bloquear a respiração. Voltar ao cimo da cabeça por uma inspiração. De novo, bloquear a respiração. Ao bloquear novamente a respiração, do cimo da cabeça, retenha e depois desça a consciência até o Centro do coração por uma expiração.

Bloquear a respiração e voltar ao cimo da cabeça por uma inspiração. Bloquear. Bloquear, e do cimo da cabeça desça a consciência até o Centro da garganta por uma expiração.

Bloquear a respiração e voltar ao cimo da cabeça por uma inspiração. Bloquear e reter, e do cimo da cabeça desça a consciência até o Centro da cabeça por uma expiração.

Bloquear a respiração e voltar ao cimo da cabeça por uma inspiração. Bloquear e reter. Permaneça consciente da oscilação da cabeça e deixai-a irradiar por todo o corpo desde esse ponto do Infinito.

Respirar normalmente, calmamente.

Pode repetir esta sequência de descida e subida do sopro.

Desde o cimo da cabeça, expirando profundamente. Deve bloquear a respiração e subir a um ponto acima do topo da cabeça por uma inspiração.

Agora pode respirar normalmente e permanecer na plenitude do Silêncio e do Vazio por alguns minutos.

H - PRÁTICA DO IAO LUNAR

(veja o Círculo do Despertar)

Praticar três vezes o IAO na forma a seguir, lentamente, solenemente.

I - PRÁTICA DA LETRA A

(Veja o Círculo do Despertar)

De olhos abertos mantenha um olhar desfocado.

J - INCLINAÇÃO FINAL DE FRENTE PARA O LESTE

Deve permanecer de pé e pernas ligeiramente flexionadas e quadris ligeiramente avançado para frente. Queixo ligeiramente retraído e mãos cruzadas sobre o coração, mantendo a mão direita sobre a mão esquerda.

Consciência no cimo do crânio (fontanela). Sentir as batidas do coração e vibração de todo seu corpo, respirando conscientemente.

Bloquear a respiração no cimo do crânio no fim de cada inspiração e colocar-se de joelhos, apenas com o esquerdo tocando o solo.

Inclinar a fronte sobre o chão e expirar ao retrair o queixo.

Respirar normalmente. Bloqueando a respiração no final de cada inspiração. Depois levantar-se e expirar.

Permanecendo de pé em silêncio e mantendo a consciência em si mesmo.

PRÁTICAS GNÓSTICAS DO CAVALEIRO DA LUZ

SEGUNDO ESTÁGIO

O segundo estágio é basicamente idêntico ao estágio anterior, apenas com algumas inversões na inspiração e expiração e características em alguns exercícios, acarretando uma variação do movimento das energias serpentinas. Contudo, por razões de metodologia, insistiremos no conjunto das práticas mesmo quando possam ser idênticas as anteriores.

Indicamos os passos abaixo como regras a serem seguidas:

Estes exercícios estão reservados àqueles que já tenham dominado com desenvoltura a prática das quatro técnicas de base do primeiro estágio de Práticas Gnósticas do Cavaleiro da Luz.

A priori, salvo algumas exceções, a consciência deverá estar sempre no topo do crânio, na fontanela.

A consciência subirá na expiração e descerá sempre na inspiração (maneira inversa ao primeiro estágio) no eixo da coluna vertebral. A consciência será mantida no centro da coluna vertebral, na frente do canal central na expiração, atrás do canal central na inspiração. Os centros de energia poderão ser percebidos no vazio do canal central.

Passa-se de uma postura a outra na retenção do sopro, no final da expiração, com a consciência no topo do crânio.

Inspira-se quando a postura for ajustada.

Respira-se normalmente, de maneira calma e serena, antes de iniciar o próximo exercício.

Exceto para a prática do IAO, a língua deverá estar ligeiramente retraída, porém de forma natural, sem forçar, a ponta tocando o meio de palato. "De maneira natural" não significa voluntariamente. Esta posição da língua é obtida sem esforço quando a língua, as bochechas e a garganta estiverem descontraídas. A língua descansa então para trás, a ponta seguindo a consciência no topo do crânio.

A - SAUDAÇÃO AO LESTE

Deve permanecer na posição em pé, com as pernas ligeiramente avançadas para frente e bacia também flexionada para frente.

Queixo ligeiramente retraído e mãos devem estar cruzadas sobre o coração, colocando a mão esquerda sobre o coração e direita sobre a esquerda.

A consciência deve estar no topo do crânio. Procure sentir a palpitação ou a vibração do seu corpo e do ambiente.

Respire conscientemente e bloqueie a respiração no cimo do crânio no final de uma inspiração.

Ajoelhe-se tocando o chão com o joelho esquerdo e o direito apenas flexionado inclinando a fronte sobre o chão com o meneio da cabeça.

Sopre ao retrair o queixo e respire normalmente. Bloqueie a respiração depois da inspiração endireitando-se e expire.

Faça esta saudação por três vezes e depois permaneça em silêncio mantendo a consciência no topo de si mesmo.

B - MEDITAÇÃO DO INFINITO NO CORPO

Consciência dos Centros pela Respiração

De pé ou sentado, como melhor lhe convier com a postura adaptada à prática e o mais confortável possível.

De olhos cerrados e testa relaxada coloque a consciência atrás da nuca.

Entre no Centro da cabeça (local que corresponde à glândula pituitária). Sinta a oscilação e respire calmamente, relaxadamente. Suba ao Centro da Coroa, no topo da cabeça, por uma expiração profunda e sinta a oscilação respirando calmamente.

Desde o cimo da cabeça, desça sua consciência até o Centro da cabeça por uma inspiração. Volte ao cimo da cabeça por uma expiração (4 vezes).

Desde o cimo da cabeça, desça sua consciência até o Centro da garganta por uma inspiração. Volte ao cimo da cabeça por uma expiração (4 vezes).

Desde o cimo da cabeça, desça sua consciência até o Centro do coração por uma inspiração. Volte ao cimo da cabeça por uma expiração (4 vezes).

Desde o cimo da cabeça, desça sua consciência até o Centro do plexo solar por uma inspiração. Volte ao cimo da cabeça por uma expiração (4 vezes).

Desde o cimo da cabeça, desça sua consciência até o Centro do umbigo (dois dedos abaixo do umbigo abaixo da coluna vertebral) por uma inspiração. Volte ao cimo da cabeça por uma expiração (4 vezes).

Desde o cimo da cabeça, desça sua consciência até o Centro sexual (quatro dedos acima da espinha dorsal, na coluna vertebral) por uma inspiração. Volte ao cimo da cabeça por uma expiração (4 vezes).

Desde o cimo da cabeça, desça sua consciência até o Centro raiz (situado na base da coluna vertebral) por uma inspiração. Volte ao cimo da cabeça por uma expiração (4 vezes).

Permaneça consciente da oscilação no topo da cabeça e sinta irradiar por todo o corpo desde esse ponto de Infinito e respire normalmente.

C - PRATICANDO COM A FÓRMULA SOLAR IAO

(veja o Círculo do Despertar)

Pratique 3 vezes o IAO na sua fórmula solar, lentamente, solenemente e depois rapidamente.

D - PRÁTICA DA LETRA A

(veja o Círculo do Despertar)
De olhos abertos e olhar desfocado fique profundamente em paz.

E - SEQUÊNCIA ENERGÉTICA

Faça oito alongamentos para voltar a expandir a energia pelo corpo.

Faça a sequência, 1, 3, 5, 7 vezes ou mais.

Fique em pé de frente para o Norte, pés afastados à largura dos ombros e pernas ligeiramente flexionadas.

Cerre os punhos e dobre os braços para colocar os punhos sob as axilas e inspire profundamente. Em seguida, expire ao inclinar-vos para vossa esquerda.

Retorne à posição ereta ao inspirar.

Expire ao inclinar-vos para a vossa direita e retorne ao inspirar.

Expire ao inclinar-vos para frente de maneira que olhe por entre suas pernas e retorne à posição normal (ereta) inspirando.

Cruze as mãos atrás das costas subindo com as mãos cruzadas o mais alto possível em direção a nuca.

Expire ao inclinar para trás o máximo possível e retorne à posição ereta ao inspirar.

Coloque as mãos sobre os quadris como para sustentar o ventre com os dedos espalmados.

Avance com a perna esquerda flexionando-a e abaixe-se o máximo possível flexionando o joelho esquerdo, mantendo as costas direitas e o olhar no infinito, expulsando o ar e encolhendo o ventre.

Alivie ligeiramente a flexão e rode o tronco lentamente ao inspirar, avançando com a perna direita, flexionando-a e abaixe-se o máximo possível, flexionando o joelho direito, costas direitas, olhar ao longe, expulsando o ar e encolhendo o ventre.

Retorne a posição inicial (corpo ereto) lentamente ao inspirar, mantendo a perna flexionada.

Coloque a consciência no topo do crânio, fazendo uma rotação com a cabeça no sentido horário e depois no sentido anti-horário até sentir-se relaxado.

Retorne lentamente à posição de corpo ereto ao inspirar; junto ao Norte, juntar os pés e deixe cair os braços ao longo do corpo.

Respire normalmente e deixe irradiar a energia por todo o corpo.

F - MEDITAÇÃO DO CAVALEIRO DA LUZ

Na posição sentada, a postura adaptada à prática, ficando o mais confortável possível.

Deixe os olhos cerrados e testa relaxada e realize a *Sequência de Descida do Sopro*.

Coloque a consciência atrás da nuca e mantendo sua consciência no Centro da cabeça, sinta a oscilação respirando calmamente e suba ao Centro da Coroa por uma expiração profunda.

Sinta a oscilação e respire calmamente.

Do topo da cabeça desça a consciência até o Centro da cabeça por uma inspiração, bloqueando a respiração por alguns segundos, sem forçar. Retorne ao topo da cabeça por uma expiração. Retenha a respiração por alguns segundos sem forçar.

Do topo da cabeça desça a consciência até o Centro da garganta por uma inspiração, bloqueando a respiração por alguns segundos, sem forçar. Retorne ao topo da cabeça por uma expiração. Retenha a respiração por alguns segundos sem forçar.

Do topo da cabeça desça a consciência até o Centro do coração por uma inspiração, bloqueando a respiração por alguns segundos, sem forçar. Retorne ao topo da cabeça por uma expiração. Retenha a respiração por alguns segundos sem forçar.

Do topo da cabeça desça a consciência até o Centro do plexo solar por uma inspiração, bloqueando a respiração por alguns segundos, sem forçar. Retorne ao topo da cabeça por uma expiração. Retenha a respiração por alguns segundos sem forçar.

Do topo da cabeça desça a consciência até o Centro do umbigo por uma inspiração, bloqueando a respiração por alguns segundos, sem forçar. Retorne ao topo da cabeça por uma expiração. Retenha a respiração por alguns segundos sem forçar.

Do topo da cabeça desça a consciência até o Centro sexual por uma inspiração, bloqueando a respiração por alguns segundos, sem forçar. Retorne ao topo da cabeça por uma expiração. Retenha a respiração por alguns segundos sem forçar.

Do topo da cabeça desça a consciência até o Centro raiz por uma inspiração, bloqueando a respiração por alguns segundos, sem forçar. Retorne ao topo da cabeça por uma expiração. Retenha a respiração por alguns segundos sem forçar.

Sequência de subida do Sopro

Do centro da cabeça, desça a consciência ao Centro raiz por uma inspiração. Retendo por alguns segundos o ar nos pulmões. Do topo da cabeça desça a consciência ao Centro sexual por uma inspiração, bloqueando por alguns segundos retorne ao cimo da cabeça por uma expiração. Retenha o ar por alguns segundos.

Do topo da cabeça desça a consciência até o Centro do umbigo por uma inspiração, bloqueando a respiração por alguns segundos, sem forçar. Retorne ao topo da cabeça por uma expiração. Retenha a respiração por alguns segundos sem forçar.

Do topo da cabeça desça a consciência até o Centro do plexo solar por uma inspiração, bloqueando a respiração por alguns segundos, sem forçar. Retorne ao topo da cabeça por uma expiração. Retenha a respiração por alguns segundos sem forçar.

Do topo da cabeça desça a consciência até o Centro do coração por uma inspiração, bloqueando a respiração por alguns segundos, sem forçar. Retorne ao topo da cabeça por uma expiração. Retenha a respiração por alguns segundos sem forçar.

Do topo da cabeça desça a consciência até o Centro da garganta por uma inspiração, bloqueando a respiração por alguns segundos, sem forçar. Retorne ao topo da cabeça por uma expiração. Retenha a respiração por alguns segundos sem forçar.

Do topo da cabeça desça a consciência até o Centro da cabeça por uma inspiração, bloqueando a respiração por alguns segundos, sem forçar. Retorne ao topo da cabeça por uma expiração. Retenha a respiração por alguns segundos sem forçar.

Permaneça consciente da oscilação no cimo da cabeça e deixe-a irradiar por todo o corpo desde esse ponto do Infinito.

Respire normalmente.

Pode repetir esta sequência de descida e subida do sopro desde o topo da cabeça inspirando profundamente. Bloqueando e voltando ao topo da cabeça por uma expiração.

Respirar normalmente e permaneça na plenitude do Silêncio e do Vazio.

G - PRÁTICA DO IAO LUNAR

(Veja Círculo do Despertar)

Pratique o mantra IAO por três vezes, lentamente, solenemente.

H - PRÁTICA DA LETRA A

(Ver Círculo do Despertar)
Com os olhos sempre abertos e olhar desfocado.

I - INCLINAÇÃO FINAL FACE AO LESTE

De pé e pernas ligeiramente flexionadas, mantenha seus quadris ligeiramente para frente. Queixo ligeiramente retraído e as mãos cruzadas sobre o coração, mantendo a mão direita sobre a esquerda e com a consciência no topo do crânio sinta a pulsação do seu coração e a vibração de todo seu corpo.

Respire conscientemente.

Bloqueie a respiração no topo do crânio no fim de uma expiração e ajoelhe-se com o joelho esquerdo no chão e o direito apenas flexionado.

Incline a fronte sobre o chão e inspire retraindo o queixo.

Respire normalmente bloqueando no fim de uma expiração.

Retorne à posição com o corpo ereto e inspire. Depois permaneça em silêncio e mantenha a consciência no topo de vossa cabeça.

CAPÍTULO III

OS PRECEITOS DO CAMINHO DE ACORDO COM A ORDEM DA CAVALARIA

Sabe-se que o manto *martinista* tem o mesmo valor simbólico que a armadura do Cavaleiro, cuja natureza tem a capacidade de trazer energia ao Iniciado. Desde a antiga Grécia, a deusa Atena trajava a armadura e um elmo e essa energia gerada pela atividade cavalheiresca trás a potência dos vórtices de energia no corpo; é aquilo que se chama de *chacras*.

Em toda iconografia cristã clássica, católica ou ortodoxa, várias indicações sobre a conduta de constituir essa armadura ou esse manto. Dentro desses conceitos, não podemos deixar de lembrar algumas tradições márcias que também desenvolveram um manto de energia capaz de amortecer os golpes e até de reverter os efeitos destrutores sobre o adversário, mas é na Kabbala que podemos com firmeza constituir as vinte e duas peças da armadura; através dos arcanos do alfabeto sagrado. Por meio de um quadro pragmático que podemos sintetizar a prática da tradição hebraica, que tem sua correspondência no alfabeto latino ou grego, permitindo desenvolver a armadura ou o manto e resumir o processo alquímico que conduz à Grande Obra. Simples indicação para um grande desígnio.

Λ (ALFA) "CONHECE-TE A TI MESMO..."

O Iniciado procura o seu Desconhecido em si mesmo.

Aleph - A vontade de unidade (o Sal alquímico).

Beth - A ciência do binário interior.

Guimel - A síntese interior positiva.

Daleth - O quaternário de realização: *Sta - Solve - Coagula - Multiplica*.

He - A vontade inspirada, a era dos Papas.

Vau - A escolha da Via entre a Luz e as Trevas espirituais.

Zayin - A vitória ou a derrota do espírito sobre a matéria.

Cheth - A busca e a conquista do equilíbrio interior.

Teth - A integração de experiências enriquecedoras pelo uso de técnicas místicas: Olhar para ver - Examinar para certificar - Escutar para ouvir - Fazer Silêncio interior: *"Vide, Audi, Tace"*.

Δ (DELTA) "... TU CONHECERÁS OS OUTROS..."

O Iniciado, em manifestação no mundo, com os seus usos e costumes, aprende a viver nele ao sofrer os seus ataques, que o fortificam. Ele habita no mundo, mas não se identifica com o mundo, nem com os mundos.

Yod - a Hora, a ocasião de experimentar nos turbilhões do mundo.

Kaph - A força oculta.

Lamed - O sacrifício que o Iniciado faz ao aceitar os constrangimentos para pôr ao serviço da sua progressão espiritual.

Mem - A morte vencida ou o desdobramento consciente, a mudança de dimensão (o sopro alquímico).

Num - A recapitulação energética, as novas associações, a criação de um futuro carma favorável.

Samekh - O ataque de *Baphomet*, as reações emotivas.

Ayin - A salvaguarda ou a ruína.

Pe - A estrela da esperança.

Tzaddi - A decepção causada pelos ataques pérfidos.

Ω (ÔMEGA) "... E OS DEUSES."

O Iniciado projeta no mundo o seu amor do Belo, do Verdadeiro, do Bem.

Qoph - A luz interior tem o seu nascimento pelo Silêncio interior.

Resh - O Tempo, o Renascimento, a Renovação, a Perenidade, a Imortalidade.

Shin - A Vitória no Reino do próprio Príncipe deste mundo. O Iniciado, Louco da Luz espiritual, prossegue a sua Via na sua embriagues mística, indiferente aos ataques do mal: ele é o Louco do Tarô dos Imaginários da Idade Média, morrendo para o mundo.

Tau - A Grande Obra alquímica e espiritual ou a recompensa do Homem-Deus, réplica do Deus-Homem, ou Novo Homem, o Cristo, a Panaceia, a Pedra Filosofal.

Kaph final - A Vontade como agente apoiada pela experiência e pela esperança.

Men final – A segunda Morte com a penetração no Mundo do Espírito pela escolha judiciosa, libera e sacrificial. A dupla essência.

Nun final - A Vontade triunfal, em plena tempestade, de levar o *Carma* do mundo (*peccata mundi*). A Essência tripla.

Pe final - A esperança do resgate que induz o equilíbrio espiritual do mundo. A Essência quádrupla.

Tzaddi final - A descoberta de uma grande Síntese. Iniciação superior da Rosa-Cruz (ou Bodhisattva). A Quinta-essência.

Novo Aleph - A libertação. O nascimento do Sol criador. A unificação no Seio de Deus. A Reintegração do Mestre ascensionado. O Millenium.

Os estados mencionados e designados – lugares-estados, de acordo com Claude Bruley, *Le Grand Oeuvre comme fondement dúne spiritualité laïque – Le chemin de l'individuation,* Edições Rafael de Surtis, Cordes-sur-Ciel, France, 2008, não são estados da "pessoa", do sistema corpo-mental, mas estados diferenciados da consciência acrescida em Silêncio. É sob o manto do Silêncio que *"O Iniciado busca o seu Desconhecido em si mesmo"*. Neste caminho para o Uno, notaremos a importância inicial da vontade de unidade, vontade que encontramos primeiro, em ação e depois triunfal, ao longo do processo iniciático.

Esta via cavalheiresca exige uma prática diária, uma prática de recordação de si e do Si, que pode tomar múltiplas formas, mas que, nas quais sempre estarão as mesmas chaves.

Eis uma das formas mais diretas. As etapas são cumulativas. Cada etapa deve ser trabalhada cerca de 10 dias. Obviamente, em certos dias, não pensareis em praticar ou, então pensareis não estar em ótimas condições para realizar as práticas. Ao acumular os exercícios, alguns serão esquecidos. Tudo isso faz parte do processo.

Tome nota, sem fazer juízo de valor, dos vossos progressos e das vossas dificuldades, que, progressivamente, irão encontrar. O importante é *"manter-se firme"*, como diria, o insigne filosofo desconhecido, Louis-Claude de Saint-Martin, numa de suas fórmulas.

FASE ALFA

Etapa 1 – Sete vezes por dia, pelo menos, pensai em assumir uma postura direita fisicamente, em olhar ao longe e de modo amplo.

Etapa 2 (+1) – Sete vezes por dia, pelo menos, respirai conscientemente, estejai atentos ao movimento da respiração alguns minutos, à inspiração, à expiração e aos intervalos entre inspiração e expiração, expiração e inspiração.

Etapa 3 (+1 e 2) – Sete vezes por dia, pelo menos, atentai nas vossas palavras. Refletir previamente ao que vai dizer.

Etapa 4 (=1,2 e 3) – Sete vezes por dia, pelo menos, observai os vossos pensamentos alguns minutos, sem julgar.

FASE DELTA

Etapa 5 – Sete vezes por dia, pelo menos, olhai com olhos absolutamente novos, conscientes de que aquilo que veem é único e aparece no instante em que vosso olhar incide sobre isso. Tomai consciência de que esse objeto (ser humano, animal, coisa, acontecimento...) é feito de tudo o que ele já foi e de tudo o que ele será, até o seu desaparecimento. Esse objeto no seio da vossa consciência é da natureza do vazio.

Etapa 6 – À noite, antes de vos deitardes, recapitulai o que fizestes e pensastes ao longo do dia com o maior detalhe possível, remontando o fio do tempo a partir do instante presente. O que fizeste, disseste ou pensaste antes de terdes começado a recapitulação, depois o momento anterior, e assim de seguida até o momento em que vos levantastes no início do vosso dia. Pouco a pouco, ireis perceber que o presente contém a totalidade do Passado; o vosso e o de todos os seres.

Etapa 7 – Procurai que forma de morte, da vossa própria morte, vos angustia absolutamente e, três vezes por dia, imaginai voluntariamente que ireis morrer assim, senti física e psiquicamente todo o horror dessa morte tão temida. Progressivamente, o efeito deletério diminuirá até que o medo cesse de vos afetar.

FASE ÔMEGA

Etapa 8 – Coloque a vossa consciência, tantas vezes quanto possível, atrás da cabeça, a cerca de dez centímetros atrás e ligeiramente acima do crânio, aí onde a iconografia situa a auréola dos santos. Observai os movimentos do vosso corpo e do vosso psiquismo a partir desse ponto, sem avaliar. Tomai consciência que a vossa "pessoa", o vosso "eu" é um agregado de elementos heteróclitos sem continuidade.

Etapa 9 – Associai tantas vezes quanto possível a etapa 2 com a etapa 8. Esta etapa pode ser prolongada indefinidamente até penetrar-lhes no País do Silêncio.

Etapa 10 – Tomai consciência, tantas vezes quanto possível, que tudo o que se lhe apresenta, bem como tudo que está ausente, existe no seio da vossa consciência. Nada pode estar fora da vossa consciência. Vós sois o único criador, realizador, encenador, ator e espectador da vossa consciência, que nada mais é que a consciência original e derradeira. Vós Sois.

Examinem com atenção essas práticas e tirem suas conclusões.

Estes três conjuntos de exercícios espirituais, o Círculo do Despertar e as Práticas Gnósticas do Cavaleiro da Luz e a Via Cavaleiresca podem parecer difíceis. E, na verdade, são mesmo. Não é a perfeição da prática que favorece a realização, mas o exercício da própria prática. Mais ainda, a prática é a própria realização.

Mais do que operar para obter, trata-se de operar para celebrar o que aqui já é desde o início dos tempos. Vós sois o Divino, e isso independentemente de quais forem as condições impostas momentaneamente pela dualidade da própria existência.

Se decidir praticar, não é para mudar o mundo da forma, mas para manifestar aquilo que em essência já és, a vossa natureza original derradeira está esperando sua decisão em querer mudar ao manifestar-se pela ação. Tudo isso é acessório e o essencial é o irradiar do Ser interno, a forma está em segundo plano.

Estas práticas não se destinam a um compromisso permanente. Uma respiração entre o esforço e não esforço permite a integração profunda daquilo que a prática induz na ordem metafísica. Cabe a cada um, eventualmente acompanhado por um praticante experiente, sentir qual é o ritmo mais profícuo para sua constituição *psicofisiológica*.

Lembre-se de que as práticas conduzem ao abandono de toda a prática. Contudo, nós somente podemos abandonar aquilo que já detemos.

GRANDE RITUAL DO CAVALEIRO DA LUZ

Abertura

O oficiante, a três passos do 1 degrau do Altar, entre as duas colunas, com a lança na mão direita aguarda o *"momentum"* para começar o ritual. Assim que sentir sua *"força"*, caminha lentamente em direção ao Altar, proferindo as seguintes palavras:

"APROXIMO-ME DO ALTAR CONSAGRADO PARA SERVIR AOS PROPÓSITOS DE DEUS, QUE EDIFICA A MENTE E ALIMENTA O FOGO DE UMA ETERNA JUVENTUDE".

1. Sobe os degraus do altar, cada degrau com o pé esquerdo à frente, e ao chegar em cima, entrega a lança ao descanso.

2. Faz uma reverência à Luz Inefável (ao Delta Luminoso).

3. Em seguida dirige-se ao Sacrário, abre-o e retira do mesmo a Custódia e o Graal simbólico, colocando-os, depois, sobre o Altar.

4. Pegue o turíbulo no Altar dos Perfumes já com as brasas ardentes, coloca incenso e comece incensando pelo Leste em sentido rotatório horário, da esquerda para direita (no sentido dos ponteiros do relógio), faça o mesmo em todas as estações, dizendo as seguintes palavras:

"BENDITO SEJAS POR AQUELE EM CUJA HONRA QUEIMARÁS".

5. Incensa a Cruz (ou o Hexagrama) na parte de cima, dizendo:

"AO PAI DEDICO ESPÍRITO, ALMA E CORPO". E FAZ, AO TERMINAR, FAZER UMA REVERÊNCIA AO PAI, ASSIM EVOCADO.

Ao incensar a parte inferior da Cruz (ou o Hexagrama), diz:

"AO FILHO DEDICO ESPÍRITO, ALMA E CORPO". Fazendo uma reverência, prossiga incensando o madeiro horizontal da cruz dizendo:

"AO ESPÍRITO SANTO DEDICO ESPÍRITO, ALMA E CORPO".

Fazer outra reverência, lembrando que estes gestos devem ser feitos com um movimento pendular do turíbulo em direção à cruz, de forma lenta e solene.

Em seguida, movimente o turíbulo sobre o Altar, em direção as 3 velas à sua esquerda, dizendo:

"DISPOSIÇÃO", "COMPREENSÃO", "DEVOÇÃO".

Seguir fazendo o movimento pendular do turíbulo agora sobre as 3 velas à sua direita, dizendo:

"HARMONIA", "CONHECIMENTO" e "FORÇA",

Movimentando depois o turíbulo em movimentos rotatórios para incensar a parte inferior do Altar, continuando com a mesma qualidade de movimento até fazer uma volta completa sobre o Altar, quando, então, do próprio Altar, faça o turibular da congregação à sua frente, sempre com movimentos circulares, no sentido horário. Ao terminar, devolve o turíbulo passando pelo Norte, Leste, Sul e Oeste completando assim todas as estações e deixe-o repousando no Altar dos Perfumes de seu templo.

Volta-se para o Altar, abre o livro do Ritual, descobre a Custódia, destampa as ânforas com vinho e os jarros com água. Coloque um pouco de vinho no Graal simbólico e no cálice do oficiante. Em seguida, põe um pouco d'água em cada um.

Finda a preparação do Altar, levanta a lamparina com a Chama Votiva acima da fronte e diz:

"SENHOR! QUE A TUA LUZ SE FAÇA PRESENTE NESTA CHAMA VOTIVA DE AZEITE VEGETAL QUE CONSAGRAMOS A TI, PARA QUE ELA PENETRE E INFLAME A MENTE E CORAÇÃO DE CADA UM DOS PRESENTES, VISÍVEIS OU INVISÍVEIS, PARA HONRAR-TE E SERVIR À GRANDE OBRA. ASSIM SEJA!".

Isso feito volta-se para Leste e descreve o Sinal da Cruz (ou do Hexagrama) com a mão direita enquanto diz:

"EM NOME DO PAI, EM NOME DO FILHO , EM NOME DO ESPÍRITO SANTO, ABRI VOSSOS CORAÇÕES E DEIXAI QUE NELES PENETREM O NOME E A FORÇA DO SENHOR".

Em seguida, de frente para o Altar e com os braços erguidos, evoca a Proteção Divina, recitando as sete preces Gnósticas do PAI NOSSO.

- No final do Ritual, apaga as velas e a Chama votiva, dizendo:

"DEVOLVO ESTA CHAMA À FONTE DIVINA DE LUZ".

Por determinação do S∴A∴G∴, antes de descer do Altar, já com a lança na mão, faça sua despedida agradecendo as *Inteligências* que lhe assistiram ao longo do ritual.

PRECEITOS GNÓSTICOS

CONSAGRAÇÃO AO EGO DIVINO

Poder Supremo, Potestade Cósmica, a TI que és toda substância, toda energia e todo Espírito; Eu, parte desta substância, parte desta energia e parte deste Espírito me consagro, pois desejo integrar-me em Ti, contigo unificar-me, ser eternamente em Ti.

À Tua infinita e perpétua ação entrego o meu destino, meus atos e minha vida presente e futura, de tal modo que minhas realizações sejam sempre realizações Tuas.

Assim seja!

CONSAGRAÇÃO AO S∴A∴G∴

Meu Sagrado Anjo Guardião, venerando guia e instrutor meu. Infunde em mim teus eflúvios protetores e recebe neste ato de consagração todo o meu desejo intenso de ser teu discípulo sincero. Instrua-me, perdoa as minhas faltas e vela para que todos os meus atos se conformem sempre às tuas instruções sagradas e eu possa merecer tua benção e teu amor.

Assim Seja!

CONSAGRAÇÃO DO TEMPLO

Com a Espada, faça o Círculo Mágico no interior onde se dará os trabalhos (toda área que ocupará para realizar os trabalhos).

Com a ponta da Espada voltada para cada ângulo, proceder da seguinte forma em cada canto:

1 - Três respirações profundas, colocando-se mentalmente em contato com o Deus do seu coração e da sua compreensão.

2 - Mentalizar o afastamento de todo e qualquer elemento negativo, porventura existente no meio ambiente.

3 - Traçar uma † com a ponta da Espada e afirmando mentalmente ou baixinho:

"Eu sou um poderoso Círculo Mágico de proteção de pura energia Eletrônica ao redor deste Templo.

4 - Repetir a mesma operação em cada estação (Leste, Sul, Oeste, Norte e retornar ao Leste).

Depois, dirija-se ao Círculo Mágico. Antes de entrar, repete a mesma operação indicada no 1. Entra no Círculo com o pé esquerdo, dando 3 voltas da esquerda para direita, com a ponta da Espada por cima das 3 riscas de carvão, mentalizando a projeção desses riscos para o espaço, formando três paredes de Luz Astral, terminadas em forma de cúpula protetora do operador que se acha dentro do Círculo.

Ao terminar a 3ª volta, faz com a ponta da Espada uma † fechando a entrada do Círculo. Após a prece e tudo quanto tiver de dizer dentro do Círculo, antes de sair, deveis fazer novamente, com a ponta da Espada faça uma †, a fim de abrir o Círculo e sair, avance com o pé direito à frente.

EXORCISMO DE OBJETOS

Dirigindo o pensamento para o objeto:

EU TE EXORCISO, pela verdade, pela vida e pela criação saída do nada, a fim de que nada esteja em Ti, senão a pureza e a virtude. (Repetir 3 vezes).

Assim Seja!

CONSAGRAÇÃO DE OBJETOS

Ó Força de Crestos, mediador do Pai Supremo, o criador do céu e da terra, dos quatro elementos e dos espíritos.

Eu te conjuro, pelos Teus Poderes e Tuas Virtudes, a consagrar este... (objeto), (...) para mantê-lo em pura harmonia, isento de todas as vibrações contrárias.

Assim Seja!

BENÇÃO A ALGUÉM

Ó Força de Crestos, mediador do Pai supremo, o Criador do céu e da terra dos quatro elementos e dos espíritos: EU TE CONJURO, pelos teus poderes e Tuas Virtudes a abençoar esta(s) criatura(s).............................., para mantê-la(s) em permanente alegria, saúde e Paz, em seu justo progresso.

Assim Seja!

ILUMINAÇÃO E DESENVOLVIMENTO DAS CÉLULAS

1 - Minhas células!

Irradiem a minha aura de cores vivas e brilhantes, de força positiva, intransponível ao mal.

2 - Estou coberto na minha aura de cores vivas e brilhantes, de força positiva, intransponível ao mal.

DESENVOLVIMENTO RITUALÍSTICO

Formar a *Cadeia de União* (na forma tradicional).

(Repetir por três vezes).

QUE TODOS OS SERES SEJAM FELIZES, QUE TODOS OS SERES SEJAM DITOSOS, QUE TODOS OS SERES ESTEJAM EM PAZ.

Mantra AOM:

AaaaaaaaaaOoooooooooMmmmmmmmmm

AaaaaaaaaaOoooooooooMmmmmmmmmm

AaaaaaaaaaOoooooooooMmmmmmmmmm

(Repetir por três vezes).

SANTO E BENDITO SEJA SEU NOME IMPRONUNCIÁVEL, AGORA QUE SABEMOS E VERIFICAMOS O SAGRADO MISTÉRIO DA LETRA, ENTRETANTO SEGUIREI PARA LUGARES MAIS OCULTOS.

Desfazer a Cadeia de União, para continuar as conjurações.

Oficiante... Estará armado com o báculo (bastão de 7 nós), sempre na mão esquerda.

Oficiante... Dirá:

APROXIMO-ME DO ALTAR DE DEUS, QUE EDIFICA A MENTE E ME ENCHE DE ESPLENDOR COM UMA ETERNA JUVENTUDE.

No altar, voltado para os assistentes, exclama:

"QUE O CRESTOS SEJA CONVOSCO"

Diácono responde:

E ILUMINE TEU ESPÍRITO.

Oficiante... Voltado para o Leste dirá:

VEM OH NOME SAGRADO DA FORÇA CRESTOS; VEM OH ENERGIA SUBLIME; VEM OH MISERICÓRDIA DIVINA; VEM SUPREMA DEIDADE DO ALTÍSSIMO.

O Oficiante voltando-se para os assistentes, traça uma cruz imaginária à sua frente, outra sobre o peito e finalmente faz um acabamento circular da esquerda para direita, começando no centro à sua frente, seguindo pelo ombro esquerdo passando pelo coração e voltando pelo lado direito e encerrar no mesmo lugar que começou. Feito isto, o oficiante exclamará:

"QUE O CRESTOS SEJA CONVOSCO"

Diácono responde:

E ILUMINE TEU ESPÍRITO.

O oficiante voltado para o Leste no Templo fará a seguinte invocação:

VEM TU QUE DESCOBRES O VÉU DO MISTÉRIO, VEM TU MÃE DOS SETE CENTROS QUE DESCANSA NA OITAVA HARMONIA. VEM TU QUE ÉS ANTES DAQUELE QUE FORAM DOS CINCO SENTIDOS. ESPÍRITO, MENTE, SENTIMENTO E RAZÃO, PERMITA QUE PARTICIPEMOS DE TUA SANTA GRAÇA. VEM SANTO ALENTO, IMACULADO, SOPRA E PURIFICA MINHAS GLÂNDULAS INTERNAS ONDE O RITMO DE MINHA VIDA EXISTE. VEM E ENCAMINHA MEU CORAÇÃO DESORIENTADO PARA QUE OS MEUS PUROS SENTIMENTOS BROTEM DESSA SANTA FONTE.

O oficiante volta-se para os assistentes e dirá:

"QUE O CRESTOS SEJA CONVOSCO"

ESCUTA GRANDE DEIDADE PAI DE TUDO CRIADO, LUZ DIVINA.

TU, REDENTOR NOSSO, PERDOA-NOS PELOS ERROS QUE TEMOS COMETIDO E AQUELES QUE NOS ESCUTAM VISÍVEIS E INVISIVELMENTE PARA QUE POSSAMOS TODOS JUNTOS PARTICIPAR DO REINO DA JUSTIÇA E DE ESTAR CONTIGO NA IMENSIDÃO DA LUZ. BENDIGA E DÊ FORÇAS A TODOS AQUELES QUE NOS SEGUEM, POIS CUMPREM A LEI. ESCUTAI OH ANJOS; AJUDAI-ME PAI DE TUDO QUE FOI CRIADO, CAUSA INFINITA DE TUDO QUE EXISTE E DA VIDA DESTE POVO, A TODOS QUE NOS SEGUEM, ASSISTE-OS E PRESTA A TODOS APOIO NECESSÁRIO EM TODAS AS OCASIÕES DA VIDA PARA QUE SE FAÇAM MERECEDORES DE TUA SANTA GRAÇA.

NÓS RECONHECEMOS SEU PODER E EU TE CONJURO, VEM, VEM, VEM, PERDOA NOSSOS MALES. DAI-NOS UM SINAL AQUI OU NOS DIAS VINDOUROS.

Avança um passo e diz:

ESCUTO VOSSOS TESTEMUNHOS.

Assistentes: (Depois de uma pausa, farão, em silêncio um exame nas suas consciências, sobre os benefícios, progressos espirituais, curas, enfim uma reflexão de suas posturas nesta vida).

Oficiante depois de algum tempo se volta para o Leste do Templo e dirá:

ALEGRAI-NOS, POIS NOSSOS ERROS FORAM PERDOADOS. O PODER SUPREMO ESTÁ CONOSCO.

Assistentes: AMÉM, AMÉM, AMÉM

Oficiante:

E JESUS, O DIVINO GRANDE SACERDOTE GNÓSTICO, ENTOOU UM DOCE CÂNTICO EM LOUVOR DO GRAN-

DE NOME E DISSE AOS SEUS DISCÍPULOS: VINDE ATÉ A MIM, E ELES O FIZERAM. ENTÃO SE DIRIGIU ATÉ OS QUATRO PONTOS CARDEAIS, ESTENDEU SEU OLHAR CALMO E PRONUNCIOU O NOME PROFUNDAMENTE SAGRADO (...), E LHES SOPROU NOS OLHOS. OLHOU PARA CIMA E EXCLAMOU: JÁ SOIS CLARIVIDENTES. ELES ENTÃO LEVANTARAM SEUS OLHARES PARA ONDE JESUS LHES INDICOU E VIRAM UMA GRANDE CRUZ QUE NENHUM SER HUMANO PODERIA DESCREVER. E O GRANDE SACERDOTE DISSE: APARTAI A VISTA DESTA GRANDE LUZ E OLHAI PARA O OUTRO LADO. ENTÃO VIRAM UM GRANDE FOGO, VINHO E SANGUE.

Neste momento a Sacerdotisa, que estará todo tempo presente ao lado do oficiante, pegará um recipiente para que o Oficiante lave suas mãos, e depois traga o pão e o vinho, colocando-os sobre o altar.

O Oficiante consagrará os pães, em Nome de Deus, com as seguintes palavras:

"HOC EST ENIM CORPUS MEUM"

Depois Oficiante consagrará o vinho, em Nome de Deus, com as seguintes palavras:

"HIC EST ENIM CALIX SANGUINIS MEIM"

Os assistentes de pé ouvem o Oficiante, que continua dizendo:

EM VERDADE VOS DIGO QUE NÃO TROUXE NADA NO MUNDO SENÃO O FOGO, A ÁGUA, O VINHO E O SANGUE DA REDENÇÃO. TROUXE O FOGO E A ÁGUA DO LUGAR DA LUZ, DALI ONDE A LUZ SE ENCONTRA. TROUXE O VINHO E O SANGUE DA MORADA DE BARBELOS. DEPOIS DE PASSADO ALGUM TEMPO, O PAI ME ENVIOU O ESPÍRITO SANTO EM FORMA DE UMA POMBA BRAN-

CA, PORÉM OUÇAM: O FOGO, A ÁGUA E O VINHO, SÃO PARA A PURIFICAÇÃO E PERDÃO DOS PECADOS.

O SANGUE ME FOI DADO COMO SÍMBOLO DO CORPO HUMANO, QUE RECEBI NA MORADA DE BARBELOS, DA GRANDE FORÇA DO DEUS UNIVERSAL. O ESPÍRITO SANTO DESCEU EM MIM, E A TODOS HÁ DE LEVARMOS AO SUPREMO LUGAR DE LUZ. POR ISSO VOS DIGO, QUE VIM TRAZER O FOGO À TERRA, QUE É O MESMO QUE DESCER PARA REDIMIR OS PECADOS DO MUNDO MEDIANTE O FOGO. E POR ISSO JESUS REPETIU: SÓ SABERÁS E CONHECERÁS A GRANDE DÁDIVA DE DEUS; SE PERCEBERDES QUEM É AQUELE QUE VOS FALA E VOS DIZ: DAI-ME DE BEBER, ME ROGARIAS QUE OS DERA DA FONTE ETERNA QUE É MANANCIAL DE DOCE AMBROSIA E VOS CONVERTERÁ NA MESMA FONTE DE VIDA. E TOMOU O CÁLICE, O BENZEU E OFERECEU A TODOS DIZENDO:

O Oficiante, dirigindo-se ao Leste do Altar, eleva o cálice com a mão esquerda e o exibe dizendo:

ESTE É O SANGUE DA ALIANÇA QUE SE VERTEU POR NÓS PARA REDIMIRMOS DO PECADO E POR ISSO SE INTRODUZIU A LANÇA EM MEU CORAÇÃO PARA QUE DE MINHA FERIDA BROTASSE SANGUE E ÁGUA.

(O Oficiante volta-se para o lado direito e passará o cálice para a mão direita).

E O GRANDE SACERDOTE JESUS DISSE AOS SEUS: TRAGA-ME FOGO E RAMOS DE VIDEIRA. E ASSIM O FIZERAM: COLOCOU ENTÃO O SACRIFÍCIO SOBRE O ALTAR E UMA FONTE DE VINHO A SEU LADO. UMA A DIREITA E OUTRA À ESQUERDA: UMA FONTE DE ÁGUA ANTE O VINHO.

Colocará o Cálice no Altar e levantando a mão direita dirá:

E PÓS O PÃO SEGUNDO AQUELES QUE ESCUTAVAM E O GRANDE SACERDOTE JESUS, SE MANTEVE VESTIDO COM SUAS VESTES BRANCAS E DA MESMA FORMA TODOS SEUS APÓSTOLOS.

Oficiante: Levanta as mãos em atitude suplicante e exclama:

ESCUTAI GRANDE DEIDADE, PAI DE TUDO QUE FOI CRIADO; LUZ DIVINA. I...A...O...

Assistência responderá: AMEM

Oficiante: "CRESTOS SEJA CONVOSCO"

Diácono responde: E ILUMINE VOSSO ESPÍRITO.

Sacerdote retorna ao centro do Altar virado para o Leste e dirá:

VEM SANTO QUERER, DIVINA ESSÊNCIA VOLITIVA E TRANSFORMA MINHA VONTADE, FAZENDO-A UMA COM A TUA. VEM SUPREMO PODER E DESÇA SOBRE AQUELES QUE CONHECEM O MISTÉRIO.

VEM VALOR EXCELSO E DAI-ME A TEMPERANÇA E FORÇA QUE NECESSITO PARA PENETRÁ-LA.

VEM SANTO SILÊNCIO, QUE FALAS DO PODER DA MAGNITUDE DAQUELE QUE ELE ENCERRA E REVELA-ME O OCULTO... VEM, E DESCUBRA-ME O MISTÉRIO... DESÇA SANTA POMBA DE ALVA PLUMAGEM SOBRE NÓS. TU ÉS A MÃE DOS GÊMEOS. ACUDA MÃE MÍSTICA, QUE SÓ SE MANIFESTA EM NOSSAS OBRAS. APROXIMA-TE SANTA ALEGRIA DOS CÉUS E POUSA SOBRE NOSSAS CABEÇAS. TU LEVAS O FIO DE OURO QUE A TODOS ALCANÇA. ALENTAMOS AQUELES QUE PARTICIPAM DESTE SANTO SACRIFÍCIO DA EUCARISTIA, CELEBRADO NESTA SANTA RECORDAÇÃO TUA, PARA PURIFICAR-

-NOS E FORTALECER-NOS.

AJUDA-NOS A RECEBER A LUZ. TU QUE AGORA NOS CHAMOU PARA SER SEUS FIÉIS.

Oficiante: "CRESTOS SEJA CONVOSCO"

Diácono responde: E ILUMINE VOSSO ESPÍRITO.

Oficiante: CREIO NA UNIDADE DE DEUS, NO PAI COMO ENTIDADE IMPESSOAL, INEFÁVEL E IRREVELADO, QUE NINGUÉM NUNCA VIU, MAS CUJA FORÇA, POTÊNCIA CRIADORA, FOI E É PLASMADA NO RITMO PERENE DA CRIAÇÃO. EU CREIO EM MARIA, MAYA, ÍSIS, (OU SOB O NOME QUE SEJA), NA FORÇA FÍSICA SIMBOLIZANDO NA NATUREZA CUJA CONCEPÇÃO E REALIZAÇÃO REVELA A FERTILIDADE DA NATUREZA.

Diácono dirá: EU CREIO NO MISTÉRIO DE BAPHOMET E NO DEMIURGO (ESPIRITO ENTRE DEUS E A CRIATURA).

Oficiante dirá: EU CREIO NUMA IGREJA TRANSCENDIDA, SUPERIOR, MANTIDA PELAS ALMAS PURAS, DA HIERARQUIA BRANCA E QUE TEM SEU EXPOENTE NA SAGRADA NATUREZA GNÓSTICA, DIRIGIDA PELAS INTELIGÊNCIAS DA KABBALÍSTICA ÁRVORE DA VIDA.

Diácono dirá: NOSSA LEI É: AMOR, VIDA, LIBERDADE E TRIUNFO.

Nosso lema e divisa é: THELEMA.

CREIO NA COMUNIDADE DAS ALMAS PURIFICADAS, ASSIM COMO O PÃO SE TRANSFORMA EM SUBSTÂNCIA ESPIRITUAL. CREIO NO BATISMO DA SABEDORIA, A QUAL REALIZA O MILAGRE DE TORNAR-NOS HUMANOS. EU CONHEÇO E RECONHEÇO A ESSENCIALIDADE DE MINHA VIDA TRANSCENDIDA COMO A TOTALIDA-

DE SEM FIM CRONOLÓGICO QUE ABARCA A ÓRBITA FORA DO TEMPO E DO ESPAÇO.

Assistentes respondem: ASSIM SEJA!

Oficiante dirige-se ao altar lateral, junto à Arca da Aliança e prediz os mistérios gnósticos. Depois do sermão, volta ao altar e pronuncia os mistérios da cruz.

CHEIOS DE JÚBILO E TRANSBORDANDO DE FÉ, VIMOS A TI, OH CRUZ, OH ROSA SANTA E DIVINA. TU QUE DÁ O BÁLSAMO PARA CADA CHAGA, QUE ALENTAS O FOGO QUE ASCENDE A VIDA. TU QUE DÁ A VIDA, ME OFERECES A CRUZ, QUE EU RECONHEÇO COMO SENDO MINHA PRÓPRIA CRUZ.

EU CONHEÇO SEUS MISTÉRIOS, DO SAGRADO MISTÉRIO QUE LHE ENVOLVE, POIS FOSTE DOADA AO MUNDO PARA FAZER INFINITAS DAS COISAS LIMITADAS.

TUA CABEÇA SE ERGUE MAJESTOSA ATÉ TOCAR O CÉU, PARA QUE SEJA O SÍMBOLO DO LOGOS DIVINO. PARA QUE PRESIDA EM TUA ESTRUTURA A INTERCESSÃO DO MADEIRO ATRAVESSADO QUE FORMA TEUS DOIS BRAÇOS, COMO DUAS MÃOS INGENTES, QUE SE ESTENDEM PARA AFUGENTAR AS FORÇAS SINISTRAS E OS PODERES INFERIORES.

PARA UNIR EM UMA IGREJA DE SANTA FRATERNIDADE A TODOS OS SERES HUMANOS DE PURO E NOBRE CORAÇÃO.

TEU PÉ, COMO A LANÇA, ESTÁ CRAVADO NA TERRA PARA ONDE POSSA REDIMIR, PARA QUE AJUDES EM TEU IMPULSO VOLITIVO A TODAS AS ENTIDADES QUE MORAM DEBAIXO DO SOLO, NAS REGIÕES INFERIORES DO MUNDO, E QUE ATRAVÉS DE MÚLTIPLAS ENCARNAÇÕES POSSAM CHEGAR À DIVINDADE PARA ESTAR REUNIDAS EXTERNAMENTE EM TI.

OH CRUZ, BELEZA IMACULADA, QUE ES TROFÉU DA VITÓRIA DO CRESTOS.

QUE ES ÍMÃ DE VIDA. QUE OFERECES A VIDA COM TUA ÁRVORE SANTA. QUE ESTENDE TUAS RAÍZES COMO DEDOS GIGANTESCOS PELA FUNDURA DO SOLO PARA DOAR TEU FRUTO NOS CÉUS INFINITOS. OH TU, CRUZ VENERÁVEL, QUE ES A SANTA DÁDIVA DO DOCE NOME COMO A VIDEIRA QUE FLORESCE NO JARDIM DO SENHOR. OH TU, LUZ, ROSA DIVINA, NA CRUZ, QUE DÁ TUA FORÇA E TEU SAGRADO PODER AQUELES QUE MERECEM PELAS TUAS DURAS BATALHAS E OS CONDUZES PELA MÍSTICA ESCADA QUE VAI DA TERRA AO CÉU, DA MATÉRIA AO ESPÍRITO, OH CRUZ, SANTA E BENDITA. EM TI ESTÁ LATENTE A REDENÇÃO E SOB A POTESTADE E LUZ EXCELSA TODOS NOS COBIÇAMOS PARA FAZER A OFERTA DESTE SANTO SACRIFÍCIO DA UNÇÃO EUCARÍSTICA.

Agora um instante (pausa) para meditação, enquanto o Oficiante, Diácono e assistentes estejam de joelhos. Após algum tempo o Oficiante levanta e oferece aqueles que queiram participar da Eucaristia, primeiro o pão, dizendo:

"ESTE É MEU CORPO, RECEBA-O PARA TUA REDENÇÃO"

(Essa frase deverá ser repetida para cada um daqueles que participarem da Eucaristia).

Ao mesmo tempo toma o cálice com o vinho e oferece aos participantes dizendo a cada um:

"ESTE É MEU SANGUE, RECEBA-O, QUE FOI DERRAMADO PARA REDIMIR O MUNDO"

O Oficiante colocará a mão direita sobre a cabeça de cada um e dirá:

"QUE A PAZ SEJA CONTIGO PARA QUE PARTICIPES DA LUZ"

Estando todos de joelhos, o Oficiante levanta a mão direita em atitude de benzer e diz:

"RECEBA O SIGNO DA CRUZ SOBRE VOSSOS PESCOÇOS E SOBRE VOSSOS LÁBIOS PARA QUE SEJAM HERDEIROS DA LUZ".

Todos levantam a mão direita.

Oficiante...   I...A...O...
              I...A...O...
              I...A...O...

Cruza as mãos sobre o peito, colocando a mão esquerda sobre o coração e a direita sobre a esquerda.

E todos Cantam o (*Te Deum Láudanos*):

"Santo, Santo, Santo Senhor de Sabaoth"
"Santo, Santo, Santo Senhor de Sabaoth"
"Santo, Santo, Santo Senhor de Sabaoth"

O oficiante dirá: ESTA CONVOCAÇÃO ESTÁ TERMINADA.

(O Oficiante armado com a espada fará uma benção a todos os assistentes)

Finaliza os trabalhos com o ato de uma Cadeia de União que poderá ser de cura, de força, de limpeza, de ajuda, etc. etc.

Dando continuação a Cadeia de União curta e eficaz para a fortificação física e espiritual com as forças de Cristo, que segue depois do Ritual e caso haja necessidade especial que indique uma Cadeia específica, procede-se da seguinte forma:

O Oficiante dirá o seguinte:

CONCENTRANDO NO CORAÇÃO. IMAGINEMOS NOSSO CORAÇÃO IRRADIANDO AMOR PARA TODA A HUMANIDADE E LOGO NOS VEMOS SENTINDO UM VERDADEIRO AMOR POR TODOS OS SERES VIVENTES DA TERRA: (Repetir por três vezes).

QUE TODOS OS SERES SEJAM FELIZES, QUE TODOS OS SERES SEJAM DITOSOS, QUE TODOS OS SERES ESTEJAM EM PAZ.

Por três vezes se repete o mantra abaixo:

AaaaaaaaaaaOoooooooooooMmmmmmmmmmm.
AaaaaaaaaaaOoooooooooooMmmmmmmmmmm.
AaaaaaaaaaaOoooooooooooMmmmmmmmmmm.

QUE O PODER DO CRISTO NOS ILUMINE, QUE O PODER DO CRISTO NOS PROTEJA, QUE O PODER DO CRISTO NOS GUIE.

ASSIM SEJA, ASSIM SEJA, ASSIM SEJA

Todos soltam a Cadeia e cruzam as mãos sobre o peito, a mão direita sobre a esquerda.

Está finalizada a cerimônia.

CAPÍTULO IV

AS ORIGENS MÍSTICAS E COSMOLÓGICAS DAS 4 ESTAÇÕES E SEUS RITUAIS MAÇÔNICOS

Rite maturos aperire partus
Lenis Ilithyia, tuere malres,
Sive tu Lucina probas vocari
Se Genitalis.

Diva, producas sobolem, patrumque
Prosperes decreta super jugandis
Feminis, prolisque novae feraci
Lege marita:

Certus undenos decies per anos
Orbis & cantus referalque ludos
Ter die claro, totiesque grata
Nocte frequentes.

Vosque veraces cecinisse Parcoe,
Quod semel dictum est, stabilisque verum
Terminus servat, bona jam peractis
Jungite fata.

Odes de Quinto Horácio Flacco – Lisboa, Typographia Rollandiana, 1867, p. 379.

A tradição mística e esotérica das festas *solsticiais* e *equinociais* vêm de longa data, dos antigos rituais dos Mistérios celtas, adotada pelos mistérios dos novos Cristãos, pela Maçonaria e todos os povos que observavam os céus desde o antigo Egito. Além de balizar todo ciclo da vida dos povos, tinha como objetivo a elevação vibratória dentro das reações quaternárias da Terra. Os historiadores sempre invocaram um velho almanaque romano, intitulado *Cronógrafo*, do ano 354 d.C., da autoria de *Philocalus*

485

(Filocalus), também conhecido como *Calendário Philocaliano*, e que menciona o ano de 336 como o primeiro, no qual a Igreja festejou a celebração do Natal, em 25 de dezembro. Na Igreja Armênia, o dia 25 de dezembro nunca foi aceito para a data do Natal, mantendo-se a antiga tradição Iniciática de celebrar o dia 6 de janeiro (*Dia de Reis*), considerado o *"12º Dia Sagrado"* da tradição mistérica cristã. De acordo com a insigne escritora rosacruciana, *Corinne Heline*, o período de 12 dias que decorre após a festividade solsticial do Natal, entre o dia 26 de Dezembro (1º Dia Sagrado) e o dia 6 de Janeiro (12º Dia Sagrado) é um período de profundo significado esotérico e constitui o "coração espiritual" do ano que vai seguir-se: é o lugar-tempo mais sagrado de cada ano que entra, designa-se por *"Os Doze Dias Sagrados"* e está sob a influência direta das *Doze Hierarquias Zodiacais*, que projetam sobre o planeta Terra, sucessivamente e durante cada um desses 12 dias, um modelo de perfeição tal como o mundo será quando a obra conjugada das Doze Hierarquias por fim se completar.

> *A redenção da Terra, o seu estatuto e a sua função no futuro fazem parte da Obra [alquímica] que compete ao 9.º grau dos Mistérios Menores [9.º Iniciação Menor]. Este grau é celebrado nas noites de Solstício de Inverno e de Solstício de Verão (meia-noite), pois este ritual não pode ser realizado em nenhum outro tempo. Os solstícios marcam o momento em que a vibração terrestre é mais elevada, e em que os Raios Cósmicos da Vida Crística estão a entrar profundamente (Solstício de Inverno) ou a sair definitivamente (Solstício de Verão).*
>
> CORINNE, Heline - *Mystery of the Christos* (New Age Bible Interpretation Vol. 5) ed. New Age Press, USA, 1984, p. 87,88).

Alguns historiadores afirmam que Cristo está associado ao *"Sol da Justiça"*. A escolha do *Solstício de Inverno* para celebrar o *"nascimento do Sol invencível"*, *Natalis Solis Invicti*, vem de um ritual pagão (*Saturnalia*), que festejava, com ritos de alegria e troca de presentes, desde o dia 17 de dezembro até o dia 25 deste mesmo mês, o momento em que o Sol *"cresce"*, ou renasce, após o dia ter atingido a sua duração mais curta (21-22 de dezembro). Efetivamente, nessa data, o Sol atinge a sua declinação-Sul máxima, cerca de 23º 26', estacionando nela durante três dias e retornando o "caminho do Norte" a partir do dia 24 ou 25.

> *Ó Sol, e Lua dos bosques dominantes, do Céu brilhante ornato, dignos de veneração, e sempre venerados, dai-nos as coisas, que neste sacro tempo vos pedimos: em cujo tempo os livros das Sibilas decretarão que as virgens escolhidas, e os meninos castos entoassem um hino a estes Deuses; a quem nossos sete montes agradarão.*
>
> *Odes de Quinto Horácio Flacco* – Lisboa, Typographia Rollandiana, 1867, p. 378.

A data de 25 de dezembro era igualmente a data do nascimento do deus *Mithra*, dos Mistérios Iranianos. *Mithra* era designado por "*Sol de Justiça*" – ou melhor, "*Sol de Justeza*" -, provavelmente por alguma influência do antigo Egito. Conta uma antiga lenda que Moisés foi instruído e iniciado na grande *Escola de Mistérios de Heliópolis*, a cidade sagrada perto de *Mênfis* a qual os Egípcios chamavam de *On* ou *Annu*. Não surpreende, portanto, que o símbolo solar de *Rá*, o *Esplendor Alado*, tenha-se mantido na tradição hebraica e nas áreas afins do Oriente Médio, como nos testemunha o profeta Malaquias, ao afirmar que *"o Sol de Justeza se erguerá com a salvação nas suas asas [ou: nos seus raios]"* Malaquias 3, 20 [4,2].

Assim o percurso solar ao longo do ano marca os "passos iniciático" do percurso do Cristo e, ao mesmo tempo, marcar os pontos finais fulcrais da liturgia ao longo do ano, em referência às "provas" cíclicas pela qual o ser humano terá de passar na sua *via evolutiva*:

Quando o Sol em 21 de Dezembro entra em Capricórnio (signo regido por Saturno, daí os *Saturnalia*), os poderes das trevas de certo modo tomam conta do "Doador da Vida", mas se dá o renascimento após os três dias de "paragem" (*sol-stitium = sol + sistere*, "suster, parar"), ou seja, o dia 25 marca o termo do "ciclo solsticial". A partir do dia 26 de dezembro, inicia-se um segundo ciclo de especial significado iniciático: entre o dia 26 de dezembro (1.º Dia Sagrado) e o dia 6 de janeiro (12.º Dia Sagrado), ocorria a preparação ritual dos catecúmenos, que eram batizados no Dia de Reis (Primeira Iniciação). Esses "Doze Dias Sagrados", que acompanham a fase inicial do renascimento do "Sol Invencível", eram como que um resumo do ano zodiacal seguinte,

487

e como tal, estavam sob a proteção das *Hierarquias Celestes*, conforme já mencionamos, que tradicionalmente regem os 12 Signos do Zodíaco.

> *Os magos da antiguidade tinham representado o mundo pelo emblema de um ovo dividido em doze partes, seis das quais pertenciam a Ahura Mazda, deus do bem de da luz, e as outras seis a Ahriman, autor do mal e das trevas. Afirmavam também que o bem e o mal da natureza resultavam da ação combinada destes dois princípios. Do mesmo modo observaram que as seis partes atribuídas ao princípio do bem compreendiam os seis meses que decorrem do equinócio da primavera ao equinócio do outono, e que as seis atribuídas ao princípio do mal abrangiam os seis meses do outono e do inverno. Era assim que o tempo da revolução anual se distribuía pelos dois chefes, um dos quais organizava os seres e amadurecia os frutos, e o outro destruía os efeitos produzidos pelo primeiro, e perturbava a harmonia que se notava na Terra e no céu durante os seis meses da primavera e verão. Esta ideia cosmogônica foi expressa de outro modo pelos magos: supunham que do tempo sem limites, isto é, da eternidade, nasceu um período limitado que incessantemente se renovava. Dividiram esse período em doze mil pequenas partes que chamavam anos no estilo alegórico. Seis mil dessas partes pertencem ao princípio do bem e as seis outras ao princípio do mal. E, a fim de que não houvesse engano, fizeram corresponder a cada uma dessas divisões milesimais ou a cada milênio a um dos signos que o Sol percorre em cada ano. O primeiro milênio corresponde ao cordeiro; o segundo ao touro; o terceiro aos gêmeos. É nestes seis primeiros signos, ou nos signos dos seis primeiros meses do ano equinocial, que eles colocaram o reino e a ação benéfica do princípio da luz; e é nos outros seis signos que colocaram a ação do princípio do mal. No sétimo signo, correspondente à Balança, o primeiro dos signos do outono, da estação dos frutos e do inverno, faz o início do império das trevas e do mal. Esse império dura até a volta do Sol ao signo do Cordeiro, que corresponde a março e à pascoa. Eis a base do seu sistema teológico sobre a distribuição das forças opostas dos dois princípios, à influência das quais o homem se encontra*

submetido durante cada ano ou durante cada revolução solar. É a árvore do bem e do mal junto da qual a natureza colocou.

DUPUIS, J.-B. – *Abrégé de L'Origine de Tous Les Cultes.* p. 193. – Chez Henri Agasse, Paris, 1798.

Aproveitemos para mencionar, antes de prosseguirmos, a razão cosmográfica pela qual o Sol fica "parado", aparentemente, durante três dias por ocasião dos *Solstícios*. Tem a ver com as *declinações*, e não com as *longitudes* celestes.

Ao consultarmos as Efemérides planetárias, verificaremos que de uma forma geral e salvo pequenas variações de ano para ano, o Sol atinge a sua declinação-Norte, máxima (cerca de 23º 26' – Norte) no mês de junho entre os dias 20-24, e a sua declinação--Sul, máxima (cerca de 23º 26' – Sul) no mês de dezembro entre os dias 20-24. Como sabemos, a Astrologia funciona em projeção geocêntrica, e a declinação dá-nos a maior ou menor angulação que o astro considerado faz com o Equador, tal como visto da Terra. Assim, à medida que os dias se vão aproximando de junho, a declinação do Sol vai aumentando: passa de 0º em 21-22 de março até atingir o máximo de 23º 26' em 20-21 de junho: então parece ficar "parado" cerca de três dias nos 23º 26' – Norte (daí o verbo *sistere*, "suster, parar", que compõe "solstício"), uma vez que estamos a vê-lo em projeção geocêntrica contra o fundo da Esfera Celeste. A partir do dia 24-25, volta "para trás", e os dias começam a diminuir. Em agosto, por exemplo, já está nos 17º e depois decresce para 16º, 15º, etc., até "cruzar" o Equador para passar do Norte para o Sul. Nesta "descida", os 0º ocorrem por volta de 22-23 de setembro, e neste caso o dia é igual à noite (Equinócio). Em dezembro, ocorre o mesmo fenômeno, mas em sentido inverso: quando chegamos ao dia 21 o Sol atinge a declinação-Sul

489

máxima, e fica cerca de três dias "parado" nos 23° 26', até que depois começa a "subir" e os dias vão aumentando pouco a pouco, ou seja, no momento do Solstício atinge-se o máximo de "noturnidade" que dura (em projeção aparente) três dias, iniciando-se o renascimento da Luz a partir de 24-25 de dezembro.

Em seguida, o Sol passa por Aquário, ou Aguadeiro (chuvas; saturnino, mas também urânico). Quando chega a Peixes (regido por Júpiter e por Netuno), por altura sensivelmente do Carnaval, é o "adeus à carne" (*caro, carnis, vale!*), a Quaresma, o jejum, a alimentação a peixe: é um período jupteriano, ou jovial, mas também netuniano ou de elevação espiritual, pois, segundo a Astrologia clássica Netuno, regente do signo Peixes, é o planeta da Divindade, da consciência cósmica, das influências de entidades suprafísicas; é a oitava superior de Mercúrio e o seu raio espiritual é o Azoth (termo técnico designativo do 4.° princípio alquímico, o Espírito Todo-Abrangente), e representa todos os Seres Superiores que ajudam a humanidade desde os planos invisíveis (a palavra AZOTH, *"princípio e fim, alfa e ômega, o Todo-Misterioso Princípio da Vida"*, é composta pelas primeiras e últimas letras dos alfabetos latino, grego e hebraico, respectivamente: A, Alfa e Aleph [transliteradas A, e Z], ômega e Tau transliteradas Z, O, TH).

A passagem do Sol por Carneiro (regido por Marte) simboliza o cordeiro Pascal, marcial, morte na cruz, o ferro da lança de *Longinus*, é o momento do Equinócio da Primavera (21-22 de março: declinação de 0°) quando o Sol *cruza* o Equador celeste de Sul para Norte, voltando a alumiar os céus setentrionais, dando-se assim a passagem para Touro (regido por Vênus), símbolo do amor e da subida ao Reino dos Céus, ou regresso à "Casa do Pai". Toda esta "liturgia" culmina em pleno Ritual do Solstício de Verão (21-22 de Junho), que já era celebrado nos Antigos Mistérios com as festas das messes e das colheitas, e cujo exemplo literário mais conhecido é o clássico de Shakespeare, *A Midsummer Night's Dream*, um grande festival esotérico das fadas e dos silfos, em que intervêm o rei das fadas, Oberon, e a rainha das fadas, Titânia. A liturgia cristã associa este tempo ao festejo de São João Batista, o Precursor (24 de Junho), que antecede e anuncia o Solstício seguinte, o de Inverno, ou o Natal do Cristo: daí as palavras de João o Batista: *"Fui enviado adiante d"Ele"* (João 3,28) e *"Ele há de crescer, e eu diminuir"* (João 3, 30).

Por sua vez, a Páscoa acabou por ficar definida, de acordo com a data adotada pelas primitivas comunidades iniciática cristãs, e que envolve uma relação Soli-Lunar: celebra-se no primeiro Domingo após a primeira Lua Cheia após o Equinócio da Primavera. Essa relação, de um ponto de vista esotérico, era importante para simbolizar o significado cósmico desse evento: o Sol e a Lua são igualmente indispensáveis, pois não se trata apenas de um festival solar. O Sol tem de "cruzar" o Equador (Crucificação), como o faz no Equinócio Vernal, mas a sua luz tem de se refletir na terra através da Lua Cheia, antes que a Ressurreição (iniciática) possa ocorrer. Isto significa que a humanidade ainda não atingiu o grau de evolução suficiente para receber em pleno a "Religião do Sol" do Cristo-Logos (Cristo Cósmico), ou seja, da "Irmandade Universal", e que ainda precisa das Leis dadas pelas Religiões Lunares, diversificadas consoante às raças, nações, etc.

Outras comunidades, que haviam perdido o simbolismo oculto desse fato, adotaram outras datas, como por exemplo: o regresso à "verdadeira" Páscoa histórica ou Páscoa judaica, *Pesach*, no dia 14 do mês de *Nisan* (Esta data celebrava o fato dos hebreus, no tempo em que estavam no Egito, terem sido poupados às forças da destruição do "Anjo Exterminador" que matou todos os primogênitos egípcios, incluindo o filho do faraó. O Anjo disse aos israelitas que fizessem marca com o "sangue do cordeiro" nas suas portas de suas casa, para significar que eram filhos de Deus, e a devastação sobre o Egito passou pelas casas deles sem os afetar (Êxodo 12,15-51). Isso gerou controvérsias que chegaram a durar até ao século VIII. A Igreja Ortodoxa oriental adotou uma data diferente daquela das Igrejas ocidentais, de modo que a Páscoa ortodoxa pode algumas vezes coincidir com a Páscoa católica e protestante e outras vezes ocorrer em uma ou mais semanas depois (em certos anos, chega a ser quatro ou cinco semanas depois).

No hemisfério Sul do planeta Terra, sobre os influxos solares, de acordo com a tradição Rosacruz veiculada por Max Heindel e Rudolf Steiner, também se lhes aplicam, ou não, e em que medida. Aparentemente, o hemisfério sul do planeta Terra não é "contemplado" nas alegorias associadas ao Rosacrucianismo e à Astrologia – e não somente isto: O Hermetismo e a Kabbala estão vocacionados praticamente, para os céus do hemisfério Norte.

Historicamente: os diversos esoterismos que surgiram e se desenvolveram ao longo da história, assentam nos seguintes "corpos disciplinares": Astrologia, Alquimia (Hermetismo), Magia e Kabbala. O Sol e a Lua, os sete planetas e os 12 signos zodiacais constituem, naturalmente, uma antiguíssima matriz sobre a qual se construiu todo um sistema vital para os seres humanos, atendendo à importância que tinha (e ainda tem!) o conhecimento das estações, das chuvas, das geadas, dos degelos, das cheias, dos calores estivais, dos eclipses, das hibernações, etc., enfim, todos os fenômenos climáticos e meteorológicos que se repetem ao longo do ano e que afetam o "calendário", que importa conhecer para controlar a continuidade de vida, quer vegetal quer animal. Ora, as grandes civilizações da história da humanidade desenvolveram-se no hemisfério Norte: China, Índia, Japão, Pérsia, Suméria, Assíria, Babilônia, Egito, Fenícia, Frígia, Grécia, Roma, Escandinava, Eslovênia, Islã, etc., e até, além do Atlântico, os Maias, os Quiches, os Astecas, etc. (A única exceção é o império Inca, ao sul do equador, destruído no século XVI pelos espanhóis).

As astrologias daqueles povos eram naturalmente muito semelhantes, e acabaram por ser unificadas, de certo modo, depois das conquistas de Alexandre Magno (menos, claro, as do continente americano que ainda não era conhecido...), passando para o Ocidente por obra do famoso livro de Ptolomeu intitulado *Tetrabiblos* (séc. II d.C.). Não surpreende, portanto, que tenha surgido toda uma ritualização dos fenômenos celestes associada à religião e ao esoterismo: Natal/Solstício de Inverno, Páscoa, Equinócio de Primavera, etc., bem como os festivais de fertilidade, das sementeiras, das colheitas, etc. associados aos fenômenos do Cristo ao "Sol de Glória", ainda hoje corrente na Igreja Católica, como vimos atrás, continua a ser um testemunho disso, para além de muitas outras ocorrências que se encontram tanto nas religiões de Mistérios como nos atuais esoterismos – rosacrucianos entre outros.

Atualmente: Antes da saga dos descobrimentos (séculos XV e XVI), as regiões do hemisfério Sul, constituídas por pouco mais do que uma parte da América do Sul, a metade inferior da África, e a Oceania, eram habitadas por povos pré-históricos ou proto-históricos com pouco ou nenhum impacto civilizacional nas nossas culturas. Com a "colonização" dessas regiões pelos povos do Norte, os mitos civilizacionais destes povos foram naturalmente implantados no Sul, incluindo os ritos e as festividades associadas não só a religião, mas também aos mitos e aos ciclos astrológicos correlativos. Entretanto, as regiões do Sul, que inicialmente eram apenas "extensões" civilizacionais do Norte, foram assumindo progressivamente uma grande importância, com as sucessivas independências e autonomização cultural de países como a Argentina, o Brasil, o Chile, a África do Sul, Angola, Moçambique, Austrália, etc. – Como as estações se apresentam invertidas em ambos os hemisférios – quando no Norte é Verão aqui, no Sul é Inverno, quando no Norte é Primavera no Sul é Outono – cria-se uma situação relativamente estranha nesses "novos" países do Sul, que naturalmente importaram os "mitos" do Norte, de onde provieram, mantendo as datas, mas com aspectos contrários: o Natal, por exemplo, é igualmente festejado no Norte e no Sul na mesma data, mas as condições são diferentes: no Norte associa-se ao Inverno e à neve, no Sul está em pleno Verão.

Há, no entanto, uma coisa que mantém idêntica no Norte e no Sul, independentemente da inversão das estações: é a Distância, maior ou menor, a que o Sol se encontra da Terra. A Terra percorre uma elipse em torno do Sol, ao longo do ano, e não uma circunferência perfeita, e ocupa um dos focos dessa elipse. Por altura do Solstício de Dezembro, o foco ocupado pela Terra é o que está mais próximo do Sol, fazendo, portanto, com que a Terra seja permeada mais fortemente pela aura do Sol Espiritual, com o correlativo aumento do Fogo Sagrado inspirador de crescimento anímico nos seres humanos. Inversamente, no Solstício de Junho, a Terra está no máximo afastamento do Sol, o que provoca uma diminuição de espiritualidade com uma correlativa intensificação e pujança de vitalidade física. Portanto, é perfeitamente natural que a partir do Equinócio de Setembro, quando a espiritualidade áurica do sol começa a aproximar-se e a vitalidade física começa a esbater-se, as pessoas sintam, tanto no hemisfério Norte como no hemisfério Sul, um certo afrouxamento do ponto de vista físico, e, em contrapartida, uma maior propensão para o recolhimento interno, para a introversão e atração pelo estudo dos mais profundos mistérios da vida e da espiritualidade. Em suma, tanto no Norte como no Sul, ainda que as estações sejam opostas, os influxos, quer físicos quer espirituais, decorrentes da distância focal da Terra ao Sol, são idênticos.

DO *RITUEL MAÇONNIQUE POUR TOUS LES RITES*, PAR LE F. RIEBES-THAL, CHEV∴ DE TOUS LES ORD∴ MAÇ∴, T∴ SAGE D'HON∴ AD VITAM DU SOUV∴ CHAP∴ DE LA VRAIE-FRATERNITÉ, A LA VAL∴ DE STRASBOURG. – STRASBOURG, DE L'IMPRIMIRIE MAÇ∴ DE Mme Ve SILBERMANN. 1826.

(Manteremos os Rituais, conforme no original acima, sem as correções pertinentes ao hemisfério Sul – aqueles que quiserem executar tais Rituais deverão ajustá-lo necessariamente de acordo com as realidades astrológicas e astronômicas da nossa condição geográfica e logicamente aos seus respectivos ritos).

RITUAL MAÇÔNICO DO EQUINÓCIO DA PRIMAVERA

O DESPERTAR DA NATUREZA

Decoração da Loja

Esta festa deverá ser celebrada no dia do Equinócio da Primavera ou no primeiro Domingo que segue a esse Equinócio.

A Loja deverá estar decorada da seguinte forma: no Oriente, sob o trono, ou acima, como de praxe, um triângulo brilhante, em forma de glória, com o nome *Jehovah* ou simplesmente o Yod, em caracteres hebraico ('); do lado sul do trono estará uma vinheta (ilustração) representando o Sol elevado sobre um túmulo; ao lado deste Sol estará um outra vinheta representando a constelação do Carneiro (Áries); próximo desta última ilustração, será colocado uma mesa e sobre esta haverá um cordeiro assado, uma faca, uma taça e um jarro cheio de vinho.

Do lado Norte, estará a Lua; ao lado da Lua, e de frente a constelação do Carneiro, ficará uma vinheta representando uma laranjeira cheia de flores e frutos verdes. Próximo a essa última vinheta deverá estar disposta outra mesa e sobre esta haverá uma estrutura de forma elíptica suportando doze colunetas, colocadas em igual distância ao redor de uma coluna, que será o centro da elipse, sustentando um globo; em cada uma das outras colunas (colunetas) servirá de base para uma vela de cera, pronta para ser acessa. A altura destas doze colunetas não deverá ultrapassar a metade da circunferência que elas formam entre si de modo que o círculo elíptico das doze estações que sustentam as duas partes iguais do globo (na altura do equador) formando um ângulo de 24°. E no local de costume (no *altar dos perfumes*) terá o turíbulo e um recipiente contendo especiarias (perfumes).

Sobre o altar haverá um candelabro de três braços, disposto de tal forma que estas hastes e as três Est∴ que lá estarão colocadas sobre a mesma linha horizontal estendendo-se no eixo Sul Norte. Em baixo de cada Est∴ será colocado um papel com as seguintes inscrições:

Sabedoria ∴ Justiça ∴ Bondade ∴

No meio do Templo, no local do "quadro", será colocado um quadrado oblongo com aproximadamente nove polegadas de altura. Ao lado deste quadrado que deverá estar coberto com um tecido negro, deverão estar dispostos três candelabros com archotes colocados na forma indicada no manual de A∴ de cada Rito.

O candelabro colocado no lado do O∴ será decorado com a inscrição: A∴G∴D∴G∴A∴D∴U∴; do lado do 1º Vig∴ a inscrição: À VIRTUDE, e ao lado do 2º Vig∴ a inscrição: À HUMANIDADE. Sobre a cobertura do quadrado oblongo, estarão um Esquadro, um Compasso, um Nível, um Prumo, uma Pedra Bruta, uma Pedra cúbica pontiaguda, um Malhete, um Cinzel, uma Régua, uma Prancheta de traçar, uma Corda de união e uma Esfera armilar que será colocada no ângulo compreendido entre a linha do Norte e a do Oriente; os objetos precedentes deverão estar dispostos como nos manuais tradicionais de cada Rito.

Doze triângulos, cada qual contendo três estrelas, decorarão o Templo, a saber: seis do lado compreendido entre o O∴ e o Oc∴ passando pelo Sul, e seis do lado compreendido entre o Or∴ e o Oc∴ passando pelo Norte. O Templo estará ornamentado com guirlandas de flores. As três vinhetas, representando o Sol, a constelação de Áries e a laranjeira, estarão encobertas e aparecerão somente no momento adequado. No início dos TTrab∴ haverá apenas nove estrelas acesas: três sobre o altar (T∴ de Sal∴), duas em frente a cada um dos VVig∴, uma em frente ao Or∴ e uma em frente ao Sec∴. As trinta e seis estrelas dos doze triângulos deverão, caso seja possível, ser acesas no mesmo instante eletricamente.

Os IIr∴ que possuam o Gr∴ de Cav∴ R∴ † deverão ter suas insígnias encobertas até o momento em que todas as estrelas forem acessas.

Execução dos TTrab∴ da Festa do Despertar da Natureza

Os TTrab∴ serão abertos ritualisticamente, como de costume, no Gr∴ de Apr∴. Far-se-á a leitura da ata do último Trab∴ e, em seguida, as Delegações e os VVis∴ darão entrada com formalidade no

Templo, na forma prevista nos manuais das Obediências Regulares.

Depois desta entrada, o Ven∴ dará conhecimento, numa alocução objetiva e sintética, o objetivo da festa do dia que consiste na celebração do início do novo ano Maçônico e do regresso do Sol ao Equinócio da Primavera, onde os VV∴ MM∴ se reunirão neste momento para dar graças ao G∴A∴D∴U∴ pelas dádivas que distribuiu aos homens no ano precedente e para o invocá-lo a fim de que abençoe os seus TTrab∴ e os mantenha no caminho da virtude no ano que começa.

O Ven∴ M∴ no seu discurso preocupar-se-á em chamar a atenção dos IIr∴ para as diversas cerimônias que terão os necessários cuidados para que melhor possam avaliar o seu resultado e sentir as melhores influências e receber os benefícios do culto sagrado, natural e fundamentalmente moral que a F∴ M∴ deve professar.

Terminado o discurso, o Ven∴ M∴ dará um golpe de malhete e dirá:

Ir∴ 1º Vig∴, em que época estamos?

1º Vig∴ Na época em que o ano 5775 V∴L∴ iniciou o seu curso.

Ven∴ M∴ Uma vez que chegamos nesta época tão solene, IIr∴ 1º e 2º VVig∴, anunciai, cada um na vossa Col∴, que vou dar início aos TTrab∴ respectivos, e juntai-vos a mim para esse efeito.

Tendo os VVig∴ feito o anúncio em suas CCol∴, o Ven∴ M∴ diz:

De pé e à Ord∴, meus IIr∴

Os Dois VVig∴ deixarão seus AAlt∴ para se juntarem ao Ven∴ M∴, o 1º Vig∴ colocando-se à sua direita e o 2º Vig∴ à sua esquerda.

O Ven∴ M∴, acompanhado dos dois VVig∴, dirige-se à mesa a qual se encontram o turíbulo e os perfumes; entregará o turíbulo ao 1º Vig∴ e a taça dos perfumes ao 2º Vig∴, em seguida colocar-se-á com eles diante do T∴ de Salomão (de frente para o Oriente), onde proferirá a invocação, estando à Ord∴ e com mão esquerda segura o ritual:

Ser Eterno e Imutável, que adoramos sob o nome de Jehovah! A tua presença enche o universo; a tua Omnipotência, Sabedoria, Justiça e Bondade manifestam-se em toda a extensão da imensidão. Um só e mesmo instante expõe perante a ti, a duração infinita do passado e do futuro e, a cada momento, em tua homenagem, começa uma nova eternidade.

Os mortais habitantes da terra, pelo contrário, vêm a cada dia aproximar-se o fim das suas frágeis existências e contam, com preocupação, as horas, os dias, os meses e os anos, enquanto a natureza lhes apresenta, a cada novo dia, novas provas da tua Sabedoria, da tua Justiça e da tua Bondade.

O ano de 5775 acaba de dissipar no abismo do passado; não obstante, continuaremos a usufruir das benesses que a tua divina providência derramou sobre nós o seu curso.

Acaba de se iniciar um novo ano, prometendo-nos novas aventuras, e o majestoso globo do Sol, aproximou-se do Equinócio da Primavera para trazer ao nosso hemisfério a luz, o calor e a vida.

É celebrando esta época solene que os Filhos da Luz vêm oferecer-te o seu incenso como prova da profunda veneração e da gratidão viva e sincera de que estão imbuídos.

Homenagem e glória à tua Sabedoria, à tua Justiça e à tua Bondade infinita!

O Ven∴ M∴ ao pronunciar estas últimas palavras incensa três vezes o candelabro de três braços dizendo:

Faz, ó G∴A∴D∴U∴, com que estas três perfeições divinas estejam sempre presentes nos nossos espíritos; que sejam elas a base de todas as nossas opiniões religiosas e os únicos guias da nossa vontade, a fim de que sejamos sábios, justos e bons, não só em relação a nós mesmos como em relação aos nossos semelhantes. Amém!

O Ven∴ M∴ acende uma pequena vela no candelabro de três braços e aproxima com os dois VVig∴ do candelabro colocado ao lado do Orador, onde continua:

Ser infinitamente sábio! Deste-nos o discernimento para termos a condição de distinguir o verdadeiro do falso, de observar e admirar as obras-primas que a tua omnipotência opera na natureza, e de nela reconhecermos a prova evidente da tua grandiosidade e da tua perfeição.

O Ven∴ M∴ acende a incensa mais uma vez a chama do candelabro, dizendo:

Ateia para sempre nos nossos corações a veneração e a gratidão que te devemos. Conduz-nos no caminho da verdade e transmite aos nossos espíritos a força de conceber ideias dignas de ti e para que nunca deixemos de reconhecer em ti o ser mais perfeito possível. Amém!

O Ven∴ M∴ e os VVig∴ vão até o candelabro colocado ao lado do 1º Vig∴, e o Ven∴ M∴ continua:

Ser infinitamente justo! Dotaste-nos de uma consciência que julga as nossas ações, fazendo-nos sentir a diferença entre o bem e o mal.

O Ven∴ M∴ acende a vela e, incensando-a, diz:

Ateia nos nossos corações o amor pela virtude. Conserva nas nossas consciências a pureza que nos transmitiste e livra-nos de todas as ações cujo efeito possa tornar-se prejudicial quer para nós mesmos quer para os nossos semelhantes. Amém!

O Ven∴ M∴, e os VVig∴ dirigem-se ao candelabro colocado ao lado do 2º V∴, e o Ven∴ M∴ prossegue:

Ser infinitamente bom e justo! Deste-nos uma vontade livre para podermos escolher entre o bem e o mal, e para que possamos sentir uma satisfação tanto maior quanto mais tenhamos contribuído para nossa felicidade fazendo o bem. Tu queres que os homens estejam unidos entre si e, assim, a tua sabedoria regulamentou as coisas de maneira que a felicidade individual não possa existir sem que seja o resultado do bem comum.

O Ven∴ M∴ acende a outra vela e incensando-a diz:

Ateia, pois, nos nossos corações, o amor pelos nossos semelhantes e transmite a todos os Filhos da Luz o ardor e a força de trabalhar sem descanso para o bem da humanidade, objetivo nobre e generoso da nossa instituição. Amém!

Após esta invocação, o Ven∴ M∴ regressa ao Or∴ com os VVig∴ que colocam o turíbulo e os perfumes nos seus lugares e, seguidamente, se dirigem para suas estações. Durante este tempo, o M∴ de Harmonia fará ouvir uma música suave e adequada ao momento.

Seguidamente, o Ven∴ M∴ dará um golpe de malhete e dirá:

Ir∴ 1º Vig∴ Onde estamos?

1º Vig∴ Numa Loja Justa e Perfeita.

V∴ M∴ Em que ponto geométrico se situa?

1º Vig∴ Sol o .... grau, ... minutos e .... segundos de latitude boreal.

V∴ M∴ A que altura vemos o Sol?

1º Vig∴ Próximo do ponto equinocial da Primavera.

V∴ M∴ Que resultado pode se esperar desta posição?

1º Vig∴ Que o Sol, depois de ter percorrido o equador, transmitirá às regiões do nosso hemisfério uma nova luz, um calor benfazejo e uma nova vida a tudo o que existe.

Ven∴ M∴ Por intermédio de que ocorrerá essa passagem?

1º Vig∴ Pelo sacrifício alegórico de Áries que os povos da antiguidade chamavam de cordeiro celeste!

V∴ M∴ O que entendes por este sacrifício alegórico?

1º Vig∴ Que a constelação de Áries deve ser eclipsada e perder-se nos raios do Sol para que possamos sentir os efeitos da sua luz benfazeja.

Depois dessa resposta, o Ven∴ M∴ diz:

De pé a Ordem, meus IIr∴

O Ven∴ M∴ acende as doze estrelas da elipse e os RR∴ todos retiram as suas insígnias negras, colocando as de vermelho.

O Ven∴ M∴ continua:

Que a obscuridade se desvaneça e que o brilho de uma nova luz apareça sobre a superfície do nosso hemisfério para revivificar tudo o que exista. Que a verdadeira luz dissipe as trevas do erro como o Sol dissipa as sombras da noite. Que o G∴A∴D∴U∴ cubra a terra com as suas graças e espalhe a sua bênção do Or∴ao Oc∴ e do S∴ ao N∴ sobre tudo o que respira. Amém!

Juntai-vos a mim, meus IIr∴, para saudarmos o regresso do Sol sobre o nosso hemisfério, com uma tríplice bateria de 3 X 3.

Desde o início dos TTrab∴ o Ir∴ M∴ Cer∴ ficará responsável pelo cordeiro que trinchará sua carne sem usar talhares, para servi-lo, em seguida, a todos os presentes, acompanhado de uma única taça de vinho. O Ir∴ Arquiteto fará com que todas as vinhetas se tornem visíveis descobrindo-as enquanto apareçam todas as estrelas acessas. Da coluna da harmonia faz-se ouvir logo os aplausos seguidos por toda a Loja, onde todos aguardam o comando para comer e beber com solenidade e silêncio.

O Ven∴ M∴ concede depois a palavra ao Ir∴ Orador e, uma vez que este termine o seu discurso e tenha agradecido dentro dos planos de costume, o Ven∴ M∴ diz:

IIr∴ 1° e 2° VVig∴, convidai os IIr∴ que decoram as duas CCol∴ a juntarem-se a mim para terminarmos os TTrab∴ desta jornada solene estreitando os nós do vínculo sagrado da amizade e lealdade sincera que nos une, consumindo para tal o alimento que a divina providência colocou à nossa disposição.

Depois de tal convite ser dito e repetido pelos VVig∴, o Ven∴ diz:

Reuni-vos à volta do quadro, meus IIr∴.

Todos os IIr∴ se levantam e reúnem-se à volta do quadro. Leva-se ao Ven∴ M∴ sobre a qual se encontra o cordeiro já trinchado e um jarro cheio de vinho, quando, em seguida, a cada um será servido um naco de carne e uma taça de vinho.

O Ven∴ M∴ estende a sua mão direita dizendo:

G∴A∴D∴U∴! Abençoa estes alimentos que vamos consumir em tua glória. Conserva nos nossos corações a amizade fraterna que nos une e faz com que seu objetivo e os seus efeitos sejam sempre salutares para a humanidade. Amém!

O Ven∴ M∴ toma a travessa sobre a qual se encontra o cordeiro trinchado e depois de servir-se passa a travessa ao Ir∴ 1º Vig∴ que está a sua direita, e este para o Ir∴ 2º Vig∴ e assim sucessivamente até que todos estejam servidos e quando isto ocorrer o Ven∴ M∴ dirá:

Tomai e reparti entre vós o mesmo alimento em testemunho da sinceridade dos sentimentos fraternos que vos animam uns aos outros.

Seguidamente, levanta sua taça, bebe e apresenta-a ao Ir∴ 1º Vig∴, que está a sua direita, dizendo:

Tomai e bebei com os vossos IIr∴ do mesmo copo; que este licor fortifique a afeição que vós lhes dedicastes.

Depois da taça ter circulado, o Ven∴ M∴ dá o beijo da paz ao Ir∴ 1º Vig∴, que continua à sua direita, e ao Ir∴ 2º Vig∴ que se encontra à sua esquerda. O M∴ de Cer∴ retribui-lhe logo que o beijo tenha circulado até ele (sempre de um só lado), e todos retornam aos seus lugares. Os trabalhos retomam o seu curso normal e encerram-se na forma tradicional.

CERIMONIAL DA FESTA DO ESPLENDOR DA LUZ

SOLSTÍCIO DE VERÃO

O Solstício de Verão no Hemisfério Sul acontece no mês de dezembro e corresponde a um período de muitas chuvas em nossa região. Durante o Solstício a terra se aproxima mais do Sol e, portanto recebe deste mais energia e mais irradiação. Nas sociedades agrícolas, como eram os celtas e no nosso espaço da Zona da Mata eminentemente agrícola, as pessoas fazem as colheitas de milho, feijão e soja, além da colheita das frutas. O milho seria o cereal símbolo de nossa cultura latino-americana e pela cor amarela representa mais o elemento fogo e o Sol.

Significado da Festa:

Busca de integração com a natureza, com o elemento fogo interno, em cada um de nós, que é a força da criação e da fecundidade. No plano cósmico significa o contato mais direto com o Sol – com o Deus Pai, que na mitologia céltica seria Belém. No plano cristão seria a energia crística nascente ou o Deus menino.

Decoração da Loja

Sob cada um dos três candelabros de três braços terá um triângulo com a seguinte inscrição:

Sabedoria ∴ Justiça ∴ Bondade ∴

O Templo deverá estar enriquecido com os seguintes detalhes: as CCol∴ com guirlandas de flores. No Oriente, ao lado da Col∴ do Sul, deverão estar duas vinhetas (ilustrações) as quais a mais próxima do trono representará o Sol elevado sobre um cume de uma pirâmide e a segunda ilustração representará a constelação de Câncer. Em frente a esta última, do lado da Lua, terá uma terceira vinheta representando uma laranjeira com 12 frutos maduros. Os demais objetos necessários aos TTrab∴ deverão encontrar-se como de costume, bem como um recipiente com incenso que deverá estar no Altar dos Perfumes. Caso haja recepção de PProf∴, o cerimonial da festa só os dará entrada ao Templo após as formalidades de abertura dos TTrab∴.

RITUAL DA FESTA DO ESPLENDOR DA LUZ

A abertura dos TTrab∴; leitura da ata da última sessão, admissão de Comitivas e Visitantes de maneira habitual e depois que a Loja estiver composta e todos nos devidos lugares o Ven∴ M∴ dará um golpe de malhete e dirá:

Ir∴ 1º Vig∴, porque celebramos a festa do Esplendor da Luz?

1º Vig∴ Porque o Sol atingiu a sua mais alta elevação boreal.

Ven∴ M∴ Em que signo do zodíaco entrou?

1º Vig∴ No de Câncer.

Ven∴ M∴ Que significa este signo?

1º Vig∴ Assim como o caranguejo é um animal que caminha recuando, os povos da antiguidade observando o movimento no céu deram o nome de Câncer à constelação na qual o Sol acaba de entrar para indicar, por meio dessa figura alegórica, que o Sol vai retroceder em direção ao Equador.

Ven∴ M∴ O que resulta da chegada do Sol ao seu ponto boreal mais elevado?

1º Vig∴ Que se dissiparam as trevas e que o reino da Luz está no seu maior esplendor.

Ven∴ M∴ Por quem foi solenizada esta época?

1º Vig∴ Pelos sábios de todos os tempos que seguiram o culto da natureza.

Ven∴ M∴ Em que consiste este culto?

1º Vig∴ Consiste em observar as maravilhas da natureza cuja contemplação eleva a alma até ao autor de tudo o que existe; em estar atento às relações que existem entre estas maravilhas e os seus movimentos, às suas combinações e aos efeitos que delas resultam dado que esta atenção conduz o espírito ao conhecimento das perfeições divinas e dá à inteligência a força de conceber ideias dignas da grandeza do motor de todas as coisas; enfim, a encontrar nas combinações dos movimentos celestes, e variações da natureza, alegorias onde reside uma moral pura e natural, cuja agradável imagem se impregna com facilidade no espírito, incitando o homem à prática da virtude.

Ven∴ M∴ Meu Ir∴, para nos provar o que acabas de nos dizer, diga-nos qual é a relação entre a moral e a posição atual do Sol?

1º Vig∴ O Sol, avançando pouco a pouco para o hemisfério, dissipou diante dele as trevas, foi o vencedor, e apresenta-se perante nós no seu maior esplendor. A luz e o calor elevaram-se ao mais alto grau de força e duração; toda a vegetação dos nossos climas chegou ao fim do seu crescimento; tudo nos apresenta a imagem da perfeição e tudo a ela nos incentiva.

O Sol, após ter derramado sobre nós todas as graças que a divina providência nos destinou, chegou vitorioso ao termo da sua carreira boreal. Irá doravante afastar-se para animar e vivificar outras regiões. Não será esta imagem possível de nos incentivar, uma vez que, imitando o Sol, espalharemos à nossa volta todas as bondades de que somos capazes, dissipando à nossa frente as trevas do preconceito, do erro e da ignorância, procurando adquirir toda a perfeição moral que nos é possível atingir, tornando o nosso espírito apto a animar, numa outra esfera, um ser mais perfeito, quando atingirmos o termo do nosso percurso sobre a Terra?

Ven∴ M∴ Sim meu Ir∴! Esta imagem é bem adequada para nos comprometer nesta imitação; os sábios da antiguidade sentiram nela a verdade, transmitiram-nos os seus sentimentos deixando-nos esta bela alegoria, onde a perfeição está representada por uma pirâmide sob o Sol. Procuremos assim a via que nos conduzirá à perfeição. Mas, meu Ir∴, por onde teremos de começar para atingir nossos objetivos?

1º Vig∴ Por uma busca que nos indicará os meios.

Ven∴ M∴ Onde faremos esta procura?

1º Vig∴ Junto das Grandes Luzes que nos iluminam.

Ven∴ M∴ Ir∴ Orador, faz essa procura, e que a tua inteligência te sirva de guia ensinando-nos por onde deveremos começar para atingir a perfeição.

Após estas palavras, o Ven∴ M∴ desloca-se para junto do candelabro que está no sudeste do quadro de Loja; o 1º Vig∴ se dirige para junto da coluneta situada no Sudoeste e o 2º Vig∴ desloca-se para junto da coluneta disposta no Noroeste.

O Ir∴ Or∴ abandona o seu lugar e desloca-se em direção ao Ven∴ M∴ que lhe pergunta:

Que procuras meu Ir∴?

O Ir∴ Or∴ responde:

O caminho da perfeição.

O Ven∴ M∴ levanta então o candelabro com a mão direita e diz:

Procura e acharás.

O Ir∴ Or∴ pega o triângulo escondido sob o candelabro, e diz:

Encontrei.

O Ven∴ M∴ pergunta-lhe:

O que é necessário fazer para atingir a perfeição?

O Ir∴ Or∴ responde, lendo solenemente em voz alta a inscrição:

Procurar nas maravilhas visíveis do Universo o conhecimento de Deus e das suas perfeições, ser sempre dócil à voz da Natureza, ela representa a Razão e o Conhecimento.

Após esta leitura, o Ven∴ M∴ diz:

Meu Ir∴, continua a tua procura.

O Ir∴ Or∴ desloca-se até estar junto do Ir∴ 1º Vig∴, que lhe coloca as mesmas questões.

1º Vig∴ Que procuras, meu Ir∴?

O Ir∴ Or∴ responde:

O caminho da perfeição.

O 1º Vig∴ levanta o candelabro e diz:

Procura e acharás.

O Ir∴ Or∴ pega no triângulo escondido sob o candelabro e diz:

Encontrei.

Então o 1º Vig∴ pergunta-lhe:

O que é necessário fazer para atingir a perfeição?

O Ir∴ Or∴ responde, lendo solenemente e em voz alta a inscrição:

Praticar a virtude e fugir do vício, não na espera de recompensa, ou no medo de uma punição qualquer; mas sim para estar sempre satisfeito consigo mesmo.

Após esta leitura o 1º Vig∴ diz:

Meu Ir∴, continua a tua procura.

O Ir∴ Or∴ desloca-se então para junto do Ir∴ 2º Vig∴.

2º Vig∴ Que procuras, meu Ir∴?

O Ir∴ Or∴ responde:

O caminho da perfeição.

O Ir∴ 2º Vig∴ levanta o candelabro e diz:

Procura e acharás.

O Ir∴ Or∴ pega o triângulo escondido sob a coluneta e diz:

Encontrei.

Então o Ir∴ 2º Vig∴ pergunta-lhe:

O que é necessário fazer para atingir a perfeição?

O Ir∴ Or∴ lê a inscrição:

Amar os seus semelhantes, ser-lhes úteis na medida do possível, e não procurar a sua própria felicidade se não estiver no bem-estar comum de todos.

Após a leitura, cada um regressa ao seu devido lugar depois de ter suspendido cada triângulo dos respectivos candelabros.

O Ven∴ M∴ retorna ao Oriente e dá um golpe de malhete dizendo (caso não tenha PProf∴ no T∴):

De pé e à Ord∴, meus IIr∴!

O Ven∴ M∴ faz arder o incenso no turíbulo, e após movimentá-lo adequadamente, gerando fumaça e aroma de doce perfume, dirá:

Demos graças ao G∴A∴D∴U∴ pelas benesses com que a Sua providência nos brindou durante a Primavera que finda. Que a sua divina bondade se derrame sobre os trabalhos de todos os Maçons que habitam os dois hemisférios, a fim de que a luz da verdade triunfe sobre as trevas do erro, como o Sol triunfa neste momento sobre as trevas da noite. Que a virtude aqueça as nossas almas como o Sol aquece a terra, para que a nossa vida seja fértil e bondosa e que não deixemos de seguir com coragem o caminho da perfeição, no qual iniciamos desde já a caminhada. Amém!

Saudemos, assim, o triunfo da Luz com uma tríplice bateria. A mim, meus IIr∴.

Após a bateria, o Orador obtém a palavra, retomando-se, em seguida, o curso normal dos TTrab∴

CERIMONIAL DA FESTA DO REPOUSO DA NATUREZA

EQUINÓCIO DE OUTONO

Esta festa deverá ser comemorada e celebrada no dia do Equinócio, ou no Domingo mais próximo desta data.

Decoração do Templo

Do lado Norte do altar deverá estar ornado costumeiramente com a Lua e, no mesmo lado, próximo a esta, estará uma vinheta (ilustração) simbolizando uma cornucópia contendo entre alguns frutos, doze laranjas. Próximo da vinheta encontrar-se-á uma mesa com a elipse de doze colunas, como nos outros rituais de festas das estações terá sobre a mesa um recipiente com especiarias para serem queimadas no turíbulo e uma pequena vela de cera.

Do lado Sul do altar, deverá estar, como habitualmente, o Sol; um tronco redondo e sobre o qual estará um tecido negro de tal maneira qual possa ser adaptado para cobrir e descobrir o Sol num momento adequado.

No mesmo quadrante, bem próximo da ilustração do Sol, colocará uma vinheta representando a constelação de Libra, e junto desta, uma mesa com um cesto cheio de pães ou bolos cortados em pequenos pedaços quadrados, ou um grande bolo que será repartido posteriormente. Deverá ter também uma vasilha cheia de maçãs, peras, uvas e nozes, e, por fim, uma grande taça cheia de vinho. Diante do Trono de Salomão encontrar-se-á o altar dos perfumes, com um recipiente contendo as especiarias para serem queimadas no turíbulo, caso não tenha este altar, deverá colocar uma pequena mesa para substituir estas recomendações. A parte superior das paredes da Loja, e as duas CCol∴ J∴ e B∴, encontrar-se-ão ornamentadas de grinaldas as quais deverão estar emaranhadas com frutos e espigas. O restante da decoração é a mesma mencionada na festa do Despertar da Natureza.

Os Trabalhos da Festa do Repouso da Natureza

Os TTrab∴ serão abertos, como de praxe, no Gr∴ de Apr∴ M∴. Fará a leitura da última ata dos últimos TTrab∴ e, em seguida, será dada entrada em Loja as Delegações e Visitantes, segundo seus usos e costumes.

Após a introdução no Templo de todos que participarão da Festa, que consiste na manifestação de agradecimento ao G∴A∴D∴U∴, pelas graças que foram derramadas sobre os homens durante as belas estações do ano, os IIr∴ prepararão os detalhes para que a cerimônia que será executada em seguida tenha seus devidos efeitos salutares. Aproveita-se este momento inicial para explicar as alegorias de acordo com suas compreensões, que têm como finalidade gerar uma reflexão, em cada um presente, sobre os fenômenos que se processam na natureza. Lembrando que todo nosso trabalho e intensão final é elevar nossos corações até o Ser supremo, o qual nos faz reunir motivados, neste momento tão glorioso da Festa do Repouso da Natureza.

As estrelas da elipse com doze colunas referida no cerimonial da festa do Despertar da Natureza, bem como os doze triângulos que decoram as paredes do Templo, nelas terão incluídas todas as estrelas alegóricas, que estarão acessas desde o início dos trabalhos.

O Ven∴ M∴ dá um golpe de malhete e diz:

Ir∴ 1º Vig∴! Onde estamos?

1º Vig∴ Numa Loja J∴ e P∴

Ven∴ M∴ Que viemos fazer aqui?

1º Vig∴ Vencer nossas paixões, libertarmo-nos do preconceito e dos nossos erros, procurar a verdade e trabalhar para o bem-estar da pátria e da humanidade.

Ven∴ M∴ Sob que ponto geométrico a nossa Loja está situada?

1º Vig∴ Sob o .... grau .... minutos e .... segundos de latitude boreal.

Ven∴ M∴ A que altura vemos o Sol?

1º Vig∴ Perto do ponto equinocial do Outono.

Ven∴ M∴ Onde está colocado este ponto face a abóboda celeste?

1º Vig∴ No princípio de uma das doze partes do zodíaco, na qual os anciões deram a figura da balança, indicando a igualdade entre os dias e as noites. É neste ponto que o Sol atravessa o equador a fim de depositar os seus raios fecundos sobre o hemisfério austral.

Ven∴ M∴ O que devemos esperar deste acontecimento?

1º Vig∴ Que as geadas sucederão ao calor e as trevas à luz, que a natureza descansará no nosso clima, despertando na Primavera linda e revigorada.

Ven∴ M∴ Nesta circunstância que temos de fazer?

1º Vig∴ Dar graça ao G∴A∴D∴U∴ pelas benesses com que acaba de nos cobrir, desfrutá-las com moderação e partilhá-las com aqueles que vivem no infortúnio.

Após esta resposta, o Ven∴ M∴ dirá:

Sendo assim, meus IIr∴ façamos o nosso dever. IIr∴ 1º e 2º VVig∴ juntai-vos a mim. De P∴ e a Or∴, meus IIr∴! (caso haja visitantes profanos, os IIr∴ apenas ficarão de pé sem estar a Or∴).

O Ven∴ M∴ desce do altar e coloca-se entre os VVig∴ que acabam de se deslocar até à frente do altar dos perfumes, e todos terão as faces viradas para o Oriente. O 1º Vig∴ apresenta ao Ven∴ M∴ o recipiente com as especiarias, despejando um pouco de perfume ou grãos no turíbulo e o 2º Vig∴ com uma vela acesa aguarda o sinal para acender o turíbulo.

O Ven∴ M∴ acende o turíbulo e maneja-o de forma que enriqueça o ambiente com o doce e suave perfume, pronunciando a seguinte invocação:

Ser eterno, fonte de todo bem! Não existe lugar algum, nem na imensidão do céu nem da terra, que não ateste a tua presença e os nossos olhares não se podem fixar em nenhum lugar sem lá encontrar provas da tua grandeza e de todo o teu poder. Estes corpos celestes, que um movimento regular faz circular na vasta imensidão do universo, poderíamos nós vê-los plainar sobre as nossas cabeças sem admitir a tua infinita sabedoria? Este Sol majestoso que lança alternadamente os seus raios benfazejos sobre os dois hemisférios para lá se produzir o que é necessário à vida de todo o ser que os habita, não é ele uma prova evidente da tua justiça? Os encantos sem número que a natureza oferece a cada um dos nossos sentidos, não atestam a tua bondade?

Ser infinitamente sábio, justo e bom, receba, como o incenso que se eleva deste altar, a homenagem da nossa intensa gratidão por toda a benevolência que derramaste sobre nós. Faz com que nós possamos desfrutar em paz e moderação, e que nunca nos esqueçamos daqueles que vivem no infortúnio.

Quando o sopro gelado do Boreal nos cobrir de geada, quando as longas noites de Inverno nos envolverem nas trevas, aquece então a nossa dedicação para que não cessemos de caminhar pela senda da virtude e da benevolência e faz com que a chama da verdade brilhe aos nossos olhos com uma claridade ainda mais viva para que, na obscuridade em que estaremos mergulhados de nenhum modo nos impeça de elevarmos as nossas almas para ti e de ler no livro sagrado da natureza, onde todo o teu poder desenhou, em caracteres inalteráveis e inteligíveis para todas as gerações, as provas evidentes da tua grandeza e da tua perfeição. Amém!

Depois de ter pronunciado a invocação, o Ven∴ M∴, acompanhado pelos dois VVig∴ dá a volta circulando o quadro da Loja passando pelo Sul, Ocidente e Norte parando em cada um dos três candelabros.

Ao chegar perto do primeiro candelabro, que estará junto do Orador, o Ven∴ M∴ colocará a mão direita sobre o candelabro e dirá:

Meus IIr∴, não esqueçamos nunca a profunda veneração e a gratidão viva e sincera que devemos ao G∴A∴D∴U∴.

Aproxima-se do segundo candelabro e diz, tocando-o:

Não nos afastemos nunca do caminho da virtude e da verdade e trabalhemos sem cessar no nosso aperfeiçoamento moral.

Por fim, aproxima-se do terceiro candelabro, toca-o e diz:

Sejamos humanos e benevolentes com todos os homens e contribuamos, tanto quanto pudermos, para o bem comum.

O Ven∴ M∴ a terminar a fala anterior diz:

Aos vossos lugares meus IIr∴

Depois dessas palavras, faz-se ouvir a coluna da harmonia, que escolherá uma música adequada ao momento, regressando aos devidos lugares, o Ven∴ M∴ e os VVig∴ aguardam o término da música e o Ven∴ M∴ através dos VVig∴, convida a todos para estarem atentos ao discurso do Ir∴ Orador.

(O Ir∴ Orador fará um discurso sucinto e objetivo).

Após o discurso, o Ven∴ M∴ agradece ao Orador da maneira habitual, e dando um golpe de malhete dirá:

De P∴ e a Or∴, meus IIr∴!

Depois dessas palavras, coloca-se diante do altar, face ao Ocidente, e manda pôr à sua frente a mesa com os pães e o vinho; o Ven∴ M∴ estende a mão direita sobre o pão e o vinho, dizendo:

Que o G∴A∴D∴U∴ abençoe o pão e o vinho que a sua divina bondade nos proporcionou para nos alimentarmos e para alegrar os nossos corações; que derrame igualmente a sua bênção sobre tudo o que a natureza produz para fazer subsistir os seres que habitam o globo terrestre. Amém!

Meus IIr∴ deixai os vossos gládios e formai um círculo em torno do quadro de Loja.

Estando todos os IIr∴ ao redor do quadro, o Ven∴ M∴ dirá:

Partilhemos entre nós o mesmo pão e bebamos do mesmo cálice; que estes dois alimentos sirvam de cimento para a aliança fraterna que une os verdadeiros filhos da luz.

O Ven∴ M∴ pega um pedaço de pão e apresenta o cesto ao M∴ de Cer∴ que o faz circular para que cada Ir∴ pegue um pedaço. Quando o pão tiver circulado, o Ven∴ M∴ pega então o cálice, bebe e o faz circular para que todos tomem do vinho, até que a taça retorne novamente ao Ven∴ M∴ quando este dá o beijo da paz ao Ir∴ que se encontra a sua direita, como também fará o mesmo procedimento aquele que estiver a sua esquerda. De modo que os mesmos prossigam por ambos os lados até que o M∴ de Cer∴ que lhe devolverá. Dizendo em seguida:

Aos vossos lugares, meus IIr∴

Quando todos os IIr∴ estiverem nos seus lugares, o Ven∴ M∴ dá um golpe de malhete e diz:

Ir∴ 1° Vig, o que nos falta fazer?

1° Vig∴ Falta prepararmo-nos para viver sob o reino das trevas sem perdermos os benefícios que adquirimos sob o reino da luz.

Ven∴ M∴ Para não as perdermos enquanto esperamos o regresso da luz, escondamos as nossas ferramentas no interior das nossas CCol∴.

Após essas palavras, o M∴ de Cer∴ faz aproximar do quadro oblongo os IIr∴ previamente designados, confiando a cada um deles uma das seguintes ferramentas: o Esquadro, o Compasso, o Nível, o Fio-de-prumo, a Prancheta, a Régua e a Pedra cúbica.

Depois de retirados todos estes objetos, o Ven∴ M∴ dirá:

Deixai o resto das ferramentas sobre o quadro de Loja para que nos sejam úteis nas trevas. Parti, meus IIr∴.

Os IIr∴ portadores das ferramentas colocam-se dois a dois e, ao som da coluna da harmonia, contornam três vezes o quadro de loja; após a terceira volta, saem do templo, que ficará aberto até o seu regresso de uma câmara contígua onde deixam as ferramentas com a prontidão e saem em seguida, retornando aos seus respectivos lugares.

Logo que todos estejam nos seus devidos lugares, o Ven∴ M∴ dá um golpe de malhete e diz:

Ir∴ 1º Vig∴, que horas são?

1º Vig∴ É o momento em que o Sol atravessa o equador no seu ponto equinocial de Outono, para que seus raios atingem o hemisfério austral.

Ven∴ M∴ Dado que chegou a hora, IIr∴ 1º e 2º VVig∴, convidai os IIr∴ de ambas as colunas para se unirem a nós, e saudar a despedida do Sol através de uma tríplice bateria.

Os VVig∴ fazem o anúncio, dizendo o Ven∴ M∴ em seguida:

De P∴ e a Or∴ meus IIr∴

A mim, meus IIr∴ pela Saud∴

Pela Bat∴

Pela Acl∴

Após esta tríplice bateria, o Ven∴ M∴ cobre o Sol com um pano negro, e apaga as estrelas da elipse com doze colunas; simultaneamente os SS∴ PP∴ RR e os demais IIr∴ retiram os seus cordões vermelhos, e colocam um negro,

O Ven∴ M∴ coloca-se de pé sob o altar, mantendo a sua mão direita estendida em direção ao Ocidente, e diz:

Que o G∴A∴D∴U∴ zele sempre sobre a extensão do nosso hemisfério. Que a sua bênção não cesse de se espalhar do Oriente ao Ocidente, do Sul ao Norte, e sobre tudo que existe. Que a natureza repouse em paz, para que seja mais fecunda e fértil após o seu despertar. Que as geadas e as trevas do Inverno, longe de nos prejudicar, nos ensinem a apreciar tanto mais a doçura do calor e brilho da nova luz, que brindamos no seu regresso pela Primavera. Amém!

Pronunciadas essas palavras, o Ven∴ M∴ dá um golpe de malhete, e diz:

Aos vossos lugares, meus IIr∴!

Em seguida, o Ven∴ M∴ manda circular o saco das propostas e informações ritualisticamente, através do Ir∴ M∴ de Cer∴, e o tronco de solidariedade pelo Ir∴ Hospitaleiro; após o quais serem percorridos, encerra-se os trabalhos, como de costume, no grau de Apr∴ M∴, ou suspende os mesmos, para colocar novamente em vigor de acordo com os usos e costumes da Loja, ou da mesma maneira que a festa termine como um banquete.

CERIMONIAL DA FESTA DA REGENERAÇÃO DA LUZ

SOLSTÍCIO DE INVERNO

OS MAÇONS CELEBRAM ESTA FESTA NO DIA DE SÃO JOÃO E TÊM COMO REFERÊNCIA ALGUNS DIAS DEPOIS DE O SOL ENTRAR NO SIGNO DE CAPRICÓRNIO.

Decoração do Templo

No Oriente, lugar que representa o astro rei, o Sol, deverá ter uma cortina de pano preto colocado de forma que possa tampar uma Caverna que será arquitetada com rochas na parte de cima e no alto constará a seguinte inscrição: *Lux ex tenebris* e, dentro dela, uma Fênix saindo das chamas sobre um globo de vidro, cheio de um liquido amarelo, que estarão iluminados por detrás pela luz de uma tocha. Do mesmo lado do Or∴ deverá também haver uma vinheta representando o signo de Capricórnio e do lado da Lua no Or∴ haverá outra vinheta representando uma árvore despojada de folhas e frutos. Haverá sobre o tapete negro do retângulo oblongo que substitui o quadro, a corda da união, a pedra bruta com um malho e um cinzel, assim como um globo terrestre, cujo hemisfério boreal será coberto por um manto negro. No exterior do Templo, numa sala contígua ao Templo, estarão disponíveis os seguintes objetos:

- Um pentagrama, feito de folha-de-flandres, de formato de lanterna, com uma vela no interior; e uma alça para que possa ser suspensa.
- Um recipiente contendo as especiarias e perfumes para serem queimados no turíbulo.
- Um ramalhete de murta.
- Uma bandeja com doze laranjas que tomarão parte da sobremesa do banquete.
- Um Esquadro, um Compasso, um Nível, um Fio-de-prumo, uma Prancha para traçar, uma Régua e uma Pedra cúbica.

As luzes dos três candelabros de três braços estarão ocultas desde o começo dos TTrab∴ da festa, que não serão abertos enquanto não receber o *"recipiendário"*, caso haja.

Trabalhos da Festa da Regeneração da Luz

Na abertura dos TTrab∴, como de costume, fará a leitura da ata da última sessão, logo em seguida darão entrada as Delegações e Visitantes e terão lugar da forma tradicional.

O Ven∴ M∴ após dar um golpe de malhete, dirá:

Ir∴ 1º Vig∴, o que é feito dos objetos que faltam no nosso quadro?

O Ir∴ 1º Vig∴ responde: Foram cuidadosamente ocultados.

Ven∴ M∴ Onde foram ocultados?

1º Vig∴ Num local seguro que está fora do alcance dos profanos.

Ven∴ M∴ Onde se encontra esse local?

1º Vig∴ Na concavidade das nossas CCol∴

Ven∴ M∴ Por que foram ocultados?

1º Vig∴ Porque o Sol nos privou de seus raios e as trevas estenderam o seu império sobre nós.

Ven∴ M∴ Por que a Corda da união, a Pedra Bruta, o Malho e o Cinzel não foram ocultados com os outros objetos?

1º Vig∴ Para nos lembrar que apesar das trevas reinarem devemos estar perfeitamente unidos e continuar nossos trabalhos para nossa perfeição moral.

Imediatamente após esta resposta, um Ir∴ previamente designado pelo Ven∴ M∴ para se manter do lado de fora do Templo, bate com o malhete a bateria habitual na porta.

Tendo o Telhador e o 2º Vig∴ anunciado na forma de costume, o 1º Vig∴ dirá:

Ven∴ M∴, ritualisticamente batem a porta do Templo.

Ven∴ M∴ Ir∴ 1º Vig∴, manda ver quem assim bate.

1º Vig∴ Ir∴ 2º Vig∴, manda ver quem assim bate.

2º Vig∴ Ir∴ G∴ doT∴ vê quem assim bate.

O T∴, depois de ter verificado:

É um dos nossos IIr∴ que traz uma agradável notícia, saúde e prosperidade.

Tendo o 2º Vig∴ repetido, o 1º Vig diz:

Ven∴ M∴ é um dos nossos IIr∴ que traz uma agradável notícia, saúde e prosperidade.

Ven∴ M∴ Dá-lhe entrada.

O Ir∴ entra, detém-se entre as duas CCol∴ e o Ven∴ M∴ pergunta-lhe:

De onde vens, meu Ir∴?

Ir∴ Do pináculo do Templo.

Ven∴ M∴ O que lá fizeste?

Ir∴ Observei a abóbada celeste.

Ven∴ M∴ O que verificaste?

Ir∴ Verifiquei que o signo do Capricórnio está no meridiano, e vi elevar-se a constelação da Virgem, o que me anunciou que o Sol vai renascer para nós, e apressei-me a trazer-te a boa notícia.

Ven∴ M∴ Sê bem-vindo, meu Ir∴ Vem receber o beijo da paz e toma lugar entre nós.

Após ter dado o beijo da paz ao Ir∴ o Ven∴ M∴ continua:

Meus IIr∴ o Sol renasce para nós, e a omnipotência do G∴A∴D∴U∴ fecundou os seus raios para lançar sobre nós inumeráveis graças. A notícia que acabamos de receber promete-nos um futuro feliz, onde as trevas que nos rodeiam serão dissipadas e onde veremos a natureza regenerada no nosso país. Ir∴ 1º Vig∴, que vamos fazer nesta circunstância?

1º Vig∴ É preciso mandar procurar as nossas ferramentas ocultadas para recolocá-las nos seus devidos lugares e prepararmo-nos para aumentar a força e a duração dos nossos trabalhos em proporção ao prolongamento da Luz que nos iluminará.

Ven∴ M∴ Vós meus IIr∴, que sabeis onde nossas ferramentas estão escondidas, saiam para procurá-las e apressai o vosso regresso.

Os cinco IIr∴ que o Ven∴ M∴ previamente tenha designado partem em busca das ferramentas. O Ir∴ Sec∴, acompanhado de dois outros IIr∴ também designados antecipadamente, seguem os cinco IIr∴ que se dirigem à sala onde as ferramentas estão preparadas. Um dos cinco IIr∴ mune-se do Esquadro e do Compasso, o segundo do Nível, o terceiro do Fio-de-prumo, o quarto da Prancha de traças e da Régua e o quinto da Pedra Cúbica.

Estes IIr∴ voltam em seguida para a Loja. Aquele que transporta o Esquadro e o Compasso precede-os; os outros quatro caminham dois a dois. Os dois batentes da porta devem permanecer abertos; estes IIr∴ entram sem serem anunciados.

Logo que estejam prontos a entrar na L∴ o Ven∴ M∴ dá um golpe de malhete e diz:

De pé e a Ordem, meus IIr∴!

A Coluna da Harmonia executa uma marcha, enquanto os cinco IIr∴ dão três voltas à L∴ e terminam a terceira volta, depositando as ferramentas no tapete negro; em seguida retornam aos seus lugares.

Durante este intervalo o M∴ de Cer∴ dirige-se para junto do Ir∴ Sec∴ e dos dois IIr∴ que permanecem na outra sala. O M∴ de Cer∴ segura a lanterna em forma de pentagrama e acende a vela; o Ir∴ Sec∴ toma o recipiente de especiarias e perfumes e os dois IIr∴ que estão com ele segurando um, o ramalhete de murta, e o outro, a bandeja que contém as doze laranjas; este caminha no meio, tendo o Ir∴ Sec∴ à sua direita e à sua esquerda o Ir∴ que transporta o ramalhete de murta. O Ir∴ M∴ de Cer∴ precede estes três IIr∴ levando na sua mão direita a estrela que levanta um pouco acima da testa; é assim que eles entram no Templo, depois de esperar do lado de fora da porta que é fechada imediatamente após a entrada dos cinco IIr∴; neste momento, a coluna da harmonia fará silêncio.

O M∴ de Cer∴ bate à porta do Templo e o anúncio chega ao 1º Vig∴ que diz:

Ven∴ M∴! Maçonicamente batem à porta do Templo.

Ven∴ M∴ Ir∴ 1º Vig, ordena que vejam quem bate.

1º Vig∴ Ir∴ T∴ vê quem assim bate.

Ir∴ T∴ São três IIr∴ que vêm do Or∴ e que pedem para serem admitidos entre nós.

Tendo essa resposta sido repetida pelo Ir∴ 1º Vig, o Ven∴ M∴ diz:

Faça-os entrar.

O M∴ de Cer∴ entra em primeiro lugar e vai direto ao Or∴ onde suspende a estrela por cima do cortinado negro que cobre a caverna; regressa em seguida para o seu lugar. O Ir∴ Sec∴ e os dois IIr∴ que o acompanham, ficam entre as duas CCol∴.

Ven∴ M∴ De onde vindes, meus IIr∴?

Ir∴ Sec∴ Viemos do Oriente, onde a estrela da manhã nos anunciou que o Sol vai renascer para nós. Guiados por essa estrela chegamos ao lugar onde os primeiros raios do Sol nascente atingiram os nossos olhos. Viemos trazer nossas oferendas e juntarmo-nos a vós para dar graças ao G∴A∴D∴U∴ da doce sensação que ele nos faz sentir, garantindo-nos, pela atual posição do astro do dia, que nos prepara um futuro feliz.

Ven∴ M∴ Onde poderemos avistar os primeiros raios do Sol nascente?

Ir∴ Sec∴ Do lado do Oriente, onde a estrela da manhã parou.

Ven∴ M∴ Vinde depositar as vossas oferendas, meus IIr∴, e ajuda-nos a descobrir o lugar onde veremos o objeto dos nossos desejos.

Dá um golpe de malhete e diz:

De pé e a Ordem meus IIr∴!

Os três IIr∴ dirigem-se a uma mesa colocada em frente do altar; lá depositam o que traziam, de maneira que a naveta dos perfumes fique no meio; em seguida regressam aos seus lugares. Neste ínterim faz-se desaparecer o pano negro que cobre a caverna assim como os véus que escondem as três tochas dos candelabros.

O Ven∴ M∴ colocando-se entre o altar e a mesa onde estão depositadas as oferendas e tomando o ramo de murta na mão, diz:

Os ventos do Norte despojaram as nossas árvores das suas folhas; a natureza, outrora verde e ridente, foi privada dos seus encantos e o Inverno estendeu sobre ela as pálidas cores da morte. Apenas esta murta conservou a sua verdura e o aspecto de um vigor constante. Possa o nosso zelo Maçônico parecer-se com ela; que ele consiga, no meio dos obstáculos, conservar a sua força como esta murta conservou a sua verdura no meio das geadas.

Volta a colocar o ramo de murta sobre a mesa, levanta a bandeja que contém as laranjas e diz:

Estes doze frutos de ouro simbolizam a generosidade dos alimentos e a doçura dos prazeres que a divina providência nos concede em cada mês do ano. Que estes frutos nos recordem que devemos sem sessar estar animados da mais viva gratidão para com o G∴A∴D∴U∴.

Acende o turíbulo e abre a naveta dos perfumes e continua:

Ser todo-poderoso, abriste perante nós o grande livro da natureza, para que os elementos inalteráveis que nele traçaste, nos ensinem que és o Ser mais perfeito em todos os sentidos, e para que a nossa inteligência possa nele entrever a visão da tua sabedoria e da tua bondade.

Os rigores do Inverno secam as nossas terras; a sua agradável verdura é substituída pelas geadas e tudo o que vegeta parece-nos inanimado; mas longe de recear nestes acontecimentos os efeitos de uma vingança celeste, aí reconhecemos a tua bondade sem fronteiras e os nossos olhos leem, na brilhante claridade dos astros, e nos raios do Sol nascente, a certeza de que um futuro feliz nos espera; que quando permites que o vento do Norte nos penetre com o seu sopro gelado e às trevas envolver-nos com o seu véu sombrio, seja apenas para nos preparar para melhor sentirmos os efeitos da agradável luz e o doce calor da Primavera.

Dignai-vos, ó G∴A∴D∴U∴ acolher nesta circunstância as homenagens da nossa gratidão e da nossa profunda veneração, e concede-nos a faculdade de testemunhá-las constantemente pela prática de todas as virtudes. Amém!

Meus IIr∴ juntai-vos a mim para manifestarmos os nossos sentimentos unânimes por uma tríplice bateria.

A mim, meus IIr∴

Depois desta cerimônia o Orador obtém a palavra, e os trabalhos retomam o seu curso normal.

525

APÊNDICE

EQUINÓCIO DA PRIMAVERA

Um discurso iniciático

Quando o Sol entra no signo de Libra, marcado para nós, habitantes do hemisfério Sul do planeta, dá o início a Primavera. Aí ele permanecerá, sob a influência benéfica dessa constelação até o dia 23 de outubro, quando, então, passa para o signo de Escorpião.

A Primavera, como todos nós sabemos, é a estação do ano caracterizada por uma verdadeira explosão de energias, que se manifestam em todas as expressões de vidas existentes em nosso Planeta. A natureza atuando na própria estrutura dos átomos dos reinos: mineral, vegetal, animal e também humano, proporcionando condições excepcionais para que toda e qualquer semeadura, seja em que campo for, venha a brotar, obedecendo a desígnios inescrutáveis para a maioria de nossos cientistas. Porém, consonante as leis que muito interessam aos Verdadeiros Iniciados, neste sentido, esses devêm apreendê-las, conhecê-las e dominá-las.

Nesta época, conforme vemos em nosso dia a dia, ocorre como que um renascimento ou ressurreição da vida em suas mais variadas expressões, onde, principalmente os Reinos que nos seguem mais próximos no caminho da evolução, dão testemunho iniludível de que novas forças animam suas formas. É a época do aparecimento do cio nos animais, das flores com suas sementes no Reino Vegetal; da alegria, do sentimento de fraternidade, do amor mais consciente no Reino humano, impulsionando todas as formas vivas da natureza a se cobrirem com suas roupagens mais belas a fim de atraírem seus opostos e, assim, por meio da troca de uma energia abundante nessa época, que é ao mesmo tempo coesiva e expansiva, tornarem-se uma só pessoa obtendo, dessa forma, o clímax do prazer para, em seguida, obedecendo a expansão do amor que experimentam, desabrochar em novas formas de vida a fim de perpetuarem o sagrado mistério da criação.

Os efeitos da Primavera sobre a vida na face da Terra sempre despertaram a atenção da Humanidade, seja naquele aspecto mais imediato, que se reúne nos benefícios que sua ação produz na criação ou na agricultura, base da economia dos povos mais antigos, como no aspecto religioso que daí redundava, levando os homens mais evoluídos a se ensimesmarem e procurarem encontrar, através da observação e meditação constante, o fundamento do que realmente ocorria em cada estação do ano, sua repercussão sobre toda a natureza e o proveito maior que poderiam obter destes fatos.

Com a mente e o coração abertos para a grandeza do processo cósmico que envolve a corrida de nosso Sol pelos 12 signos do Zodíaco, observaram, com atenção religiosa, que as maravilhosas transformações que se manifestavam no Grande Cósmico, eternizavam-se em sua descida cada vez maior no microcósmico, e constataram ainda que o que está em cima é igual ao que está embaixo e que o microcosmo está sob as leis ou energias geradas no Macrocosmo.

Dessa forma, entramos no viés de um conhecimento transcendental, cujo objetivo é destinado, em primeira mão, à superação das limitações impostas à condição humana. Esses mistérios eram ensinados dentro dos templos, sempre em caráter estritamente reservado e objetivando àqueles homens mais adiantados espiritualmente que, depois de provados efetivamente nas mais duras provas, enfrentando altaneiramente os 4 elementos da Natureza, se tornavam Senhores desses elementos dentro de si mesmos, consoante o conhecimento e domínio daquelas *Leis* ou *Energias* tão magnanimamente colocadas pelo Macrocosmo à disposição do microcosmo.

Em contrapartida, conscientes do valor e, ao mesmo tempo do perigo que esses conhecimentos representavam, se utilizados indevidamente, procuraram vedá-los a compreensão do vulgo, instituindo aquilo que conhecemos hoje sob o nome de *Mistérios*, festas de dupla significação que ensinava, durante uma sequência de comemorações baseadas no Drama Solar e outros métodos velados:

- a origem das coisas materiais;
- a natureza do espírito;
- as relações deste com o corpo humano e o método de sua purificação e transmutação para a vida superior, com a ajuda das forças naturais, isto observando o aspecto esotérico desses conhecimentos;

- e, exotericamente, o relacionamento do homem e da natureza com as forças oriundas do Cosmo, proporcionando, ao homem comum, o entendimento dessas energias através de encenações festivas, em que, com a utilização de máscaras características, as mesmas eram personalizadas para um culto e adoração que satisfazia plenamente àquele homem inculto.

Segundo os historiadores, nos primeiros dias da Primavera eram realizadas as *Festas de Exaltação ao Sol*, sempre personificando por um grande Ser, que podia ser Hórus no Egito, Dionísio ou Orfeu na Grécia, Hagal nos países nórdicos, e assim por diante.

As virtudes fecundantes desses Deuses Solares eram adoradas em seus mais íntimos aspectos, tanto nos Templos como pelo populacho, sendo que estes, naturalmente incentivados pelos sacerdotes destes cultos, chegavam a promover desfiles em carros alegóricos onde o pênis masculino aparecia como a mais alta expressão do Sol na face da Terra pendendo também como adereço no pescoço das sacerdotisas.

Cantavam sempre o poder vivificante contido nos raios solares e consideravam cada semente um óvulo feminino, representação microcósmica do Planeta Terra, personificado nas figuras de Ísis, Deméter, Ceres e outros nomes de acordo com o país onde eram realizadas, tomando o nome de festas, quando de caráter externo, e de cerimônias ou rituais, quando realizadas no interior dos templos.

Pouco antes do fim do verão no hemisfério Norte, ou seja, entre 15 e 22 de setembro, eram realizadas, então, as *Festas e os Rituais da Colheita*, sempre na mais respeitosa gratidão e com a máxima alegria. Nessa época, eram oferecidas as *"messis"* ou primícias nos altares consagrados ao Deus Sol e se adorava a Deusa-Natureza em seu aspecto materno.

Os Rituais, sempre realizados no interior dos Templos, envolviam ensinamentos de profundo esoterismo e falavam de uma vítima sacrificial expiatória (no caso, a personalidade do Iniciado) e de uma ressurreição, quando, então, o Iniciado era admitido ao Supremo Grau de Epopta, ou seja, o que possui a *Clarividência* divina. Morria o homem velho e nascia o homem novo; Osíris dá lugar a Hórus, no eterno drama de Ísis.

Para os Iniciados, a chegada da Primavera não deve ficar restrita ao aspecto externo dos Mistérios, porquanto ela traz consigo um fator de transcendental importância para nossas vidas e para nossos propósitos. Para compreender a qualidade e a essência de suas energias, temos que nos aprofundar no estudo desses mistérios antigos, ainda incompreendidos pelos homens, porquanto encerram muito mais do que profanamente pode ser dito. O estudo e a meditação sobre eles poderão nos revelar uma das chaves mais importantes para a Iniciação Verdadeira, considerando que os corpos do homem (sua natureza) estão sujeitos a todo o processo Cósmico acima exposto e que suas energias se relacionam com aquelas manifestadas durante o *Drama Solar*.

Entre esses Mistérios, um dos mais ricos em alegorias é o de Dionísio. Contam os Mistérios, que levam seu nome, que Dionísio foi assassinado pelos Titãs e teve o seu corpo despedaçado em 14 partes.

É interessante observar que nos Mistérios Osirianos vemos a mesma história, com Osíris sendo assassinado por Seth que, em seguida, lhe despedaça e dispersa o cadáver em 14 partes, posteriormente piedosamente procuradas e juntadas por Toth, Anúbis e sua esposa Ísis, sendo que esta lamenta, depois da reunificação do corpo, ao constatar que lhe falta uma parte.

Mais interessante ainda é verificarmos que vamos encontrar histórias semelhantes nas várias escolas esotéricas da antiguidade e até mesmo nos considerados Mistérios Menores, como acontece nos fundamentos maçônicos modernos, onde Salomão (*Solomoc*) contrata, por meio do Rei Hiram, a "obra em bronze" do templo, a Hiram Abiff, filho da viúva de Naím, que também é assassinado, esquartejado, tem os pedaços do corpo dispersos e depois reunificados por seus operários fiéis.

E o assunto fica mais atraente ainda quando:

A- Primeiramente descobrimos que Dionísio é o Sol primordial personificado; é Fane (*Phanes*), o espírito da Visibilidade (da luz) material (por quem todas as coisas foram feitas); ciclope gigante que tem em si o *poder produtor do mundo,* o onipenetrante animismo de todas as coisas.

B- Em seguida, verificamos que este Sol primordial despedaçou-se, resultando em 14 partes que poderiam ser, cosmicamente falando:

1- Nosso Sol atual (o Hórus *Osiriano*; o olho do ciclope gigante)
2- A Lua (muitas vezes também adorada como Ísis)
3- Vulcano (planeta descoberto por *Heschel* em 1786 e que depois desapareceu)
4- Mercúrio
5- Vênus
6- Terra
7- Marte
8- Planeta que existia na zona de asteroides que explodiu (Viela) - não será ele a parte do corpo de Osíris que não foi encontrada? No mistério cristão é representado por Judas Iscariotes, que se suicida.
9- Júpiter
10- Saturno
11- Urano
12- Netuno
13- Plutão
14- O planeta X (Vesta); ou sejam, 14 partes de um todo que representa o nosso sistema solar.

C- Sabemos, também, que os 7 corpos do homem (+) somados aos 7 corpos da mulher (-) formam um ser perfeito, ou seja, um *Dionísio*.

Também os 4 evangelhos do Cristianismo se relaciona com estas verdades. A própria ✦ é o símbolo das 4 estações sobre o globo terrestre.

Nela se realiza o drama solar, e a Primavera é representada pela cena de Anunciação, na qual o Arcanjo Gabriel comunica a Virgem Maria (A Natureza Cósmica) de que já estava fecundada por obra e graça do Espírito Santo (a energia crística criadora, contida no Sol, que se materializa como *Prana*, o *Sêmen Divino*). Maria é a mesma *Mulaprakriti* dos vedantinos, a matéria primordial, o aspecto feminino do Absoluto manifestado, o ovo Pascal que possui a latência de todos os elementos constitutivos do Cosmo, adquiridos nos períodos de duração de cada inverno, quando se trata do Planeta Terra ou de um *Pralaya*, quando se trata do próprio Cosmo...

Contudo, para expressar a vida (o Cristo), o Cosmo necessita de fecundação, o que ocorre durante os períodos de *Pralaya* ou períodos de repouso da criação (inverno universal), quando a parte feminina e a parte masculina do Absoluto se reintegram no Imanifestado, ou seja, o positivo e o negativo se juntam e formam o zero Potencial, ou Ovo Divino, ou de fecundação do Logos, se nos referimos ao nosso sistema Solar, relacionando-o com a Terra, o que acontece no período do inverno (período semelhante a um *Pralaya*) quando ocorre como que uma parada, uma anulação do existente anterior, e a própria Terra se recolhe, ciosa, do que está acontecendo dentro de si, para depois explodir em vida, na Primavera.

É durante o Inverno que se realiza todo o processo da gestação, até que, na Primavera, nasce a Criança-Sol, o Cristo, que nos seus primeiros dias de vida ainda sofre as incertezas dos ventos e do frio do Inverno (que também significa a Morte) que teima muitas vezes em continuar seu domínio; por isso a criança necessita se refugiar no Egito (onde existe calor = Verão) para crescer forte e saudável.

E é no Verão que a criança-Sol adquire força e poder e trabalha com o Pai produzindo bens materiais, ou seja, traz a vida o produto de sua ação, sazonando com suas próprias energias, os grãos que alimentam o corpo para, posteriormente, no Outono, já com a obra acabada (época de Colheita) alimentar seus filhos (Egos-Divinos no coração dos homens) com seu corpo (pão=matéria) e com seu sangue (Vinho=espírito), fruto final de seu labor, deixando-se imolar (novamente) na Cruz (as linhas horizontal e vertical da divisão do Globo terrestre em 4 estações) para que sua vida salve outras vidas (sua morte no final do outono, para renascer de novo (ressurgir dentre os mortos) não nos abandonando até a consumação dos séculos (novo *Pralaya* = fim desta onda evolutiva) conforme prometera, acenando-nos com a Esperança de que das Trevas nasce a Luz (um novo *Manvantara* = início de nova onda de vida).

Porém, poderíamos, em conjunto, perguntar: qual o valor da Primavera para nós, seres humanos, dentro do contexto do que foi até agora apresentado?

- Poderíamos responder, com toda segurança, que tudo isso tem grande importância para todos aqueles que buscam a *Verdadeira Iniciação*.

Santo Agostinho, ao proferir as palavras *"Omnia sunt per allegoriam dicta"*, revelou a maneira de girar a chave na fechadura para os verdadeiros aspirantes da Sabedoria Espiritual.

Como dissemos, o Sol entra em Libra no próximo dia 22/setembro, onde a Lua só estará presente a partir do dia ....

No hemisfério Sul, a entrada do Sol no signo de Libra traz-nos a Primavera e favorece as seguintes influências, características de Libra):

1. INTUIÇÃO ESPIRITUAL (Clarividência - raciocínio rápido - decisão - boa disposição para a realização).
2. FRATERNIDADE (Humildade - Amabilidade - Boa Vontade).
3. EQUILÍBRIO (Harmonia Perfeita entre os opostos).

Enquanto que, no hemisfério Norte, a Primavera ocorre desde a entrada do Sol em Áries, signo oposto ao de Libra e traz as seguintes influências, características de Áries:

1. INTUIÇÃO OBJETIVA (que leva ao raciocínio penetrante e à memória matemática).
2. FRATERNIDADE (generosidade; hospitalidade)
3. ALTIVEZ (Independência, Vontade Determinada - Domínio)

Pergunto: Para a realização espiritual que a Primavera oferece, *será que Libra não oferece condições semelhantes ou até mesmo superiores às de Áries?*

- Deixo a resposta para a meditação de cada um de vocês.

Caros leitores, sabendo que o Sol da Primavera é o ressuscitador, o que traz a vida, o que faz desabrochar as flores da Natureza (que também podem ser as nossas, pois as rosas são flores), porque não aproveitar suas bênçãos para também eternizarmos nossa vida?

Os ocultistas hinduístas costumam falar, sem entrar em pormenores, do dia e da noite dos Devas.

A título de compensação pela paciência que nos concederam, vou ajudar a levantar um pouco a ponta do véu.

Companheiros! O dia dos Devas é o período compreendido entre o início da Primavera e o fim do verão ou exatamente o mesmo período cultuado e cultivado em todos os Mistérios conhecidos.

Sabendo que tudo o que ocorre na Natureza externa é expressão de energias que também atuam em nossa natureza interna, fica fácil apreender que... precisamos voltar nossos olhares para dentro...

QUINTA PARTE

INICIAÇÃO

A INICIAÇÃO MAÇÔNICA E O PROCESSO INICIÁTICO ATRAVÉS DOS TEMPOS

ENCONTROS E COMPLEMENTARIDADE ENTRE O SISTEMA INICIÁTICO E O PROCESSO RELIGIOSO

Uma via de espiritualidade na Iniciação Maçônica vem levantando polêmica, há anos, principalmente quando envolve a questão da religião e em particular com a religião católica romana. Para nós, Francomaçons, pouco importa o que pensam ou deixaram de pensar aqueles que fazem oposição aos nossos rituais e mistérios iniciáticos; levamos apenas em conta uma possível harmonia de convivência universal com todas as religiões e crenças, nas suas mais variadas formas e tradições. Aceitamos homens livres crentes das diversas religiões e até pessoas sem religião específica, mas que aceitam um Princípio superior de natureza divina que preside aos destinos do Homem, da Natureza e do Cosmos; portanto, no universo da nossa regularidade, só podem ser Maçons aqueles que têm uma religião ou acreditam num ser Supremo que confortavelmente, para não haver conflito chamamos de *Grande Arquiteto do Universo*.

Uma forma característica é como a Maçonaria, Sociedade Tradicional, Iniciática e Fraterna não é de maneira alguma incompatível com as Religiões estabelecidas e tradicionalmente aceitas, mas, sim, complementar. Resta-nos explicitar alguns aspectos do método e processo iniciático que lhe são próprios e, sem falsos pudores ou controvérsias, mostra o que somos e o que fazemos para procurar evoluir e colocar em prática nossas metas espirituais.

É pouco provável que alguém com um conhecimento isento de preconceito afirme que a via Maçônica não seja profícua e positiva, até mesmo dentro das características peculiares e diferenciais do processo religioso, e que são, de fato, complementares. Neste sentido, facilitando o cumprimento dos rituais, com seus mecanismos alegórico-simbólicos – com uma moral e ética compatível com qualquer religião pré-estabelecida – que de imediato são apresentados ao neófito para se instrumentalizar e rapidamente corrigir sua caminhada, reencetando seus passos numa cadência de luz, retidão e amor, de modo que aprende e apreende por uma exegese específica a mudança espiritual que nele se opera destruindo o mal e construindo o bem, e ao vencer essa ignorância pelo conhecimento da verdade e do amor, que só pode se realizar dentro de si é o trabalho Maçônico primordial.

Com isso chegamos ao equívoco ainda frequente hoje em dia, causador de muita controvérsia. Sendo o cerne desse equívoco a confusão das duas vias e dos dois métodos tradicionais de abordagem do sagrado, a espiritualidade e o aperfeiçoamento espirituais dedicados ao mesmo Deus – a vida e o método religioso, a via e o método iniciático. Por serem duas vias distintas, não podem e não precisam entrar em oposição e muito menos em concorrência.

O aperfeiçoamento moral é por excelência uma via religiosa, não implicando uma dicotomia ou antagonismo em essência deixando sempre subsistir uma dualidade entre sujeito e objeto, uma vez que essa dualidade é constitutiva do ponto de vista religioso em que se pressupõem atitudes de aceitação passiva para o aperfeiçoamento espiritual, encorajando o indivíduo sempre no aperfeiçoamento iniciático, nomeadamente maçônico e de fundo ontológico na busca do divino e da unidade com o Cosmos; em termos maçônicos, com Deus como Grande Arquiteto do Universo. Esta via está de acordo implícita como uma alternativa ao processo religioso, da qual podemos lembrá-la em São Paulo, na Primeira Epístola aos Coríntios 3-16:

> *Não sabeis que sois um Templo de Deus e que o Espírito Santo habita em vós? Se alguém destrói o Templo de Deus, Deus o destruirá. Pois o Templo de Deus é santo e esse templo sois vós.*

Ao contrário da religião, por ter sua natureza exotérica, o que quer dizer aberta a todos sem exceção, a via iniciática é esotérica, cuja alusão semântica fundamental é a de fazer entrar no interior os escolhidos por critérios que disciplinam a inclusão neste método espiritual. Mas que fique claro: qualquer sociedade iniciática, inclusive a Maçonaria, em particular, não é, não pode ser, não deve ser, uma sociedade de elitistas, mas, sim, de eleitos – eleitos porque são escolhidos por possuírem aptidões para serem Iniciados.

Se as religiões são instrumentais em cada cultura e seguem o método religioso, é pelo processo iniciático que se unificam todas as tradições iniciática, não obstante de possuírem características ritualísticas-simbólicas diferenciadas nas várias culturas e podendo até, tomar, por vezes, como ponto de partida elementos de uma dada religião. Mas mesmo assim é outra coisa que a religião, mesmo quando toma por muitas vezes como ponto de partida certas formas religiosas. Temos um símbolo de qualquer religião, seja ela cristã, islâmica, judaica, absorvido e apropriado por uma sociedade iniciática pode não trazer a religiosidade da função primordial daquela religião passando desta forma a ser apenas um símbolo iniciático e não tendo obrigação por isso de mantê-lo nas condições originais e nenhuma religião ou escola iniciática podem reivindicar a posse de um símbolo, mas somente o seu entendimento primordial.

A via iniciática é um saber sagrado que pertence ao ser e é secreta, exclusivamente, por estar escondida ou oculta na natureza íntima de cada homem ignorante ou sábio, orgulhoso ou humilde. É uma via ativa que necessita de aptidão e esforço e, por isso mesmo, não se confunde com o processo dualista religioso, muito menos com a via mística, que não é senão uma forma particularmente intensa da via religiosa. Na via iniciática, só o próprio recipiendário possui a chave que a guarda e sustenta, a chave que pode abrir a faculdade espiritual que reconhece o encontro com a essência mais sagrada do homem.

Neste sentido, a Maçonaria não ensina uma verdade, nem existe uma verdade Maçônica. Ela propõe um processo para o encontro com a verdade interior. Ajudado pelos Iniciados que o precederam, o Neófito captará, sentirá intuitivamente o sentido dos símbolos e a impulsão dos ritos, iniciando-se progressivamente, interminavelmente. Ao Iniciado indicam-lhe como se faz para chegar lá, sugere que ativamente procure fazê-lo, mas nunca lhe diz no que deve crer. Agrada-nos muito formular esta relação dizendo que o verdadeiro mestre maçom não vai nem à frente nem atrás do aprendiz, mas ao seu lado. Pode eventualmente ser ajudado pelos mais experientes a não perder de vista que a iniciação é um método em plena consciência, em equilíbrio perfeito e ponderação, devendo controlar as suas vivências e, deste modo, não favorecer as naturais ilusões e autossugestões, a nada deixar passar sem que seja pelo crivo de sua razão e razoabilidade. Com essas regras de prudência evitam-se a autossugestão mística ou até alucinatória que ocorrem mais frequentemente noutras vias de sacralização.

É somente com muita perseverança e esforço próprio, muita leitura e reflexão que o Iniciado Maçom desbasta a sua Pedra bruta e a transforma em Pedra polida descobrindo a função e aptidão desta Pedra dentro de seu Templo Interior, conduzindo o seu Ser de forma a aproximar-se cada vez mais da verdade e do amor que se oculta no lugar mais secreto de nós mesmos. Esta espiritualidade Maçônica não se converte um Iniciado em um anacoreta; pelo contrário, suscita-o a conduzir seus próprios pensamentos dentro de uma compreensão sustentável de visão de mundo, a um maior empenho do seu dever para com os outros. O Verdadeiro Iniciado maçom não está (e não pode estar) fora do mundo, mas deixa de viver para o mundanismo.

A INICIAÇÃO MAÇÔNICA E CONDIÇÕES NECESSÁRIAS DO CANDIDATO

Existem condições para se dar o processo iniciático e que são comuns a uma necessária consumação. O fato de encontrarmos uma estrutura homóloga de padrões sequenciais uniformes conduziu a criação de pseudogeneologias e origens espirituais da qual a Maçonaria não é exceção. Este assunto pode parecer irrelevante, mas não é em se tratando de questões que deem um sentido justo no pensamento dentro da história da Maçonaria.

A Tradição Iniciática é a transmissão por uma cadeia iniciática ininterrupta, que de uns foi transmitida aos outros, dentro de uma influência sacralizada e espiritual que permite ao Iniciado a "iluminação" – pois como diria Rudolf Steiner (1861-1925) na obra *O Conhecimento dos Mundos Superiores*, o processo se dá na Tradição têm três estágios: a preparação, iluminação e iniciação, o que nós concordamos em gênero, número e grau – que lhe facilite ordenar e desenvolver as possibilidades (potencialidades) que traz em si. É por isso que, para além da regularidade administrativa, é também de suma importância a regularidade espiritual iniciática que deve estar imperativamente associada à primeira, sem estes pré-requisitos o processo iniciático não se dá e até se profaniza. Se a primeira confere a autoridade para iniciar é só a segunda que em verdade inicia.

A sacralização institucional e dos trabalhos que posteriormente se desenvolvem é o ponto crucial para a manutenção deste processo.

A Iniciação é o mais alto dos graus de uma disciplina do oculto sobre o qual ainda é possível, num texto, fazer alusões compreensíveis a todos. Tudo que o ultrapassa é de comunicação difícil de compreender. Mas também a isso encontrará acesso cada um que, através da Preparação, Iluminação e Iniciação, haja avançado até os mistérios inferiores.

Ao candidato à iniciação terão de revelar-se certas coisas e factos pertencentes aos mundos superiores. No entanto, ele só as poderá ver e ouvir se for capaz de sentir as percepções espirituais, como figuras, cores, sons, etc., a cujo respeito foi relatado nos comentários sobre "Preparação" e "Iluminação".

Pessoas com um modo de pensar inclinado a fantasmagorias, a superstições, não podem fazer progresso algum na trilha do oculto. O discípulo terá de conquistar um precioso bem. Todas as dúvidas sobre os mundos superiores lhe serão tiradas, e estes se lhe desvendam em suas leis perante seu olhar. Mas ele não poderá conquistar esse bem enquanto se deixar enganar por quimeras e ilusões. Seria mal para ele se sua fantasia, seus preconceitos passassem com seu intelecto. Sonhadores e fantasistas são tão pouco aptos para o caminho do oculto quanto o são pessoas supersticiosas. Nunca é demais sublinhar tudo isso...

Rudolf Steiner, *O Conhecimento dos Mundos Superiores.*

AS NECESSÁRIAS QUALIFICAÇÕES DO CANDIDATO

Lembro o pensamento do Ir∴ João Moreira de Oliveira quando numa oportunidade disse uma grande verdade: *"A Maçonaria não é Oficina de Conserto e sim uma Loja de acessórios"*, o candidato, ao ser indicado para fazer parte da nossa Ordem, já tem que ser bom. Há que reunir uma série de certas potencialidades inerentes à própria natureza do indivíduo e que é a matéria prima necessária para que o trabalho iniciático possa se realizar. Sem estas duas condições, ou seja, as qualificações da instituição e do candidato, onde estejam reunidas as condições sinérgicas para permitir a iniciação, não haverá uma factual Iniciação.

A INICIAÇÃO

Reunidas as duas condições, o passo seguinte é a Iniciação, que consiste na dramatização e execução de um Ritual cerimonial, onde o candidato qualificado será submetido a uma dura prova dentro de uma esfera de experiência e de conhecimento que o marcará indelevelmente para todo o sempre. Nesta cerimônia são contados mitos e lendas de origem que se perdem na noite dos tempos, sinais e símbolos lhe serão apresentados e, finalmente, um juramento que é feito com a invocação de Deus, Grande Arquiteto do Universo. Há também um voto de obediência sugerindo, fidelidade, lealdade e dedicação, na presença da Bíblia ou outro livro sagrado correspondendo a religião do candidato.

A iniciação pode ser real e imediata, ou virtual e gradualmente pode se passar a real, caso contrário e as condições sinérgicas referidas não se reuniram adequadamente o fracasso será de um dos dois, do candidato ou da Maçonaria.

Pode-se até dizer que esta percepção é, ao mesmo tempo, condição e efeito de um certo estado de consciência – um acordar, que permite o acesso (ou reacesso), e esse mundo do Absoluto. É o estado acordado do homem que é buscado em oposição àquele que está dormindo; muitas vezes passam uma existência em eterno sono. Em contraste, nestes momentos preciosos desta vida, e nesse momento sem fim de percepção de uma outra vida, um conhecimento será um estado de consciência pura luminosa. Desta forma é aqui e agora que as possibilidades surgirão para readquirir um conhecimento perdido – mas que na verdade soará como reminiscência.

PROCESSO INICIÁTICO PROPRIAMENTE DITO

Jean-Marie Ragon de Bettignies (1781 - 1862), Maçom e insigne ocultista de sua época, no seu Ritual do Mestre, disse que *"nenhum grau ensina nem descobre a verdade; somente lhe retira a espessura do véu... os graus praticados até hoje fizeram maçons, mas não necessariamente Iniciados..."*

Este é o trabalho interior do iniciado, correspondendo ao processo iniciático propriamente dito, em que os três graus simbólicos devem ser complementados pelos graus superiores com um aumento não só de conhecimento, mas de aperfeiçoamento espiritual. Esses graus iniciais, denominados de Aprendiz, Companheiro e Mestre, mantêm uma estrutura sequencial idêntica às da maioria das sociedades iniciática arcaicas, e em todas elas são também considerados os três graus de passagem da "espiritualidade interior". Os objetivos dessa evolução permanecem na Maçonaria idênticos aos que encontramos expressos nos *Rig Veda*, datados, como se sabe de 1500 a 900 a.C.

    Conduz ao Candidato das Trevas para a Luz = *Aprendiz* (I° Grau)
    Eleva o neófito do irreal para o real = *Companheiro* (II° Grau) – Conhecimento, Saber.
    Exalta o adepto da morte para a imortalidade = *Mestre* (III° Grau) – Ressurreição de um homem novo.

    O prêmio da luta do Iniciado é a libertação do medo da morte para assim viver em alegria, em ressurreição, e sacralizar, tanto quanto possível, a sua existência pela ação na Tríade Deus – Universo – Ser Humano. É expresso no esoterismo muçulmano (sufismo) no seguinte termo:
    "Morrei antes de morrer... para encontrar a unidade original com o Um, não há razão para se desembaraçar do corpo, o 'sepulcro' da individualidade, mas é preciso espiritualiza-lo para que seja uma ajuda e não um incômodo para o espírito... (e isto) pela persistência das boas qualidades e ações".

Rûmî

    Porém, a Iniciação não é um acontecimento que faça alguém passar de uma vez por todas, magicamente, das Trevas para a Luz. O Ritual que se efetua no ato de uma Iniciação é tão somente um sinal material que se deseja que ele (recipiendário) adquira para sempre, ou seja, um modelo ao qual ele deve retornar sempre e sempre que queira colocar-se em estado propiciatório para o aperfeiçoamento espiritual.
    A consciência dessa aquisição permite distinguir uma Verdadeira Iniciação de uma falsa, que jamais passará de virtual ou até de uma pseudoiniciação. Se o recipiendário (candidato) se transformar num verdadeiro Iniciado, se sinceramente desejou participar na criação da Luz, terá de ciclicamente regressar a este momento, em termos iniciáticos e maçônicos, terá de regressar às Trevas e percorrer todo caminho nova-

mente e sistematicamente examinando cada detalhe e buscando novas interpretações e, principalmente, novos progressos na Maçonaria. Foster Bailey (1957) disse numa de suas obras:

> *Um iniciado É, não pode ser feito iniciado. A cerimônia de iniciação é simplesmente uma forma de reconhecimento durante a qual o candidato reatualiza no plano físico o que já experimentara no seu interior. Esta é a verdadeira iniciação.*

Este mundo "cavaleiresco" é um ambiente mediador entre a matéria e o espírito; às vezes, se torna romântico a construção de pontes entre estes dois mundos ou ligando-os por meio de um fio condutor dando uma característica de mundo alquímico ou mágico, onde se permitem a espiritualização e a corporificação do espírito. É o "mundo imaginal" do qual falava Henry Corbin, o mundo da Imaginação Criadora, que não é mera fantasia, antes tem regras – tal como o Caos também tem leis. Este mundo que é essencial para a Iniciação, é o mundo do "coração", o mundo da Alma. Foi a ausência de imagens que provocou a "catástrofe do espírito" que atingiu o Ocidente iconoclasta e de que nos falava Corbin. O esvaziamento desse mundo intermediário da Alma deixou sem ligação o mundo espiritual e o mundo material, dando origem quer a uma espiritualidade desencarnada, quer a um materialismo sem perspectivas. Ora, as imagens simbólicas – o que não quer dizer que não sejam operativas, transmutadoras, muito pelo contrário – quer as da tradição artesanal, quer as da tradição cavaleirescas, quer ainda as da tradição sacerdotal – esta, mais das esferas das igrejas – são essenciais para a "reconquista da alma", que é à recuperação da espiritualidade do Ocidente, recuperação que é tarefa das Igrejas e da Maçonaria. São elas que – longe de nos afastarem do divino, como alguns recearam – nos permitem aceder a ele através de um mundo de "carne espiritual". Só então, e com o auxílio da Divina Graça, poderemos "entrever coisas melhores" – "*Meliora praesumo*", como diz o ritual de Mestre Escocês de Santo André da Maçonaria Retificada (RER) Maçonaria cristã, de cuja estrutura iniciática põe em evidência um verdadeiro regime e que integra e reintegra harmoniosamente e coerentemente os três tipos de Iniciação: a artesanal, ligada ao Antigo Testamento; a cavaleiresca, neotestamentária e a sacerdotal, hoje ocultada, pronunciando apenas nos temas do retorno do Cristo ou do eclodir do Espírito Santo – melhores dias virão para o Ocidente que está doente física, anímica e espiritualmente e que, no raiar do século XXI – como dizia Malraux: *"ou será espiritual ou deixará de existir, pura e simplesmente – tem, como em toda a Iniciação, de morrer de algum modo (e morrer é também abrir-se aos outros, transcender o etnocentrismo), para depois ressuscitar, plena de Força tolerante e irradiando Sabedoria e Beleza", ad majoram Dei gloriam, para a maior glória de Deus"*

A MAÇONARIA COMO INSTITUIÇÃO SOBRENATURAL OU HUMANA

Para nós, espiritualistas, a Maçonaria não é uma instituição exclusivamente humana. O seu princípio é sobrenatural e discordo da grande maioria que não aceita esta condição levando suas especificidades apenas para uma condição moral e social.

A título puramente ilustrativo, lembramos uma curiosa coincidência, na verdade uma dupla coincidência que tem a ver com o número 33, e de como este número imprime a sua marca no Cristianismo e na Maçonaria, os dois assuntos levantados no início dessas reflexões.

É um número de grande significado oculto e começo por chamar a atenção para o fato de que no Rito Escocês Antigo e Aceito (REAA) ser o último dos Altos Graus, também denominado de Grande Inspetor Geral. É o mais elevado dos poderes iniciático dos Antigos Mistérios que é transmitido maçonicamente, e conferido àquele que o recebe uma luminosa e única religação ao Rei Espiritual do Mundo, com todo o despertar de poderes espirituais que tal concessão implica. É mais que um grau, é uma misteriosa IDADE que se atinge, quando se é digno de receber tal qualificação.

Por outro lado, ninguém ignora que houve um Altíssimo Ser que morreu, ou melhor, que concluiu o Seu ministério com a IDADE de 33: Jesus, o Cristo. Atingiu o 33°, foi crucificado e ascendeu. Pode-se pensar ser uma coincidência, mas provavelmente o mais correto é que não sejam pois nada dessas coisas acontecem por acaso. Não há dúvida que é uma idade simbólica. O testamento canônico informa-nos que Jesus seria substancialmente mais velho na época que viveu e morreu. Quando os judeus que queriam matá-lo discutiam com ele sobre Abraão, disseram-lhe: *"Como é que viste a Abraão, se ainda não tens 50 anos?"* (João 8, 57). É evidente que só se fala desta maneira com uma pessoa que já tenha passado bastante dos 40, e não de uma que apenas tenha 33! Aliás, Santo Irineu de Lyon, discípulo de São Policarpo, que por sua vez conviveu com São João e outros apóstolos, confirma-o ao dizer num dos seus escritos que Jesus "morreu aproximadamente com 50 anos". Como é que surgiu então a lenda do 33? Deve-se a Santo Hipólito de Roma (século III), discípulo de Santo Irineu, que se dedicou a cálculos astrológicos para descobrir a verdadeira "idade" de Jesus, obtendo o 33 após ter descoberto que a Arca da Aliança tinha cinco côvados e meio, logo, sendo Cristo a nova Arca da Aliança, deveria ter nascido no ano 5500 do mundo e, tendo em conta a duração do ano trópico, ano da morte seria 5533. Deve-se a ele a tentativa de calcular "cientificamente" a data da Páscoa, relacionando-a com o equinócio da Primavera e com a Lua cheia seguinte, libertando a Páscoa cristã do calendário judaico.

É um número carregado de significado. Três vezes 3 são 9, e 9 é o número da *humanidade*: a soma kabbalística das letras ADAM em hebraico (*adm* = homem de terra, ser humano em geral), é 9, tal como se resolvem em 9 o grau maçônico 18º (Cavaleiro Rosa-Cruz) – o primeiro em que o Maçom místico descobre como se constrói o Templo "sem ruído de martelo"! e o grau 33º como já vimos. Nove são também as Iniciações Menores da Ordem Rosacruz e, por outro lado, o *Hermetismo Secreto*, no seu capítulo 7, informa-nos que no fim dos tempos se salvam apenas 144 000 eleitos... mas 1 mais 4 mais 4 são 9, o que significa que se salvará a *humanidade* inteira...

Entrando mais fundo nesta questão, buscamos em Melquisedeque ou Melquisedec (em hebraico מַלְכִּי־צֶדֶק / ‎מַלְכִּי־צֶדֶק‎, transl. Malkiy--Tzadeq, "meu rei é justiça") algumas considerações. Trata-se de um personagem bíblico que ninguém sabe descrever a não ser por certos símbolos – São Paulo refere-se a ele evasivamente (para não dizer obscuramente...) como um ser "sem pai, sem mãe, sem genealogia, que não tem princípio de dias nem fim de vida..." (Hebreus 7,3) –, e que no entanto detém uma posição privilegiada, senão mesmo única, na confluência superior que UNE (que irá UNIR?) as duas vias tão dramaticamente afastadas como são a via da Igreja e da Maçonaria. A Igreja Católica reconhece e classifica este afastamento, e, tal como tivemos comentado amplamente na nossa obra *Arsenium* pouco seria necessário voltarmos às provocações. Efetivamente não repetirei o que já foi escrito nesta obra e repeti-lo seria exaustivo e pouco recomendado; sobre as encíclicas e seus papas responsáveis. Mas, que se resume numa insistente e consistente pena de que aquele que ingressar numa associação que conspire contra a Igreja será punido com uma justa pena: quem quer que promova ou pertença a tal associação será punido com um interdito – Como se vê, os ventos da mudança fizeram suprimir duas referências importantes: "a Seita Maçônica" e a "excomunhão".

Mas as coisas não são tão simples assim; as aparências enganam. Não faz muito tempo, o então cardeal Joseph Ratzinger, quando Prefeito da Congregação para Doutrina da Fé (a atual Inquisição), fez publicar em 1984 uma declaração onde se consiga peremptoriamente que o novo cânone 1374 tem o mesmo alcance e a mesma força do antigo cânone 2335, que os princípios Maçônicos são inconciliáveis com a doutrina da Igreja ("... *semper inconciliabilia habita sunt cum Ecclesiae doctrina*"), que a condenação da Maçonaria pela Igreja permanece e que os católicos que ingressem na Maçonaria incorrerão em pecado grave e serão privados de receber a Santa Comunhão ("*Quaesitum est*", Acta Apostolicae Sedis 76,1984) – longe de considerar isso um "abuso de autoridade"! Porém, parece-nos que a coisa merecia ser melhor esclarecida, e foi por isso que mencionamos este fato esperando ler ou ouvir de alguma autoridade maçônica das potências regulares manifestarem suas opiniões e contraditos desta colocação papista. Talvez uma declaração do mundo administrativo Maçônico manifestando sua opinião parece-me necessária e suficiente, sobretudo, pelas atitudes frontais daquele representante da Santa Sé assumindo e consolidando nas sucessivas conjunturas que atravessamos esta atitude de apostasia entre a Igreja e a Maçonaria.

De qualquer maneira, essa "divergência" dos dois "irmãos inimigos" que são a Maçonaria e a Igreja é perfeitamente normal e está de acordo com aquilo que conhecemos da história bíblica: trata-se de duas linhas – ou linhagens – que na melhor das hipóteses, e por enquanto, se não são acentuadamente divergentes, pelo menos são paralelas, o que parece por em causa a aspiração expressa no tema destas jornadas, ou seja, a busca das "convergências" entre os valores religiosos e o ideal Maçônico. E chegou a altura de justificar a minha afirmação de há pouco sobre aquilo a que chamei de o "princípio sobrenatural da Maçonaria" – princípio que se encontra, aliás, indissoluvelmente ligado à enigmática missão de Melquisedeque.

Qual a linha – ou linhagem – de onde derivam os "Maçons", isto é, os pedreiros-construtores, ou os protótipos do *homo faber*?

Vejamos a história sagrada nos seus primórdios, tal como nos é transmitida no primeiro livro do Pentateuco – o Gênesis.

O 1º filho de Adam e Eva, o primogênito, foi CAIM. Chamo a atenção para este detalhe de Caim ter sido o primogênito, isto é, foi o primeiro a ser concebido após o contato *sobrenatural* de Eva com a serpente, ou seja, com o espírito lucífero – despertador da serpentina corrente espinhal da *Kundalini* – que abriu os seres humanos ao conhecimento da reprodução física (sexo) e da reprodução intelectual (voz, palavra de razão). Certas tradições de fontes não bíblicas vão mesmo ao ponto de afirmar que Caim, filho de Eva (e EVA vem de uma palavra hebraica, *kwwah*, que significa "vida"), seria semidivino, por não ser filho de Adam, mas de um anjo caído, serpentino, tradição que talvez tenha ido beber qualquer coisa a estes estranhos versículos bíblicos: "Quando os homens começaram a multiplicar-se sobre a terra, e lhes nasceram filhas, os filhos de Deus (os anjos) viram que as filhas dos homens eram belas e escolheram esposas entre elas (...) e elas geraram filhos" (Gêneses 6, 1s. 4). A palavra "Caim" deriva de uma razia hebraica primitiva que significa "metalúrgico"... não é preciso muito esforço de imaginação para se começar a o que vai sair daqui, e as óbvias relações do "fazer" – ou da ação do *homo faber* – com o FOGO!

Da descendência de Caim, fazem parte JABEL, "pai daqueles que moram em tendas, entre os rebanhos" (Gênesis 4, 20) – e das tendas para as cidades não havia uma grande distância! -; JUBAL, "pai de todos aqueles que tocam a cítara e os instrumentos de sopro" (Gênesis 4, 21); TUBAL-CAIM, "pai de todos aqueles que trabalham o cobre e o ferro" (Gênesis 4, 22)... Henoch, citado na Epístola de São Judas (14-15), ainda acrescenta, no livro que tem o seu nome, MATHUSAEL, iniciado nos segredos da escrita (Henoch 79, 1-8 e 80, 1-3)... – Um dos não menos ilustres descendentes de Caim, e de Tubal-Caim, é HIRAM ABIFF, construtor do famoso Templo de Salomão, *"filho de uma viúva e hábil a trabalhar o bronze"* (I Reis 7, 13-14) e figura emblemática da Maçonaria.

Em toda esta descendência, encontramos um elemento comum: o FOGO, presente em toda esta história. A febre da construção e da invenção, a metalurgia, o próprio fogo da inspiração de quem faz música ou de quem comunica a escrita...

O 2º filho de Adam e Eva foi ABEL, de acordo com a Bíblia tornou-se pastor. Caim dedicou-se à agricultura, era lavrador. Caim era inventivo e tinha iniciativa, arava a terra para que "brotassem dois pés de erva onde só um crescia", ou seja, investigava, cultivava, multiplicava, ao passo que Abel se limitava a apascentar os rebanhos, sem alteração, tal como Jehovah os tinha criado. O primeiro sinal de civilização é a agricultura. O homem deixa de ser nômade e pode fixar-se num determinado lugar. Surgem as cidades, o desenvolvimento... com elas a poluição e aumento da criminalidade, que é o preço! Abel não. Deixava o seu rebanho auto reproduzir-se sem contribuir em nada para isso.

Quando Caim e Abel ofereceram uma oblação a Jehovah, Abel limitou-se a sacrificar um primogênito do seu rebanho, ao passo que Caim ofereceu frutos da terra, provavelmente já resultantes de manipulações genéticas, híbridos, etc., as leis de ciência começaram a serem testadas... o espírito de Mendel já devia estar por lá, assombrando as intuições humanas, neste sentido, Mendel certamente é um descendente de Caim! É claro que Jehovah recebeu com gosto a oferta de Abel, e recusou os dons de Caim. É interessante notar a diferença: o Deus do Novo Testamento é Pai, é Amor, é Perdão, em contraste com o Jehovah do Antigo Testamento que é Senhor dos Exércitos, Deus das raças, ciumento, divisionista e vingativo. Ao ver a oferta de Caim deve ter pensado: Eis que este pode tornar-se um rival incômodo, senão até mesmo perigoso. Por este caminho, um dia irá construir coisas mirabolantes, mísseis, pode até criar uma geringonça para ir a outros planetas e quem sabe até um dia vir bater na minha porta, ou quem sabe querer até se ornar um deus igual a mim; tomar meu lugar. Daí ter desviado o rosto das oferendas de Caim.

Neste passo da história bíblica há uma dualidade curiosa e intrigante, e que dá no que refletir. Caim, irritado, matou Abel, e Jehovah amaldiçoou-o por isso. No entanto, quando Caim se lamenta por essa maldição e por ter sido expulso, dizendo: *"O primeiro que me encontrar matar-me-á"*, Jehovah respondeu-lhe: *"Não, aquele que matar Caim será punido sete vezes"*. E Jehovah pôs um misterioso sinal na testa de Caim, para que ninguém o matasse (Gêneses 4, 14-15) – UM ostracismo é uma espécie de "morte"; em que estranha punição incorrerá a Igreja Católica ao condenar ao ostracismo os Maçons, descendentes de Caim?

Notemos de passagem que a "Maldade" de Caim não está expressa limpidamente no Gênesis; a ideia de criminoso, fraticida e réprobo consolidou-se numa tradição posterior, incluso no Novo Testamento, como podemos constatar em Mateus 23, 35 em Lucas 11, 51 e na 1.ª Epístola de João 3, 12. A morte de Abel por Caim não foi um fratricídio, o "primeiro fratricídio" como já tem sido mencionado por alguns líricos, foi um fato civilizacional. Caim não matou o seu irmão Abel, matou o "modo estacionário de viver", o *homo faber* acaba de "matar" o outro homem, o que fica parado na pastorícia estática.

Como quer que seja, depois da morte de Abel, Adam e Eva "conheceram-se" novamente – este eufemismo bíblico é ótimo, "conheceram-se" –, e nasceu SETH, Seth por sua vez gerou ENOS (não confundir com Henoch), e a linhagem da ÁGUA ficou estabelecida: a linhagem do *homo sacer* – a classe sacerdotal – e, como se diz na Bíblia, *"o nome do Senhor começou a ser invocado a partir de então"* (Gênesis 4,26).

Ficam assim bem definidas as duas grandes linhagens: a linhagem dos homens que trabalham com FOGO, os artífices, a indústria, o aparelho de Estado, associados ao planeta Marte, deus do fogo e da guerra, cuja Organização Iniciática, expressão do *sagrado real*, é a MAÇONARIA – e a linhagem dos homens submetidos à ÁGUA benta, os clérigos, os sacerdotes, a Hierarquia, associados à Lua, planeta da alma, da fecundação, das emoções, cuja Organização Sacramental, expressão interna do *sagrado sacerdotal* é a Igreja. O ideal masculino da primeira é HIRAM, o ideal feminino da segunda é MARIA. – Notemos que ambas se opõem ao mundo *profano*, ainda que ambos tenham os conceitos de *sagrado*, como podemos notar.

Quanto a tal desejo de "convergência"... à primeira vista parece que estamos mal, parece que nada pode unir a ÁGUA e o FOGO. E, no entanto... podemos recordar uma curiosa passagem bíblica onde se fala de uma união de água e de fogo e não de VINHO. E é precisamente aqui que a intervenção de Melquisedeque irá nos apontar o caminho para a superação da divergência. Melquisedeque é a primeira figura bíblica, desde os tempos trágicos da separação, que é simultaneamente REI e SACERDOTE, ou seja, congloba as duas linhagens, o *sagrado real* e o *sagrado sacerdotal*, e o primeiro a fazer um sacrifício não de aspectos cruéis ao contrário daquilo que era de costume entre eles: fez um sacrifício de PÃO e VINHO. Aqui temos o vinho como primeiro sinal de união das duas linhagens, fogo e água!

No tempo que Abrão vivia em Canaã, depois de ter regressado do Egito, houve uma demorada guerra que envolveu vários reis, entre eles o rei de Sodoma, cidade onde vivia Lot, sobrinho de Abrahão. (Naquela época o famoso patriarca ainda se chamava Abrão, que quer dizer "pai elevado". Só depois de Jehovah ter multiplicado a sua descendência passou a chamar-se Abraão (Abrahão), que significa "pai de uma multidão").

Nessa guerra, os reis de Sodoma, Gomorra e outros dois foram vencidos e fugiram, e o fizeram tão desastradamente que caíram nuns poços de betume que havia no vale de Sidim... Deviam ser poços de *crude*, ou petróleo bruto, nesse tempo não se distinguiam os hidrocarbonetos, hoje teria sido uma sorte, se tivessem espirito capitalista e empreendedor estavam ricos! – O sobrinho de Abrão, Lot, foi feito prisioneiro pelos reis vencedores; Abrão, que vivia em Canaã, ao ser avisado, reuniu os seus servos, constituiu um exército, venceu os reis antes vencedores, recobrou todos os bens saqueados e reconduziu Lot a Sodoma, onde o ex-vencido e ex-betumado rei dessa cidade lhe saiu ao encontro para saudá-lo. Tal história é narrada no capítulo 14 do Gênesis, versículos 18, 19 e 20, e a partir do 21 retoma e continua a conversa entre Abrão e o rei de Sodoma, no ponto em que ficara no versículo 17.

Estes versículos 18, 19 e 20 parecem ter caído de paraquedas tal como a personagem que os protagoniza – Melquisedeque – e segundo alguns exegetas bíblicos trata-se de uma passagem enigmática, "de uma tradição isolada e inclassificável", que diz assim:

> *Melquisedeque, rei de Salem e sacerdote do Deus Altíssimo (El-Elyôn), mandou trazer pão e vinho, e abençoou Abrão dizendo: Bendito seja Abrão pelo El-Elyôn que criou o céu e a terra! Bendito seja El-Elyôn que entregou os teus inimigos nas tuas mãos! – E Abrão deu-lhe o dízimo de tudo.*

E pronto. O outro único lugar do Antigo Testamento que encontra outra referência a Melquesedeque é o Salmo 109 (antigo 110) e refere-se ao Messias, rei e sacerdotes: "O Senhor jurou e não se arrependerá: Tu és sacerdote para sempre, segundo a Ordem de Melquisedeque" (Salmo 109, 4).

São Paulo desenvolve largamente este tema nos capítulos 4 a 7 da sua Epístola aos Hebreus, e estabelece a analogia entre CRISTO e MELQUISEDEQUE. Este nome é formado por duas palavras hebraicas, *mlkî-çedheq*, e significa "rei de justiça", ou "o meu rei é justiça". Por sua vez Salem significa "paz", ou seja, a Ordem de Melquisedeque é a Ordem da Justiça e da Paz, e ainda significa, segundo a tradição Rosacruz, é a ordem que reinou em tempos remotos antes da divisão dos sexos, antes mesmo de Eva ter sido separada de Adam, na Época em que cada ser era uma completa entidade criadora, regida por Melquisedeque, Rei e Sacerdote, Justo e Santo – e é a ordem que reinará numa idade futura, a Nova Galileia, ou Nova Jerusalém (*Jer-u-salem* = aí haverá paz) do Apocalipse, em que todos os seres se reunirão em perfeito Amor, regida por Cristo, Rei e Sacerdote, Justo e Santo. Entre uma e outra, decorre a Época em que vivemos, com a humanidade dividida em dois sexos, e em raças, nações, igrejas, seitas com todos o seu trágico cortejo de guerra, opressão, intolerância, morte – culminando com a divisão do poder real e do poder sacerdotal, ou do Estado e da Igreja.

Houve, na nossa Época, uma tentativa para se unirem os dois poderes, ou as duas linhagens, a sacerdotal e a real, a da Água e a do Fogo, quando Salomão, da linhagem sacerdotal de Seth, se associou a Hiram, artífice da linhagem ígnea de Tubal-Caim, para construir o famoso Tempo que tem o nome do primeiro. A tentativa falhou, é uma lenda curiosíssima que vale a pena ser revista nos seus ínfimos detalhes, para isto leia nossa obra *Arsenium*, e é conhecida de todos os Maçons. Hiram foi assassinado por três companheiros e sua obra prima, o Mar de Bronze, que deveria ser uma enorme pia purificadora à entrada do Santuário, no Templo, não ficou concluído. Os Maçons descendentes de Hiram e de Tubal-Caim, e os clérigos descendentes de Salomão e de Seth, continuam, assim, a sua penosa caminhada, lado a lado, mas de costas voltadas... o Império e o Papado... o *homo faber* e o *homo sacer*... o fogo e a água... os reis e os sacerdotes... Hiram e a Virgem Maria...

Mas não entremos em desespero, pois nem tudo está perdido. Não é por acaso que HIRAM, se considerarmos a permuta vocálica do H é anagrama de MARIA... Por outro lado, as profecias têm muita força, e não podemos deixar de comentar, mesmo que muito brevemente esta profecia de São João:

> *E outras ovelhas tenho que são deste redil; também essas tenho de recolher, e ouvirão a minha voz, e haverá um só rebanho e um só pastor."* (João 10, 16).

Creio que esta profecia se pode tirar duas conclusões ou entendimentos ou melhor, em dois níveis, anuncia duas fases de acontecimentos: primeiro, todas as dispersas Igrejas e seitas cristãs reunificar-se-ão num único Cristianismo sob a chefia de JESUS, que, "dos mundos invisíveis, envolve no seu amor todos os filhos de Seth que, com fé, invoquem o Seu nome"; e segundo, os filhos do Fogo e os filhos da Água, a Maçonaria e a Igreja Universal, unir-se-ão numa só Ordem Eterna, a Ordem de Melquisedeque Rei e Sacerdote, sob a chefia de CRISTO a quem Deus constituiu "herdeiro de tudo", rei e sacerdote "para sempre segundo a Ordem de Melquisedeque".

NÃO HÁ PROGRESSO SEM LUTA E NEM CAMINHO SEM DOR

Nas alturas de maior sofrimento na vida encontramos as melhores oportunidades para o crescimento interior; isto é preconizado pelos mestres da sabedoria ancestral.

Teólogos, psicólogos, espiritualistas, filósofos, naturalistas, padres, esoteristas, astrólogos, místicos, alquimistas, analistas e sábios tem o que em comum? Traduzem as mais distintas e diversas faces da consciência humana, são facetas espetaculares da grande sabedoria universal, d'Aquele que está além e aquém de toda divisão a que se sujeita através da matéria.

O que vem a ser o UM? É o Eu, é o Um dentro de mim. É Deus--que sou mais e mais enquanto me descubro e dobro em ilimitadas formas humanas a meio da consciência limitada que me habita. Somos apenas os passos ora hesitantes ora decididos e firmes pelo oposto semiótico do caminho e do caminhar já percorrido, mas somos também esse caminho que fica por trilhar, e sou a possibilidade de caminhar simplesmente por caminhar.

Somos a jornada e o caminhante, a estalagem, o repouso e a estrada que nos aguarda, o início dirigindo-se incessantemente para si próprio mascarado de fim, a partida e a chegada num único movimento da consciência.

Será a etimologia correta de "comum", com-Um? Com Eu-dentro? Eu com o Eterno em mim? Será correto pensarmos – se é que pode ter pensamentos corretos – que se comunica no senso comum como aceito, numa comunhão entre os seres diante de um espetáculo dos deuses, refletindo-se, reunindo-se revendo-se uns nos outros num Olimpo arquetípico emergindo gradualmente da camada seguinte da memória ancestral onde estavam ocultos?

Se for correta a etimologia de comum e comunicar partilhando, dir-se-ia que algo se perdeu no caminho. Nunca, na estória que os homens contam sobre si próprios, houve tantas formas de pôr em comum e tão pouco para partilhar entre si.

E onde entra a dor? Quem sabe, a dor é ilusão da separação, da dicotomia. A dor é a atenção no caminho e a negação do caminhante. A dor sempre esteve aí, tal como o está a infinita beatitude. E, no entanto, para a consciência do homem são estados impermanentes. Melhor, intermitentes – como a luz e a sua falta numa lâmpada que pisca.

A beatitude acontece de súbito, quando o homem transcende a separação. Separação de si próprio, separação dos outros, separação do mundo, separação da morada do pai – o deus julgador e omnipresente do folclore judaico-cristão. A beatitude é o estado em que não há divisão e o homem habita a morada eterna que o habita, e todos habitam esse espaço que habita em todos e já não há todos, nem espaço, nem homem, nem conceitos de dentro ou fora, há somente uma só coisa. Há, simplesmente. Ou melhor, simplesmente sem mente: simples.

E essa beatitude pode acontecer num instante, e voltar a acontecer, e não acontecer nunca mais até o momento em que acontece novamente. Enquanto se respira, enquanto se olha vê e repara numa flor, enquanto se corre, enquanto se lava o cérebro dos pensamentos, enquanto se tira a água do poço. Mas de cada vez acontece, e nos lembramos do todo, a sua duração é eterna.

A dor é uma outra parte metade, que contrariando todas as regras da lógica nascida do medo da imprevisibilidade, não alterna necessariamente com os momentos de beatitude. Há momentos em que a lâmpada brilha e há momentos em que a Lâmpada está apagada, é certo; assim como na troca com o meio há o momento da inspiração e o momento da expiração – mas há mais momentos desses: o momento em que inspiramos e ainda não começamos a expirar, o momento em que expiramos e ainda não começamos a inspirar.

A beatitude é inspiração, ou expiração; a dor é expiração, ou inspiração. Depende da perspectiva e sujeitar-se à subjetividade do nomear. Mas a verdade é que dor e beatitude, inspiração e expiração, não esgotam a experiência de sermos – porque somos sempre, e eternos nos intervalos.

Assim como a beatitude nasce da lembrança – ainda que momentânea – da evidência interior do Um, a dor surge do esquecimento da divisão. A dor só emerge quando tem missão a cumprir, lembrando ao homem que se lembre de si próprio. Lembrando ao homem que ele é quem olha, mas quem é olhado também. Lembrando-o de que só pode conhecer na medida em que se conhece. A dor convida o caminhante a parar a marcha sôfrega, a retirar os olhos da estrada e olhar para si próprio. É altura de pousar a carga que pesa de tantas serem as coisas que elencou lá por dentro e levar consigo; é altura de parar de amaldiçoar o caminho e olhar para os próprios pés verificando se está convenientemente calçado; é altura de dar a si próprio o tempo de repousar numa encruzilhada antes de seguir o caminho.

Talvez aí o caminhante se sente e feche os olhos; talvez aí o caminhante reveja mentalmente todo o caminho que percorreu e o levou ao lugar onde se senta; talvez aí o caminhante possa traçar novos planos ou ver-se livre das coisas que trás consigo e já não necessita, deixando-as para outros que venham atrás e possam delas precisar; talvez aí o caminhante decida percorrer um caminho diferente; talvez o caminhante descubra que não há lugar nenhum aonde ir, nenhum lugar aonde chegar. E, talvez, nesse momento a relação do caminhante com o caminho se altere profundamente. Talvez respire fundo e fique onde está, ou então retome o caminho – mas com uma nova liberdade, uma nova consciência, e os seus passos não serão mais dados por necessidade de chegar. O caminhante então saberá que o caminhar é o próprio caminho e a aventura maior. E agradecerá a dor, que o fez parar, por esta nova descoberta.

O PRÓPRIO CAMINHO É A META

Pare e reflita um pouco. É o caminho que você deseja ou, há, em suas visões, uma vaga perspectiva de grandes alturas a serem escaladas por você mesmo, um grande futuro a ser alcançado? Cuidado. Saiba que o caminho deve ser buscado por causa dele mesmo e não como algo que seus pés trilharão.

Busque o caminho. O caminho não é conhecido. Ninguém pode ensinar-lhe o caminho; ele não lhe pode ser dado. O caminho não pode ser mostrado, não pode ser transmitido. Você precisa buscá-lo.

Pensamos, geralmente, que devemos buscar a meta, mas que o caminho já se encontra determinado. Há tantos caminhos que não há razão de se continuar a falar sobre eles; e todos levam à mesma meta. A meta é que precisa ser encontrada, a meta é que precisa ser alcançada, não o caminho. O caminho já está à mão. Na verdade, está totalmente à mão, pois existem muitíssimos caminhos.

Mas isso não é verdade, porque a meta e o caminho não são duas coisas. O próprio caminho torna-se a meta. O primeiro passo é também o último, pois o caminho e a meta não são duas coisas. O caminho, à medida que se avança através dele, transforma-se na meta. O mais importante é não pensar sobre a meta. O pensamento básico deve ser a respeito do caminho. Descubra o caminho: Busque o caminho.

Bhagwan Shree Rajneesh

ILUMINAÇÃO

APENDICE
O SEGREDO SAGRADO
O RITO
MS

LEVANTANDO O VÉU DE ÍSIS...

Eis aqui então um "Programa" para todas as Operações de Arte *Mágicka*. Primeiro: tu deverás descobrir tua *Verdadeira Vontade*. Em seguida, formular essa *Vontade--Verdadeira* como uma Pessoa, buscando-a ou construindo-a, e dando-lhe nome, de acordo com tua *Santa Kabbala*, e sua infalível Regra de Verdade. Terceiro: purifica e consagra sua Pessoa, concentrando-te sobre ela, e contra tudo mais. Essa Preparação continuará em toda a tua Vida diária. Nota bem: apronta uma Nova Criatura imediatamente após cada Nascimento. Quarto: executa uma Invocação direta e especial em tua Missa diária, antes da Iniciação, formulando uma Imagem visível desta Criatura, e oferecendo o Direito de Ressurreição. Quinto: executa a Missa, sem omitir a Verdade, e que haja numa Aliança de Ouro nas Bodas de teu Leão com tua Águia. Sexto: na Consumação da Eucaristia aceita esta Criatura, dissolvendo nela tua Consciência, até que ela esteja bem assimilada dentro de ti. Agora, pois faze isso contínua e sistematicamente, pois, por meio de Repetição, vem tanto Força quanto Habilidade, e os Efeitos são cumulativos, se tu não deres tempo para que ele se dissipe.

I
O SANTUÁRIO

O Santuário é o local para a prática mágica do rito *mágicko*. Ele pode ser em qualquer lugar. Você pode montar seu Santuário no seu quarto, em um quarto separado, construir um local só para essa prática mágica... Não importa. Você só deve levar em consideração certas implicações necessárias.

Esse é um local sacro, sendo assim, leve ali somente Sacerdotisas consagradas para esse tipo de trabalho. Não entre ali com roupas sujas da rua, dessa maneira você não levará sujeira para seu Santuário.

Ali você poderá meditar, fazer *Hatha Yoga*, Magia Sexual... É pensando nisso que você deve se preocupar e não se imiscuir com estranhos, lá não deve levar mulheres ou homens que não compreendam sua posição espiritual e muito menos entrar inadequadamente nesse ambiente. Limpe-se antes de lá entrar, purifique-se, tome um banho de plantas e entre lá perfumado com essências maravilhosas. Lembre-se, lá é seu santuário.

Outra providência a ser tomada é a defesa astral de seu Santuário.

Esses lugares devem ser bem protegidos contra larvas astrais dos mais diferentes tipos. Seres que só vivem de nossa energia e nos vampirizam psiquicamente.

Um Santuário mágico, onde é praticado o rito da criação, é um local visado por esse tipo de seres pois lá [no Santuário], existe uma energia muito poderosa sendo formada, lá cria-se um vórtice mágico poderoso que não deve ser profanado.

Sendo assim, proteja o local com um Círculo mágico (veja nossa obra *Manual Mágico de Kabbala Prática* – Ed. Madras, 2011) permanente. Compre uma corda e a consagre com sua Verdadeira Vontade.

Amarre as duas pontas e a coloque em volta de todo o santuário [por dentro é claro]. Ela deve ter a medida exata de toda área interna do santuário. Nela coloque alguns cristais amarrados e não a tire dali para nada. Seria bom que você fizesse alguns rituais de banimentos antes dos ritos mágicos e depois deles.

Mas no Sacramento da Gnose, que é do Espírito, nada há que cause dano, pois seus Elementos são não apenas Alimento, mas uma verdadeira Encarnação e Quintessência de Vida, Amor e Liberdade; e em sua Manifestação é teu Leão consagrado por pura Luz de Êxtase. Também, como esta é a mais forte, e também a mais sensitiva de todas as Coisas, e tanto própria quanto pronta para receber impressão da Vontade; não como um Selo, passivamente, mas com verdadeira Recriação dela num Microcosmo. E isso é um Deus vivo, e potente para criar, e ele é uma Palavra de Magia na qual tu podes ler-Te com toda a tua História e todas as tuas Possibilidades. Também, quanto à tua Águia, não é esta escolhida pela Natureza Mesma em Seu Caminho de Atração, sem cuja Harmonia Estética e Magnética teu Leão fica silencioso, e inerte, mesmo como Aquiles (antes de sua Cólera) em sua Tenda? Portanto, também agora, Eu te comando, ó meu Filho, a partilhar constantemente deste Sacramento, pois ele é próprio a toda Virtude; e à medida que tu aprenderes a usá-lo em Perfeição tu sobrepujarás todas as outras Formas de Magia. Sim, em verdade nenhuma Erva ou Poção é como esta, suprema em todo e cada Caso; pois é a Verdadeira Pedra dos Filósofos, e o Elixir e a Medicina de todas as Coisas, a Tintura Universal ou Mênstruo de Tua Própria Vontade.

II
OS SENTIDOS NA MAGIA SEXUAL

Na prática da Magia Sexual, os sentidos devem ser bem explorados pois eles, de uma forma singular, são a chave para um Ritual bem feito.

Em todo tratado tântrico oriental, o leitor poderá comprovar que os sentidos são explorados em seu máximo ou limite.

Poderá comprovar que no ocidente o sexo se degenerou de uma forma radical, levando sua sacralidade para as fossas mais profundas da ignorância humana. Isso, de qualquer forma, mostra que o ocidente

– talvez – ainda não esteja preparado realmente para as práticas tântricas. Mas existe outro porém. O conhecimento – assim creio – de forma nenhuma pode continuar *estagnado* da maneira em que se encontra. Estamos em novos tempos, muito do que era sagrado no passado hoje já não é e as portas dos Templos se encontram escancaradas para o público. Talvez isso seja outro sinal importante e revelador que, de certa forma, deve ser interpretado de duas formas, ou seja, talvez já seja a hora da humanidade receber o que era até então um segredo sacerdotal, quem sabe, por merecer; por outro lado, talvez esse seja um sinal que as portas se encontrarão fechadas daqui um tempo. Sendo assim, a humanidade deve correr para não ficar fora do *barco*...

Acreditamos na evolução – ou revolução – em todos os sentidos. Creio que é hora de escancarar as portas dos Templos e jogar a quinquilharia velha para fora, pois, dessa maneira, novos conhecimentos possam ser recebidos – ou concebidos – para que a humanidade saia de atoleiro em que se encontra, a ignorância.

III
A VISÃO

Todos os sentidos na Magia Sexual têm sua importância na cadeia do equilíbrio, porém, em determinadas pessoas, um sentido sempre se desenvolve mais. Sugiro então que o estudante tente desenvolver todos da mesma maneira para que possa saber qual é o sentido que mais se identifique.

Como disse, o equilíbrio da cadeia é o que deve ser buscado. Um homem, não importa se é feio ou bonito, porque se ele se encontrar em perfeito equilíbrio interno, se seus átomos internos estiverem trabalhando de forma equilibrada, ele será magnético e atrairá para si tudo o que de melhor há na vida. Como tratamos de um livro sobre a sexualidade, deixo bem claro que ele atrairá para si mulheres maravilhosas e vice-versa.

Um homem é o que seus átomos internos são. Dessa maneira distinguimos um ser humano do outro pelos tipos de átomos que atrai, bem como o tipo de pessoas que ele se mistura.

Esse conhecimento é de grande ajuda na visão. Ajuda a distinguir, às vezes, o certo e o errado.

A visão tem de ser treinada. Um Adepto poderia não sentir atração por sua *Shakti* se a mesma andasse de qualquer forma, *esculhambada* por aí sem se cuidar. Da mesma forma acontece com o Adepto que não se cuida.

É bom que a *Shakti* deixe um deslumbre no olhar de seu Sacerdote dias antes do rito mágico e principalmente no dia.

Devemos cultivar a simplicidade, mulheres naturais, sem muita maquilagem; devemos ser excitados pelo olhar e não ficar muito presos às ilusões das aparências (maquilagens). Isso não acontece isoladamente; tenho plena certeza de que ninguém gosta de estar com uma pessoa *esculhambada*. Sendo assim, sugiro que o leitor leve isso em consideração e comece a cuidar mais de seu visual para que se sinta bem consigo mesmo e com seu parceiro (a).

IV
O OLFATO

Esse talvez seja o sentido mais desenvolvido para a prática de Magia Sexual. Creio que o olfato tenha as características para decidir um bom ritual.

O ser humano emana diversos aromas em seu corpo, aromas que às vezes se tornam desagradáveis. Não que são ruins ou têm mau cheiro, todos têm suas características e peculiaridades. Os lugares onde o odor sempre é mais aguçado são sempre aqueles onde as glândulas trabalham mais. As axilas, as dobras das juntas do corpo, os órgãos sexuais, a fissura entre as nádegas, atrás das orelhas e alguns outros lugares.

Sugiro, então, que os praticantes sejam asseados e se limpem antes do rito para que o odor desses lugares não seja tão forte na hora da prática.

Da mesma maneira, o cuidado deve ser tomado com o hálito. Ele pode variar de acordo com o que comemos até mesmo vinte e quatro horas antes do rito. Aconselho que os praticantes não exagerem no alho e nas comidas picantes. No dia do rito, talvez frutas seja o alimento mais aconselhado. Os odores corporais variam de acordo com o passar do dia. Cada pele tem seu odor particular que pode variar antes, no momento e depois da prática.

Aconselho que esse sentido seja bem desenvolvido pelos estudantes. Que na hora do rito ele seja praticado com bastante entusiasmo.

V
PALADAR

Da mesma maneira, a pele varia com seu gosto antes, durante e depois da prática. Não só aí. Ela varia de gosto com as mudanças psicológicas ocorridas no dia a dia, com a excitação, com a tristeza, com o exercício e com vários outros fatores.

Esse sentido proporciona um prazer maravilhoso. A língua pode representar o falo enquanto que os lábios podem representar a vulva. Se observarmos por este ângulo têm dois conjuntos sexuais cada um. É bom na hora do rito que doces, bombons, frutas e outros alimentos afrodisíacos sejam espalhados pelo Santuário. Que esses alimentos sejam usados no momento da prática, que a língua seja instrumento de prazer e seja passada por todos os lugares do corpo.

Aqui nos deparamos com o sexo oral. Muitas correntes tântricas [principalmente as que seguem o caminho da mão direita] condenam o uso do sexo oral. Dizem que isso é uma degeneração sexual e não pode ser praticado.

Não penso assim. Se formos estudar nos primórdios a sexualidade, vamos observar que o uso da língua e dos lábios tem sua utilidade no ato sexual. Qualquer livro tântrico traz até mesmo fotos e desenhos mostrando que o sexo oral era praticado pelos taoístas, pelos hindus e até pelas correntes tântricas cristãs.

Aqui nos deparamos com o dogmatismo novamente. Não creio de forma nenhuma o sexo oral seja uma degeneração do sexo, pelo contrário, o sexo oral, na minha opinião, é um modo de oração, de inspiração e de devoção ao mais sagrado e puro.

Até hoje na Coreia encontramos lugares onde esculturas fálicas são adoradas e veneradas.

Mas existem pessoas que não gostam. Sendo assim, ele não deve ser forçado, isso deve partir da pessoa. Se for Vontade dela(e), ela(e) irá compartilhar com você um dos ritos mais antigos da tradição fálica, ou seja, a adoração ao falo e à vulva.

VI
AUDIÇÃO

Esse sentido dá o tom do rito. Ele se enquadra na estrutura sonora do rito, sendo assim, não há muito o que falar sobre ele. A música a ser usada no rito obedece ao seu ritmo certo e pessoal, ou seja, existem horas em que uma música *"new age"* se enquadra muito melhor que uma música clássica ou barroca. De qualquer forma, aconselho que um rito sexual não seja regido por um samba, um pagode, um rock ou uma música sertaneja. Esses ritmos não se enquadram na sacralidade do rito.

VII
TATO

O toque é muito importante na prática tântrica. Existem tipos variados de toque para variados trabalhos tântricos, porém, para aquele que está começando sua caminhada tântrica, indicam-se os mais simples que são, os suaves e fortes.

O carinho suave, aquele com as pontas dos dedos, é um preparativo para o toque forte que é uma intimação pessoal.

O toque deve ser desenvolvido em áreas de excitação como os órgãos sexuais, o bico das mamas femininas bem como o bico do peito do homem. São lugares sensíveis, mas de grande excitação.

É bom que o estudante tente praticar o *Kum-Nye*. Essa é uma prática de êxtase. Ela faz com que cada sentido se aguce e aumente de forma que um beijo possa ser sentido nas pontas dos dedos do pé (imagine um orgasmo então!).

VIII
DISCIPLINA MENTAL PARA A PRÁTICA DO SANTO RITO

Durante a preparação do sacramento e também durante sua consumação, a mente do iniciado deve estar concentrada numa torrente única de Vontade sobre o objeto determinado de sua operação. Se pudésseis sustentar um pensamento puro somente por três segundos, vos converteríeis em senhores do mundo.

Michael Juste - *Deuses Atômicos*

Em determinadas circunstâncias da vida de um iniciado, ou melhor, em determinados pontos de sua trajetória iniciática, ele deve tomar muito cuidado com relação ao que pensa, principalmente se seu caminho for pelas veredas regozijantes da Magia Sexual.

Um iniciado certa vez disse: *"O homem está tão perto de Deus que a única coisa que os separa é sua mente."*

A obra *Magick* de Aleister Crowley nos faz perceber que no *conto* da retirada de Jesus, o Cristo para seu jejum no deserto por quarenta dias, o único demônio que o *tentou* foi sua mente.

– Isso não ocorre sempre?

– Diga-me o homem que se sentou para meditar e nunca ficou a divagar?

– Quem é o Iniciado que jamais perdeu a concentração em um ritual por estar com a mente na Sacerdotisa ou no negócio que haveria de fazer?

– Ora, a mente nos prega peças constantemente e se o iniciado não estiver em pleno equilíbrio com o elemento ar ele sai a divagar pelas veredas das práticas e quando se dá conta, o tempo passou e ele só pensou...

Isso é para aqueles que gostam de ler por dez horas e meditar por dez minutos. Ainda assim dizem: *Eu sou Iniciado.*

Qualquer iniciado de verdade sabe que, sem disciplina mental, não é possível chegar a algum lugar, principalmente quando se trata de Magia Sexual.

Lembrem-se de que as grandiosas proezas sempre começam pelas pequenas proezas, ou seja, para se chegar a um pleno domínio disso que chamamos de elementos, é necessário que o iniciado comece a se disciplinar, pois amigos, *Thelema* é disciplina e o Iniciado que não a possui está enganando ou sendo enganado.

Aqui nos propomos a estudar a Magia Sexual; sendo assim, como poderia o iniciado produzir um bom elemento de consumo se na hora de sua produção sua mente só via na Sacerdotisa a luxúria que leva ao sexo inócuo?

Mesmo que o iniciado não venha a consumir o elixir, sendo ele um adepto do caminho seco, como poderia produzir o elixir e energizar a si mesmo se ele não teve concentração e não viu o conúbio como algo divino?

A energia tem de ser limpa, nítida, pura e carregada de vontade sobre-humana, porém, como alguém poderia assim fazer se não tem uma disciplina mental e só pensa com divagação.

Não estamos aqui para criticar fulano ou sicrano pela sua forma de pensar, pois além de tudo *"Faz o que tu queres"*, mas, sim, estamos aqui para enfatizar que o homem que não tem domínio sobre si mesmo e sobre aquilo que pensa não chegará à perfeição deste rito mágico jamais!

Isso devem saber os irmãos participantes do Santuário da Gnose. Acreditamos que aquele que chega ao IX° de nossa Santa Ordem já saiba que, pelo menos, o rito deve ser encarado de forma divina, ou seja, que o rito é a união de Deus com o homem e que ali a *Shakti* é o Templo do homem e o mesmo é o Altar da *Shakti*...

Em *Os comentários Mágicos & Filosóficos do Livro da Lei*, Crowley fala incansavelmente da disciplina mental que deve ter o iniciado na hora da santa prática.

Sendo assim, o iniciado deve se preparar com muita meditação, muito *pranayama*, muita *Hatha Yoga* e ter um domínio através da Magia do elemento ar – bem como de todos os elementos.

Em um de seus comentários a respeito de *Liber Ágape* Crowley diz:

É só por meio de um largo e duro adestramento preliminar na arte da meditação, combinado com a prática e a experiência constante, que se pode lograr que este ato seja frutífero na Magia.

IX
O MOMENTO DA PRÁTICA

Pudemos observar diversas e diferentes ocasiões que mesmo não sendo o momento certo, os resultados obtidos são iguais aos vistos quando a natureza nos chama com veemência por meio do entusiasmo.

Aleister Crowley

Aprendemos que essa é a prática do entusiasmo energizado. Sendo assim, neste sentido, seja qual for o momento da prática, leve ela o tempo necessário para que o Adepto possa ter alcançado algum êxito ou não, sempre, sempre o praticante deve sair dela assim como entrou, ou seja, completamente energizado.

Existem certas teorias a respeito do tantra da mão direita – caminho seco – que enfatiza a necessidade de o rito ser praticado somente na madrugada, precisamente entre as 22:00 e 4:00 horas.

Aquele que segue este caminho e acredita nesta filosofia do tantra da mão direita se vê obrigado, no período que estiver fora do citado acima, a praticar com sua Sacerdotisa o que chamamos de *'Dhiana'* – aqui, referente a Magia Sexual, *'Dhiana'* quer dizer carícias entre casais de Adeptos, mas estudos orientais mostram que mesmo nesta prática o casal pode chegar ao estado de *'Dhyana'* no que se refere à prática de meditação.

Creio – e assim a experiência me mostrou – que a melhor hora para se praticar este rito é aquela em que o corpo se mostra completamente entusiasmado.

É claro que o Adepto deve levar em consideração as posições astrológicas para determinados resultados que por ele serão obtidos ou não.

Este é o rito do amor; porém, ele é o rito da criação e a mais poderosa Magia já conhecida, sendo assim, o Adepto, por sua Vontade Verdadeira, pode criar o que quiser e atingir estados alterados de consciência pela utilização desse Santo Sacramento e isso, na prática, mostra-se independente de hora "em determinados casos".

Coloquei as últimas palavras entre aspas para enfatizar que, também, a experiência nos mostra que para determinado tipo de trabalho a prática deste Sacramento deve ter uma hora certa, ou seja, para determinado tipo de situação, o Adepto deve praticar o rito sob condições astrológicas especiais para que ele tenha sucesso, e isso é comprovado por todos os Iniciados no Santuário da Gnoses que realmente fazem e participam deste Sacramento com constância.

Mas o que acabo de dizer nada tem de semelhante com o que disse acima sobre o caminho seco, ou seja, isso não é levado em consideração aqui.

O conhecimento transmitido pela O.T.O. é maravilhoso e não pode ser confundido com outros segredos tântricos, ou seja, o conhecimento no que se refere ao tantra da mão esquerda não pode ser confundido com o da mão direita pois, embora parecidos, eles, no final, diferem nos resultados.

Crowley enfatiza que o resultado deste Sacramento constantemente, e isso sem causa aparente que o justifique, o iniciado só poderá reconhecer no momento certo, na hora em que sua experiência for suficientemente sólida.

É certo que no momento em que o fogo do amor estiver aceso o iniciado deve ter sensibilidade, intuição aguçada e percepção para compreender se o que sente é apenas luxúria e desejo por sexo inócuo ou Verdadeira Vontade de sacramentar o amor divino e conduzi-lo a um objetivo mágico.

O que o iniciado deve evitar é praticar esse Sacramento enquanto se sente indisposto ou com pouca concentração, porém – e eu mesmo já o fiz – seria bom que o iniciado se energizasse com o rito no momento em que se sentir desprovido de entusiasmo, mas, com relação a isso, existem várias implicações sendo que, em determinadas pessoas esse tipo de trabalho se transformou em catástrofe e fracasso total, mas em outras ele se fez formidável. No final o que sobra e pode ser dito é só a experiência...

O importante é que o iniciado pesquise e se aprofunde no assunto através da "prática", pois só assim é possível que ele tire suas próprias conclusões no que se refere ao momento certo de se praticar, porém, e já foi provado, esse rito se mostrou mais eficiente sob condições astrológicas especiais.

X
O ATO CRIADOR

TOMA nesta Obra a Águia virgem e sem profanação como teu Sacramento. E tua Técnica é a Magia da Água, de forma que teu Ato é de Nutrição, e não de Geração. Portanto, o Uso Principal nesta Arte é para a fortificação da tua própria Natureza. Mas se tu tens habilidade para controlar o Humor da Águia, então tu podes produzir muitos Efeitos admiráveis sobre o teu Ambiente. Tu sabes quão grande é a Fama que tem Feiticeiras (velhas e sem Homem) de causar Acontecimentos, se bem que elas nada criam. É esta Estreiteza do Canal que dá força à Correnteza.

> *Cuidado, meu Filho, para que não te entregues demasiadamente a este Modo de Magia; pois é menor que Aquele Outro, e se tu negligencias Aquele Outro, então teu Perigo é terrível e iminente; pois é a Fímbria do Abismo de Choronzon, onde estão as Torres solitárias dos Irmãos Negros. Também, a Formulação do Objeto na Águia é através de uma espécie de Intoxicação, de forma que Sua Natureza é de Sonho ou Delírio, e assim pode haver Ilusão. Por esse Motivo Eu creio ser aconselhável que tu uses este Caminho de Magia principalmente como um Tônico; isto é, para a Fortificação da tua própria Natureza."*
>
> Aleister Crowley

Mesmo nos dias de hoje, ao falar em sexo, Magia Sexual, Kundalini, sempre encontramos os que querem dar ou buscar as respostas corretas.

Faz-se necessário tentar observar algo neste pequeno ensaio que – pode ser pretensão – elucida a verdade sobre o assunto, sobre o qual, quanto mais se fala, mais encontramos dúvidas e caminhos incertos.

Esse tema – como dito no início – sempre se mostrou em mensagens veladas e ensinamentos contraditórios; porém, esses mesmos ensinamentos só se mostraram eficientes em duas situações: No início da jornada, esse momento em que o iniciado se enviereda por caminhos obscuros. Depois, só no final da jornada quando realmente, o Iniciado já não necessitava dos mesmos porque sua experiência era seu maior ensinamento.

Outro ponto foi observado. Para as pessoas de mente pura e vida simples, esse ensinamento se mostrou simples da mesma forma e principalmente no conteúdo. Observou-se que, para as pessoas de mente complicada e cheias de dogmas e preconceitos, esse ensinamento foi encarado com dificuldade e na maioria das vezes sua compreensão jamais ocorreu.

Deixando de lado as complicações e os devaneios, chegamos à conclusão depois de estudos cansativos e experiências no campo prático que o *sexo* é o uso da força da Vida Divina.

No início do ato em si, o Sacerdote transmite e a *Shakti* recebe, depois, o contrário acontece.

Ele é o mais natural, moral e divino ato da vida em crescente aperfeiçoamento.

Perde o Sacerdote algo de sua força quando a transmite com amor puro, sagrado e santo, à *Shakti* que ama e o ama? Sabendo e sentindo que esse ato é o poder criador, regenerador e iluminador inteiramente divino.

Perde a *Shakti* algo de si mesma quando se entrega ao Sacerdote que ama, quando sabe e sente que sua matriz genital é o Cálice do Santo Graal, o Cálice da vida?

Aqui faz-se lembrar que *"amor é a lei, amor sob vontade"*. AL i 57.

Quando Sacerdote e *Shakti* unem-se em deleite, comungam um com o outro, comungam os mesmos ideais, dão-se um ao outro sem nada pedir em troca, a não ser colocarem-se em disposição para receber e gerar essa divina luz e desta desfrutar...

Este sublime ato extrai do denso o sutil, da energia contida na matéria densa o entusiasmo.

Quando o casal se une, ama-se em deleite puro, em êxtase divino, ambos dão e recebem, pois desta maneira se consagram. Recebem e dão luz criadora.

O ato em si é divino, pois cria e espalha essa energia divina, o entusiasmo que aparece por toda parte em que cada um deles escolha atuar e se desenvolver.

Essa energia, o entusiasmo, é esta força sábia que é o impulso espiritual avançado, a busca pelo espírito e luta contra si mesmo.

Estudos nos mostram que, em determinados casos, em determinadas experiências específicas, o ato se divide em quatro partes:

1ª - o prelúdio;
2ª - o jogo onde atuam os cinco sentidos;
3ª - o êxtase;
4ª - *Shakti*, o carinho divino.

Nessas operações, a quarta parte sempre é a mais importante. Na 1ª e na 2ª partes, o Sacerdote é positivo. Aqui a *Shakti* tem uma atitude receptiva. Na 3ª, os dois são um só em plena comunhão e comungam do mesmo entusiasmo. Na 4ª parte, a *Shakti* toma uma posição positiva. Aqui o Sacerdote torna-se receptivo.

A 4ª parte mostra-se importante e interessante, pois a *Shakti* acaricia o Sacerdote com carinho divino a fim de manter nele e em si mesma o fogo sagrado, mesmo após o final do rito.

A elevação divina e o *"amor sob vontade"* são os melhores professores aliados a experiência pessoal.

Aqui se cria se coloca a consciência (Vontade) manifestada no sêmen e com ele se gera o Objetivo Mágico.

Tudo na prática depende do estado em que se encontram os praticantes e o nível de compreensão do objetivo a ser alcançado bem como do modo a ser alcançado.

> *E agora, ó meu filho, ide e tomai parte da Eucaristia Mística, mesmo que tu tenhas sido ensinado por aqueles que sabem. Fortifica-te, pois tu tens ainda uma perigosa jornada a tua frente. Tu foste conduzido até a Luz; reflete que ainda a outra Rosa e Cruz (...). Os mistérios destes tu irás conhecer um dia, mas não agora, pois eles partiram daquela Grande escuridão de N.O.X., a Escuridão que é como a Luz que está Além da Visão; a Pura Escuridão do Entendimento, ou do Útero de Nossa senhora BABALON, e da Cidade das Pirâmides que é a morada de NEMO.*
>
> Frater Achad (Charles Stanfeld Jones)

XI
A MULTIPLICIDADE DA OPERAÇÃO

> *"Em termos mágicos, Set é a Besta que salta do Sol "imolado", ou o falo, e ergue-se como a Fênix no dilúvio das águas."*
>
> Kenneth Grant

Muito se fala da multiplicidade da operação. Aqui devemos levar em consideração que se um não Iniciado toma seu caminho como verdade e prática esse sacramento do modo que lhe convir, com certeza meridiana, as consequências não serão boas. Mas por que falei isso agora? É simples. A operação pode, sim, ser múltipla, porém, neste caso existem algumas implicações que o não iniciado provavelmente não saberá e é nesse ponto em que todo o cuidado deve ser tomado.

Deve-se ter sempre em mente que um Ritual de Magia Sexual não deve ser veículo de [apenas] satisfação sexual. Se isso ocorre, ou seja, se a operação não tiver uma finalidade sacra definida e servir de condutor para a luxúria [somente], então, quem assim o fizer, poderá não gostar dos resultados...

Em primeiro lugar, é necessário saber o verdadeiro motivo para se efetuar a operação mais de uma vez. Nesse caso, posso enumerar vários motivos, porém, nos cabe falar apenas alguns. Por exemplo, existem operações mágicas que levam dias para chegarem ao fim. Essas operações, em que o sexo é o meio condutor para a finalidade em si, pode exigir que o Adepto e sua *Shakti* se unam em deleite mais de uma vez, mas como pode ver, isso é feito de acordo com a necessidade da operação em si e é necessário enfatizar que se ela realmente tiver uma envergadura cósmica, ou seja, se ela [a operação] exigir tempo, se ela for necessariamente "grande", então o adepto deve levar cada estágio da operação a cabo. Seria bom que o leitor consultasse a *Operação de Paris* de Crowley. Outro exemplo seria aquele em que a operação é reiniciada se a primeira não fosse vitoriosa e fracassasse. Crowley enfatiza em seu comentário sobre *Liber Ágape*:

> *Um ato singular implica a perfeição e a completa fé do adepto, e se ele repetir significa temor, reconhecendo a imperfeição da primeira tentativa.*

A operação pode ser reiniciada novamente se a primeira tentativa teve como resultado final o fracasso, e novamente reiniciada, se a segunda tentativa também teve o mesmo fim que a primeira. Vale dizer que nesse ponto a experiência conta muito pois, deve-se levar em conta as condições da *Shakti* em aguentar ou não operações diversas.

Em muitos casos, operações que chegaram a ser reiniciadas até cinco vezes no final mostraram-se vitoriosas, ou seja, seu objetivo foi atingido. Pode ser que esse resultado fosse o da primeira [operação] que estivesse em atraso ou pode ser que esse fosse o momento certo para que ele fosse obtido. Porém, em muitos casos, o fracasso foi total e exauriu totalmente os participantes. Repetições podem chegar a resultados grandiosos, mas também desastrosos...

Vale dizer que se a operação for múltipla, necessariamente o Iniciado deve sair da mesma totalmente energizado como tivesse se colocado em prática por apenas uma operação singular. Seu entusiasmo deve ser forte e saudável. Cansaço mostra indisciplina e incompetência para com a operação ou o rito.

No caso tratado aqui [a multiplicidade do rito], leve em consideração que nenhuma regra de moral cristã deve ser levada em consideração e o próprio Adepto achará seu ponto limite e o desenvolverá apropriadamente para a operação em si.

XII
OS EFEITOS DE UMA OPERAÇÃO

No caso particular de se utilizar esse sacramento para o Elixir da Vida, o mal-uso pode provocar o envelhecimento prematuro, enfermidade e até mesmo a morte, porém não cremos que se obteria esses mesmos resultados em qualquer outra operação. Cremos que a retribuição é o reflexo adverso e maléfico da recompensa e dos planos. Em consequência, os adeptos mostrariam prudência experimentando com consciência operações menores, onde o fracasso não significa um desastre irreparável, basta Ter conhecimento e experiência nesta arte e também confiança razoável.

Aleister Crowley

O resultado de uma operação, múltipla ou não, deve ser levado em consideração. Ele deve ser analisado e questionado de uma forma a fazer de operações posteriores com mais cuidado e provavelmente com mais sucesso.

Muito pode acontecer nos resultados finais de uma operação. Pode ser que ele venha imediatamente após o fim da operação; pode ser que venha em pequenas quantidades em operações múltiplas; pode ser que ele venha acontecer um dia ou dias depois da operação; pode ser que ele jamais ocorra e pode ser que aqueles que realizaram a operação não queiram mais que o resultado ocorra sobre qualquer circunstância. Ou seja, como sempre, o melhor professor é a experiência.

Volto a aconselhar que a *Operação de Paris* seja consultada e estudada e que qualquer operação desse nível deve ser cuidadosamente preparada.

XIII
A ARTE DO SACRAMENTO

A palavra grega MITOS é a palavra órfica para sêmen; daí que Baphomet evidentemente significa o Batismo do Espírito Santo, sendo o Espírito Santo o Falo em sua forma mais sublimada (isto é, sêmen).

Aleister Crowley

A Arte da prática do santo rito pode ser demonstrada em certos casos quando – a intuição assim falar – ainda não foi revelada.

A consumação do Sacramento tem várias finalidades mágicas. A saúde e a vitalidade – *eterna* – não fogem à regra da razão desse Sacramento. No entanto, o exagero em demasia pode ser fatal pois *"O Sacramento é indiscutivelmente um Microcosmo..."*

O Iniciado deve levar em consideração certas ponderações neste assunto porque seu uso em um Ritual de Magia exige certos cuidados.

O melhor a ser feito em todos os casos são as experiências mágicas relacionadas a consumação do Sacramento.

Experiências nesse método me deixaram realmente empolgado com os benefícios e os resultados mágicos.

Levamos em consideração o *Prana*. O Sacramento sendo veículo desse *prana* que é a contraparte do *Prana* Universal tem o poder de abrir as Portas do reino Interno, na verdade, os fatos nos mostram que tem o poder de arrombar as Portas e como dito antes, tomar o Céu por assalto.

Esse método é comumente rechaçado pelo não iniciado e pelos adeptos do Tantra da Mão Direita, porém, como dito acima e no meu caso, vejo que esse método é eficaz, eficiente e mais rápido, levando, assim, o iniciado mais longe em menos tempo.

Muitos irão ler este ensaio e vão procurar as chaves para se praticar a Magia do IX° O.T.O., mas somente os capazes de perceber o escrito nas entrelinhas poderão perceber que está tudo escrito da forma mais clara possível. Mas por que assim, dessa maneira? Isso foi feito apenas para deixar o segredo como está, inviolado para aqueles que não possuem capacidades mágicas para reconhecê-lo e praticá-lo.

A razão deve ser o guia nesses métodos para que o Iniciado não profane o Santo Sacramento envenenando-o com sua ignorância. Que ouça que tem ouvidos para escutar...

> (...) *"Deus não costuma interferir arbitrariamente no curso da natureza, mas regê-la dentro de suas Leis. Que o adepto não faça o contrário."*
>
> Aleister Crowley

XIV
INFLUÊNCIAS LUNARES

Essa é uma das teorias mágicas no que se refere a Magia Sexual que mais causa espanto. Na verdade, pessoas dogmatizadas pela cristandade e mesmo aqueles iniciados pulcros que pensam ser donos de toda verdade universal se sentem constrangidos quando o assunto se trata da sexualidade. Encontramos mais dificuldade em nos relacionar até mesmo com iniciados, pois o dogma separatista cristão foi e é tão forte que quando se fala de Tantra da Mão Esquerda logo se pensa em Magia Negra só por haver a palavra *"esquerda"* na frase.

Bem, uma das teorias do *Vama-Marga* é que no segundo período lunar feminino (menstruação) o Sacramento é mais eficiente. Nesse ponto Crowley enfatiza:

> *Durante o segundo dia e depois, é muito improvável que seja no último dia, o Sacramento é mais eficiente que qualquer outra influência lunar, tal como manifestam nossos velhos irmãos alquimistas, que preferem tinta vermelha no lugar da branca.*

Nesse mesmo comentário sobre *Liber Ágape* de Crowley, ele também enfatiza que crê nessa teoria, porém, não conseguiu demonstrá-la.

Experiências nesse campo me mostraram que em certos casos, levando em consideração a finalidade da prática, esse período lunar feminino mostrou-se ideal, porém, mostrou-se indevido levando, também, em consideração, a finalidade da prática.

O Iniciado deverá fazer suas próprias experiências com relação ao efeito do sacramento nesse período lunar feminino e tirar suas conclusões a respeito desta teoria.

POSFÁCIO

O coração dos homens se inclina por atração para o abismo dos mistérios. Na jornada iniciática, antes de contarmos com as lições que nossa própria experiência proporcionará, é mister que os livros sejam os nossos primeiros mestres e guias.

Há pouco valor, entretanto, em elucubrações palavrosas e a vaidade loquaz de alguns iniciados, que narram experiências fantásticas e ensinam, mais para desencaminhar e granjear admiradores, do que para instruir e auxiliar.

Longe de toda vulgaridade dessa espécie, o Ir∴ Helvécio Resende nos oferece mais uma de suas obras. Autor completo, de difícil contestação, justamente por ter amplíssimos conhecimentos da Tradição Esotérica, ser assaz claro, extraordinariamente lógico e, máxime, escrever com base na sua própria experiência iniciática.

A conclusão desta obra, por sua natureza eminentemente prática, é transformadora para os neófitos que buscam a compreensão da Filosofia Oculta. Grandes livros nos atingem de maneiras muito diversas. Há aqueles poucos que nos trazem luz ao final, e alguma grande mudança caracterizada por um sentimento caótico ou controverso: a página derradeira nos deixa aflitos, confusos, esperançosos, felizes ou motivados. Pela influência desses trabalhos sobre nossas mentes e compreensões, as ideias deixam seu lugar de origem e se alteram. Nossa visão de mundo foi atingida. Algo mudou em nós.

Ainda que rara, essa experiência é mais usual do que aquela que este livro proporciona, por haver nele um louro adicional: a filosofia que ele encerra e ensina, está acompanhada de um evocação à prática.

Se assim não fosse, o autor não estaria consagrado, junto aos mais eminentes homens e mulheres da Filosofia Oculta, com obras recomendadas nos currículos das ordens iniciáticas mais sérias e pelos instrutores mais capacitados. Isto é um reflexo da exposição segura e intelectualmente precisa que o seu trabalho oferece.

É difícil não ser laudatório, quando os méritos são tantos e diversos.

Que o leitor, já ao final das primorosas instruções que recebeu, comece a trilhar o caminho mais árduo que a condição humana cinge: aquele da busca por si mesmo. Aqui, certamente encontrará um guia seguro e confiável para ajudá-lo a superar a inércia e a dispersão que a vida material, ilusória e vã, oferece.

Que possamos receber a Grande Recompensa.

Pablo Guedes, 14.º
M. Ilust. Grande Secretário Geral do
Grande Colégio de Ritos do Brasil
Master Craftsman do Supremo Conselho
Mãe do Mundo do R∴E∴A∴A∴

GNOSTICUM

A CHAVE DA ARCA

MAÇONARIA PRÁTICA

BIBLIOGRAFIA

A. L., Soror. *Western Mandalas of Transformation: Magical Squares - Tattwas - Qabalistic Talismans*. Llewellyn Publications, 1996.

APULÉE (Apuleius, Apuleio). *Les Metamorphoses, ou l'ane d'or. Avec le demon de socrate*. Brunet, Paris, 1707.

BARCHUSEN, Jean-Conrad. *Tresor Hermetique*. Paul Derain, 1942.

BERTHELOT, Marcelin [Pierre Eugène]. *Introduction a l'étude de la chimie des anciens et du Moyen âge*. Georges Steinheil, Paris 1889.

BOULANGER, Nicolas Antoine & HOLBACH, Paul-Henri Thiry. *L'Antiquité dévoilée par ses usages*. Amsterdam, Michel Rey, 1772.

CAILLET, Albert L. *Manuel Bibliographique des Sciences, Psychiques ou Occultes*, Lucien Dorbon, Paris, 1912.

CAUZONS, Th. De. *La magie et la sorcellerie en France*. Lieu d'édition, Paris, 1905.

CENTENO, Yvette. *Fernando Pessoa e a Filosofia Hermética*. Lisboa, 1985.

CHEVILLON, Constant. *Le vrai visage de la Franc-Maçonnerie*. Editions des Annales initiatiques à Lyon, & Librairie Derain-Raclet à Lyon, Paris, 1939.

CORDOVERO, Moïse. *La Douce Lumière*. Verdier, France, 1997.

CULLING, Louis T. *A Manual of Sex Magick*. Llewellyn Publications, Saint Paul, Minnesota, 1971.

DERCHAIN, Philippe. *L'authenticité de l'inspiration égyptienne dans le "Corpus Hermeticum"* (Revue de l'Histoire des religions). Octavo. Paris, 1962. p. 175-198.

DESCHAMPS, N. *Les Societes Secretes et la Société ou Philosophie de l'histoire Contemporaine*. Oudin Frères, 1881.

DROWER, E. S. *The secret Adam: A study of Nasoraean Gnosis*. Clarendon Press, Oxford, 1960.

DUPUIS, Charles. *Abrégé de l'Origine de Tous les Cultes*. Librairie de la Bibliothèque Nationale, Paris, 1836.

FACON, Roger. *Le Grand Secret des Rose-Croix*. Éditions Alain Lefeuvre, Vide, 1979.

FAYE, Eugene de. *Gnostiques et Gnosticisme: Etude critique des documents du Gnosticisme Christien aux IIe et IIIe siecles*. Ernest Leroux, 1913.

FESTUGIÈRE. A. J. *La Révélation d'Hermès Trismégiste*, I-II-III-IV. Paris, LIbrairie Lecoffre, Gabalda Et Cie., 1949, 1950, 1953 e 1954.

FIGUIER, Louis. *Histoire du Merveilleux dans les temps modernes*. Hachette, Paris, 1860.

FLORY, Wayne Seeley. *The gnostic concept of authority and the Nag Hammadi documents*. Lewiston, The Edwin Mellen Press 1995.

HALL, Manly P. *The Secret Teachings of All Ages*. Philosophical Research Society, Los Angeles, CA, 1975.

HANS, Jonas. *La Religion gnostique. Le message du Dieu Etranger et les débuts du christianisme*. Flammarion, Paris, 1978.

JUSTE, Michael. *The Occult Observer.* Atlantis Bookshop (Michael Houghton), London, 1950.

KAPLAN, Aryeh. *Sefer Yetzirah*; *The Book of Creation*. Samuel Weiser, York Beach, ME:, 1993.

KARPPE. *Essais de Critique et D'Histoire de Philosophie*. Germer Bailliere, Paris, 1902.

KING, Francis. *Modern Ritual Magic*. Prisma Pr, Coeur d Alene, Idaho, U.S.A., 1989.

LAFUMA-GIRAUD, Emile. *Sepher Ha-Zohar, Le livre de la splendeur.* Ernest Leroux, Paris, 1906.

LEFRANC, Abbé (Jacques). *Le Voile levé pour les curieux, ou histoire de la franc-maçonnerie, depuis son origine jusqu'à nos jours. Avec continuation extraite des meilleurs ouvrages*. Liége, Duvivier 1826.

LENGLET-DUFRESNOY. *Histoire de la philosophie hermétique. Accompagnée dun catalogue raisonné des écrivains de cette science. Avec le Véritable Philalethe, rev sur les Originaux.* Chez Coustelier, Paris, 1908.

LIGOU, Daniel. *Dictionnaire Universel de la Maçonnerie.* Editions de Navarre-Editions du Prisme, Paris, 1974.

M. *Deuses Atômicos.* Caioá Editora e Produtora Ltda, ME, SP, Brasil, 2000.

PAULY, Jean de. *Le livre du Zohar.* Paris, F. Rieder et Cie, 1925.

PERAU, Louis-Calabre. *L'Ordre des Francs-Maçons Trahi et leur Secret Révélé.* Chez Les Vrais Amis Réunis, 1781.

POZARNIK, Alain. *Mystères et Actions du Rituel D'ouverture en Loge Maçonnique.* Dervy, Paris, 1995.

REYLOR, Jean. *A la Suíte de René Guénon... Sur la Route des Maîtres Maçons.* Editions Traditionnelle, Paris, 1960.

RODIER DE LABRUGUIERE, E. *Essai sur la Philosophie des Religions*, Cherbuliez 1905.

ROMAN, Denys. *René Guénon et les Destins de la Franc-Maçonnerie.* Les Editions de L'Oeuvre, Paris, 1982.

SAINT-GALL, Michel. *Dictionnaire du Rite Ècossais Ancien et Accepté.* Éditions Télètes, Paris, 1998.

SECRET, François. *Hermétisme et Kabbale.* Bibliopolis, Napoli, 1992.

SERVIER, Jean. *Dictionnaire critique de l'ésotérisme.* Puf, Presses Universitaires de France, 1998.

STABLES, Pierre. *Tradition Initiatique Franc-Maçonnerie Chrétienne.* Guy Trédaniel Éditeur, Paris, 1998.

STEVENSON, David. *Les Origines de la Franc-Maçonnerie - Le Siècle Écossais* 1590-1710. Éditions Télètes, Paris, 1993.

TORT-NOUGUÈS, Henri. *Lumière et secret de la franc-maçonnerie.* Guy Trédaniel éditeur, 1996.

URBANO-Júnior, Helvécio de Resende (Ali A'l Khan S∴ I∴). *Kabbala; Magia, Religião & Ciência.* Edições Tiphereth777, Brasil, 2006.

URBANO-Júnior, Helvécio de Resende (Ali A'l Khan S∴ I∴). *Manual Mágico de Kabbala Prática.* Edições Tiphereth777, Brasil, 2005.

URBANO-Júnior, Helvécio de Resende (Ali A'l Khan S∴ I∴). *Maçonaria, Simbologia e Kabbala.* MADRAS, Brasil, 2010.

VEJA, Amador. *Ramon Llull y el Secreto de la Vida.* Ediciones Siruela, S. A., Madrid, 2002.

VON-FRANZ, Marie-Louise. *O Asno de Ouro.* Ed. Vozes, Petrópolis-RJ, 2014.